Inhalt

Sobald die Original-Prüfungsaufgaben 2023 freigegeben sind, können sie als PDF auf der Plattform MyStark heruntergeladen werden (Zugangscode vgl. Umschlaginnenseite).

Bei **MyStark** findest du:
- **Interaktives Training** zu den wichtigsten Kompetenzbereichen
- **Jahrgang 2023**, sobald dieser zum Download bereit steht

Deinen Zugangscode zur Plattform MyStark findest du auf der Umschlaginnenseite.

Autoren:
Walter Modschiedler, Walter Modschiedler jun.

2024

Training Quali

Original-Prüfungsaufgaben

Bayern

Mathematik

STARK

Bildnachweis
S. 1: © Granitepeaker / Dreamstime.com
S. 6: © Anka Albrecht (www.netalb.com) / Flickr, CC BY 2.0
S. 7 bis 11: © Walter Modschiedler
S. 36: © Rich.Carey. Shutterstock
S. 46: David J./ © PhotoCase.de
S. 48: © Pedro Tavares / dreamstime.com
S. 55: Eiffelturm: © PhotoCase.com; Flugzeug: © Airwolfhound / Flickr, CC BY-SA 2.0
S. 72: Sparschwein: © robynmac. 123rf.com; Mädchen: © Prasit Rodphan. Shutterstock; Roller: © MZACHA / rgbstock
S. 74: © valiza. 123rf.com
S. 76: © foto.fritz / fotolia.de
S. 85: © Bogdan Ionescu. 123rf.com
S. 88: © Dreamstime.com
S. 92: © LED-Lampe: © MOLPIX. Shutterstock
S. 97: © Rawpixel.com. Shutterstock
S. 106: © ispike / Photocase.com
S. 108: © MZACHA / rgbstock
S. 112: © Jonny 8, CC BY-SA 3.0
S. 142: © Dreamstime.com
S. 147: © FreeImages.com / matthains
S. 158: © Joe Gough / Dreamstime.com
S. 159: © Redaktion
S. 179: © wombatonline / PhotoCase.com
S. 195: © MistikaS / iStockphoto.com

20. ergänzte Auflage
www.stark-verlag.de

Vorwort

Liebe Schülerin, lieber Schüler,

mit dem vorliegenden Buch kannst du dich in Mathematik auf die besondere Leistungsfeststellung zum Erwerb des **Qualifizierenden Abschlusses der Mittelschule** am Ende der 9. Jahrgangsstufe vorbereiten.
Die Aufgaben in der Prüfung bauen auf einem möglichst breiten Grundlagenwissen auf. Deshalb sollte die Prüfungsvorbereitung eine **Gesamtwiederholung** darstellen.

- Daher beginnen wir in diesem Buch mit einem ausführlichen **Trainingsteil**, in dem du sowohl den grundlegenden Stoff der 5. bis 8. Klasse wiederholen als auch die Inhalte der 9. Jahrgangsstufe festigen kannst.
  Die einzelnen Kapitel mit über **550 Aufgaben** bieten dir die Möglichkeit, dich auf sämtliche prüfungsrelevante Bereiche intensiv vorzubereiten. Die Aufgaben sind auf die neuen Prüfungsanforderungen ab 2022 abgestimmt. In allen neun Kapiteln findest du jeweils unter **„Fit im Quali“** Aufgaben, anhand derer du deine Fähigkeiten ganz gezielt auf Prüfungsniveau trainieren kannst. Die Aufgaben mit dem durchgestrichenen Taschenrechner-Symbol musst du in der Prüfung **ohne Hilfsmittel** lösen können.

- Mit dem Vorwissen aus dem Trainingsteil kannst du dich an die **Original-Prüfungsaufgaben 2020** bis **2023** wagen, die im Fach Mathematik an Mittelschulen in Bayern gestellt wurden.
  Trotz leicht geänderter Struktur ab 2022 können die Prüfungsinhalte auch mit den alten Prüfungsaufgaben sehr gut trainiert werden.
- Das Format der neuen Prüfung ab 2022 kannst du auch anhand der **offiziellen Musterprüfung** üben.
- Zu den Aufgaben des Trainingsteils, der Musterprüfung und den Prüfungsaufgaben ist ein **Lösungsbuch (Titel-Nummer D09309L)** erhältlich. Es bietet **ausführliche Lösungen**. Versuche aber stets, alle Aufgaben zunächst selbstständig zu lösen. Solltest du jedoch alleine nicht weiterkommen, kann ein Blick in die Lösung hilfreich sein, da dort wichtige **Hinweise und Tipps** zur Bearbeitung der Aufgaben gegeben und oft mehrere Lösungswege aufgezeigt werden. Am Schluss solltest du deine Lösung in jedem Fall mit der Lösung im Buch vergleichen.
- Sollten nach Erscheinen dieses Bandes vom Kultusministerium noch **wichtige Änderungen** für den Quali 2024 bekannt gegeben werden, erhältst du **aktuelle Informationen** dazu auf der Plattform MyStark (Zugangscode vgl. Umschlaginnenseite).

Wenn du den Inhalt dieses Buches beherrschst, bist du bestens auf die Prüfung vorbereitet. Du wirst sehen: Übung macht den Meister!

Autoren und Verlag wünschen dir viel Erfolg in der Prüfung!

Hinweise zum Quali

Die hier dargestellte Struktur bezieht sich auf die neue Prüfung ab 2022. Für die früheren Jahrgänge galten leicht abgewandelte Regeln.

Die Abschlussprüfung zum Quali in Mathematik besteht aus zwei Teilen. In beiden Teilen ist die Verwendung eines Wörterbuchs – auch zweisprachig – in gedruckter Form erlaubt.

- **Teil A**

  Im ersten Teil werden deine **mathematischen Grundfertigkeiten** in den verschiedenen Themenbereichen geprüft. Da es sich um einfachere Rechnungen handelt und nur geringes Formelwissen von dir verlangt wird, darfst du hier **keine Hilfsmittel** (Taschenrechner, Formelsammlung) verwenden.
  Manchmal werden eher **offene Aufgaben** gestellt, sodass mehrere Lösungswege denkbar sind. Der Lösungsweg ist bei einigen Aufgaben nicht zwingend erforderlich, bei anderen Aufgaben musst du deine Lösung **nachvollziehbar begründen**, damit du die volle Punktzahl erhältst. Im Teil A musst du keinen Antwortsatz formulieren.
  Du kannst im ersten Teil **ein Drittel der Gesamtpunktzahl** erreichen, wenn du alle Aufgaben vollständig und innerhalb von **30 Minuten** löst.

- **Teil B**

  Die Aufgaben des zweiten Teils sind im Vergleich zum ersten Teil komplexer. Du musst hier **eine Aufgabengruppe** bearbeiten, die von der Feststellungskommission aus ursprünglich zwei Aufgabengruppen ausgewählt wird.
  Wichtig bei diesen Aufgaben ist sowohl die **Darstellung des gesamten Lösungsweges als auch die der Teilergebnisse**. Je nach Aufgabenstellung musst du einen Antwortsatz formulieren. Achte bei Sachaufgaben und bei Aufgaben aus der Geometrie darauf, dass du bei den Teilergebnissen und beim Endergebnis die **dazugehörige Einheit** notierst. Du kannst Teilergebnisse und Endergebnisse sinnvoll runden. Wird bei der Aufgabenstellung das **Runden** der Teilergebnisse und des Endergebnisses verlangt, musst du die Ergebnisse runden. Achte bei Aufgaben aus der Geometrie auf die **korrekte Schreibweise** von Strecken und Längen.
  Für die Bearbeitung des zweiten Teils stehen dir **90 Minuten** Zeit zur Verfügung. Es werden **zwei Drittel der Gesamtpunktzahl** vergeben. Als Hilfsmittel sind der elektronische **Taschenrechner** (nicht programmierbar, auch kein Smartphone) und eine zugelassene **Formelsammlung** gestattet.

Für die **Bewertung** der Prüfungsarbeit im Fach Mathematik wird folgende Zuordnung von erreichter Punktzahl und Note landeseinheitlich festgesetzt:

Punkte	48 – 41	40,5 – 33	32,5 – 25	24,5 – 16	15,5 – 8	7,5 – 0
Note	1	2	3	4	5	6

Training Grundwissen

1 Grundlagen des Rechnens

Grundbegriffe und Rechengesetze

Merke

Grundrechenarten

Addition	1. Summand	+	2. Summand	=	Wert der Summe
(addieren)	15	+	5	=	20
Subtraktion	Minuend	–	Subtrahend	=	Wert der Differenz
(subtrahieren)	15	–	5	=	10
Multiplikation	1. Faktor	·	2. Faktor	=	Wert des Produktes
(multiplizieren)	15	·	5	=	75
Division	Dividend	:	Divisor	=	Wert des Quotienten
(dividieren)	15	:	5	=	3

Merke

Rechengesetze

Kommutativgesetz – Vertauschungsgesetz

$a+b=b+a$	$4+8=8+4$
$a\cdot b=b\cdot a$	$4\cdot 8=8\cdot 4$

Assoziativgesetz – Verbindungsgesetz

$a+(b+c)=(a+b)+c$	$4+(8+2)=(4+8)+2$
$a\cdot(b\cdot c)=(a\cdot b)\cdot c$	$4\cdot(8\cdot 2)=(4\cdot 8)\cdot 2$

Distributivgesetz – Verteilungsgesetz

$a\cdot(b+c)=a\cdot b+a\cdot c$	$4\cdot(8+2)=4\cdot 8+4\cdot 2$
$a\cdot(b-c)=a\cdot b-a\cdot c$	$4\cdot(8-2)=4\cdot 8-4\cdot 2$

Merke

Rechenregeln – Vorrangregeln

Kammerregel: Werte in **Klammern** werden **zuerst** berechnet.	$10\cdot(8+2)=10\cdot 10=100$ $(10:2)+8=5+8=13$
Punkt-vor-Strich-Regel: Punktrechnung geht vor Strichrechnung.	$2\cdot 8+10=16+10=26$ $8:2+10=4+10=14$

Aufgaben

1 Berechne. Nutze Rechengesetze, wenn es sinnvoll ist.

a) $5\cdot(6+4)$ b) $(7{,}3-2{,}3)\cdot 8$ c) $24:(39-33)$ d) $(20{,}2+6{,}8):9$

e) $3\cdot 8+7\cdot 8$ f) $8\cdot 5-4\cdot 5$ g) $7{,}9\cdot 2+2{,}1\cdot 2$ h) $5{,}8\cdot 3-4{,}8\cdot 3$

2 Rechne. Beachte die Rechenregeln.

a) $3+2\cdot 12+4+6\cdot 5$ b) $(31+32):7-5+5\cdot 4$

c) $18-14:7+3\cdot 4-2+8:4$ d) $(24+36):3+17-15\cdot 2$

e) $(3{,}5-1{,}5)\cdot 14-10:2$ f) $20{,}5-3{,}5\cdot 5+5\cdot 4{,}2-1{,}2$

3 Setze die richtigen Rechenzeichen ein (+; –; ·; :).

a) $3 \cdot 4 \; \boxed{+} \; 18 = 30$
b) $50 \; \square \; 2 + 3 = 28$
c) $12 \; \square \; 4 + 30 = 66 : 2$
d) $5 \; \square \; 8 - 32 = 10 - 2$
e) $19 \; \square \; 2 + 12 = 100 : 2$
f) $1{,}7 \; \square \; 2{,}3 = 6 \; \square \; 2$
g) $259 \; \square \; 59 = 400 \; \square \; 2$
h) $2 \cdot 5 \; \square \; 15 = 300 \; \square \; 2$

4 Rechne. Nutze Rechenvorteile.

a) $12 + 13 + 18 + 17$
b) $127 + 395 - 107 - 385$
c) $125 - 13 - 100 - 7$
d) $3 \cdot 9 - 3 \cdot 8 + 5 \cdot 12 - 4 \cdot 12$
e) $100 : 5 + 100 : 5 + 100 : 5 - 20$
f) $3 \cdot 6 + 7 \cdot 6 - 120 : 2$

5 Notiere den Rechenausdruck. Berechne dann das Ergebnis.

a) Addiere zur Differenz von 305 und 155 das Produkt aus 30 und 5.
b) Subtrahiere von der Summe der Zahlen 42 und 18 den Quotienten von 100 und 25.
c) Multipliziere das Produkt von 5 und 6 mit der Differenz von 125 und 95.
d) Dividiere den Quotienten von 1 000 und 4 durch die Summe von 12 und 13.

Runden

Merke

Runden, Näherungswerte

- Beim Runden von Zahlen und Ergebnissen entsteht immer ein Näherungswert. Daher muss das Gleichheitszeichen (=) durch das Näherungszeichen (≈) ersetzt werden.
- Bei 0, 1, 2, 3, 4 wird abgerundet, bei 5, 6, 7, 8, 9 wird aufgerundet.
- Oft wird in Aufgaben angegeben, auf welche Stelle nach dem Komma gerundet werden soll.

erste Stelle nach dem Komma → Zehntel
zweite Stelle nach dem Komma → Hundertstel
dritte Stelle nach dem Komma → Tausendstel
… …

Beispiele

Runde auf zwei Stellen nach dem Komma:

Stelle, auf die gerundet wird

15 € : 7 = 2,142 … €   16 € : 7 = 2,285 … €

Stelle, die angibt, ob auf- oder abgerundet wird.

15 € : 7 = 2,142 … € ≈ 2,14 €   Die 3. Dezimalstelle ist eine 2. Es wird abgerundet.

16 € : 7 = 2,285 … € ≈ 2,29 €   Die 3. Dezimalstelle ist eine 5. Es wird aufgerundet.

Aufgaben

6 Rechne wie im Beispiel.

a) 501,22 € : 7
b) 739,85 € : 33
c) 58,44 € : 15
d) 127,91 € : 19

7 Runde auf volle Eurobeträge.

a) 56,49 €
b) 245,58 €
c) 469,25 €
d) 899,62 €

8 Runde die Zahlen in der Tabelle auf die angegebene Stelle.

Zehner	437	1 284	4 496	9 904
Hunderter	8 583	7 136	5 983	1 035
Tausender	72 346	69 705	86 449	99 575
Zehntel	13,47	11,04	67,66	49,95
Hundertstel	7,096	2,252	14,005	29,994

9 Wie heißt die kleinstmögliche bzw. größtmögliche Zahl mit drei Dezimalstellen, die zum angegebenen Rundungsergebnis führt?

kleinstmögliche Zahl	Rundungsergebnis	größtmögliche Zahl
3,750 →	3,800	← 3,849
	4,700	
	5,900	
	6,870	
	7,03	
	0,1	

10 Runde die Flächen der folgenden Staaten auf ganze Tausender und die jeweiligen Bevölkerungszahlen auf ganze Hunderttausender.

Land	**Fläche**	**Einwohner**
Finnland	338 465 km²	5,517 Millionen
Norwegen	385 201 km²	5,367 Millionen
Deutschland	357 582 km²	83,166 Millionen
Polen	312 696 km²	38,386 Millionen
Italien	301 338 km²	60,260 Millionen
Ungarn	99 036 km²	9,773 Millionen
Griechenland	131 957 km²	10,727 Millionen
Bulgarien	110 994 km²	7,050 Millionen
Österreich	83 879 km²	8,858 Millionen
Belgien	30 688 km²	11,431 Millionen

Merke

Überschlagsrechnen

Auch wenn du den Taschenrechner verwenden darfst, ist die Kontrolle durch eine Überschlagsrechnung ratsam. Du könntest dich ja vertippt haben.
Gehe dabei folgendermaßen vor:

1. Runde die Zahlen.
2. Berechne das gerundete Ergebnis.
3. Berechne das genaue Ergebnis.
4. Vergleiche die Ergebnisse. Ist der Unterschied zwischen dem gerundeten und dem genauen Ergebnis zu groß, hast du dich verrechnet. Überprüfe deine Rechnungen.

Beispiele

1. $118 + 94 \approx$
   $120 + 90 = 210$
   $118 + 94 = 212$

   1. Runde die Zahlen: $118 \approx 120$; $94 \approx 90$
   2. Berechne das gerundete Ergebnis.
   3. Berechne das genaue Ergebnis.

2. $8{,}2 \cdot 7{,}9 \approx$
   $8{,}0 \cdot 8{,}0 = 64{,}0$
   $8{,}2 \cdot 7{,}9 = 64{,}78$

   1. Runde die Zahlen: $8{,}2 \approx 8$; $7{,}9 \approx 8$
   2. Berechne das gerundete Ergebnis.
   3. Berechne das genaue Ergebnis.

Aufgaben

11 Überschlage zunächst das Ergebnis und berechne dann das genaue Ergebnis.

a) $23 + 85$ b) $506 + 791$ c) $52{,}1 + 36{,}9$ d) $23{,}4 + 66{,}7$
e) $44{,}25 - 23{,}75$ f) $19{,}97 - 8{,}47$ g) $248{,}1 - 103{,}9$ h) $569{,}55 - 166{,}75$

12 Führe eine Überschlagsrechnung durch und rechne dann genau aus.

a) $7{,}045 + 2{,}733 + 24{,}875 + 15{,}125$ b) $8{,}61 + 13{,}09 + 71{,}81 + 56{,}81$
c) $94{,}81 - 27{,}12 - 15{,}23 - 16{,}74$ d) $43{,}32 - 11{,}01 - 12{,}99 - 8{,}85$

13 Überschlage zunächst und berechne dann das genaue Ergebnis.

a) $67 \cdot 23$ b) $19 \cdot 53$ c) $45{,}9 \cdot 5{,}4$ d) $93{,}62 : 15{,}1$
e) $59{,}28 : 5{,}7$ f) $101{,}91 : 3{,}95$ g) $1{,}95 : 2{,}14 \cdot 9{,}75$ h) $89{,}18 : 4{,}9 \cdot 5{,}2$

14 Jonas will sein Zimmer renovieren. Seine Freunde werden ihm dabei helfen. Die Eltern stellen ihm 750 € zur Verfügung. Jonas stellt eine Einkaufsliste zusammen. Im Baumarkt findet er das benötigte Material.

Einkaufsliste
10 Rollen Raufasertapete
25 m² Deckenpaneele
25 m² Dielenbretter
4 Päckchen Kleister
20 m Fußbodenleiste
1 Pinselsortiment

Deckenpaneele-Birke 1 m² 6,49 €	Raufaser-Spezial-Kleister 7,77 €
Raufaser-Tapete 6,82 €	Pinselsortiment 9,76 €
Dielenbretter für den Fußboden 2,5 m² 34,99 €	Fußbodenleiste 2,5 m 9,35 €

a) Überschlage die Gesamtkosten für die Zimmerrenovierung.
b) Um wie viele Euro weichen die genauen Kosten vom Ergebnis der Überschlagsrechnung ab?
c) Wie viele Euro bleiben Jonas für die „Einstandsparty“ mit seinen Freunden im renovierten Zimmer übrig?

Schätzen

Merke

Schätzen

Schätzen ist **nicht Raten**! Beim Schätzen wird mithilfe einer **bekannten Bezugsgröße** versucht, eine **unbekannte Größe** zu bestimmen.
Beim Schätzen sollte man **abwechselnd auf- und abrunden**, um den Fehler bei der Schätzung möglichst klein zu halten. Wenn das Ergebnis feststeht, ist es vorteilhaft, einen **minimalen** und einen **maximalen** Schätzwert anzugeben.

Merke

Schätzen von Längen, Flächen, Rauminhalten

Zuerst wird eine **bekannte Bezugsgröße** (z. B. die Größe eines Menschen oder die Größe eines bekannten Gegenstandes) im Bild ermittelt.
Anschließend wird die bekannte Bezugsgröße mit der **gesuchten Größe** verglichen.

Beispiele

1. Vanessa macht eine Ausbildung zur Gerüstbauerin und steht vor einer Fassade, die eingerüstet werden soll.
   Schätze, wie breit und wie hoch das Gerüst mindestens sein muss.

   1. Schätzung
   Vanessas Körpergröße: ca. 1,70 m

   2. Schätzung
   Das Haus ist in etwa fünfmal so groß wie Vanessa.
   $5 \cdot 1{,}70\text{ m} = 8{,}50\text{ m}$

   3. Schätzung
   Drehe im Kopf Vanessa so, dass sie vor der Fassade liegt.
   Das Haus ist in etwa sechsmal so breit, wie Vanessa groß ist.
   $6 \cdot 1{,}70\text{ m} = 10{,}2\text{ m}$
   Abrunden: $10{,}2\text{ m} \approx 10\text{ m}$

   Das Gerüst wird an der höchsten Stelle ca. 8,5 m hoch und ca. 10 m breit.

2. Das Fenster auf der linken Seite oben soll mit einem Netz zum Schutz vor Insekten versehen werden.
   Schätze die Maße des Netzes und berechne die Fläche.

   1. Schätzung
   Das Fenster ist etwas breiter, als Vanessa groß ist. Fensterbreite: ca. 2 m

   2. Schätzung
   Das Fenster ist etwas kleiner als Vanessa. Fensterhöhe: ca. 1,4 m

   Fläche des Netzes: $2\text{ m} \cdot 1{,}4\text{ m} = 2{,}8\text{ m}^2$
   Aufrunden: $2{,}8\text{ m}^2 \approx 3\text{ m}^2$

Aufgaben

15 Pflastersteine haben die Form eines Würfels. Schätze jeweils die Kantenlänge der Pflastersteine.

16 Schätze den Durchmesser bzw. den Umfang des Treibrads sowie die Länge der Ankerkette.

17 Schätze, wie viele m^3 der Waggon laden kann.

18 Aufgerollte Stahlrohrbleche bezeichnet man als Coils. Schätze den Durchmesser der Coils.

19

a) Schätze die Höhe und den Durchmesser des Silos.

b) Schätze die Höhe des Baumstamms.

20 Welche verheerenden Folgen es hat, einen Öl- oder Fettbrand mit Wasser zu löschen, demonstriert ein Feuerwehrmann den Schülerinnen und Schülern.

a) Schätze Länge, Breite und Höhe der „Pommesbude“.

b) Schätze die maximale Höhe und Breite der Explosionswolke.

Merke

Schätzen von Anzahlen

Soll eine größere Anzahl von Gegenständen, Personen oder Tieren geschätzt werden, legt man zunächst ein **geeignetes Raster** über die zu schätzende Anzahl. Dann zählt man die Anzahl der **Objekte in einem Raster** aus. Mit der nun bekannten Anzahl der Objekte in einem Raster schließt man auf die Anzahl der **Objekte in allen Rastern**.

Beispiel

Katrin füttert ihr Sparschwein nur mit 50-Cent-Münzen. Nun ist das Sparschwein voll. Sie schüttet die Münzen auf ihren Schreibtisch.
Schätze, wie viele 50-Cent-Münzen im Sparschwein waren.

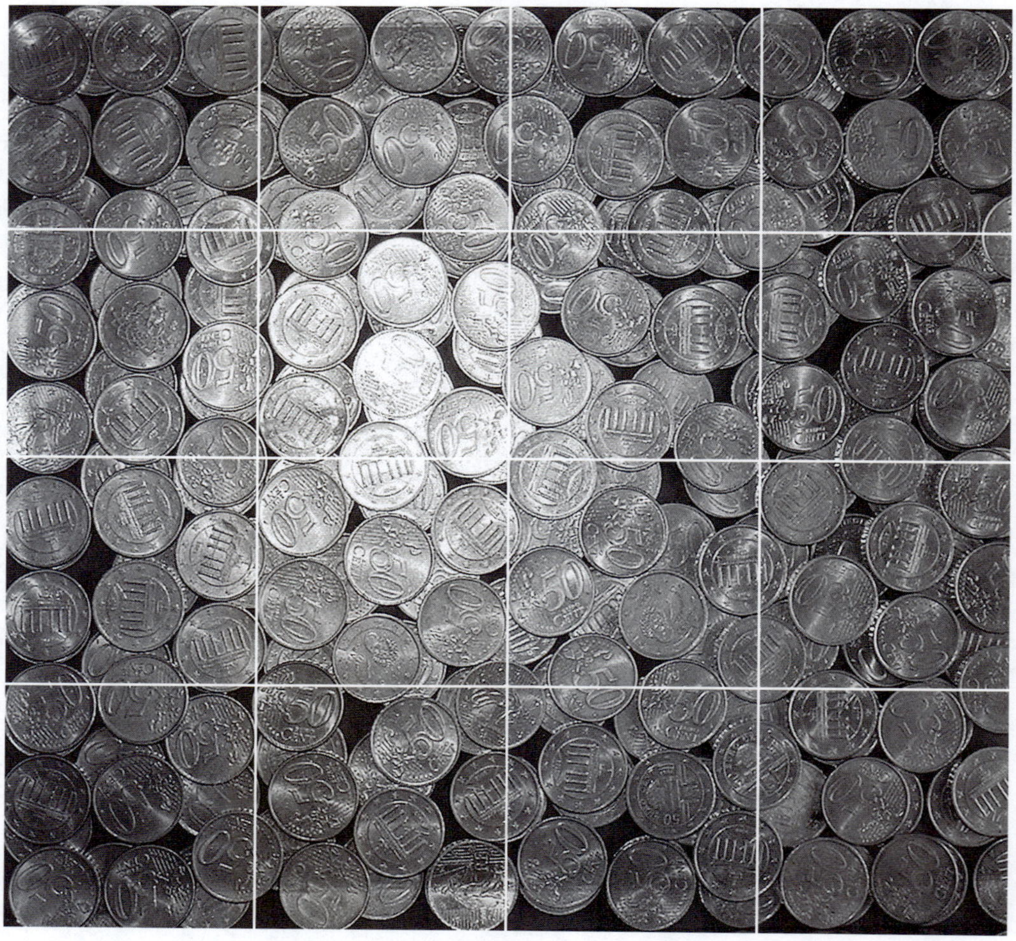

1. Schritt: Bezugsgröße suchen
Zunächst legt man ein geeignetes Raster über die zu schätzende Größe. Dann zählt man die Anzahl der Münzen in einem Feld aus. Mit den Bruchteilen der Münzen (auf- und abrunden) kommt man auf etwa 14 bis 15 Münzen in einem Feld.

2. Schritt: Anzahl mithilfe der Bezugsgröße berechnen
mindestens: $14 \text{ Münzen} \cdot 16 = 224 \text{ Münzen}$
höchstens: $15 \text{ Münzen} \cdot 16 = 240 \text{ Münzen}$
Das ist ein sehr guter Schätzwert. Es liegen tatsächlich 230 Münzen in der Ablage.

Aufgaben

21 Schätze, wie viele Vierkant-Stahlstangen auf dem Bildausschnitt zu sehen sind.

22 Schätze, wie viele Pflastersteine auf dem Bildausschnitt zu sehen sind.

Bruchrechnen

Merke

> **Bruchbegriff**
> Brüche können in **verschiedenen Schreibweisen** dargestellt werden.

Beispiel

Darstellung	Bruch	Hundertstelbruch	Dezimalbruch	Prozentsatz
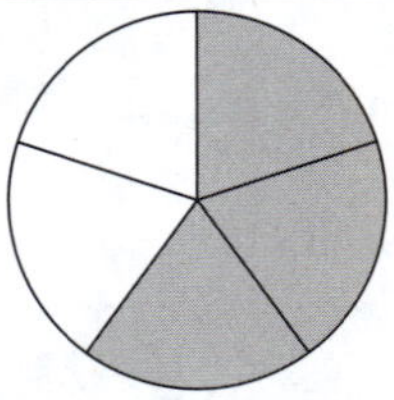	$\frac{3}{5}$	$\frac{60}{100}$	0,6	60 %
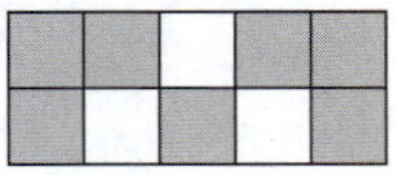	$\frac{7}{10}$	$\frac{70}{100}$	0,7	70 %

Aufgaben

23 Ergänze die fehlenden Werte in der Tabelle.

	a)	b)	c)	d)	e)	f)	g)
Bruch	$\frac{1}{2}$			$\frac{4}{5}$			
Hundertstelbruch		$\frac{40}{100}$					
Dezimalbruch			0,9			0,2	
Prozentsatz					30 %		75 %

24 Welcher Bruchteil der Flächen ist jeweils grau markiert?
Gib die Bruchteile auch als Prozentsätze an.

a)

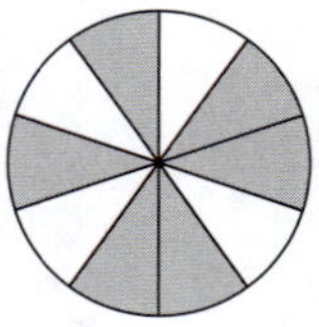

6/10

b)

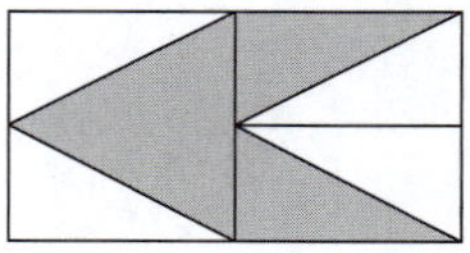

3/7

25 Welcher Bruchteil des Quadrats bzw. des Würfels ist jeweils gekennzeichnet?

a)

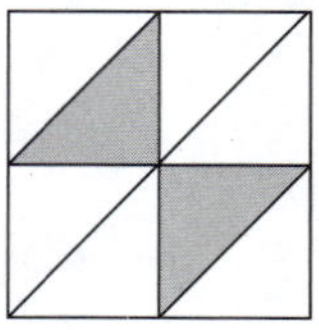

2/8

b)

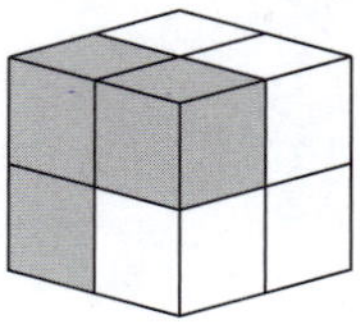

3/8

Hier gibt es zwei richtige Lösungen.

26 Färbe von den Flächen den angegebenen Bruchteil grau.

a) $\frac{5}{8}$ 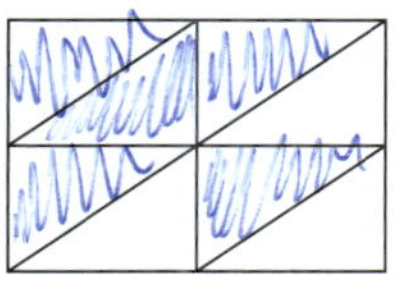

b) $\frac{1}{5}$ 

27 Die graue Fläche ist der vierte Teil eines Rechtecks.
Zeichne das ganze Rechteck. Du hast vier Möglichkeiten.

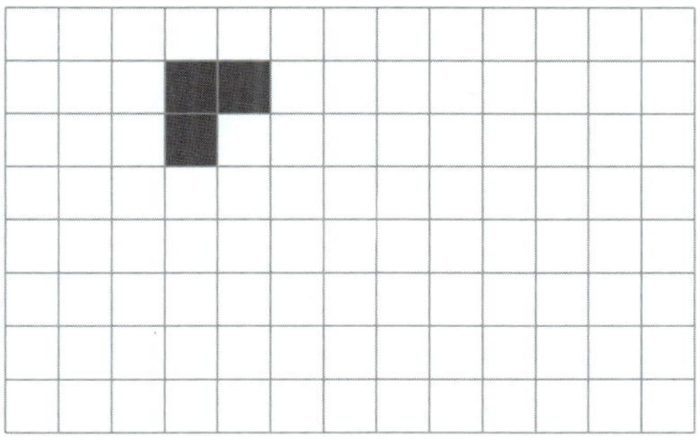

28 Welcher Bruch ist markiert?

a)

b)

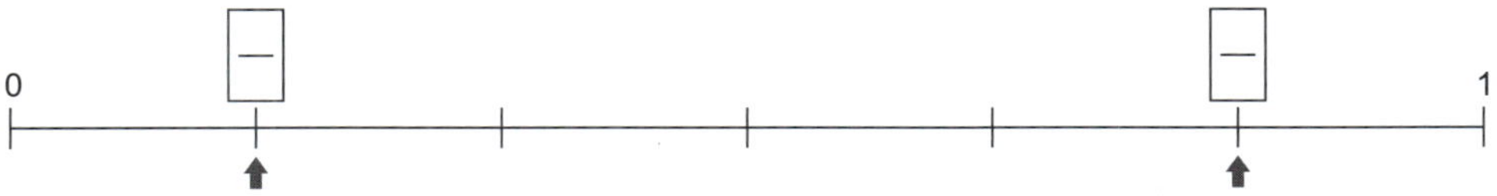

29 Setze richtig ein (> oder < oder =).

a) 60 % [>] $\frac{3}{5}$

b) $\frac{3}{100}$ ☐ 33 %

c) $\frac{29}{10}$ ☐ 0,29

d) $\frac{4}{5}$ ☐ 80 %

30 In welcher Reihe sind die Darstellungen der Brüche vom kleinsten bis zum größten richtig geordnet?
Kreuze an.

☐	0,45	$\frac{43}{100}$	4,25 %	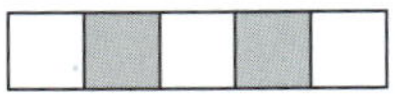
☐	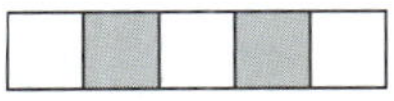	4,25 %	$\frac{43}{100}$	0,425
☐	4,25 %	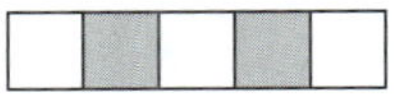	0,425	$\frac{43}{100}$
☐	$\frac{43}{100}$	0,425	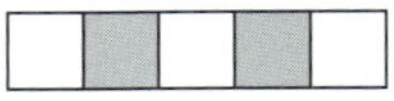	4,25 %

31 Setze jeweils eine der gegebenen Zahlen aus dem Kreis ein, sodass korrekte Aussagen entstehen.

29 % > ☐

0,55 < ☐

$\frac{2}{5}$ = ☐

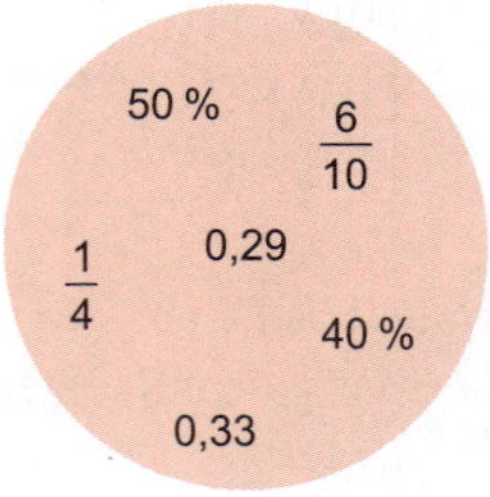

32 In welchem Kreis ist ungefähr der gleiche Bruchteil grau gefärbt wie im Rechteck? Kreuze an.

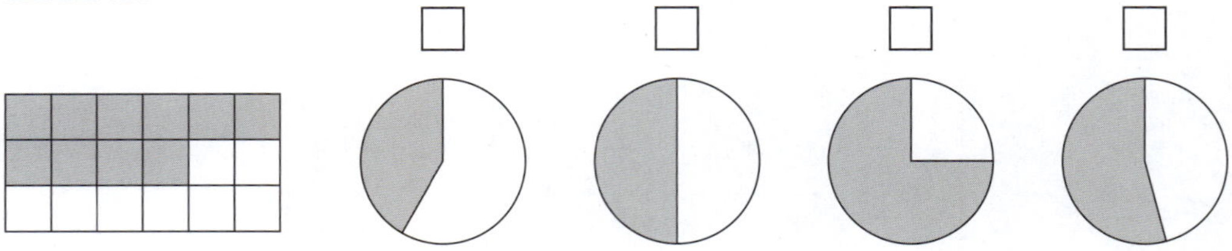

33 Färbe $\frac{2}{5}$ der Fläche grau. Wie viel Prozent der Fläche bleiben weiß?

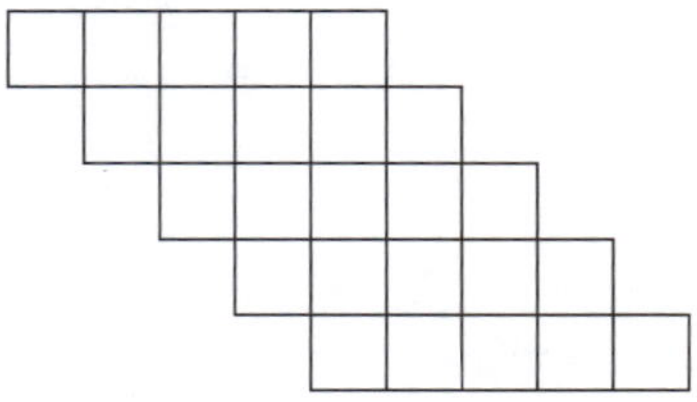

34 Von den folgenden Darstellungen für $\frac{3}{4}$ sind vier Darstellungen falsch. Streiche diese durch.

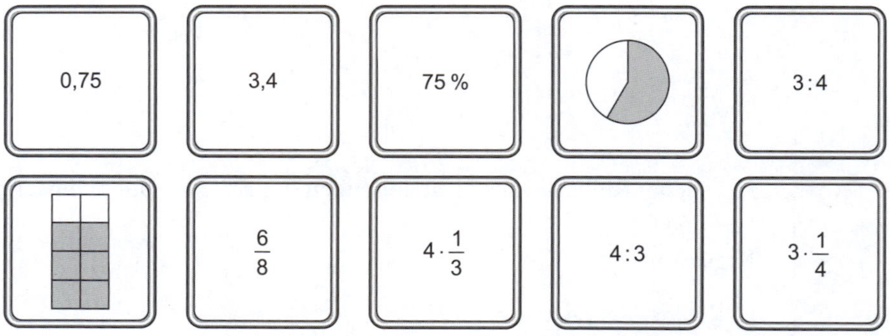

35 a) Wie viel Prozent des Kreises sind grau gefärbt?

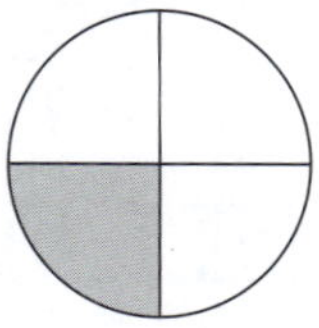

b) Färbe in dem rechteckigen Streifen den gleichen Prozentsatz wie in Teilaufgabe a grau.

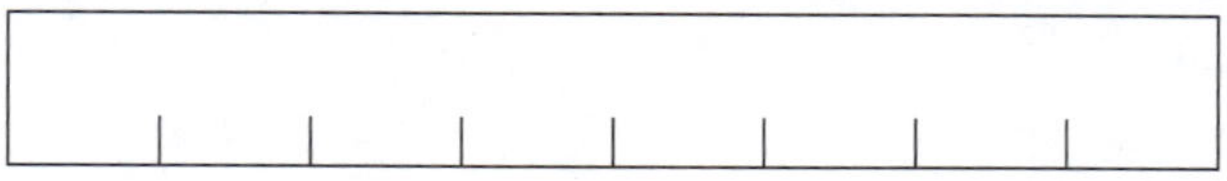

Merke

Brüche erweitern und kürzen

- Ein Bruch wird **erweitert**, indem Zähler und Nenner **mit der gleichen Zahl** (Erweiterungszahl) **multipliziert** werden. Der Wert des Bruches bleibt dabei unverändert.
- Ein Bruch wird **gekürzt**, indem Zähler und Nenner **durch die gleiche Zahl** (Kürzungszahl) **dividiert** werden. Der Wert des Bruches bleibt dabei unverändert.

Beispiele

1. Erweitere den Bruch $\frac{3}{4}$ mit 5.

$\frac{3}{4} = \frac{3 \cdot 5}{4 \cdot 5} = \frac{15}{20}$

Die Erweiterungszahl ist 5.
Zähler und Nenner werden mit 5 multipliziert.

2. Kürze den Bruch $\frac{12}{15}$ so weit wie möglich.

$\frac{12}{15} = \frac{12 : 3}{15 : 3} = \frac{4}{5}$

Die Kürzungszahl ist 3.
Zähler und Nenner werden durch 3 dividiert.

Aufgaben

36

a) Erweitere $\frac{2}{3}$ jeweils mit 3 (4; 6; 8).

b) Erweitere $\frac{4}{5}$ jeweils mit 2 (5; 7; 10).

37

Kürze die folgenden Brüche so weit wie möglich.

a) $\frac{4}{8}$

b) $\frac{6}{18}$

c) $\frac{15}{20}$

d) $\frac{16}{36}$

38

Berechne die fehlenden Zähler und Nenner.

a) $\frac{7}{25} = \frac{\boxed{28}}{100}$

b) $\frac{\boxed{15}}{40} = \frac{3}{8}$

c) $\frac{8}{\square} = \frac{2}{3}$

d) $\frac{2}{5} = \frac{12}{\square}$

39

Ergänze jeweils die fehlenden Zähler und Nenner.

a) $\frac{3}{\boxed{5}} = \frac{12}{20} = \frac{\square}{10} = \frac{36}{\square}$

b) $\frac{\square}{24} = \frac{10}{\square} = \frac{5}{6} = \frac{\boxed{15}}{18}$

40

Kreuze das Beispiel an, bei dem alle Brüche den gleichen Wert haben.

☐ $\frac{3}{4}$ $\frac{6}{8}$ $\frac{12}{16}$ $\frac{15}{24}$

☐ $\frac{3}{5}$ $\frac{6}{7}$ $\frac{9}{15}$ $\frac{15}{25}$

☐ $\frac{3}{8}$ $\frac{6}{16}$ $\frac{12}{32}$ $\frac{9}{24}$

☐ $\frac{10}{15}$ $\frac{6}{18}$ $\frac{3}{9}$ $\frac{8}{12}$

41

Schreibe als Bruch und kürze so weit wie möglich.

a) 12 € von 36 €

b) 450 kg von 600 kg

c) 45 ℓ von 180 ℓ

d) 72 h von 84 h

Merke

Hauptnenner: kleinster gemeinsamer Nenner

- Sollen zwei oder mehrere Brüche miteinander verglichen werden, müssen alle Brüche einen gleichen gemeinsamen **Nenner (Hauptnenner)** aufweisen.
- Der **kleinste gemeinsame Hauptnenner** von **zwei oder mehreren ungleichnamigen Brüchen ist das** kleinste gemeinsame Vielfache der einzelnen Nenner.

Beispiele

1. Welcher Bruch ist kleiner, $\frac{2}{3}$ *oder* $\frac{7}{9}$?

   Der Nenner des 1. Bruchs ist 3, der Nenner des 2. Bruchs ist 9.
   Der Nenner des 2. Bruchs ist ein Vielfaches des Nenners des 1. Bruchs.

   $$\frac{2}{3} = \frac{2 \cdot 3}{3 \cdot 3} = \frac{6}{9}$$

   Der Hauptnenner ist 9, die Erweiterungszahl für den 1. Bruch ist 3.

   $$\frac{6}{9} < \frac{7}{9} \quad \Rightarrow \quad \frac{2}{3} < \frac{7}{9}$$

2. Welcher Bruch ist größer, $\frac{3}{4}$ *oder* $\frac{5}{6}$?

   Der kleinste gemeinsame Nenner ist 12.

   $$\frac{3}{4} = \frac{3 \cdot 3}{4 \cdot 3} = \frac{9}{12}$$

   Die Erweiterungszahl für den 1. Bruch ist 3.

   $$\frac{5}{6} = \frac{5 \cdot 2}{6 \cdot 2} = \frac{10}{12}$$

   Die Erweiterungszahl für den 2. Bruch ist 2.

   $$\frac{10}{12} > \frac{9}{12} \quad \Rightarrow \quad \frac{5}{6} > \frac{3}{4}$$

Aufgaben

42 Welcher Bruch ist größer?

a) $\frac{3}{5}$ *oder* $\frac{7}{10}$ b) $\frac{1}{6}$ *oder* $\frac{5}{18}$ c) $\frac{3}{4}$ *oder* $\frac{13}{16}$ d) $\frac{5}{8}$ *oder* $\frac{23}{40}$

43 Vergleiche folgende Brüche.

a) $\frac{5}{6}$ *und* $\frac{7}{8}$ b) $\frac{8}{9}$ *und* $\frac{11}{12}$ c) $\frac{7}{8}$ *und* $\frac{11}{12}$ d) $\frac{5}{9}$ *und* $\frac{8}{15}$

44 Setze richtig ein (< oder = oder >).

a) $\frac{7}{8}$ ☐ $\frac{7}{12}$ ☐ $\frac{11}{24}$ b) $\frac{3}{5}$ ☐ $\frac{7}{10}$ ☐ $\frac{11}{15}$

45 Ordne die folgenden Brüche der Größe nach.

a) $\frac{3}{4}; \frac{5}{6}; \frac{7}{12}$ b) $\frac{1}{2}; \frac{2}{3}; \frac{3}{5}$ c) $\frac{4}{5}; \frac{1}{3}; \frac{3}{10}$ d) $\frac{7}{8}; \frac{4}{5}; \frac{17}{20}$

Merke

Echter Bruch, unechter Bruch, gemischte Zahl

- Beispiele für echte Brüche: $\frac{1}{2}$; $\frac{2}{3}$; $\frac{3}{4}$ — Der Zähler eines echten Bruchs ist **kleiner** als der Nenner.
- Beispiele für unechte Brüche: $\frac{3}{2}$; $\frac{8}{3}$; $\frac{15}{4}$ — Der Zähler eines unechten Bruchs ist **größer** als der Nenner.
- Beispiele für gemischte Zahlen: $1\frac{1}{2}$; $2\frac{2}{3}$; $3\frac{3}{4}$ — Gemischte Zahlen bestehen aus ganzen Zahlen und echten Brüchen.

Beispiele

1. Wandle den unechten Bruch $\frac{43}{8}$ in eine gemischte Zahl um.

$$\frac{43}{8} = 43:8 = 5 + 3:8 = 5 + \frac{3}{8} = 5\frac{3}{8}$$

2. Wandle die gemischte Zahl $9\frac{1}{3}$ in einen unechten Bruch um.

$$9\frac{1}{3} = 9 + \frac{1}{3} = \frac{9 \cdot 3}{3} + \frac{1}{3} = \frac{27}{3} + \frac{1}{3} = \frac{27+1}{3} = \frac{28}{3}$$

Aufgaben

46 Schreibe als gemischte Zahl.

a) $\frac{15}{2}$ b) $\frac{11}{3}$ c) $\frac{23}{4}$ d) $\frac{13}{5}$

47 Schreibe als unechten Bruch.

a) $9\frac{1}{2}$ b) $4\frac{2}{3}$ c) $9\frac{3}{4}$ d) $10\frac{4}{5}$

48 Setze jeweils eine der gegebenen Zahlen aus dem Kreis ein, sodass korrekte Aussagen entstehen.

$\frac{17}{2}$ < ______

$5\frac{1}{2}$ = ______

375 % > ______

510 %; $3\frac{1}{2}$; 8,75; 775 %; $\frac{11}{2}$; 4,5

49 Welcher Bruch ist größer?

a) $\frac{4}{2}$ *oder* $\frac{6}{5}$ b) $\frac{5}{2}$ *oder* $2\frac{3}{4}$ c) $3\frac{5}{8}$ *oder* $3\frac{3}{4}$ d) $\frac{40}{6}$ *oder* $6\frac{1}{3}$

50 Setze < oder = oder > ein.

a) $\frac{29}{10}$ ☐ $2\frac{4}{5}$ b) $4\frac{3}{4}$ ☐ $\frac{38}{8}$ c) $\frac{17}{6}$ ☐ $3\frac{1}{3}$ d) $4\frac{1}{2}$ ☐ $\frac{13}{3}$

51 Schreibe als Hundertstelbruch, gekürzten unechten Bruch und als gemischte Zahl.

a) 125 % b) 220 % c) 350 % d) 460 %

Merke

Addition und Subtraktion von Brüchen

- Brüche können nur dann addiert oder subtrahiert werden, wenn sie **gleichnamig** sind, also einen **gemeinsamen Nenner** besitzen.
- Sind die Brüche gleichnamig, werden die **Zähler addiert oder subtrahiert**. Der **Nenner bleibt unverändert**.
- **Ungleichnamige Brüche** müssen vor dem Addieren oder dem Subtrahieren auf einen **Hauptnenner** gebracht werden.

Beispiele

1. Addiere die ungleichnamigen Brüche: $\frac{2}{3}+\frac{4}{5}=$

$\frac{2}{3}+\frac{4}{5}=\frac{2\cdot\mathbf{5}}{3\cdot\mathbf{5}}+\frac{4\cdot\mathbf{3}}{5\cdot\mathbf{3}}=$ — 1. Erweitere auf den Hauptnenner.

$\frac{10}{15}+\frac{12}{15}=\frac{10+12}{15}=$ — 2. Addiere die Zähler.

$\frac{22}{15}=1\frac{7}{15}$ — 3. Wandle das Ergebnis in eine gemischte Zahl um.

2. Subtrahiere die ungleichnamigen Brüche: $\frac{8}{10}-\frac{1}{3}=$

$\frac{8}{10}-\frac{1}{3}=\frac{8\cdot\mathbf{3}}{10\cdot\mathbf{3}}-\frac{1\cdot\mathbf{10}}{3\cdot\mathbf{10}}=$ — 1. Erweitere auf den Hauptnenner.

$\frac{24}{30}-\frac{10}{30}=\frac{24-10}{30}=$ — 2. Subtrahiere die Zähler.

$\frac{14}{30}=\frac{7}{15}$ — 3. Kürze, wenn möglich.

Aufgaben

52 Bestimme den Hauptnenner und addiere die Brüche. Kürze das Ergebnis und gib es als gemischte Zahl an, falls möglich.

a) $\frac{3}{4}+\frac{7}{8}$ b) $\frac{3}{4}+\frac{2}{3}$ c) $\frac{1}{2}+\frac{3}{4}+\frac{5}{8}$ d) $\frac{1}{2}+\frac{2}{3}+\frac{5}{6}$

53 Bestimme den Hauptnenner und subtrahiere die Brüche. Kürze das Ergebnis, falls möglich.

a) $\frac{7}{12}-\frac{3}{8}$ b) $\frac{23}{24}-\frac{5}{6}$ c) $\frac{19}{20}-\frac{1}{5}-\frac{3}{10}$ d) $\frac{11}{12}-\frac{1}{6}-\frac{3}{4}$

54 Mache die Brüche gleichnamig und berechne das Ergebnis.

a) $\frac{1}{3}+\frac{4}{9}-\frac{5}{18}$ b) $\frac{2}{3}-\frac{3}{10}+\frac{4}{5}$ c) $\frac{7}{10}+\frac{3}{4}-\frac{4}{5}$ d) $\frac{1}{2}-\frac{7}{18}+\frac{2}{9}$

55

a) Berechne die Differenz aus $\frac{3}{4}$ und $\frac{5}{12}$, addiere dazu die Summe aus $\frac{5}{6}$ und $\frac{2}{3}$.

b) Subtrahiere von der Summe aus $\frac{7}{8}$ und $\frac{5}{6}$ die Differenz aus $\frac{11}{12}$ und $\frac{2}{3}$.

Merke

Addition und Subtraktion von gemischten Zahlen

- Zuerst wandelt man **gemischte Zahlen** in **unechte Brüche** um.
- Dann werden die unechten Brüche gleichnamig gemacht und addiert oder subtrahiert.
- Falls möglich, wird das Ergebnis gekürzt und in eine gemischte Zahl umgewandelt.
- Bei gemischten Zahlen kann man auch die **ganzen Zahlen** und die **Brüche getrennt voneinander** addieren oder subtrahieren.

Beispiele

1. Addiere die gemischten Zahlen: $8\frac{1}{3}+4\frac{3}{4}=$

$8\frac{1}{3}+4\frac{3}{4}=\frac{25}{3}+\frac{19}{4}=$ Wandle in unechte Brüche um.

$\frac{25\cdot 4}{3\cdot 4}+\frac{19\cdot 3}{4\cdot 3}=\frac{100+57}{12}=$ Erweitere auf den Hauptnenner und addiere die Zähler.

$\frac{157}{12}=13\frac{1}{12}$ Wandle den unechten Bruch in eine gemischte Zahl um.

2. Subtrahiere die gemischten Zahlen: $4\frac{5}{6}-2\frac{5}{9}=$

$4\frac{5}{6}-2\frac{5}{9}=4-2+\frac{5}{6}-\frac{5}{9}=$ Subtrahiere die ganzen Zahlen.

$2+\frac{5\cdot 3}{6\cdot 3}-\frac{5\cdot 2}{9\cdot 2}=2+\frac{15-10}{18}=$ Erweitere auf den Hauptnenner und subtrahiere die Zähler.

$2+\frac{5}{18}=2\frac{5}{18}$ Gib das Ergebnis als gemischte Zahl an.

Aufgaben

56 Addiere die gemischten Zahlen.

a) $2\frac{1}{6}+1\frac{5}{9}$ b) $3\frac{1}{4}+4\frac{5}{6}$ c) $1\frac{3}{8}+3\frac{3}{4}$ d) $2\frac{4}{5}+7\frac{9}{10}$

57 Subtrahiere die gemischten Zahlen.

a) $3\frac{1}{4}-1\frac{2}{3}$ b) $4\frac{1}{2}-1\frac{1}{3}$ c) $7\frac{7}{8}-4\frac{7}{12}$ d) $8\frac{1}{6}-7\frac{4}{9}$

58 Setze die Zahlenreihen jeweils um drei Glieder fort.

a) $2\frac{1}{2}$; 4; $5\frac{1}{2}$; 7…

b) $1\frac{1}{4}$; 2; $2\frac{3}{4}$; $3\frac{1}{2}$…

c) $12\frac{1}{2}$; 11; $9\frac{1}{2}$; 8…

d) $8\frac{1}{3}$; $7\frac{2}{3}$; 7; $6\frac{1}{3}$…

59 Eine Einkaufstasche ist bis zu einer Last von 8 kg reißfest.
Reicht die Reißfestigkeit für alle Waren auf dem Einkaufszettel?

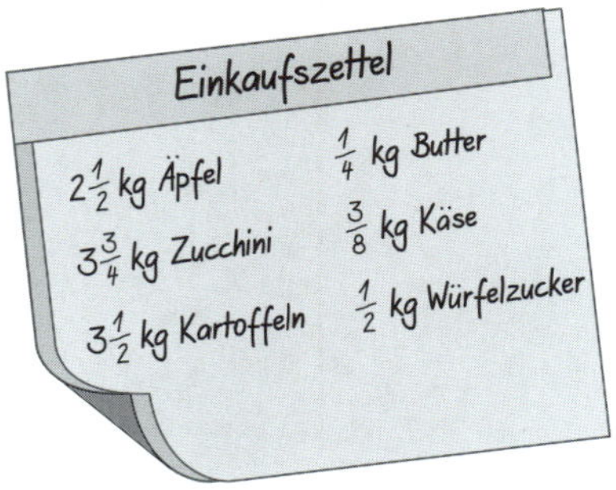

Merke

Brüche multiplizieren

- Beim **Multiplizieren** von Brüchen werden jeweils **die Zähler und die Nenner** miteinander multipliziert.
- **Kürze**, falls möglich, vor dem Ausmultiplizieren.
- **Gemischte Zahlen** müssen vor dem **Multiplizieren** in unechte Brüche umgewandelt werden.

Beispiel

Multipliziere $\frac{3}{8}$ mit $\frac{4}{5}$.

$\frac{3}{8} \cdot \frac{4}{5} = \frac{3 \cdot 4}{8 \cdot 5} =$ $\qquad \frac{\text{Zähler} \cdot \text{Zähler}}{\text{Nenner} \cdot \text{Nenner}}$

$\frac{3 \cdot \cancel{4}^{1}}{\cancel{8}^{2} \cdot 5} = \frac{3 \cdot 1}{2 \cdot 5} = \frac{3}{10}$ $\qquad$ Kürze vor dem Ausmultiplizieren.

Aufgaben

60 Multipliziere die Brüche.

a) $\frac{7}{8} \cdot \frac{3}{7}$ b) $\frac{5}{6} \cdot \frac{3}{5}$ c) $\frac{20}{21} \cdot \frac{9}{10}$ d) $\frac{14}{3} \cdot \frac{12}{7}$

61 Rechne. Kürze vor dem Ausmultiplizieren.

a) $\frac{2}{3} \cdot \frac{4}{5} \cdot \frac{3}{4}$ b) $\frac{14}{3} \cdot \frac{12}{7} \cdot \frac{3}{8}$ c) $\frac{5}{9} \cdot \frac{3}{10} \cdot \frac{6}{2}$ d) $\frac{3}{4} \cdot \frac{3}{5} \cdot \frac{5}{6}$

62 Multipliziere die gemischten Zahlen.

a) $2\frac{1}{4} \cdot \frac{5}{6}$ b) $\frac{4}{7} \cdot 2\frac{5}{8}$ c) $2\frac{1}{2} \cdot 3\frac{2}{5}$ d) $3\frac{1}{8} \cdot 4\frac{4}{5}$

63 Rechne wie im Beispiel.

$\frac{3}{4}$ *von* $2\text{ h} = \frac{3}{4} \cdot 2\text{ h} = \frac{3 \cdot 2\text{ h}}{4} = \frac{3\text{ h}}{2} = 1\frac{1}{2}\text{ h}$

a) $\frac{3}{8}$ *von* 80 kg b) $\frac{5}{6}$ *von* 720 t c) $\frac{5}{8}$ *von* 240 km d) $\frac{3}{5}$ *von* 200 m

64 Setze <, =, > richtig ein.

a) $\frac{3}{5}$ *von* 150 kg ☐ $\frac{3}{4}$ *von* 140 kg

b) $\frac{2}{3}$ *von* 180 km ☐ $\frac{7}{8}$ *von* 160 km

c) $\frac{5}{7}$ *von* 420 € ☐ $\frac{2}{3}$ *von* 450 €

d) $\frac{3}{4}$ *von* 1 200 ℓ ☐ $\frac{7}{8}$ *von* 880 ℓ

Merke

Brüche dividieren

- Beim **Dividieren** von Brüchen wird zunächst der **Kehrwert des zweiten Bruchs** gebildet.
- Anschließend wird der erste Bruch mit dem Kehrwert des zweiten Bruchs **multipliziert**.
- **Kürze**, falls möglich, vor dem Ausmultiplizieren.
- **Gemischte Zahlen** müssen vor der **Division** in unechte Brüche umgewandelt werden.

Beispiel

Dividiere: $\frac{4}{15} : \frac{8}{3} =$

$\frac{4}{15} : \frac{8}{3} = \frac{4}{15} \cdot \frac{3}{8} = \frac{\not{4}^1 \cdot \not{3}^1}{\not{15}^5 \cdot \not{8}^2} =$

$\frac{1 \cdot 1}{5 \cdot 2} = \frac{1}{10}$

Multipliziere mit dem Kehrwert. Der Kehrwert von $\frac{8}{3}$ ist $\frac{3}{8}$. Kürze vor dem Ausmultiplizieren.

Aufgaben

65 Dividiere die Brüche. Kürze vor dem Ausmultiplizieren.

a) $\frac{7}{8} : \frac{3}{7}$ b) $\frac{3}{5} : \frac{7}{15}$ c) $\frac{6}{7} : \frac{9}{35}$ d) $\frac{11}{10} : \frac{3}{5}$

66 Rechne.

a) $\frac{12}{7} : 2$ b) $\frac{9}{8} : 3$ c) $6 : \frac{1}{2}$ d) $12 : \frac{6}{5}$

67 Dividiere die gemischten Zahlen.

a) $5\frac{1}{4} : 3\frac{1}{2}$ b) $4\frac{4}{5} : 3\frac{6}{10}$ c) $7\frac{1}{3} : 2\frac{3}{4}$ d) $3\frac{1}{2} : 1\frac{5}{9}$

68 Eine Kelterei presst aus Äpfeln reinen naturtrüben Apfelsaft und füllt ihn in Mehrwegpfandflaschen in zwei unterschiedlichen Größen ab.
Aus $1\frac{1}{4}$ kg Äpfel kann 1 ℓ Apfelsaft gewonnen werden.

a) An einem Tag werden $17\frac{1}{2}$ t Äpfel verarbeitet.
Berechne die entstehende Apfelsaftmenge.

b) Von der entstandenen Apfelsaftmenge werden 6 300 ℓ Apfelsaft in die größeren Flaschen abgefüllt, der restliche Apfelsaft in die kleineren Flaschen.
Wie viele Flaschen von jeder Größe werden jeweils abgefüllt?

c) Für Babynahrung verarbeitet die Kelterei 1,5 t Äpfel aus biologischem Anbau. Der Apfelsaft soll in Viertelliter-Flaschen abgefüllt werden.
Wie viele Flaschen werden dafür benötigt?

Fit im Quali

69 Fülle die Tabelle aus.

Bruch	$\frac{1}{2}$	$\frac{1}{4}$		$\frac{1}{5}$				$\frac{1}{8}$
Dezimalbruch	0,5		0,75			0,70		
Prozent	50 %				80 %		125 %	

70 Markiere die gegebenen Anteile in den Flächen.

a) $\frac{2}{3}$

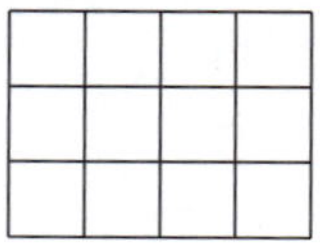

b) 75 %

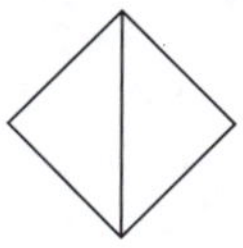

c) $\frac{1}{4}$

d) $\frac{3}{12}$

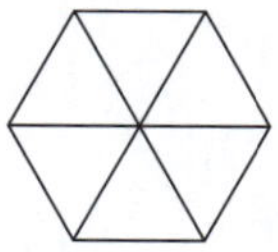

e) 45 %

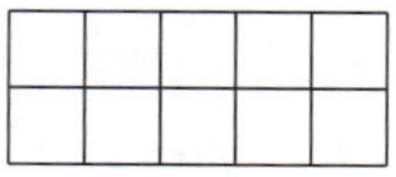

f) $\frac{5}{6}$

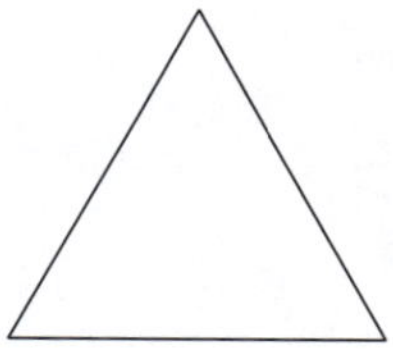

71 Ergänze die fehlenden Zahlen.

a) $20\,\% - 0{,}15 + 0{,}35 =$ ________ %

b) $0{,}60 - 38\,\% + 0{,}20 +$ ________ $= 100\,\%$

c) $100\,\% - 0{,}97 +$ ________ $- 0{,}05 = 95\,\%$

d) $0{,}45 + \frac{1}{4} - 12\,\% + \frac{3}{10} =$ ________

72 Setze richtig ein (> oder < oder =).

a) $\frac{3}{4}$ ☐ $0{,}7$

b) $0{,}35$ ☐ $\frac{35}{100}$

c) $0{,}60$ ☐ $\frac{36}{72}$

d) $\frac{3}{5}$ ☐ $0{,}06$

e) $\frac{2}{3} \cdot \frac{3}{4}$ ☐ $\frac{1}{2} : \frac{5}{6}$

f) $\frac{5}{12} - \frac{1}{4}$ ☐ $\frac{1}{9} + \frac{1}{18}$

g) $0{,}36 + 14\,\%$ ☐ $\frac{1}{2}$

h) $1{,}50$ ☐ $1\frac{3}{5}$

73 In welcher Reihe sind die Zahlen von der kleinsten bis zur größten richtig geordnet? Kreuze an.

☐ $2\frac{2}{3}$ 275 % $\frac{15}{6}$ 2,8

☐ 2,8 275 % $2\frac{2}{3}$ $\frac{15}{6}$

☐ $\frac{15}{6}$ $2\frac{2}{3}$ 275 % 2,8

☐ 275 % $\frac{15}{6}$ 2,8 $2\frac{2}{3}$

74 Zeichne jeweils auf der Vorderseite ein, wie hoch die Flüssigkeit in den Behältern steht.

a) zu 25 % gefüllt b) zu 66 % gefüllt c) zu $\frac{3}{10}$ gefüllt

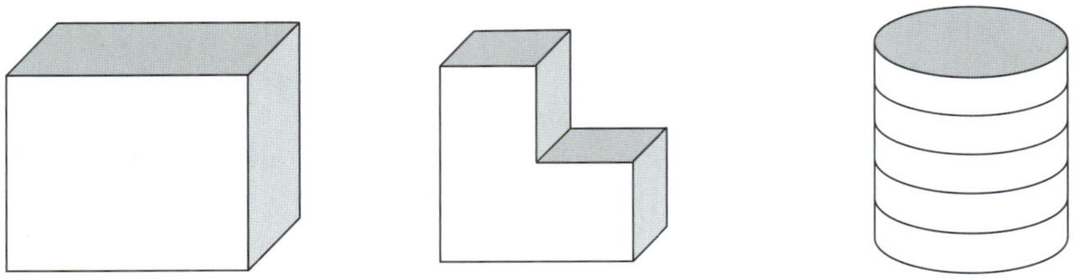

75 Stelle den Rechenausdruck auf und berechne das Ergebnis.

a) Dividiere das Produkt aus $4\frac{2}{7}$ und $1\frac{2}{5}$ durch die Differenz aus $4\frac{3}{10}$ und $3\frac{1}{2}$.

b) Subtrahiere vom Quotienten aus $3\frac{3}{7}$ und $\frac{16}{21}$ die Summe aus $\frac{5}{6}$ und $\frac{2}{3}$.

76 Berechne jeweils die Lösung.

a) Nach ihrem Abschluss an der Mittelschule macht Svenja eine Reise, die 480 € kostet. $\frac{1}{6}$ der Kosten übernehmen ihre Eltern, 25 % bekommt sie von ihren Großeltern. Den Restbetrag hebt Svenja von ihrem Sparkonto ab. Wie viel Geld ist das?

b) Susanne hat eine Flasche Orangensaft mit einem Inhalt von 0,75 ℓ. Sie trinkt $\frac{2}{3}$ der Flasche aus. Wie viel Liter Saft sind noch in der Flasche?

c) Keve soll mit einem Gabelstapler Paletten mit Pflastersteinen auf einen Lastwagen laden. Eine Palette wiegt $1\frac{1}{4}$ t.
Auf dem Lastwagen steht: „Maximale Zuladung 6 500 kg."
Wie viele Paletten darf Keve höchstens auf den Lkw laden?

77 Eine 12 m lange Eisenstange wird in drei Teile zersägt.

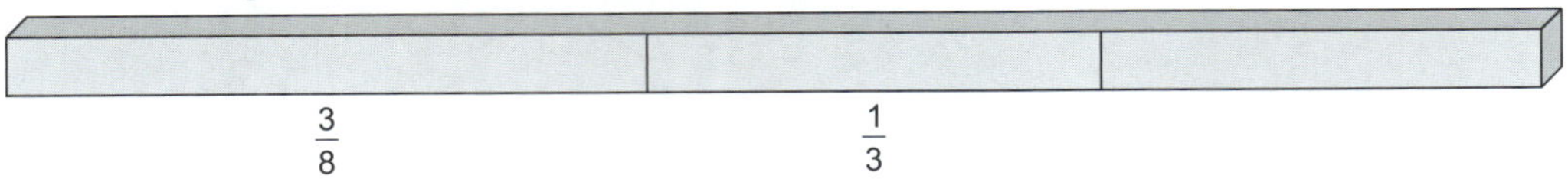

a) Welchen Bruchteil der Länge hat das dritte Stück?

b) Berechne jeweils die Länge der einzelnen Stücke.

78 Der Landwirt Pichler legt auf einem Stück Brachland eine Streuobstwiese an.

a) Wie viele Obstbäume pflanzt der Landwirt Pichler insgesamt?

b) Welchen Bruchteil am gesamten Baumbestand nehmen die einzelnen Obstbäume jeweils ein.

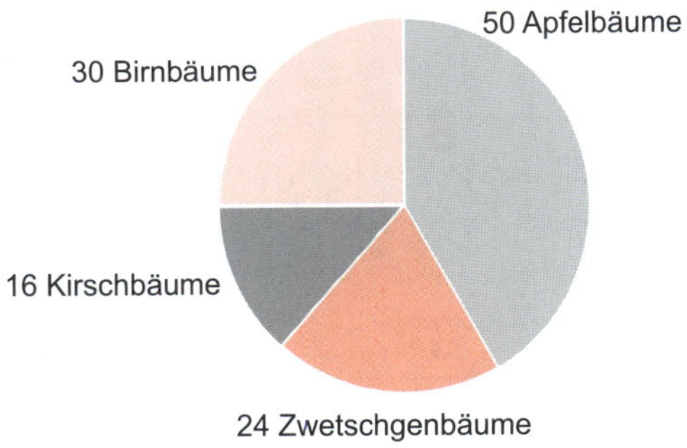

Dezimalbrüche

Merke

Dezimalbrüche

- Ein **Bruch** kann in einen **Dezimalbruch** umgeformt werden, indem der Zähler durch den Nenner dividiert wird. Es entstehen **abbrechende** oder **nicht abbrechende, periodische Dezimalbrüche**.
- Bei **periodischen Dezimalbrüchen wiederholen** sich ab einer bestimmten Stelle **Ziffern** oder **Zahlenfolgen**.
- Die Ziffernfolge oder Zahlenfolge wird **Periode** genannt. Sie wird durch einen **Querstrich** gekennzeichnet.

Beispiele

1. abbrechende Dezimalbrüche

$\frac{4}{5} = 4:5 = 0{,}8$ $\quad \frac{3}{8} = 3:8 = 0{,}375$ $\quad \frac{9}{50} = 9:50 = 0{,}18$ $\quad \frac{17}{80} = 17:80 = 0{,}2125$

2. periodische Dezimalbrüche

$\frac{2}{3} = 2:3 = 0{,}666\ldots = 0{,}\overline{6}$ $\quad \frac{5}{6} = 5:6 = 0{,}833\ldots = 0{,}8\overline{3}$

$\frac{3}{11} = 3:11 = 0{,}2727\ldots = 0{,}\overline{27}$ $\quad \frac{17}{22} = 17:22 = 0{,}772727\ldots = 0{,}77\overline{27}$

Aufgaben

79 Gib als Dezimalbruch an.

a) $\frac{7}{8}$ b) $\frac{9}{16}$ c) $\frac{23}{20}$ d) $\frac{29}{25}$

e) $\frac{4}{3}$ f) $\frac{7}{6}$ g) $\frac{11}{9}$ h) $\frac{8}{15}$

80 Setze <, =, > ein.

a) $1 \;\square\; 0{,}\overline{9}$ b) $\frac{3}{5} \;\square\; 0{,}\overline{6}$ c) $\frac{1}{6} \;\square\; 0{,}1\overline{6}$ d) $\frac{3}{4} \;\square\; 0{,}749$

e) $\frac{3}{8} \;\square\; 0{,}375$ f) $0{,}8\overline{3} \;\square\; \frac{5}{6}$ g) $\frac{1}{3} \;\square\; 0{,}\overline{3}$ h) $\frac{1}{20} \;\square\; 0{,}0\overline{5}$

81 Rechne. Runde sinnvoll, falls erforderlich.

a) 3 ℓ : 5 b) 5 ℓ : 8 c) 2 ℓ : 3 d) 13 ℓ : 7

e) 212 km : 7 f) 136 km : 8 g) 218 km : 3 h) 197 km : 6

82 Für eine Radtour mischt Ella für sich und ihre sechs Freundinnen fünf Liter Erfrischungsgetränk. Wie viel Liter kann jede Radfahrerin in ihre Trinkflasche füllen?

83 a) Auf einer Radtour durch Bayern legte Sven in 11 Tagen 717 km zurück. Wie viele Kilometer fuhr er im Durchschnitt täglich?

b) Rouven legte 678 km in 13 Tagen zurück, Antonia fuhr in 7 Tagen 373 km und Sergej schaffte in 13 Tagen 669 km.
Wer schaffte durchschnittlich die meisten Kilometer pro Tag?

Merke

Addition und Subtraktion von Dezimalbrüchen

- Beim Addieren und Subtrahieren von Dezimalbrüchen werden gleiche Stellenwerte untereinander geschrieben, **Komma unter Komma**.
- **Fehlende Stellen** nach dem Komma werden durch **Endnullen** aufgefüllt.

Beispiele

Berechne 6,2 + 19,854.

$$\begin{array}{r} 6{,}2\mathbf{00} \\ +\ 19{,}854 \\ \hline 26{,}054 \end{array}$$

Schreibe Komma unter Komma.
Ergänze fehlende Endnullen.

Berechne 17,6 – 8,953.

$$\begin{array}{r} 17{,}6\mathbf{00} \\ -\ \ 8{,}953 \\ \hline 8{,}647 \end{array}$$

Aufgaben

84 Addiere im Kopf.
a) 0,2 + 0,3 b) 0,4 + 1,8 c) 1,2 + 0,05 d) 1,625 + 1,05
e) 1 + 2,2 + 0,8 f) 1,9 + 9 + 1,2 g) 1,4 + 3 + 1,6 h) 3,9 + 6 + 0,1

85 Schreibe stellengerecht untereinander und rechne.
a) 43,9 + 7,7 b) 7,357 + 7,19 c) 8,482 + 5,99 d) 9,3 + 7,738
e) 91,02 + 13,675 f) 63,309 + 46,02 g) 997,6 + 95,432 h) 475,9 + 8,875

86 Subtrahiere im Kopf.
a) 0,9 – 0,3 b) 13,4 – 2,4 c) 8,75 – 1,25 d) 6,2 – 0,07
e) 2 – 1,11 f) 3,25 – 2,15 g) 30 – 20,7 h) 47,8 – 15,9

87 Schreibe stellengerecht untereinander und rechne.
a) 12,7 – 6,842 b) 80 – 39,075 c) 267,4 – 189,19 d) 54,7 – 23,457

88 Setze die Zahlenreihen jeweils um drei Glieder fort.
a) 6; 7,25; 8,5; … b) 10,3; 9,5; 8,7; …
c) 2,2; 4,4; 6,6; … d) 30,6; 27,3; 24; …

89 Rechne im Kopf. Nutze Rechenvorteile.
a) 3,4 + 7,9 – 1,4 + 2,1 b) 15,5 + 7,1 – 6,5 + 3,9
c) 2,7 – 6,3 + 10,3 – 3,7 d) 1,78 + 1,75 + 1,22 + 1,25

90 In Bayern dauert der längste Sommertag 16,6 h, der kürzeste Wintertag 7,8 h.
a) Wie viele Stunden ist der längste Tag länger als der kürzeste?
b) Wie lange dauert an beiden Tagen die Nacht?

91 Tina kauft für das neue Schuljahr ein: Einen Zirkelkasten für 15,99 €, einen Satz Holzfarbstifte für 7,49 €, einen Malkasten für 8,89 € und eine Sporttasche. Von einem 50-€-Schein bringt sie noch 4,68 € mit nach Hause. Berechne den Preis der Sporttasche.

92 Die Mädchen der 9b üben für die Pendelstaffel. Anica läuft die Strecke in 8,5 s, Teresa braucht 8,2 s und Ashley 7,9 s. Die Mädchen wollen eine Gesamtlaufzeit von unter 33 s erreichen.
Wer soll noch in der Staffel starten? Leoni mit einer Laufzeit von 8,3 s oder kann auch Ince mit 8,6 s starten?

Merke

Multiplikation von Dezimalbrüchen

- Man multipliziert Dezimalbrüche zunächst **wie natürliche Zahlen miteinander**. Anschließend wird das Komma im Ergebnis gesetzt.
- Das Produkt hat so viele **Stellen nach dem Komma** wie die einzelnen Faktoren **zusammen**.
- Bei der Multiplikation von Dezimalbrüchen mit 10, 100, 1 000… rückt das Komma um 1, 2, 3… Stellen **nach rechts**. Für fehlende Ziffern werden Nullen geschrieben.

Beispiele

1. Multipliziere 0,3 mit 0,25.

   $0{,}3 \cdot 0{,}25$ — Multipliziere wie mit natürlichen Zahlen.

   $3 \cdot 25 = 75$ — Das Produkt hat $1 + 2 = 3$ Nachkommastellen.

   $0{,}3 \cdot 0{,}25 = 0{,}075$ — Setze das Komma. Ergänze nach dem Komma die fehlende Stelle mit Null.

2. Multipliziere 49,6 mit 1 000.

   $49{,}6 \cdot 1\,000 =$ — Multiplikation mit 1 000 (drei Nullen).

   $49{,}6 \cdot 1\,000 = 49\,600$ — Das Komma wird um drei Stellen nach rechts verschoben. Fehlende Stellen nach dem Komma werden mit Nullen ersetzt.

Aufgaben

93 Rechne im Kopf. Schreibe das Ergebnis auf.

a) $0{,}2 \cdot 0{,}4$ b) $5 \cdot 0{,}12$ c) $2{,}5 \cdot 40$ d) $7{,}5 \cdot 0{,}2$

94 Rechne im Kopf. Schreibe das Ergebnis auf.

a) $0{,}932 \cdot 10$ b) $6{,}701 \cdot 100$ c) $73{,}4 \cdot 1\,000$ d) $5{,}004 \cdot 10\,000$

95 Hier fehlt jeweils ein Komma. Setze es an der richtigen Stelle ein.

a) $11{,}2 \cdot 6{,}8 = 7\,676$ b) $9{,}04 \cdot 43 = 38{,}872$

c) $24{,}8 \cdot 0{,}2 = 496$ d) $128 \cdot 9{,}78 = 12{,}5184$

e) $13{,}4 \cdot 5{,}78 = 77\,452$ f) $4\,375 \cdot 8{,}4 = 36{,}75$

96 Berechne die Produkte.

a) $4{,}51 \cdot 2{,}3$ b) $25{,}75 \cdot 4{,}04$ c) $0{,}034 \cdot 2{,}5$ d) $13{,}05 \cdot 7{,}04$

97 Nutze Rechenvorteile.

a) $2{,}4 \cdot 1{,}5 \cdot 2$ b) $0{,}25 \cdot 3{,}8 \cdot 4$ c) $13 \cdot 0{,}5 \cdot 0{,}4$ d) $1{,}5 \cdot 0{,}2 \cdot 5$

98 Setze $<$, $>$ oder $=$ ein.

a) $3{,}3 \cdot 0{,}22$ ☐ $3{,}3 \cdot 0{,}2200$ b) $0{,}025 \cdot 0{,}25$ ☐ $0{,}205 \cdot 0{,}52$

c) $7{,}07 \cdot 0{,}77$ ☐ $0{,}707 \cdot 0{,}77$ d) $4{,}4 \cdot 4{,}404$ ☐ $44{,}04 \cdot 0{,}44$

99 In der KITA „Mäusenest“ wird der Fußboden erneuert. Der Bodenleger hat die Arbeitszeit für jedes Zimmer notiert. Er berechnet für eine Arbeitsstunde 62,85 €.
Wie viel € muss die KITA insgesamt bezahlen?

Gruppenraum I 2,5 h

Gruppenraum II $2\frac{3}{4}$ h

Gruppenraum III $3\frac{1}{4}$ h

Flur, Diele $5\frac{1}{2}$ h

Gemeinschaftsraum 8,5 h

Schlafraum 6 h

Merke

Division von Dezimalbrüchen

- Bei der Division von Dezimalbrüchen darf der **Divisor** kein **Komma** aufweisen. Man multipliziert beide Zahlen mit 10, 100, 1 000…, bis der Divisor eine natürliche Zahl wird. Im Dividenden werden **fehlende Stellen** vor dem Komma durch **Nullen** ergänzt.
- Bei der **Division** von Dezimalbrüchen durch **10, 100, 1 000…** rückt das **Komma** um die Anzahl der Nullen **nach links**. Für fehlende Ziffern werden Nullen geschrieben.

Beispiele

1. Dividiere 2,375 durch 0,25.
   2,375 : 0,25 = — Das Komma muss beim Dividend und Divisor um zwei Stellen nach rechts verschoben werden.
   237,5 : 25 = 9,5 — Der Divisor ist jetzt eine natürliche Zahl.
2. Dividiere 47,11 durch 1 000.
   47,11 : 1 **000** = — Division durch 1 000 (drei Nullen).
   47,11 : 1 **000** = 0,**0**4711 — Das Komma wird um drei Stellen nach links verschoben. Die fehlende Stelle nach dem Komma wird mit Null ergänzt.

Aufgaben

100 Rechne im Kopf. Schreibe das Ergebnis auf.
a) 9 : 0,3 b) 2,4 : 0,8 c) 1,6 : 0,04 d) 4,5 : 0,15

101 Rechne im Kopf. Schreibe das Ergebnis auf.
a) 45,07 : 10 b) 753,8 : 100 c) 9,47 : 1 000 d) 0,08 : 100

102 Berechne den Quotienten. Rechne schriftlich.
a) 32,4 : 4,5 b) 22,14 : 3,6 c) 32,3 : 4,75 d) 963,9 : 4,59

103 Schreibe den Rechenausdruck auf und berechne das Ergebnis. Beachte die Rechenregeln.
a) Dividiere die Summe der Zahlen 3,1 und 0,93 durch die Summe der Zahlen 0,9 und 0,4.
b) Berechne den Quotienten aus der Differenz der Zahlen 30 und 2,45 und der Differenz aus 3 und 0,1.

104 Frau Hansen fährt am Wochenende in ein Wintersportgebiet. Für die 892,6 km benötigt ihr Auto 64,8 ℓ Benzin.
a) Berechne den Benziverbrauch des Autos auf 100 km.
b) Bei der Verbrennung von 1 ℓ Benzin entstehen rund 2,33 kg CO_2.
   Wie viel CO_2 wurde durch die Fahrt freigesetzt?

105 Im Drogeriemarkt werden zwei verschieden große Packungen Frühstücksmüsli angeboten. Welche Packung ist günstiger?

Rationale Zahlen

Merke

Zahlengerade

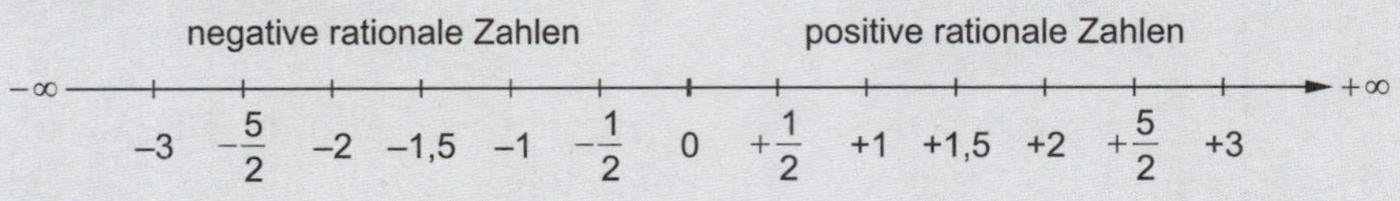

Die Menge der rationalen Zahlen $\mathbb{Q}$ erweitert die Menge der ganzen Zahlen $\mathbb{Z}$ um die Menge der Bruchzahlen.

Merke

Vorzeichen und Rechenzeichen einer rationalen Zahl

Man unterscheidet bei rationalen Zahlen zwischen **Vorzeichen** und **Rechenzeichen**:

Rechenzeichen
↓ ↓
+(+8) −(−4)
↑ ↑
Vorzeichen

Rechenzeichen
↓ ↓
−(−6) +(+1,5)
↑ ↑
Vorzeichen

Ein **positives Rechenzeichen** an der **ersten Stelle** wird **meist weggelassen**.

+(+8) = (+8) +(−16) = (−16)

Aufgaben

106 Ordne die Zahlen der Größe nach. Beginne mit der kleinsten Zahl.

a) 0,01; −1; 1,4; −8,2; −0,03
b) 1,75; −19,3; −0,75; 1; 18,1
c) −2,7; 26,5; 6,3; −2,5; 2,4
d) 17,1; −13,4; −13,04; 26,5; −17,2

107 In einer Wetterstation werden morgens und abends die Temperaturen abgelesen. Bestimme jeweils den Temperaturunterschied.

a) Morgen: −18,8 °C Abend: −6,2 °C
b) Morgen: −1,1 °C Abend: +9,7 °C
c) Morgen: +5,3 °C Abend: −12,4 °C

108 An einem Frühlingsmorgen zeigt das Thermometer −6,7 °C an. Bis mittags wird es um 18,7 Grad wärmer, bis zum Abend wird es wieder um 12,8 Grad kühler.
Welche Temperatur zeigt das Thermometer abends an?

109 In der Tabelle sind die durchschnittlichen monatlichen Temperaturen der Stadt Dawson City in Kanada angegeben.

	Jan.	Feb.	März	April	Mai	Juni	Juli	Aug.	Sep.	Okt.	Nov.	Dez.
°C	−26,7	−22,4	−11,9	+0,1	+8,3	+13,7	+15,6	+12,5	+5,9	−5	−17,9	−24,7

a) Gib die höchste und die niedrigste Temperatur an und berechne den Temperaturunterschied.
b) Berechne die Jahresdurchschnittstemperatur.

110 Am Monatsende muss Herr Sieber an seine Autowerkstatt 527,69 € für vier neue Reifen überweisen und eine Anzahlung von 1 250 € für den kommenden Urlaub leisten. Dadurch hat er sein Girokonto um 793,49 € überzogen.
Wie hoch war der Kontostand vor den beiden Zahlungen?

111 Berechne die fehlenden Werte in der Tabelle.

	alter Kontostand	Buchung	neuer Kontostand
a)	369,55 €	– 567,89 €	
b)		– 832,54 €	127,36 €
c)	– 607,88 €		1 562,85 €
d)	– 437,11 €	1 999,99 €	
e)		– 1 528,75 €	122,33 €
f)	– 175,42 €		– 908,03 €

Merke

Rationale Zahlen addieren und subtrahieren

- Ein Rechenzeichen und ein Vorzeichen, die direkt aufeinander folgen, werden durch **ein** Rechenzeichen ersetzt.
- **gleiche** Rechen- und Vorzeichen: Ersetze beide Zeichen durch +.
- **verschiedene** Rechen- und Vorzeichen: Ersetze beide Zeichen durch –.
- Bei einem positiven Ergebnis wird das Vorzeichen weggelassen.

Beispiele

Addition rationaler Zahlen

$+(+15)+(+8)=+15+8=+23=23$

$-(+15)+(-8)=-15-8=-23$

$+(-15)+(+8)=-15+8=-7$

$-(-15)+(-8)=+15-8=+7=7$

Subtraktion rationaler Zahlen

$+(+15)-(+8)=+15-8=+7=7$

$-(+15)-(-8)=-15+8=-7$

$+(-15)-(+8)=-15-8=-23$

$-(-15)-(-8)=+15+8=+23=23$

Aufgaben

112 Schreibe ohne Klammern und berechne.

a) $+(+8{,}2)+(+7{,}3)$

b) $+(+2{,}8)+(-3{,}7)$

c) $-(+16{,}8)+(-4{,}8)$

d) $-(-6{,}6)+(-24{,}1)$

e) $-(-10{,}2)+(-30{,}2)$

f) $-(+39{,}4)-(-33{,}1)$

113 Ergänze das richtige Vorzeichen.

a) $(+4)-(+13)=(+4)+(\underline{\quad}13)$

b) $(-18)-(+2)=(-18)+(\underline{\quad}2)$

c) $-(+12)-(-25)=(\underline{\quad}12)+(+25)$

d) $-(+4)-(\underline{\quad}16)=(-4)+(+16)$

114 Ergänze die Leerstellen so, dass das Ergebnis stimmt.

a) $-(+6)-(\underline{\qquad})=(+1)$

b) $(\underline{\qquad})+(-17)=(-25)$

c) $(-6)-(\underline{\quad}5)=(\underline{\quad}11)$

d) $(\underline{\quad}12)-(\underline{\quad}8)=(-4)$

e) $-(\underline{\quad}9)+(\underline{\quad}5)=(+14)$

f) $(-8)+(\underline{\qquad})=(-21)$

115 Rechne geschickt.

a) $(-12)+(-17)-(-12)$
b) $(-25)-(+31)-(-30)$
c) $(+11)+(-45)+(+39)$
d) $(+11)+(-22)+(+13)$
e) $(-33)-(+66)+(+99)$
f) $(-36)+(+29)-(-71)$

116 Berechne zuerst den Wert in der Klammer und anschließend dann das Gesamtergebnis.

a) $(6{,}6-6{,}8+3{,}4)+(-4{,}5+4{,}2-5{,}5)$
b) $-(12{,}6-25{,}3+12{,}7)-(2{,}3-8{,}7+1{,}4)$
c) $(-15{,}9-7{,}5-17{,}6)-(-14{,}3-17{,}2-15{,}5)$
d) $(3{,}4-12{,}7+6{,}3)+(7{,}9-10{,}5+7{,}1)$

117 Stelle den Rechenausdruck auf und berechne das Ergebnis.

a) Addiere zur Differenz aus den Zahlen $(+6{,}3)$ und $(-8{,}5)$ die Differenz aus den Zahlen $(+5{,}3)$ und $(-8{,}2)$.
b) Subtrahiere von der Summe aus den Zahlen $(-17{,}6)$ und $(+2{,}8)$ die Differenz aus den Zahlen $(-5{,}1)$ und $(-12{,}9)$.
c) Addiere zur Summe aus den Zahlen $(-7{,}2)$ und $(-3{,}5)$ die Summe aus den Zahlen $(-2{,}4)$ und $(-8{,}9)$.

Merke

Rationale Zahlen multiplizieren und dividieren

Bei **gleichen Vorzeichen** ist das Ergebnis immer positiv (+).

Multiplikation	**Division**
$(+20)\cdot(+4)=(+80)=80$	$(+20):(+4)=(+5)=5$
$(+)\cdot(+)=(+)$	$(+):(+)=(+)$
$(-20)\cdot(-4)=(+80)=80$	$(-20):(-4)=(+5)=5$
$(-)\cdot(-)=(+)$	$(-):(-)=(+)$

Bei **verschiedenen Vorzeichen** ist das Ergebnis immer negativ (–).

Multiplikation	**Division**
$(+20)\cdot(-4)=(-80)=-80$	$(+20):(-4)=(-5)=-5$
$(+)\cdot(-)=(-)$	$(+):(-)=(-)$
$(-20)\cdot(+4)=(-80)=-80$	$(-20):(+4)=(-5)=-5$
$(-)\cdot(+)=(-)$	$(-):(+)=(-)$

Aufgaben

118 Rechne im Kopf.

a) $(-8)\cdot(+5)$
b) $(-6)\cdot(-4)$
c) $(+7)\cdot(-10)$
d) $(+2{,}5)\cdot(+4)$
e) $(-128):(+0{,}4)$
f) $(+15{,}3):(-3)$
g) $(-4{,}9):(+0{,}7)$
h) $(-4{,}5):(-0{,}1)$

119 Rechne im Kopf. Beachte die Punkt-vor-Strich-Regel.

a) $(-6{,}3):(-7)-(-0{,}3)\cdot(+4)+(+9{,}2)\cdot(+2)-(+3{,}2):(+0{,}8)$
b) $(+7{,}5):(-5)+(+5):(+0{,}2)-(-9)\cdot(-0{,}5)-(-0{,}6)\cdot(+12)$
c) $(+49):(+0{,}7)+(+9):(-3)-(-4):(-0{,}1)-(-17)\cdot(+0{,}2)$

120 Rechne. Welches Vorzeichen hat das Ergebnis?

a) $(-1):(-1)\cdot(+1)\cdot(-1):(-1)\cdot(+1)\cdot(-1)\cdot(-0{,}5)$

b) $(-4):(-2)\cdot(+2)\cdot(-2):(-2)\cdot(+4):(-8)\cdot(-4)$

c) $(-1)\cdot(-2)\cdot(-3)\cdot(+4):(-2):(+3)\cdot(-5)\cdot(+2)$

121 Berechne die fehlenden Zahlen.

a) $(-4)\cdot(\_\_\_\_)=(+40)$

b) $(\_\_\_\_)\cdot(-5)=(-45)$

c) $(-27):(\_\_\_\_)=(+3)$

d) $(\_\_\_\_):(+15)=(-3)$

122 Vergleiche und setze das richtige Zeichen (>; <; =) ein.

a) $(-3)\cdot(+6)$ ☐ $(-5)\cdot(-3)$

b) $(+7)\cdot(-9)$ ☐ $(+189):(-3)$

c) $(-1{,}5)\cdot(-8)$ ☐ $(-3)\cdot(+4)$

d) $(+49{,}7):(+7{,}1)$ ☐ $(-6{,}3):(-0{,}9)$

e) $(-9)\cdot(+8)$ ☐ $(+144):(+2)$

f) $(+1{,}2)\cdot(+0{,}5)$ ☐ $(+12)\cdot(-0{,}5)$

123 Setze die Zahlenfolgen um jeweils drei Zahlen fort.

a) (+2); (+4); (+8); (+16); (+32); (+64); …

b) (−3); (−1,5); (−6); (−3); (−12); (−6); …

c) (−6); (−3); (+12); (+6); (−24); (−12); …

Quadrieren – Wurzelziehen – Zehnerpotenzen

Merke

Quadrieren – Quadratzahl

Wird eine Zahl **mit sich selbst multipliziert**, spricht man von Quadrieren. Man erhält als Ergebnis das Quadrat einer Zahl.

Beispiele

1. $9\cdot 9=9^2=81$

   $(-11)\cdot(-11)=(-11)^2=121$

2. $0{,}5\cdot 0{,}5=0{,}5^2=0{,}25$

   $\frac{2}{3}\cdot\frac{2}{3}=\left(\frac{2}{3}\right)^2=\frac{2^2}{3^2}=\frac{4}{9}$

   $\left(-\frac{1}{6}\right)\cdot\left(-\frac{1}{6}\right)=\left(-\frac{1}{6}\right)^2=\frac{(-1^2)}{6^2}=\frac{1}{36}$

Merke

Wurzelziehen – Quadratwurzel

Die **Umkehrung des Quadrierens** ist das Wurzelziehen. Berechnet wird die Zahl, die mit sich selbst multipliziert die Zahl unter dem Wurzelzeichen ergibt.

Beachte:

- $\sqrt{0}=0$, denn $0^2=0$.
- Die Quadratwurzel aus einer negativen Zahl ist nicht zulässig.

Beispiele

1. $\sqrt{256} = 16$ Denn: $16 \cdot 16 = 16^2 = 256$
   $\sqrt{6{,}25} = 2{,}5$ Denn: $2{,}5 \cdot 2{,}5 = 2{,}5^2 = 6{,}25$

2. $\sqrt{\frac{1}{36}} = \frac{1}{6}$ Denn: $\frac{1}{6} \cdot \frac{1}{6} = \frac{1^2}{6^2} = \frac{1}{36}$
   $\sqrt{\frac{9}{25}} = \frac{3}{5}$ Denn: $\frac{3}{5} \cdot \frac{3}{5} = \frac{3^2}{5^2} = \frac{9}{25}$
   $\sqrt{25} = 5$, aber $\sqrt{-25}$ ist nicht zulässig! Der Taschenrechner zeigt ERROR an.

Aufgaben

124 Quadriere.

a) 11^2 b) $(-7)^2$ c) $(-0{,}1)^2$ d) 100^2
e) $0{,}3^2$ f) $(-0{,}09)^2$ g) 40^2 h) $(-0{,}05)^2$

125 Quadriere die Brüche.

a) $\frac{3^2}{4^2}$ b) $\frac{7^2}{12^2}$ c) $\frac{(-8^2)}{(9^2)}$ d) $\left(\frac{15}{16}\right)^2$

126 Berechne die Wurzeln.

a) $\sqrt{25}$ b) $\sqrt{49}$ c) $\sqrt{100}$ d) $\sqrt{169}$

127 Berechne die Wurzeln.

a) $\sqrt{0{,}01}$ b) $\sqrt{0{,}04}$ c) $\sqrt{0{,}16}$ d) $\sqrt{0{,}64}$

128 Berechne die Wurzeln.

a) $\sqrt{\frac{9}{289}}$ b) $\sqrt{\frac{25}{121}}$ c) $\sqrt{\frac{49}{81}}$ d) $\sqrt{\frac{144}{400}}$

129 Berechne die Wurzeln. Runde auf zwei Dezimalstellen.

a) $\sqrt{17}$ b) $\sqrt{117}$ c) $\sqrt{17{,}92}$ d) $\sqrt{289{,}05}$

130 Zwischen welchen natürlichen Zahlen liegen jeweils die Wurzeln?

a) $\square < \sqrt{177} < \square$ b) $\square < \sqrt{207} < \square$
c) $\square < \sqrt{577} < \square$ d) $\square < \sqrt{815} < \square$
e) $\square < \sqrt{1\,000} < \square$ f) $\square < \sqrt{2\,357} < \square$

Merke

Rechenregeln beim Quadrieren und Wurzelziehen
Quadrieren und Wurzelziehen geht vor Punktrechnung und Strichrechnung.

Beispiele

1. $12 \cdot 7^2 = 12 \cdot 49 = 588$ $12 + 7^2 = 12 + 49 = 61$
2. $\sqrt{121} \cdot 5 = 11 \cdot 5 = 55$ $\sqrt{121} + 5 = 11 + 5 = 16$

Aufgaben

131 Berechne.

a) $\sqrt{225}\cdot 12-4{,}5^2\cdot 5$

b) $16:\sqrt{0{,}16}+3{,}5^2\cdot 8$

c) $41-\sqrt{196}\cdot 6{,}5^2+189$

d) $14{,}5^2-\sqrt{441}\cdot 14+9{,}5^2$

e) $\sqrt{729}:\sqrt{81}+25^2:5^2$

f) $\sqrt{961}-5{,}5^2+3{,}5^2:\sqrt{0{,}0625}$

132 Setze korrekt ein (> oder < oder =).

a) $\sqrt{576}+2^2$ ☐ $\sqrt{1\,024}-2^2$

b) $12^2-\sqrt{169}$ ☐ $4{,}5^2+11^2$

c) $0{,}25-0{,}25^2$ ☐ $\sqrt{0{,}16}+0{,}2^2$

d) $\sqrt{156{,}25}+8{,}5^2$ ☐ $10^2-\sqrt{12{,}25}$

e) $\sqrt{0{,}04}\cdot\sqrt{121}$ ☐ $\sqrt{196}:\sqrt{49}$

f) $8^2+\sqrt{36}$ ☐ $\sqrt{5\,929}-\sqrt{49}$

Merke

Zehnerpotenzen

- Große und kleine Zahlen kann man mit Zehnerpotenzen übersichtlicher darstellen.
- Der **positive Exponent** einer Zehnerpotenz gibt an, um wie viele Stellen man das **Komma nach rechts** verschiebt, wenn die Zahl ausgeschrieben wird. Nicht besetzte Stellen werden mit Nullen aufgefüllt.
- Der **negative Exponent** einer Zehnerpotenz gibt an, an welcher **Stelle hinter** dem **Komma** die erste Ziffer steht.
- Zahlen mit Zehnerpotenzen werden meist mit einer führenden und einer Nachkommastelle geschrieben.

$10=10^1$ $\qquad 0{,}1=\frac{1}{10}=10^{-1}$

$100=10\cdot 10=10^2$ $\qquad 0{,}01=\frac{1}{100}=10^{-2}$

$1000=10\cdot 10\cdot 10=10^3$ $\qquad 0{,}001=\frac{1}{1\,000}=10^{-3}$

usw.

Beachte: $10^0=1$

Beispiele

1. $5\,300\,000=5{,}3\cdot 1\,000\,000=5{,}3\cdot 10^6$
   (5: führende Stelle; 3: Nachkommastelle)
2. $7{,}8\cdot 10^{7}=78\,000\,000$ — Das Komma wird um 7 Stellen **nach rechts** verschoben.
3. $3{,}7\cdot 10^{-8}=0{,}000\,000\,037$ — An der 8. Stelle nach dem Komma steht die erste Ziffer.
4. $0{,}000\,000\,41=4{,}1\cdot 10^{-7}$ — An der 7. Stelle nach dem Komma steht die erste Ziffer. $\Rightarrow 10^{-7}$

Aufgaben

133 Schreibe als Zehnerpotenzen mit einer führenden Stelle und zwei Nachkommastellen. Runde die Zahlen dazu.

a) 97 650 000 000 b) 3 842 500 000 000 000

c) 80 876 345,56 d) 99 999 888 777 654

134 Schreibe als Zehnerpotenzen mit einer führenden Stelle und einer Nachkommastelle. Runde die Zahlen dazu.

a) 0,000000562 b) 0,00000000224

c) 0,0020992365 d) 0,000009879

135 Schreibe ohne Zehnerpotenzen.

a) $2{,}2 \cdot 10^3$ b) $1{,}3 \cdot 10^4$ c) $5{,}7 \cdot 10^5$

d) $6{,}1 \cdot 10^8$ e) $7{,}9 \cdot 10^{11}$ f) $8{,}2 \cdot 10^{13}$

136 Schreibe ohne Zehnerpotenzen.

a) $2 \cdot 10^{-3}$ b) $8 \cdot 10^{-4}$ c) $2{,}3 \cdot 10^{-6}$

d) $5{,}1 \cdot 10^{-7}$ e) $4{,}7 \cdot 10^{-5}$ f) $9{,}25 \cdot 10^{-8}$

137 Stelle die Zahlen als Zehnerpotenzen dar.

a) $\frac{3}{1\,000}$ b) $\frac{67}{1\,000\,000}$ c) $\frac{245}{100\,000\,000\,000}$

d) $\frac{8{,}9}{100\,000\,000}$ e) $\frac{0{,}578}{10\,000\,000\,000}$ f) $\frac{7\,800}{1\,000\,000\,000\,000}$

Merke

Gebräuchliche Abkürzungen bei Größenangaben

Kilo (k)	$1\,000 = 10^3$	Milli (m)	$0{,}001 = 10^{-3}$
Mega (M)	$1\,000\,000 = 10^6$	Mikro (µ)	$0{,}000\,001 = 10^{-6}$
Giga (G)	$1\,000\,000\,000 = 10^9$	Nano (n)	$0{,}000\,000\,001 = 10^{-9}$
Tera (T)	$1\,000\,000\,000\,000 = 10^{12}$	Pico (p)	$0{,}000\,000\,000\,001 = 10^{-12}$
Peta (P)	$1\,000\,000\,000\,000\,000 = 10^{15}$		

Aufgaben

138

a) 2019 wurden in der Bundesrepublik Deutschland 858 000 000 t CO_2 ausgestoßen. Gib den CO_2-Ausstoß in Megatonnen an.

b) 2019 betrug die Stromerzeugung in Deutschland 611 000 000 000 kWh. Davon entfielen 243 000 000 MWh auf erneuerbare Energien. Wie viele TWh wurden durch nicht erneuerbare Energien erzeugt?

c) Einige der weltweit größten Photovoltaikanlagen haben eine Leistung von 579 Megawatt, 648 Megawatt, 850 Megawatt und 2 000 Megawatt. Schreibe die Leistung der Photovoltaikanlagen in kWh.

139

a) Ein Händler bietet Festplatten mit den Speichergrößen 8 Terabyte oder 16 Terabyte an. Schreibe die Speichergröße jeweils in Megabyte.

b) Die Speicherkapazität einer DVD schwankt je nach Typ von 4,7 GB bis 17 GB. Gib die Speichergröße jeweils in Megabyte und in Kilobyte an.

140

Die Wellenlänge des für uns sichtbaren Lichts liegt zwischen 0,00000038 m und 0,00000075 m, die Röntgenstrahlung zwischen 0,000000000009 m und 0,000000003 m. Schreibe die Wellenlänge jeweils als Zehnerpotenz, als Nanometer und Picometer.

141

a) Moderne Speicherchips (RAM) haben eine mittlere Zugriffsgeschwindigkeit von 0,000000012 s. Schreibe die Zugriffsgeschwindigkeit in Nanosekunden.

b) In modernen Speicherchips beträgt der Abstand zwischen zwei Speicherzellen 8 Nanometer. Gib den Abstand als Zehnerpotenz in der Einheit Meter an.

c) Die kleinsten Schaltelemente von Mikroprozessoren sind heute zwischen 0,000000012 Meter und 0,000000022 Meter breit. Wie viele Nanometer sind das?

TIPP

Eingabe von Zehnerpotenzen in den Taschenrechner
Schlage in der Bedienungsanleitung deines Taschenrechners nach, welche Tastenfolge du zur Eingabe von Zehnerpotenzen mit positiven und negativen Exponenten benötigst.

142

Rechne und schreibe das Ergebnis mit einer führenden Stelle und einer Nachkommastelle.

a) $7{,}4 \cdot 10^{11} \cdot 2{,}7 \cdot 10^{-8} \cdot 3{,}5 \cdot 10^{4}$

b) $6{,}2 \cdot 10^{12} : (0{,}8\ 10^{-7}) \cdot 4{,}13 \cdot 10^{9}$

c) $5{,}73 \cdot 10^{5} \cdot 8{,}12 \cdot 10^{-10} \cdot 0{,}3 \cdot 10^{6}$

d) $4{,}3 \cdot 10^{-2} : (7{,}88 \cdot 10^{-14}) \cdot 5{,}95 \cdot 10^{-13}$

143

Von der landwirtschaftlich genutzten Fläche in der Bundesrepublik Deutschland sind $11{,}79 \cdot 10^{6}$ ha Ackerland, $4{,}71 \cdot 10^{6}$ ha Dauergrünland und $1{,}2 \cdot 10^{5}$ ha Dauerkulturen. Wie viele Millionen Hektar wurden landwirtschaftlich genutzt?

Fit im Quali

144

Setze korrekt ein (> oder < oder =).

a) $\sqrt{144}$ ☐ $2 \cdot 7$

b) $\sqrt{121}$ ☐ $40 : 4$

c) 9^2 ☐ $\sqrt{81} + 71$

d) $4^2 + 3^2$ ☐ 5^2

e) $6^2 + 8^2$ ☐ 10^2

f) $\sqrt{36} + \sqrt{16}$ ☐ $3 \cdot 5$

145

In welcher Reihe sind die Zahlen von der kleinsten bis zur größten Zahl geordnet?

a) $0{,}41;\ \sqrt{0{,}16};\ \frac{3}{10};\ 0{,}5$

b) $0{,}17;\ \frac{1}{5};\ 0{,}456;\ \sqrt{0{,}81}$

c) $1{,}4 \cdot 10^2;\ 12^2;\ 123{,}7;\ \sqrt{400}$

d) $\frac{1}{6};\ 0{,}25;\ \frac{4}{5};\ 0{,}345$

146

Welche Gleichheitszeichen stimmen? Kreuze an.

☐ $4{,}1 \cdot 10^{-6} = 0{,}000006$

☐ $5{,}7 \cdot 10^{-4} = 5\,700\,000$

☐ $0{,}04 \cdot 10^{2} = 4$

☐ $1{,}2 \cdot 10^{-4} = 0{,}00012$

147 Kreuze jeweils die richtige Aussage an.

a) Die Entfernung von der Erde zur Sonne beträgt $1{,}496 \cdot 10^8$ km. Das sind:

- ☐ 1 496 000 000 000 km
- ☐ 149 600 000 000 km
- ☐ 149 600 000 km
- ☐ 149 600 km

b) Der Durchmesser eines Grippevirus beträgt 0,000000044 m. Das sind:

- ☐ $4{,}4 \cdot 10^{-10}$ m
- ☐ $4{,}4 \cdot 10^{-7}$ m
- ☐ $4{,}4 \cdot 10^{-9}$ m
- ☐ $4{,}4 \cdot 10^{-8}$ m

148 Wissenschaftlerinnen und Wissenschaftler gehen davon aus, dass das beobachtbare Universum aus rund 2 Billionen Galaxien besteht. In jeder Galaxie befinden sich etwa 250 Milliarden Sterne.
Berechne die Anzahl der Sterne im beobachtbaren Universum. Gib das Ergebnis als Zehnerpotenz an.

149 Alle bekannten Stoffe sind aus einzelnen Atomen aufgebaut. Die Stoffe unterscheiden sich nur durch die unterschiedliche Anzahl der Kernteilchen. Der Kern ist aus elektrisch positiven Protonen (Masse ca. $1{,}673 \cdot 10^{-27}$ kg) und etwa gleich schweren Neutronen aufgebaut.

a) Berechne die Masse eines Elektrons. Es wiegt den 1 836-ten Teil eines Protons.

b) Der Kern eines Uran-Atoms besteht aus 92 Protonen und 146 Neutronen.
Berechne die Masse des Atomkerns.

150 In 1 mm^3 Blut befinden sich ca. $5 \cdot 10^6$ rote Blutkörperchen. Ein Erwachsener besitzt rund 6 Liter Blut.

a) Wie viele rote Blutkörperchen besitzt ein Erwachsener?

b) Ein rotes Blutkörperchen hat einen Durchmesser von $7 \cdot 10^{-3}$ mm.
Wie viele km lang wäre das Band, wenn man alle roten Blutkörperchen eines Menschen aneinander legen würde?

c) Die durchschnittliche Lebensdauer eines roten Blutkörperchens beträgt 120 Tage.
Wie viele Blutkörperchen werden im Laufe von 50 Jahren gebildet?
Rechne mit 365 Tagen für ein Jahr.

151

a) Pro Minute gelangt weltweit eine Müllwagenladung Plastikabfall (15 t) in die Weltmeere.
Wie viele Tonnen Plastikmüll gelangen jährlich in die Weltmeere?

b) 1 m^3 Plastikmüll wiegt durchschnittlich 0,8 t.
Wie viele m^3 Plastikmüll gelangen jährlich in die Weltmeere?

c) Langsam zersetzt sich der Plastikmüll durch Salzwasser und Sonne über Jahrzehnte hinweg zu Mikroplastik (4 mm^3) und Nanoplastik (kleiner als 0,01 mm^3).
Wie viele Teilchen Mikroplastik bzw. Nanoplastik entstehen durch den Plastikmüll, der jährlich in die Ozeane gelangt? Gib das Ergebnis in Zehnerpotenzen mit einer führenden Stelle und zwei Nachkommastellen an.

Diagramme auswerten

Merke

Diagramme

Mit Diagrammen (Schaubildern) können Zahlen, Prozentsätze und andere mathematische Daten **grafisch dargestellt** werden. Gebräuchliche Diagrammarten sind **Säulen-**, **Balken-** und **Kreisdiagramme**.

Beispiel

Stimmen die Aussagen zu den verschiedenen Diagrammen?

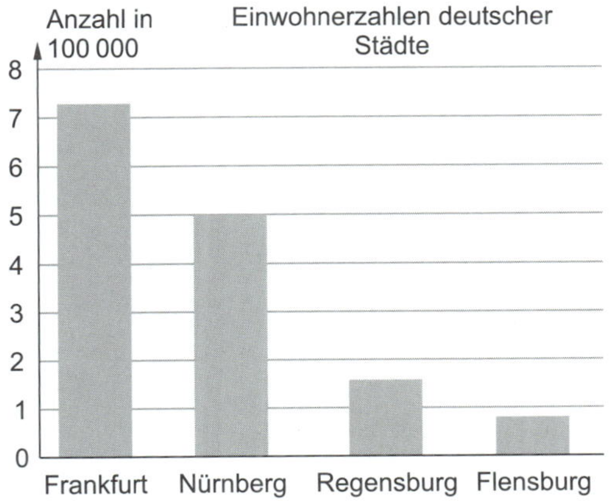

Säulendiagramm

Aussage: In Nürnberg leben die meisten Menschen.

Die Aussage ist *falsch*.
Das Säulendiagramm zeigt die Einwohnerzahl in Hunderttausend. Frankfurt hat die höchste Säule und mehr als 700 000 Einwohner. Damit leben dort die meisten Menschen.

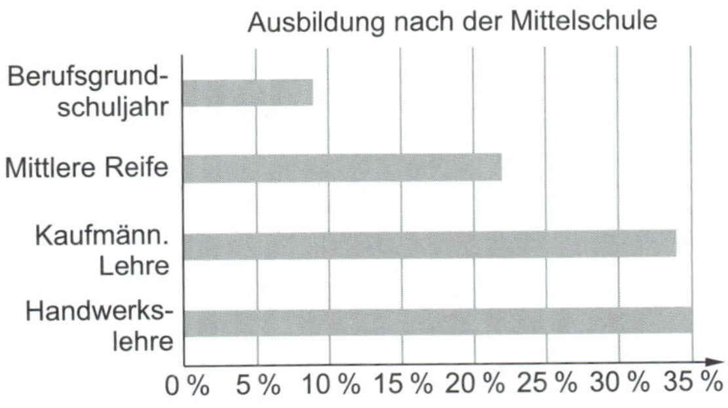

Balkendiagramm

Aussage: Die meisten Schülerinnen und Schüler machen nach der Mittelschule eine Lehre.

Die Aussage ist *richtig*.
Man sieht, dass 35 % eine Handwerkslehre und etwa 34 % eine kaufmännische Lehre anstreben. Das sind zusammen 69 % Lehrlinge.

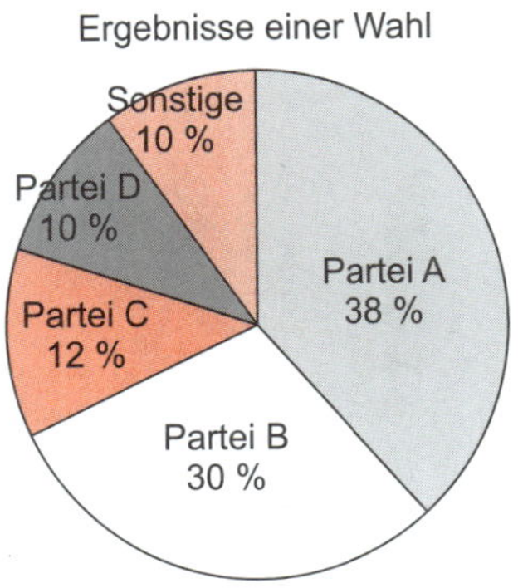

Kreisdiagramm

Aussage: Die Parteien A und C haben zusammen die Hälfte der Stimmen erhalten.

Die Aussage ist *richtig*.
Partei A hat 38 % und Partei C 12 % der Stimmen erhalten. Das sind zusammen 50 %, also die Hälfte.

Aufgaben

152

Die 9. Klasse einer Mittelschule hat eine Umfrage zur Freizeitgestaltung der Schülerinnen und Schüler durchgeführt. Die Lieblingsbeschäftigungen wurden in dem Diagramm auf der rechten Seite festgehalten. Entscheide, ob die folgenden Aussagen richtig oder falsch sind.

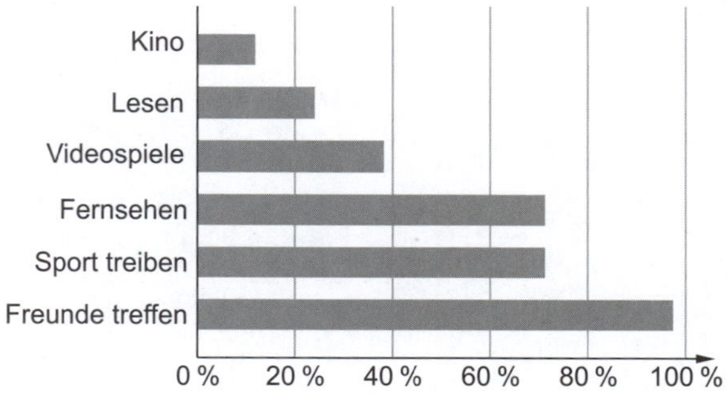

Aussage:	richtig	falsch
a) Freunde treffen ist die beliebteste Freizeitbeschäftigung.	☐	☐
b) Fernsehen ist deutlich beliebter als Sport treiben.	☐	☐
c) Etwas mehr als 20 % der Befragten lesen in der Freizeit gerne.	☐	☐
d) Rund die Hälfte der Befragten spielt in der Freizeit gerne Videospiele.	☐	☐
e) Gut zwei Drittel aller Befragten treiben gerne Sport.	☐	☐

153

Ein Liter eines Multivitamin-Getränks besteht aus 250 *mℓ* **A**pfelsaft, 100 *mℓ* **K**arottensaft, 600 *mℓ* **O**rangensaft und 50 *mℓ* **Z**itronensaft.
Kreuze an, welches Kreisdiagramm diesem Mischverhältnis entspricht.

a) 

☐

b) 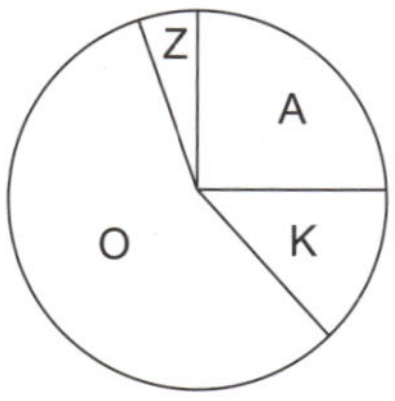

☐

c) 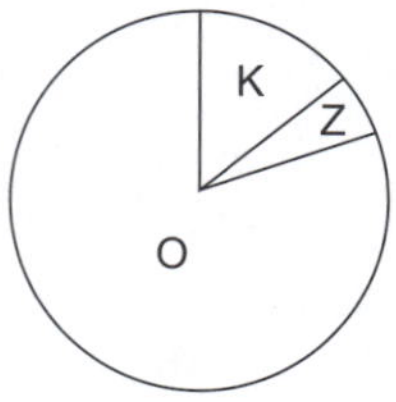

☐

d) 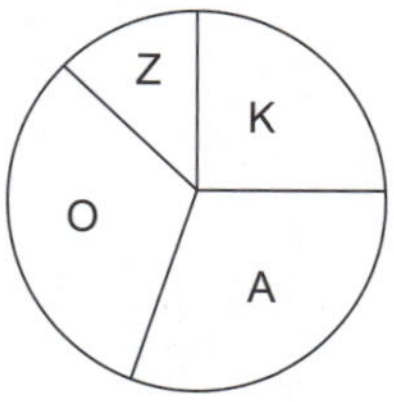

☐

154

Die Schulleiterin einer Mittelschule wertet die Fächerwahl ihrer Schülerinnen und Schüler aus. Entscheide, ob die Aussagen richtig oder falsch sind.

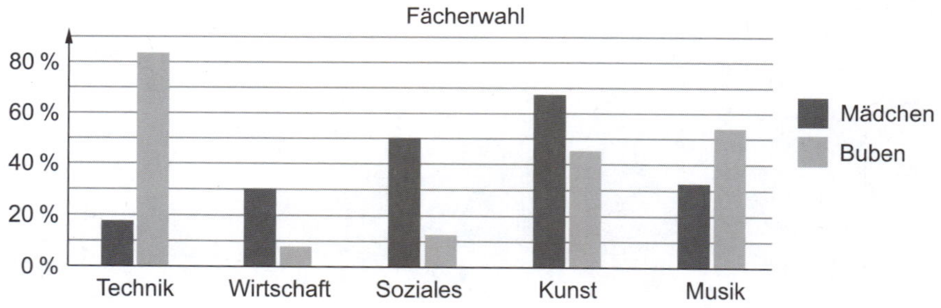

Aussage:	richtig	falsch
a) Mädchen wählen lieber das Fach Wirtschaft als Buben.	☐	☐
b) Etwa die Hälfte der Mädchen wählt Soziales.	☐	☐
c) Kunst wird von den Buben bevorzugt und Musik von den Mädchen.	☐	☐
d) Weniger als 10 % der Mädchen wählen Technik.	☐	☐
e) Wirtschaft wird insgesamt am wenigsten gewählt.	☐	☐
f) Mehr als drei Viertel der Buben bevorzugen das Fach Technik.	☐	☐

155 Der Benzinpreis an der Zapfsäule setzt sich aus verschiedenen Anteilen zusammen.

a) Wie viel Prozent Steuern sind insgesamt im Benzinpreis enthalten?

b) „Herstellung, Ölpreis und Vertrieb von Öl haben nur einen relativ geringen Anteil am Benzinpreis.“
Begründe diese Aussage mithilfe des Diagramms.

c) Entscheide, ob die folgende Aussage stimmt:
„Der Ölpreis beträgt genau die Hälfte der Energiesteuer.“

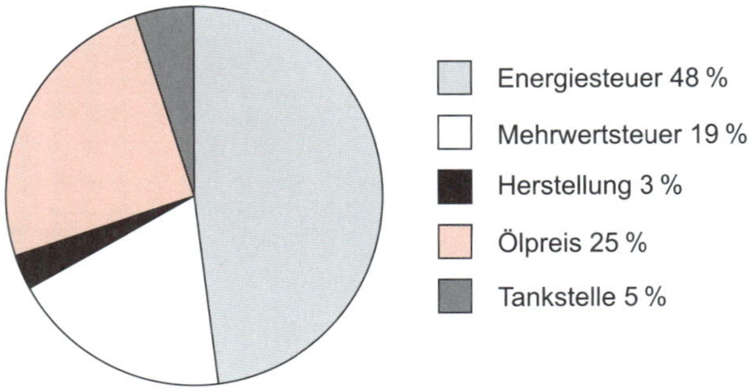

156 Ein Videospiel wird in verschiedenen Versionen veröffentlicht. Das Diagramm zeigt, wie viel Stück von den verschiedenen Versionen in den ersten vier Monaten verkauft wurden.

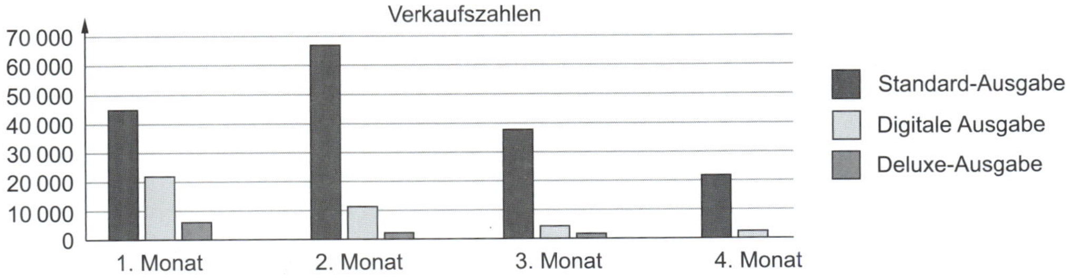

a) Von welcher Ausgabe wurden insgesamt am meisten Exemplare verkauft?

b) In welchem Monat wurden insgesamt die meisten Spiele verkauft?

c) In welchem Monat wurden keine Deluxe-Ausgaben verkauft?

Merke

Diagramme kritisch bewerten

Diagramme können durch Abweichung von der üblichen Darstellung ein **verzerrtes Bild** der realen Gegebenheiten darstellen. Beim Betrachter soll ein bestimmter Eindruck erweckt werden, der nicht unbedingt den Tatsachen entspricht.

Die folgende Checkliste hilft dir bei der kritischen Bewertung von Diagrammen.

- **Was** soll mit dem Diagramm dargestellt werden?
- Passt der **Diagrammtitel** zum Sachverhalt?
- Beginnen die **Achsen** bei **null**? Sind die Achsen gleichmäßig **eingeteilt**? Was zeigt die Rechtswertachse, was zeigt die Hochwertachse?
- Ist der **Diagrammausschnitt** gut gewählt?
- Entspricht die Größe der ausgewählten **Symbole** dem tatsächlichen Sachverhalt?

Aufgaben

157

Ince trainiert für die Bundesjugendspiele. Sie will ihre Leistungen im Ballwurf verbessern.

1. Versuch	2. Versuch	3. Versuch	4. Versuch	5. Versuch	6. Versuch
30,5 m	28,5 m	31,5 m	29,5 m	32,5m	30,0 m

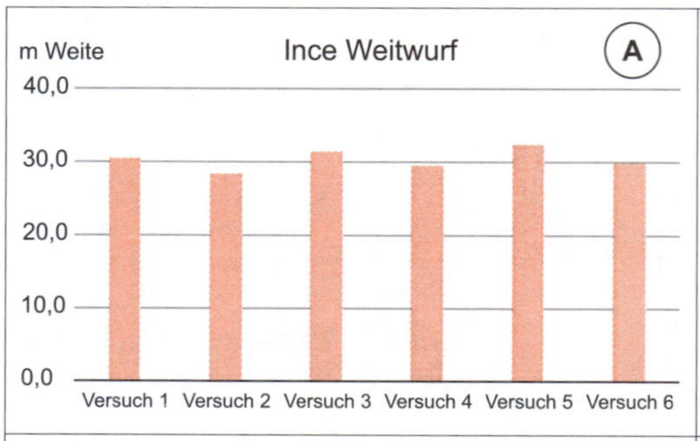

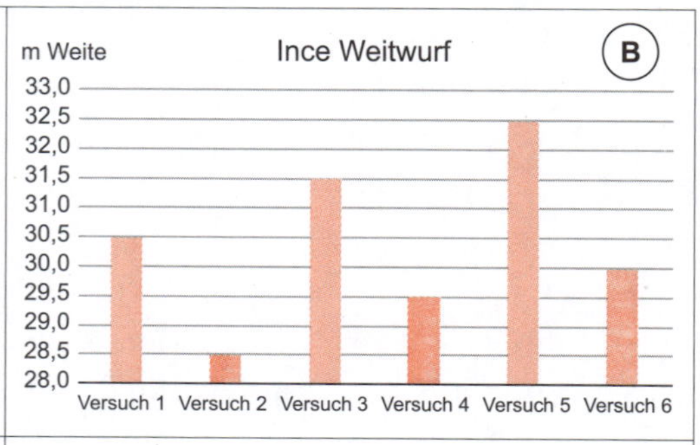

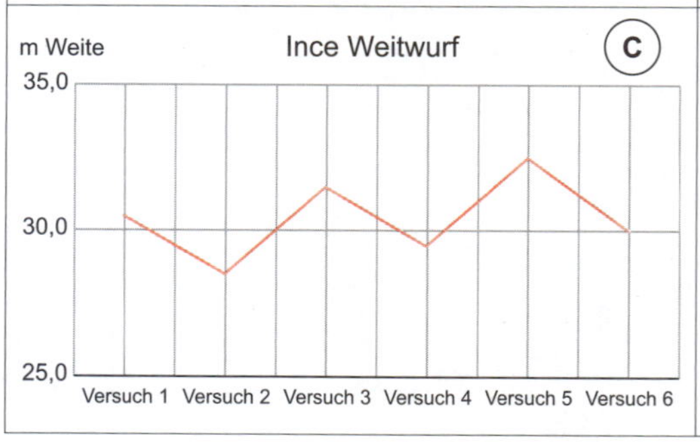

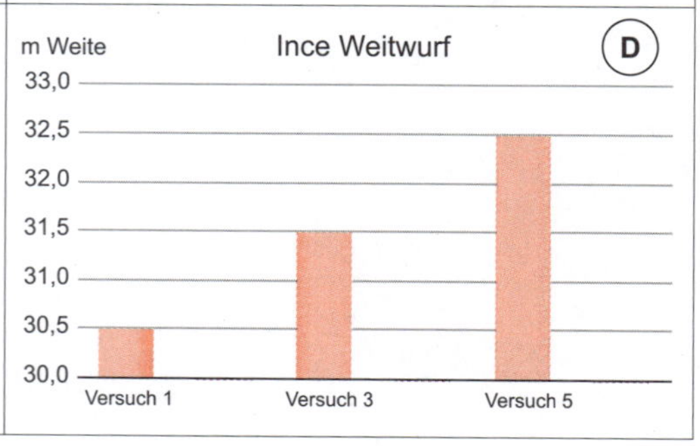

Welche Diagramme zeigt Ince jeweils ihren Mitschülerinnen und Mitschülern?

a) Emre ist begeistert: „Beim nächsten Versuch schaffst du 33,5 m!“

b) Saskia meint. „Eine gute und ausgeglichene Leistung. Weiter so!“

c) Cem tröstet Ince: „Nach jedem sehr guten Versuch musstest du wohl erst einmal durchatmen.“

d) Eylül kritisiert: „Das Auf und Ab geht gar nicht. Du musst konstanter werden.“

Welches Diagramm stellt den Sachverhalt der Situation angemessen dar?
Begründe deine Entscheidung.

158

Die Verkehrsbetriebe einer Großstadt haben für 2021 eine Preiserhöhung angekündigt. Statt 7,75 € soll die Tageskarte nun 7,90 € kosten.
Die Diagramme stellen die Preiserhöhungen in den letzten fünf Jahren für die Tageskarte dar.

a) Herr Carsten wirft einen Blick auf Diagramm A und meint: „Die Preise sind doch in den letzten fünf Jahren fast stabil geblieben. Es gibt nur eine kleine Preiserhöhung!“
Mit welchem Trick wird hier gearbeitet?

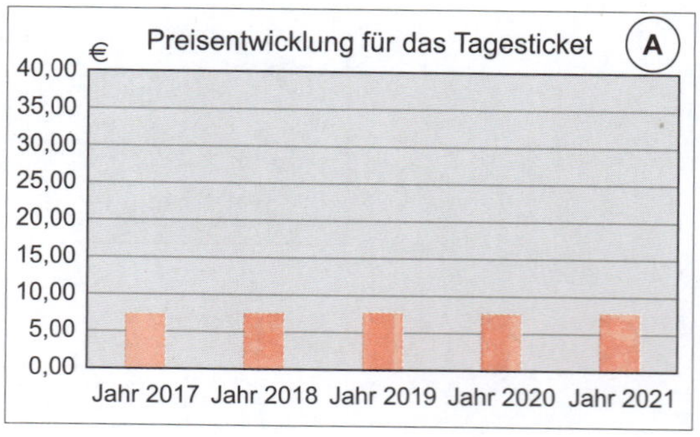

b) Die Klasse 9b zeichnet im Mathematikunterricht verschiedene Diagramme zur angekündigten Preiserhöhung für die Tageskarte. Sie entscheidet sich für das Diagramm B.
Was meinst du? Stellt das Diagramm B die realen Gegebenheiten dar?

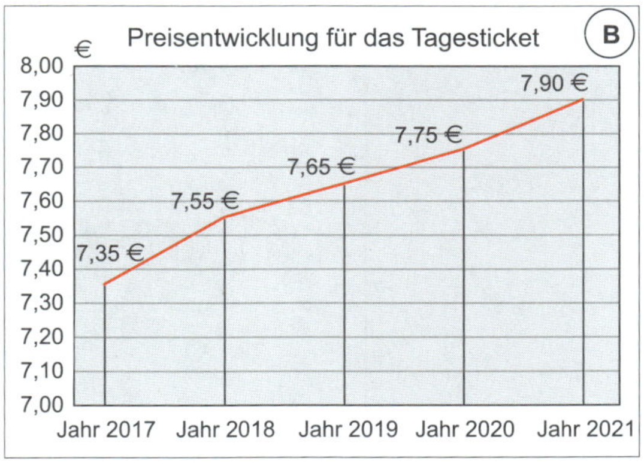

c) Frau Jansen sieht sich Diagramm C an und ist daraufhin empört. Sie fordert eine sofortige Rücknahme der Preiserhöhung.
Mit welchem Trick wird hier gearbeitet? Was muss bei einer kritischen Bewertung des Diagramms sofort auffallen? Kann man hier von einer Täuschungsabsicht sprechen?

d) Zur angekündigten Preiserhöhung analysiert Herr Eckart das Diagramm D. Er sagt: „Die Preise sind seit Jahren viel zu hoch!“
Was meinst du zu Herrn Eckarts Aussage? Wie bewertest du das Diagramm D?

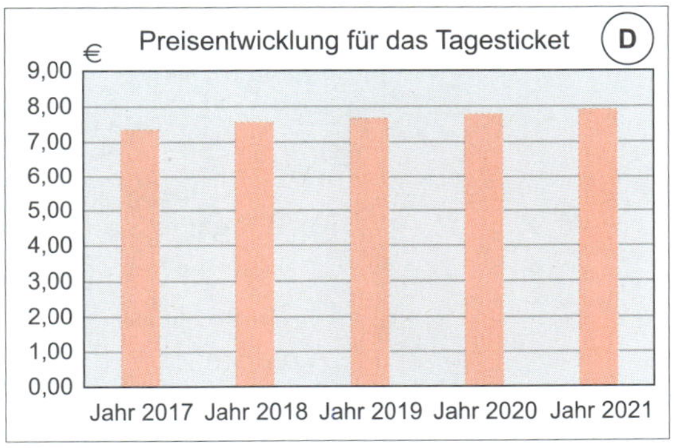

159 Die Zahl der Auszubildenden im Beruf des Tischlers ist in den letzten 15 Jahren um knapp die Hälfte zurückgegangen.
Eine Zeitung stellt den Rückgang grafisch dar. Doch stellt das auch das Bilddiagramm korrekt dar?

a) Wie oft passt die kleine Grafik in die große Grafik?
b) Wie viele Auszubildende müsste es 2020 geben, damit die Darstellung stimmt?
2005 gab es 34 000 Auszubildende.

Jahr 2005

Jahr 2020

160 Ein neu eröffneter Elektronik-Discounter veröffentlicht seine Umsatzzahlen.
Für das Jahr 2020 wird mit einem Umsatz von 12 Millionen gerechnet.
Zeichne um den Jahresumsatz von 2020 ein Rechteck, das den Sachverhalt realistisch darstellt.

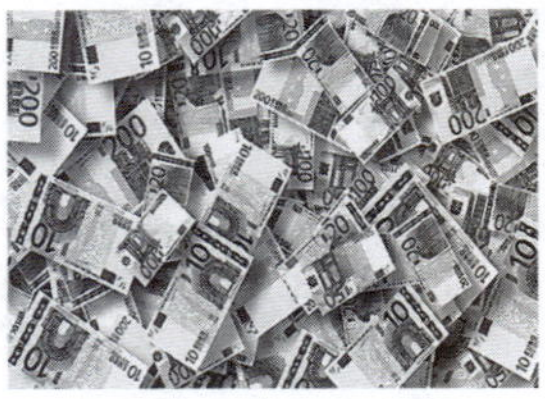

2019: 4 Millionen € **2020: 12 Millionen €**

161 In einer Schülerzeitung wird der folgende Artikel veröffentlicht.

Zu viele Probearbeiten führen zu Dauerstress!

Wir haben eine Umfrage an unserer Schule durchgeführt, die ganz klar zeigt, dass die große Mehrheit an unserer Schule der Überzeugung ist, dass wir zu viele oder sogar extrem viele Probearbeiten schreiben müssen.

Nur 5 der 560 Schülerinnen und Schüler an unserer Schule sind der Meinung, dass die Anzahl der Probearbeiten in Ordnung ist.

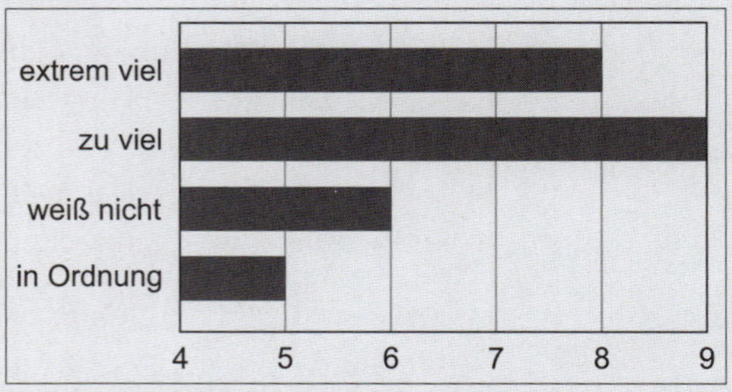

Deshalb fordern wir: Die Anzahl der Probearbeiten muss halbiert werden!

a) Wie viele Schülerinnen und Schüler wurden befragt? Welche Bedeutung hat die Anzahl der befragten Schülerinnen und Schüler für die Aussagekraft der Befragung?
b) Beurteile die Einteilung der Rechtswertachse. Warum wird diese Form der Darstellung verwendet?

2 Rechnen mit Größen

Umrechnungen von Größen

Merke

Längenmaße

Bei Längenmaßen beträgt die **Umwandlungszahl 10.**
Bei der Umrechnung **Kilometer in Meter** beträgt die **Umwandlungszahl 1 000.**

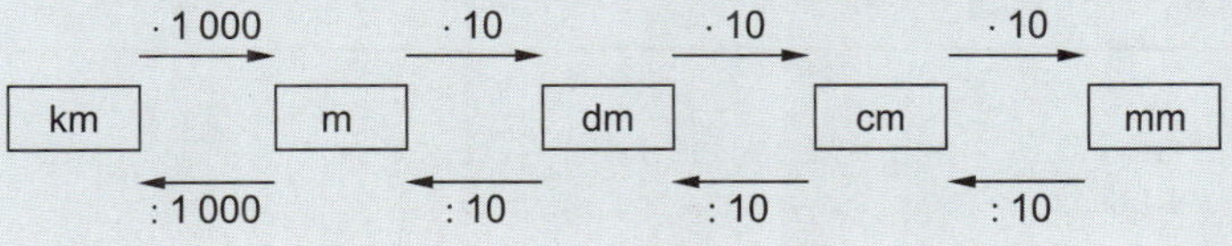

Beispiele

1. Wie viele Zentimeter sind 34,75 m?
   Gehe schrittweise vor.
   34,75 m = (34,75 · 10) dm = 347,5 dm — Umwandlungszahl **10**
   347,5 dm = (347,5 · 10) cm = 3 475 cm — Umwandlungszahl **10**

2. Wie viele Kilometer sind 7 500 dm?
   7 500 dm = (7 500 : 10) m = 750 m — Umwandlungszahl **10**
   750 m = (750 : 1 000) km = 0,75 km — Umwandlungszahl **1 000**

Aufgaben

162 Berechne die fehlenden Werte in den Tabellen.

mm	cm	dm
1 257		
	47	
		0,11

m	dm	cm
0,002		
	597,5	
		75 000

m	cm	mm
		14 500
	59,36	
0,85		

163 Wandle in die größere Maßeinheit um und rechne.

a) 2,73 m + 127 cm
b) 654 m + 3,35 km
c) 179 cm − 7,2 dm
d) 87 mm − 3,5 cm
e) 6 570 m − 6,47 km
f) 812,7 dm − 56,2 m

164 Rechne. Gib das Ergebnis in der angegebenen Einheit an.

a) 12,5 m − 3,8 m − 3 cm − 97 cm = (m)
b) 3 750 m + 0,271 km − 210 dm = (km)
c) 128,5 dm + 34,8 cm − 125 mm = (dm)
d) 13,5 dm − 725 mm + 43,8 cm = (mm)

165 Welche Strecke ist die längste? Kreuze die richtige Antwort an.

a) ☐ 0,05 km ☐ 5 000 m ☐ 5 000 dm ☐ 50 000 mm
b) ☐ 17,6 m ☐ 176 cm ☐ 170,06 dm ☐ 17 000 mm
c) ☐ 0,001 km ☐ 100 mm ☐ 0,01 m ☐ 100,1 cm

166 Wie viele Rohre mit einer Länge von 15 m braucht man, um eine Wasserleitung von 4,5 km zu legen?

Merke

Flächenmaße

Bei Flächenmaßen beträgt die **Umwandlungszahl 100**.

km^2		ha		a		m^2		dm^2		cm^2		mm^2
	· 100 →		· 100 →		· 100 →		· 100 →		· 100 →		· 100 →	
	← : 100		← : 100		← : 100		← : 100		← : 100		← : 100	

Beispiele

1. Wie viele Quadratmeter sind 895 410 cm^2?
   Gehe schrittweise vor.
   895 410 cm^2 = (895 410 : 100) dm^2 = 8 954,1 dm^2 Umwandlungszahl **100**
   8 954,1 dm^2 = (8 954,1 : 100) m^2 = 89,541 m^2 Umwandlungszahl **100**
2. Wie viele Quadratmeter sind 17,8 ha?
   17,8 ha = (17,8 · 100) a = 1 780 a Umwandlungszahl **100**
   1 780 a = (1 780 · 100) m^2 = 178 000 m^2 Umwandlungszahl **100**

Aufgaben

167 Berechne die fehlenden Werte in den Tabellen.

dm^2	cm^2	mm^2
0,57		
	470	
		56 000

mm^2	cm^2	dm^2
810,5		
	2 555	
		0,625

km^2	ha	a
3,57		
	8 500	
		725

168 Verwandle in die größere Maßeinheit und rechne.

a) 34 mm^2 + 7,4 cm^2
b) 0,738 m^2 – 975 cm^2
c) 3,25 km^2 + 950 ha
d) 0,82 ha + 785 m^2
e) 7,54 m^2 – 3 750 cm^2
f) 97,5 dm^2 – 0,255 m^2

169 Welches ist die größte Fläche? Kreuze die richtige Antwort an.

a) ☐ 0,03 km^2 ☐ 30 000 m^2 ☐ 300 ha ☐ 3 000 a
b) ☐ 8,8 m^2 ☐ 8 800 dm^2 ☐ 88 000 cm^2 ☐ 880 000 mm^2
c) ☐ 15 500 ha ☐ 155 000 a ☐ 15,5 km^2 ☐ 155 000 m^2

170 Zur Herstellung einer Plastiktragetasche benötigt man rund 40 dm^2 Kunststofffolie. 2020 wurden in Deutschland rund 5,8 Milliarden Plastiktüten verbraucht.
Berechne die Fläche, die man mit all diesen Kunststofftüten abdecken könnte.

171 Die Fläche der Gemeinde Althaus umfasst 24,82 km^2. Davon entfallen auf das Ackerland 812,5 ha, auf Grünland 4,625 km^2, auf Waldgebiete 73 450 a und auf Wohngebäude und Straßen 356 000 m^2.
Welche Fläche entfällt auf das Gewerbegebiet?

172

NEUBAUGEBIET FORSTMÜHLE
3,42 ha Baugrund für
36 Einfamilienhäuser
6 500 m² für Straßen und Wege
44,5 a für Grünflächen und Parkplätze

a) Berechne die gesamte Fläche des Neubaugebiets.
b) Berechne die Grundstücksgröße für ein Einfamilienhaus in Quadratmeter.
c) Die Gemeinde berechnet für einen Quadratmeter 280 €.
Wie teuer kommt der Kauf eines Grundstücks?

Merke

Raummaße

Bei Raummaßen beträgt die **Umwandlungszahl 1 000**.

m^3 → · 1 000 → dm^3 → · 1 000 → cm^3 → · 1 000 → mm^3

mm^3 → : 1 000 → cm^3 → : 1 000 → dm^3 → : 1 000 → m^3

Beachte:
1 ℓ = 1 dm^3
1 mℓ = 1 cm^3
1 ℓ = 1 000 mℓ
1 hℓ = 100 ℓ
1 m^3 = 10 hℓ

Beispiele

1. Wandle 125 000 mℓ in dm^3 um.
125 000 mℓ = 125 000 cm^3 — 1 mℓ = 1 cm^3
125 000 cm^3 = (125 000 : 1 000) dm^3 = 125 dm^3 — Umwandlungszahl **1 000**

2. Wie viele Kubikzentimeter sind 3,75 dm^3?
3,75 dm^3 = (3,75 · 1 000) dm^3 = 3 750 cm^3 — Umwandlungszahl **1 000**

3. Wie viele Liter sind 2,75 m^3?
2,75 m^3 = (2,75 · 1 000) dm^3 = 2 750 dm^3 — Umwandlungszahl **1 000**
2 750 dm^3 = 2 750 ℓ — 1 dm^3 = 1 ℓ

Aufgaben

173 Berechne die fehlenden Werte in den Tabellen.

dm^3	cm^3	mm^3
5,7		
	350	
		9 200

m^3	dm^3	cm^3
0,25		
	3,7	
		910 000

hℓ	ℓ	mℓ
0,79		
	75	
		456 000

174 Gib in Litern an.
a) 12 m^3
b) 6,5 dm^3
c) 67 mℓ
d) 0,078 m^3
e) 55 000 dm^3
f) 3,75 m^3

175 Verwandle in die größere Maßeinheit und rechne.
a) 3 350 mm^3 + 7,4 mℓ
b) 82 m^3 – 370 hℓ
c) 5,75 m^3 + 67,8 hℓ
d) 85 m^3 – 700 hℓ
e) 7,54 m^3 – 3 750 dm^3
f) 125 hℓ + 765 ℓ

176 a) In einer Großstadt mit 120 000 Haushalten wird täglich mit 600 000 Spülungen gerechnet. Wie viele m^3 Wasser werden dadurch verbraucht (ohne Sparspülung)?

b) Drei Viertel der Spülungen könnten durch eine Sparspülung ersetzt werden. Wie viel Kubikmeter Wasser könnten jährlich (365 Tage) eingespart werden?

> **Wasser sparen hilft der Umwelt.**
>
> **Unsere Toilettensparspülung verbraucht statt 9 ℓ Wasser nur noch 5 ℓ Wasser.**
>
> Tun Sie der Umwelt etwas Gutes!
> Einfacher Einbau – kleiner Preis
> große Wirkung!

Merke

Masseeinheiten (Gewichte)

Bei Masseeinheiten (Gewichten) beträgt die **Umwandlungszahl 1 000**.

t	· 1 000 → / ← : 1 000	kg	· 1 000 → / ← : 1 000	g	· 1 000 → / ← : 1 000	mg

Beispiele

1. Wie viele Tonnen sind 275 000 g?
   Gehe schrittweise vor.
   275 000 g = (275 000 : 1 000) kg = 275 kg — Umwandlungszahl **1 000**
   275 kg = (275 : 1 000) t = 0,275 t — Umwandlungszahl **1 000**

2. Wie viele Gramm sind 4,5 kg?
   4,5 kg = (4,5 · 1 000) g = 4 500 g — Umwandlungszahl **1 000**

Aufgaben

177 Verwandle in die Einheit, die in der Klammer steht.

a) 2,95 t (kg) b) 3 750 kg (t)
c) 87,3 kg (t) d) 0,24 kg (g)
e) 25 g (kg) f) 4 752 g (kg)
g) 0,125 g (mg) h) 3 450 mg (g)

178 Ordne der Größe nach. Beginne mit der geringsten Masse.

0,018 kg 49 g 0,396 kg 256 g 0,0076 kg 4 250 mg

179 Vergleiche die Gewichte und setze das richtige Zeichen (<, >, =) ein.

a) 70 t ☐ 70 000 kg b) 5 400 g ☐ 5 kg 40 g
c) 6 430 mg ☐ 64,3 g d) 13 t 475 kg ☐ 13 475 kg

180 Umlaufmenge der 10-, 20- und 50-Cent-Münzen im Euroraum im Januar 2021.

Umlaufmenge	15 890 Mio.	12 374 Mio.	6 560 Mio.
Dicke	1,93 mm	2,14 mm	2,38 mm
Masse	4,10 g	5,74 g	7,80 g

a) Wie viele Tonnen Metall wurden zur Herstellung der 10-Cent-, 20-Cent- und 50-Cent-Münzen insgesamt benötigt?

b) Wie viele Lkw mit einer Zuladung von jeweils 25 Tonnen würde man zum Transport der 10-Cent-, 20-Cent- und 50-Cent-Münzen benötigen?

c) Wie viele Kilometer wäre der Turm hoch, wenn man alle 10-Cent-, 20-Cent- und 50-Cent-Münzen übereinander stapeln könnte?

Merke

Zeiteinheiten

Die **Umwandlungszahl** von h in min sowie von min in s ist **60**, von d in h **24**.

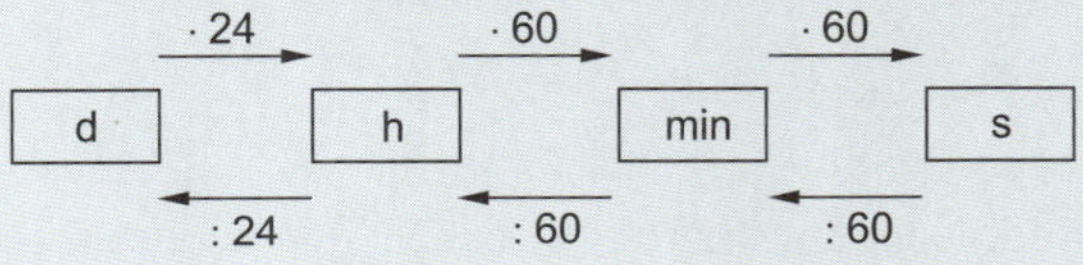

Zeiteinheiten:
d Einheit für Tage
h Einheit für Stunden
min Einheit für Minuten
s Einheit für Sekunden

Beispiele

1. Wie viele Tage sind 180 Stunden?
   180 h = (180 : 24) d = 7,5 d — Umwandlungszahl **24**

2. Wie viele Minuten sind 3,8 Stunden?
   3,8 h = (3,8 · 60) min = 228 min — Umwandlungszahl **60**

3. Wie viele Stunden sind 500 Minuten?
   $500\text{ min} = (500 : 60)\text{ h} = 8,\overline{3}\text{ h}$ — Umwandlungszahl **60**
   $0,\overline{3}\text{ h} = (0,\overline{3} \cdot 60)\text{ min} = 20\text{ min}$ — Umwandlungszahl **60**
   500 min = 8 h 20 min

Aufgaben

181 Verwandle in die angegebenen Zeiteinheiten.

a) 6 h (min)

b) 45 min (h)

c) 1,5 h (min)

d) $3\frac{1}{2}$ d (h)

e) $5\frac{1}{4}$ min (s)

f) $7\frac{3}{4}$ h (min)

182 Berechne.

a) 3 h 23 min + 2 h 47 min

b) 9 h 37 min + 6 h 59 min

c) 7 h 28 min − 5 h 26 min

d) 6 h 2 min − 1 h 9 min

183 Gib in zwei Einheiten an.
Beispiel: 438 s = 7 min 18 s

a) 560 s
b) 998 s
c) 1 600 s
d) 3 150 s

184 Rechne wie im Beispiel:
$2{,}7\ \text{h} = 2\ \text{h} + 0{,}7\ \text{h} = 2\ \text{h} + (0{,}7 \cdot 60)\ \text{min} = 2\ \text{h}\ 42\ \text{min}$

a) 1,3 h
b) 4,9 h
c) 2,35 h
d) 8,05 h

185 Wegen eines technischen Defekts fährt der Bus mit 97 Minuten Verspätung ab.

a) Wann fährt der Bus in München ab?
b) Wann kommt der Bus in Paris an?
c) Wie lange ist der Nachtbus auf der Strecke München – Paris unterwegs?

Rechnen mit Geschwindigkeiten

Merke

Geschwindigkeit

Dividiert man den **Weg s** (zurückgelegte Strecke) durch die **Zeit t** (benötigte Zeit für die zurückgelegte Strecke), so erhält man die **Geschwindigkeit v**.

- $\text{Geschwindigkeit} = \frac{\text{Weg}}{\text{Zeit}}$ $v = \frac{s}{t}$ Einheit: $\frac{\text{km}}{\text{h}}$ oder $\frac{\text{m}}{\text{s}}$

  Umrechnung: $\frac{\text{m}}{\text{s}} \cdot 3{,}6 = \frac{\text{km}}{\text{h}}$ $\frac{\text{km}}{\text{h}} : 3{,}6 = \frac{\text{m}}{\text{s}}$
- $\text{Weg} = \text{Geschwindigkeit} \cdot \text{Zeit}$ $s = v \cdot t$ Einheit: m oder km
- $\text{Zeit} = \frac{\text{Weg}}{\text{Geschwindigkeit}}$ $t = \frac{s}{v}$ Einheit: h oder s

Beispiele

1. Ein Radfahrer legt in 2 Stunden 30 Minuten eine Strecke von 45 Kilometer zurück. Berechne seine durchschnittliche Geschwindigkeit.

   2 h 30 min = 2,5 h — Umrechnen der Zeit in die Dezimalschreibweise

   $v = \frac{45\text{ km}}{2{,}5\text{ h}}$ — $v = \frac{s}{t}$

   $v = 18\,\frac{\text{km}}{\text{h}}$

   Der Radfahrer fährt mit einer durchschnittlichen Geschwindigkeit von $18\,\frac{\text{km}}{\text{h}}$.

2. Im Fernverkehr fährt ein Lkw mit einer durchschnittlichen Geschwindigkeit von $78\,\frac{\text{km}}{\text{h}}$. Welche Strecke legt der Fahrer bei einer täglichen Lenkzeit von 9 Stunden zurück?

   $s = 78\,\frac{\text{km}}{\text{h}} \cdot 9\text{ h}$ — $s = v \cdot t$

   $s = 702\text{ km}$

   In 9 Stunden legt der Fahrer 702 km zurück.

3. Ein Langstreckenflugzeug fliegt mit einer Geschwindigkeit von $870\,\frac{\text{km}}{\text{h}}$. Berechne die Zeit, die es für eine Strecke von 6 090 km braucht.

   $t = \frac{6\,090\text{ km}}{870\,\frac{\text{km}}{\text{h}}}$ — $t = \frac{s}{v}$

   $t = 7\text{ h}$

   Das Langstreckenflugzeug braucht 7 Stunden.

Aufgaben

186 Berechne die durchschnittliche Geschwindigkeit eines Autos in km/h.

a) 560 km in 7 h
b) 680 km in 8 h
c) 360 km in 5 h
d) 120 km in 1,25 h
e) 660 km in 8,25 h
f) 624 km in 9,75 h

187 Berechne die fehlenden Werte in der Tabelle.

	Weg	Zeit	Geschwindigkeit
a)	12 m	1,5 s	
b)	225 km		$90\,\frac{\text{km}}{\text{h}}$
c)		3,5 h	$115\,\frac{\text{km}}{\text{h}}$
d)	48 000 km	90 min	
e)		16 s	$8{,}5\,\frac{\text{m}}{\text{s}}$
f)		40 min	$975\,\frac{\text{km}}{\text{h}}$
g)	12 cm	15 min	

Dichte

Merke

Dichte

Dividiert man die **Masse** (das Gewicht) eines Körpers durch sein **Volumen**, so erhält man die **Dichte**.

- $\text{Dichte} = \dfrac{\text{Masse}}{\text{Volumen}}$

Durch Umstellen der Formel erhält man:

- $\text{Masse} = \text{Dichte} \cdot \text{Volumen}$
- $\text{Volumen} = \dfrac{\text{Masse}}{\text{Dichte}}$

Einheiten der Dichte:
Die Umwandlungszahl ist für die **Masseeinheit** und für die **Volumeneinheit** jeweils **1 000**.

$1\,\dfrac{t}{m^3} = 1\,\dfrac{kg}{dm^3} = 1\,\dfrac{g}{cm^3} = 1\,\dfrac{mg}{mm^3}$

Beispiele

1. Ein Werkstück aus Kupfer hat ein Volumen von 75 cm^3.
   Die $\text{Dichte}_{\text{Kupfer}}$ beträgt $8{,}9\,\frac{g}{cm^3}$. Wie schwer ist das Werkstück?

   $\text{Masse} = 8{,}9\,\dfrac{g}{cm^3} \cdot 75\,cm^3$ Masse = Dichte · Volumen

   $\text{Masse} = 667{,}5\,g$

2. Eine Säule aus Stahl wiegt 197,5 kg. Die $\text{Dichte}_{\text{Stahl}}$ beträgt $7{,}9\,\frac{kg}{dm^3}$.
   Berechne das Volumen der Säule.

   $V = \dfrac{197{,}5\,kg}{7{,}9\,\frac{kg}{dm^3}}$ $\text{Volumen} = \dfrac{\text{Masse}}{\text{Dichte}}$

   $V = 25\,dm^3$

3. Bei Ausgrabungen wird eine Säule freigelegt. Die Säule wiegt 101 t und hat ein Volumen von 37,41 m^3. Aus welchem Gestein besteht die Säule?

   $\text{Dichte} = \dfrac{101\,t}{37{,}41\,m^3}$ $\text{Dichte} = \dfrac{\text{Masse}}{\text{Volumen}}$

   $\text{Dichte} = 2{,}699\ldots\,\dfrac{t}{m^3} \approx 2{,}7\,\dfrac{t}{m^3}$ $\text{Dichte}_{\text{Marmor}} = 2{,}7\,\dfrac{t}{m^3}$

Aufgaben

188 Berechne die fehlenden Werte in der Tabelle.

Masse	43,6 kg		45 t	37,25 g		221 t
Volumen	117,72 dm^3	255 dm^3		1,94 cm^3	92 mm^3	
Dichte		11,34 g/dm^3	7,9 t/m^3		13,54 mg/mm^3	2,6 t/m^3

189 Ein Lkw hat einen Laderaum von 65 m^3.
Wie viel t Schaumstoff kann er höchstens laden? 1 dm^3 Schaumstoff wiegt 0,125 kg.

190 Ein quaderförmiger Marmorblock hat ein Gewicht von 6,7 t. Ein dm^3 Marmor wiegt 2,5 kg. Berechne den Rauminhalt des Marmorblock.

191 Ein leerer Reservekanister wiegt 550 g. Er wird mit 5 ℓ Benzin aufgefüllt. Nun wiegt der gefüllte Kanister 4,25 kg. Berechne die Dichte von Benzin.

Fit im Quali

192 Verwandle in die Einheit, die in der Klammer steht.

a) 4,07 m (cm) b) 375 mm (dm)
c) 125 000 mm^2 (dm^2) d) 4 700 cm^2 (m^2)
e) 630 *ml* (dm^3) f) 0,75 dm^3 (cm^3)

193 Wandle in Stunden um.

a) 100 min b) 150 min
c) 200 min d) 225 min

194 Wandle in Minuten um.

a) 1 h 20 min b) 2 h 50 min
c) 4 h 25 min d) 9 h 10 min

195 Setze <, > oder = ein.

a) 8 750 g ☐ 0,875 kg b) 90 000 mg ☐ 90 g c) 17,3 t ☐ 1 730 kg

196

a) Bei einer Taschenuhr legt die Spitze des Sekundenzeigers in einer Sekunde einen Weg von 2,6 mm zurück. Welche Strecke legt der Sekundenzeiger an einem Tag zurück?
b) Der Minutenzeiger legt in einer Minute einen Weg von 2,1 mm zurück. Berechne den Weg des Minutenzeigers in einem Jahr.

197 Welche Größenangaben könnten stimmen, welche sind sicher falsch? Kreuze an.

	könnte stimmen	ist sicher falsch
Ein neugeborenes Kind wiegt 9 500 g.	☐	☐
Ein Kugelschreiber kostet 250 Cent.	☐	☐
Das Display eines Smartphones ist 9 dm^2 groß.	☐	☐
Eine Zimmertür ist 2 000 mm hoch.	☐	☐
Ein Wasserglas hat ein Volumen von ca. 1,1 cm^3.	☐	☐
Eine Unterrichtsstunde dauert 2 700 Sekunden.	☐	☐

198 Überprüfe, ob das bestellte Material jeweils geladen werden kann, ohne das zulässige Ladegewicht zu überschreiten.

a) Eine Baustoffniederlassung erledigt einen Auftrag für eine Großbaustelle:

Ladeplan für Lkw 2412
12 Tonnen Nutzlast

100 Säcke Zement zu je 50 kg
80 Säcke Kalk zu je 40 kg
12 Paletten Ziegel zu je 350 kg

b) Ein Eisenwarengroßhandel liefert an die Großbaustelle:

Frachtauftrag für Lkw 875
7,5 Tonnen Ladegewicht

80 Baustahlmatten zu je 45 kg
120 Baustahlstäbe zu je 18 kg
12 U-Träger zu je 95 kg
4 Doppel-T-Träger zu je 150 kg

199 Markus und Lukas besuchen ihren Freund Philipp. Um 8:15 Uhr brechen sie mit den Fahrrädern auf. Nach 1 h 25 min machen sie eine Pause von 35 min. Dann fahren sie noch 1 h 40 min bis zu Philipp. Bei Philipp halten sie sich 5 h 30 min auf. Für die Rückfahrt brauchen sie einschließlich Pausen die gleiche Zeit wie auf der Hinfahrt.
Wann sind sie wieder zu Hause?

200 Violetta will pünktlich um 7:40 Uhr an ihrer Schule sein. Von zu Hause bis zur Bushaltestelle braucht sie 5 Minuten. Die Busfahrt dauert genau eine halbe Stunde. Nun hat sie noch einen Fußweg von 3 Minuten bis zur Schule.
Welchen Bus muss sie nehmen?

Busfahrplan						
Abfahrtszeiten:	6:39	6:48	6:54	7:00	7:11	7:22

201 Mit dem ICE Hamburg-München benötigt man nur 5 Stunden und 45 Minuten für die Bahnreise über eine Entfernung von 765 km.
Berechne de durchschnittliche Geschwindigkeit des ICEs.

202
a) 57 cm^3 eines Stoffes wiegen 598,5 g.
Um welchen Stoff handelt es sich?
b) Berechne die Masse von 53 cm^3 Blei.
c) Welches Volumen haben 345 t Eisen?

203 Bastian hat im Urlaub eine angeblich sehr wertvolle Münze aus Gold erstanden. Zu Hause berechnet er ein Volumen von 2,47 cm^3. Die Briefwaage zeigt 21,56 g an.
Pures Gold? Was meinst du?

Dichte einiger Stoffe $\frac{g}{cm^3}$	
Styropor	0,019
Blei	11,3
Silber	10,5
Eisen	7,9
Gold	19,3
Benzin	0,69
schweres Heizöl	0,99
Schwefelsäure	1,84
Messing	8,73

204 Katharina wohnt in Regensburg. Sie möchte ihre Patentante in Salzburg besuchen.
Im Internet findet sie folgende Zugverbindung.

Bahnhof	Datum	Zeit	Gleis	Produkt
Regensburg Hbf	05.08.2021	ab 08:46	9	RE 50
Landshut (Bay) Hbf	05.08.2021	an 09:28	6	
Landshut (Bay) Hbf	05.08.2021	ab 09:36	1	RB 44
Mühldorf (Oberbay)	05.08.2021	an 10:25	1	
Mühldorf (Oberbay)	05.08.2021	ab 10:44	6 West	RB 45
Salzburg Hbf	05.08.2021	an 11:54	27	

a) Wie lange wird Katharina von der Abfahrt in Regensburg bis zur Ankunft in Salzburg unterwegs sein?
b) Wie viel Zeit bleibt Katharina zum Umsteigen in Mühldorf?
c) Wegen einer technischen Störung fährt am Reisetag der Zug in Mühldorf 25 Minuten später ab.
Wann kommt Katharina nun in Salzburg an?

205 Ergänze die Tabelle.

Flug	Abflug	Flugdauer	Ankunft
München – New York	9:20 Uhr (MEZ)	9 h 25 min	(MEZ)
Frankfurt – Johannesburg	20:45 Uhr (MEZ)		7:25 Uhr (MEZ)
Berlin – Sydney	(MEZ)	22 h 12 min	14:58 Uhr (MEZ)

206 Seit Januar 2022 ist die Ausgabe von Plastiktüten an Ladenkassen in Deutschland verboten. Im Jahr 2021 wurden rund 2 Milliarden Kunststoff-Tragetaschen an Kassen ausgegeben.

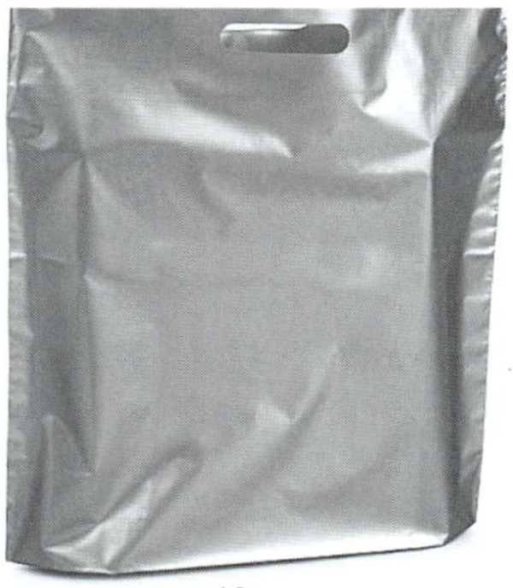

a) Würde man die im Jahr 2021 verbrauchten Kunststoff-Tragetaschen in Deutschland der Länge nach verknoten, wie oft könnte man den Kunststoffstrick um den Äquator wickeln? Rechne 20 % der Stricklänge für die Knoten ab. Der Erdumfang am Äquator beträgt rund 40 074 km.

b) Würde der Kunststoffstrick auch bis zum Mond reichen? Die mittlere Entfernung Erde – Mond beträgt rund 384 400 km.

c) Neue Schätzungen gehen davon aus, dass weltweit jährlich 2 Billionen Kunststoff-Tragetaschen verbraucht werden. Könnte man mit dieser Menge an Kunststoff-Plastiktüten die Fläche der Bundesrepublik parkettieren? Die Fläche der Bundesrepublik Deutschland beträgt 357 386 km^2.

Hinweis: Man betrachtet dazu die auseinandergeklappte Plastiktüte. Eine Kunststofftüte hat auf der Vorder- und Rückseite den gleichen Flächeninhalt.

Vergrößern und Verkleinern

Merke

> **Vergrößern und Verkleinern**
>
> Der **Maßstab** gibt das Größenverhältnis der Länge einer Strecke in der Zeichnung zur Länge der Strecke in der Wirklichkeit an.
>
> Auf Landkarten ist immer ein Maßstab angegeben.
> 1 : 800 000 bedeutet: 1 cm auf der Karte entspricht 800 000 cm in der Wirklichkeit.
>
> | **Karte** | **Wirklichkeit** | **Maßstab** |
> |---|---|---|
> | 1 cm ≙ | 800 000 cm | 1 : 800 000 |
> | 1 cm ≙ | 8 km | ├──┤ 8 km |

Beispiele

1. Auf einer Landkarte im Maßstab 1 : 150 000 ist eine Eisenbahnstrecke 7,4 cm lang. Gib die Länge der Eisenbahnstrecke in Wirklichkeit an.

   150 000 cm = 1 500 m = 1,5 km

	Karte		**Wirklichkeit**	
· 7,4	1 cm	≙	1,5 km	· 7,4
	7,4 cm	≙	1,5 km · 7,4 = 11,1 km	

   Die Eisenbahnstrecke ist 11,1 km lang.

2. Die Entfernung Passau – Aschaffenburg beträgt Luftlinie ca. 350 km. Wie weit liegen beide Städte auf einer Karte im Maßstab 1 : 5 000 000 auseinander?

   350 km = 350 000 m = 35 000 000 cm

	Wirklichkeit		**Karte**	
: 5 000 000	5 000 000 cm	≙	1 cm	: 5 000 000
· 35 000 000	1 cm	≙	1 cm : 5 000 000	· 35 000 000
	35 000 000 cm	≙	1 cm : 5 000 000 · 35 000 000	
			= 7 cm	

   Die beiden Städte liegen auf der Karte 7 cm auseinander.

3. Ein 30 km langer Radwanderweg misst auf einer Karte 30 cm. Bestimme den Maßstab der Karte.

   30 km = 30 000 m = 3 000 000 cm

	Karte		**Wirklichkeit**	
: 30	30 cm	≙	3 000 000 cm	: 30
	1 cm	≙	100 000 cm	

   Die Karte ist im Maßstab 1 : 100 000 gezeichnet.

Aufgaben

207 Berechne die fehlenden Werte in der Tabelle.

	Entfernung Karte	Entfernung Wirklichkeit	Maßstab
a)	40 cm		1:15 000
b)		56,5 km	1:200 000
c)	7 cm	1 400 km	

208 Ein Tunnel ist 3 050 m lang.
Berechne die Länge des Tunnels auf einer Karte im Maßstab 1:50 000.

209 Ein Haus ist 8 m lang. In einer Zeichnung beträgt seine Länge 4 cm.
Bestimme den Maßstab der Zeichnung.

210 Der Eiffelturm in Paris ist 300 m hoch. Ein Souvenirladen am Fuße des Eiffelturms bietet verschiedene Modelle an:
Modell A: 30 cm hoch
Modell B: 20 cm hoch
Modell C: 25 cm hoch
In welchen Maßstäben wurden die Modelle angefertigt?

211 Der Maßstab einer Wanderkarte ist mit 1:50 000 angegeben. Die Länge der geplanten Wanderstrecke beträgt 30 cm auf der Karte.
a) Wie lange ist die Wanderstrecke in Wirklichkeit?
b) Auf einer anderen Wanderkarte misst die gleiche Strecke nur 20 cm.
In welchem Maßstab wurde sie gezeichnet?

212 Eine Boeing 747 hat eine Spannweite von 38 m.
In welchem Maßstab ist eine Zeichnung des Flugzeugs gefertigt, wenn hier die Spannweite 7,6 cm ist?

213 Die Trasse eines neu zu bauenden 42 km langen Autobahnteilstücks wird in eine Landkarte mit dem Maßstab 1:250 000 eingezeichnet.
Wie viele Zentimeter misst die Trasse auf der Karte?

214 Ein Segelflieger hat seine geplante Flugroute im Maßstab 1:500 000 gezeichnet.
Wie viele Kilometer will er insgesamt zurücklegen?

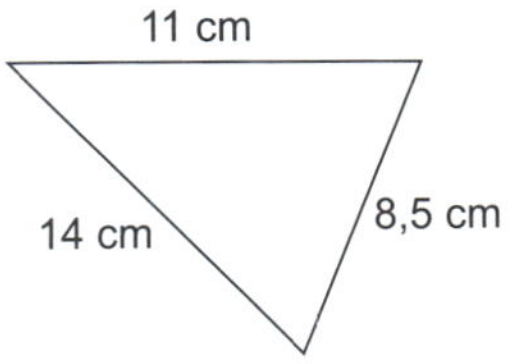

3 Rechnen mit Termen und Gleichungen

Rechnen mit Termen

Merke

Terme

- Terme sind **Rechenausdrücke**. Sie bestehen aus **Variablen** (Platzhaltern) und **Zahlen**.
- Bei Termen können Zahlen und gleiche Variablen **zusammengefasst** werden.
- Beachte folgende Schreibweise: $1 \cdot x = x$ $5 \cdot 1y = 5y$
  Das Multiplikationszeichen entfällt.

Beispiele

1. Beispiele für Terme:
   $37 + 13$ $52 - 18$ $2a + 3b$ $7b - 2a$
   $2 \cdot x + 4 \cdot y$ $(12x - 36) : 6$ $5 \cdot (2x + 40)$
2. $12x + 48x - 25x = 35x$
   $22y - 17y + 18y = 23y$
   Gleiche Variablen kann man zusammenfassen.
3. **14a** − 3b **− 6a** − 20b = (ordnen)
   14a − 6a − 3b − 20b = (zusammenfassen)
   8a − 23b

Aufgaben

215

Fasse zusammen.

a) $125 + 35a - 77 - 18a$
b) $2{,}7b - 3{,}5c + 1{,}7b - 1{,}5c$
c) $8{,}5x - 2{,}5y - 3{,}7x - 12{,}2y$
d) $-99z - 145 - 222 + 132z$
e) $7{,}2d + 8{,}9e - 13{,}8e + 2{,}3d$
f) $-11{,}1z - 77{,}7 + 33{,}3z - 55{,}5$

216

Vereinfache die Terme.

a) $18{,}9x + 19{,}3 + 51{,}7y - 73{,}4 - 82{,}9y + 52{,}8x$
b) $73 - 65a + 23b - 69 + 64a - 13b - 81 + 39a - 47b$
c) $-45 - 93z - 63y + 65z - 22 - 15y + 88 - 32z - 91y$
d) $10{,}9a - 13{,}4b - 10{,}7a + 13{,}6b + 10{,}6a - 13{,}5b - 10{,}3a - 13{,}2b$

Merke

Rechnen mit Termen

- Ein Term in einer Klammer wird mit einer Zahl **multipliziert**, indem **jedes Glied** des Klammerterms mit der Zahl multipliziert wird.
- Ein Term in einer Klammer wird durch eine Zahl **dividiert**, indem **jedes Glied** des Klammerterms durch die Zahl dividiert wird.
- Beim Vereinfachen von Termen muss man besonders auf die **Vorzeichenregel**, die **Klammerregel** und die **Punkt-vor-Strich-Regel** achten!

Beispiele

1. $2x \cdot 7 = 14x$ $\quad 0{,}5 \cdot 9y = 4{,}5y$ $\quad 8a \cdot (-7) = -56a$ $\quad (-0{,}9b) \cdot 7 = -6{,}3b$
2. $3 \cdot (6-4x) = 3 \cdot 6 - 3 \cdot 4x = 18 - 12x$
3. $(8+7x) \cdot (-5) = 8 \cdot (-5) + 7x \cdot (-5) = -40 - 35x$
4. $(-9) \cdot (3b-5a) = (-9) \cdot 3b - (-9) \cdot 5a = -27b + 45a$
5. $(12x-8) : 2 = 12x : 2 - 8 : 2 = 6x - 4$
6. $2x - 5(3x-2) - 8(2+9x) =$ Klammern ausmultiplizieren
   $2x - (15x-10) - (16+72x) =$ Klammern auflösen
   $2x - 15x + 10 - 16 - 72x =$ zusammenfassen
   $-85x - 6$

Aufgaben

217 Multipliziere die Terme.

a) $3 \cdot (12x-7)$ b) $(3a+5b) \cdot 12$
c) $2{,}5 \cdot (4x-20y)$ d) $(-2) \cdot (8-6x)$
e) $(3x+7y) \cdot (-4)$ f) $(-9) \cdot (9a-10)$

218 Dividiere die Terme.

a) $(44z+32) : 4$ b) $(30-9a) : 3$
c) $(81x-45y) : 9$ d) $(12a-6) : (-2)$
e) $(-20x-15y) : (-5)$ f) $(66+42b) : (-6)$

219 Vereinfache die Terme.

a) $12x - 25 \cdot (2x-4) - (75+30) : 5 + 25$
b) $(0{,}5+3x) \cdot 12 + 7x - (48x-160) : (-8) + 14$
c) $(-8) \cdot (5x+30) + 10 - 20 \cdot (8x-5) + 23x$
d) $2 - 2 \cdot (7{,}5x-18) + (26x-40) : 2 + 7 \cdot 2x$

220 Welcher Term hat den gleichen Wert wie der gegebene Term? Kreuze an.

a) $4 \cdot (6x+4) + (12-8x) : 4$
- ☐ $(6x-4) \cdot 4 + (12+8x) : 4$
- ☐ $(12+8x) : 4 - (4-6x) \cdot 4$
- ☐ $4 \cdot (6x-4) + (12+8x) : 4$
- ☐ $4 \cdot (4+6x) - (8x-12) : 4$

b) $3 \cdot (9a-15) + (6-12a) : 6$
- ☐ $3 \cdot (15-9a) + (12a-6) : 6$
- ☐ $(9a+15) \cdot 3 - (-12a-6) : 6$
- ☐ $3 \cdot (9a-15) - (12a-6) : 6$
- ☐ $(6-12a) : 3 + (15-9a) \cdot 6$

221 Ergänze zu wertgleichen Termen.

a) $24x - (16x - \square) = 8x + 25$ b) $\square - (20-7x) = 25x - 20$
c) $21x - (\square - \square) = 12x + 13$ d) $43x - (\square + \square) = 2x + 18$
e) $12x - 2 \cdot (\square + \square) = 3x - 2$ f) $\square + 6 \cdot (4x + \square) = 11x - 9$

222 a) Schreibe jeweils einen Term zur Berechnung des Umfangs der Figuren auf.
b) Berechne den Umfang der Figuren für x = 6 cm.

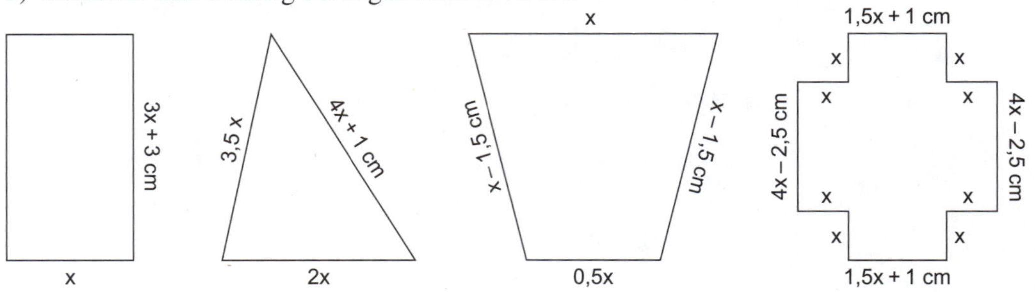

223 a) Schreibe jeweils einen Term zur Berechnung der Länge aller Kanten der Körper auf.
b) Berechne die Länge aller Kanten der Körper für x = 4,5 cm.

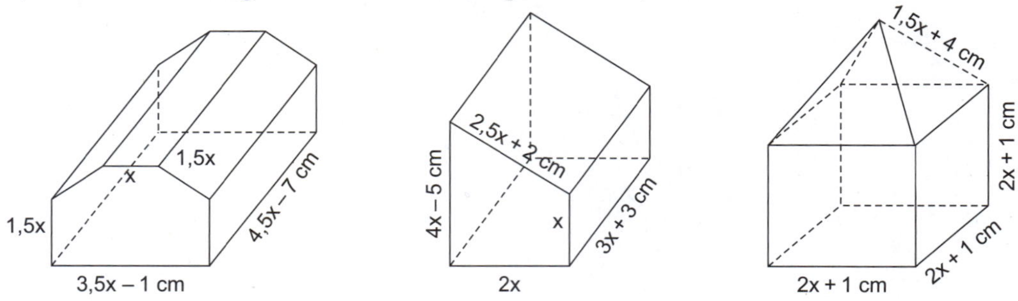

Merke

Von der Textform in die Zahlenform

Terme und Gleichungen in Textform musst du zuerst in die Sprache der Mathematik übersetzen, bevor du sie lösen kannst. Die Variable wird dabei meist mit x bezeichnet.

Folgendes „Wörterbuch“ hilft dir bei der Lösung der Aufgaben.
Es wird immer mit 5 gerechnet.

Variable, x	eine Zahl, eine unbekannte Zahl, eine bestimmte Zahl, eine gedachte Zahl, eine gesuchte Zahl
Addition, addieren, +	eine Zahl um 5 vermehren, eine Zahl um 5 vergrößern, die Summe aus einer Zahl und 5 bilden, zu einer Zahl 5 addieren
Subtraktion, subtrahieren, –	eine Zahl um 5 vermindern, eine Zahl um 5 verkleinern, die Differenz aus einer Zahl und 5 bilden, von einer Zahl 5 subtrahieren
Multiplikation, multiplizieren, ·	eine Zahl mit 5 vervielfachen, das Fünffache einer Zahl, das Produkt aus einer Zahl und 5 bilden, 5 mit einer Zahl multiplizieren
Division, dividieren, :	eine Zahl durch 5 teilen, ein Fünftel einer Zahl, der fünfte Teil einer Zahl, den Quotienten aus einer Zahl und 5 bilden, eine Zahl durch 5 dividieren

Aufgaben

224 Übersetze in die Sprache der Mathematik.

Addition

Vermehrt man eine Zahl um 3 ____________________

Addiert man 53 zu einer Zahl ____________________

Die Summe aus einer Zahl und 12 ____________________

Subtraktion

Eine um 17 verminderte Zahl ____________________

Die Differenz aus einer Zahl und 30 ____________________

Subtrahiert man von einer Zahl 56 ____________________

Multiplikation

Multipliziert man das 12-Fache einer Zahl mit 7 ____________________

Das Produkt aus dem 3-Fachen einer Zahl und 17 ____________________

Die doppelte Summe aus dem 3-Fachen einer Zahl und 8 ____________________

Division

Dividiert man eine Zahl durch 70 ____________________

Der Quotient aus einer Zahl und 3 ____________________

Der vierte Teil der Summe aus einer Zahl und 84 ____________________

225 Übersetze in die Sprache der Mathematik und vereinfache die Terme.

a) Addiere zur doppelten Summe aus dem Dreifachen einer Zahl und 28 die Summe aus dem Fünffachen einer Zahl und 7.

b) Subtrahiere von der achtfachen Summe aus einer Zahl und 32 die dreifache Differenz aus der Zahl und 45.

c) Multipliziere die doppelte Summe aus dem Vierfachen einer Zahl und 5 mit der Differenz aus den Zahlen 61 und 57.

d) Dividiere die Differenz aus dem Neunfachen einer Zahl und 15 durch den Quotienten aus 18 und 6.

Gleichungen

Merke

Einfache Gleichungen

Du löst Gleichungen, indem du **auf beiden Seiten** des Gleichheitszeichens **dieselbe Rechenoperation** ausführst, bis die gesuchte Variable x alleine auf einer Seite der Gleichung steht. Dazu kannst du…

- auf beiden Seiten der Gleichung dieselbe Zahl oder Variable **addieren**,
- auf beiden Seiten der Gleichung dieselbe Zahl oder Variable **subtrahieren**,
- beide Seiten der Gleichung mit derselben Zahl **multiplizieren**,
- beide Seiten der Gleichung durch dieselbe Zahl **dividieren**.

Beispiel

Löse die Gleichung $5x-21=81-12x$.

$5x-21=81-12x$	$\vert +12x$
$5x+12x-21=81-12x+12x$	zusammenfassen
$17x-21=81$	$\vert +21$
$17x-21+21=81+21$	zusammenfassen
$17x=102$	$\vert :17$
$x=6$	

Probe:

$5x-21=81-12x$	Setze $x=6$ in die Ausgangsgleichung ein.
$5\cdot 6-21=81-12\cdot 6$	
$30-21=81-72$	
$9=9$	Wahre Aussage, die Lösung ist richtig.

Aufgaben

226 Löse die Gleichungen.

a) $4x+104=296$ b) $3x+1=13$ c) $28=15x-92$
d) $52=20+16x$ e) $108=45+3x$ f) $2x-104=54$

227 Löse die Gleichungen nach x auf.

a) $7x-19=4x+2$ b) $7x-5=6x+8$ c) $4x+32=14x+12$
d) $4x+24=8x-48$ e) $34-4x=16+5x$ f) $5x+5=69-3x$

228 Stelle jeweils die Gleichungen auf und löse sie.

a) Multiplizierst du eine Zahl mit 16 und verminderst das Produkt um 5, so erhältst du 203.
b) Dividierst du eine Zahl durch 3, so erhältst du 26.
c) Bilde die Summe aus 7 und dem Fünffachen einer Zahl. Als Ergebnis erhältst du die Differenz aus 25 und der Zahl.
d) Die Summe aus dem Doppelten einer Zahl und 24 ist genauso groß wie die Differenz aus dem Achtfachen der Zahl und 36.

Merke

Zusammenfassen und die Variable x berechnen

- Bei Gleichungen mit mehreren Zahlen mit der Variable x und mehreren Zahlen ohne Variable musst du zunächst diese zusammenfassen.
  Achte dabei auf die Vorzeichen.
- Anschließend verfährst du wie bei der Lösung von einfachen Gleichungen.

Beispiel

Fasse zusammen und löse die Gleichung $17x-75+3x-20=18x+20+5x-40$.

$17x-75+3x-20=18x+20+5x-40$		Fasse alle Zahlen mit der Variable und alle Zahlen ohne Variable auf beiden Seiten zusammen.
$20x-95=23x-20$	$\vert -23x$	Bringe die Zahl mit der Variable x auf die linke Seite der Gleichung.
$-3x-95=-20$	$\vert +95$	Bringe die Zahl ohne Variable auf die rechte Seite der Gleichung.
$-3x=75$	$\vert :(-3)$	Löse nach x auf.
$x=-25$		

Probe:

$$17x - 75 + 3x - 20 = 18x + 20 + 5x - 40$$

Setze x = −25 in die Ausgangsgleichung ein.

$$17 \cdot (-25) - 75 + 3 \cdot (-25) - 20 = 18 \cdot (-25) + 20 + 5 \cdot (-25) - 40$$
$$-425 - 75 - 75 - 20 = -450 + 20 - 125 - 40$$
$$-595 = -595$$

Wahre Aussage, die Lösung ist richtig.

Aufgaben

229 Fasse zusammen und bestimme x.

a) $5x - 4 + 6x = 2x + 87 - 4x$
b) $5x - 29 + 3x = 12x + 61 - 10x$
c) $2x + 105 - 26 = 95 - 4x + 5x$
d) $19 - 2x + 19 = x + 32 - 2x$

230 Fasse zusammen und löse die Gleichungen.

a) $3x - 6 + 2x + 4 - 14 = 40 - 2x - 10 - 4$
b) $12x + 4 - 12 + 4x - 32 = 10x - 10 - 4x$
c) $14x + 8 - 4x = 2x + 12 + 9x - 3 + 3x + 5$
d) $55 - 14x + 20 + 4x + 7x - 30 - 2x = 0$
e) $35x - 15 - 200 + 24x = 42x + 24 - 6x - 15 - 33x$

Gleichungen mit Klammern

Merke

Gleichungen mit Klammern

Kommen in einer Gleichung **Klammern** vor, müssen diese **zuerst aufgelöst** werden. Dabei muss besonders auf die **Vorzeichenregel** geachtet werden.

- **Pluszeichen** vor der Klammer – **Vorzeichen** beim Auflösen **beibehalten**.
- **Minuszeichen** vor der Klammer – **Vorzeichen** beim Auflösen der Klammer **ändern**.

Beispiel

Löse die Gleichung $5x - 4 \cdot (2x - 2{,}75) = 2 - (60x + 45) : 5$.

$5x - 4 \cdot (2x - 2{,}75) = 2 - (60x + 45) : 5$	Multipliziere bzw. dividiere in die Klammer.
$5x - (8x - 11) = 2 - (12x + 9)$	Löse die Klammern auf. Vorzeichenregel beachten!
$5x - 8x + 11 = 2 - 12x - 9$	Fasse zusammen. Löse nach x auf.
$-3x + 11 = -7 - 12x$	$\mid +12x$
$9x + 11 = -7$	$\mid -11$
$9x = -18$	$\mid :9$
$x = -2$	

Probe:

$$5x - 4 \cdot (2x - 2{,}75) = 2 - (60x + 45) : 5$$

Setze x = −2 in die Ausgangsgleichung ein. Vorzeichenregel beachten.

$$5 \cdot (-2) - 4 \cdot (2 \cdot (-2) - 2{,}75) = 2 - (60 \cdot (-2) + 45) : 5$$
$$-10 - 4 \cdot (-4 - 2{,}75) = 2 - (-120 + 45) : 5$$
$$-10 - 4 \cdot (-6{,}75) = 2 - (-75) : 5$$
$$-10 + 27 = 2 + 15$$
$$17 = 17$$

Wahre Aussage, die Lösung ist richtig.

Aufgaben

231 Bestimme die Lösungen.

a) $28x - 6(2x - 9) = 8(4x - 16) + 22$

b) $2{,}5x - (9 - 2x) \cdot 3 = 2{,}5 \cdot (5x + 12) - 2x$

c) $2x + 7{,}75 - 0{,}5(6 - 5x) = 4{,}5(4 - 5x) + 6{,}75x + 7$

d) $5x - (324 - 72x) : 6 = 5 \cdot (5x + 12) - 4x$

e) $-5(x + 2) - 35 = 21x + 4(10 - 12x) - 3(15 - 6x)$

232 Löse die Gleichungen.

a) $(200x + 600) : 20 + (1 - 20x) : 4 = 55{,}25 - (5x + 2) : 2$

b) $3(x - 2) + (30x - 40) : 5 = (10x + 4) : 2 - 2(3x + 2)$

c) $(x - 3) \cdot 10 - (25 - 150x) : 5 = 5(x - 7) + (10x + 60) : 2$

d) $(2{,}352x + 2{,}94) : 2{,}8 - (0{,}864 - 4{,}896x) : 2{,}4 = 2(1{,}368 - 0{,}265x)$

e) $2{,}8(0{,}3x + 0{,}375) - (0{,}15 - 0{,}85x) \cdot 2{,}4 = (42{,}76 - 8{,}48x) : 4$

Gleichungen mit Brüchen

Merke

Gleichungen mit Brüchen

- Kommt in einer Gleichung **ein Bruch** vor, **multiplizierst** du auf beiden Seiten der Gleichung jedes Glied mit dem **Nenner** des Bruchs.
- Falls möglich, kannst du den **Bruch** auch in einen **abbrechenden Dezimalbruch** umwandeln.

Beispiele

1.

$\frac{6}{7}x + 15 = 57$	$\mid \cdot 7$ Beide Seiten mit dem Nenner multiplizieren.
$\frac{6 \cdot 7}{7}x + 15 \cdot 7 = 57 \cdot 7$	kürzen und zusammenfassen
$6x + 105 = 399$	$\mid -105$
$6x = 294$	$\mid :6$
$x = 49$	

2.

$\frac{3}{8}x - 9 = 15$	Wandle den Bruch in einen abbrechenden Dezimalbruch um.
$0{,}375x - 9 = 15$	$\mid +9$
$0{,}375x = 24$	$\mid :0{,}375$
$x = 64$	

Aufgaben

233 Berechne x.

a) $\frac{2}{5}x = 8$ b) $\frac{7}{5}x = 21$ c) $\frac{3}{4}x = 150$ d) $\frac{9}{4}x = 108$

e) $\frac{9}{10}x = 4{,}5$ f) $\frac{7}{8}x = 112$ g) $\frac{2}{3}x = 12$ h) $\frac{7}{3}x = 210$

234 Fasse zusammen und berechne x.

a) $\frac{3}{8}x - 12 = 15$ b) $\frac{5}{4}x + 35 = 80$ c) $\frac{5}{7}x - 60 = 35$ d) $\frac{4}{3}x + 34 = -32$

e) $43 = 1 + \frac{7}{10}x$ f) $40 = 10 + \frac{3}{4}x$ g) $96 = 100 + \frac{5}{2}x$ h) $20 = 10 + \frac{4}{3}x$

235 Stelle die Gleichung auf und berechne x.

a) Die Summe aus drei Viertel einer Zahl und 28 ergibt 49.
b) Die Differenz aus dem achten Teil einer Zahl und 0,7 ist 1,3.
c) Addiere zum neunten Teil einer Zahl 2,5, so erhältst du 6,5.
d) Wenn man von fünf Sechstel einer Zahl 43 subtrahiert, erhält man 12.

Merke

Gleichungen mit mehreren Brüchen

- Kommen in einer Gleichung **mehrere Brüche** vor, die nicht in abbrechende Dezimalbrüche umgewandelt werden können, wird auf beiden Seiten der Gleichung jedes Glied mit dem **Hauptnenner** multipliziert.
- Gemischte Zahlen werden zuerst in unechte Brüche umgewandelt.

Beispiele

1.

$\frac{4}{5}x + \frac{1}{4} = 4 - \frac{9}{20}x$	Brüche in abbrechende Dezimalbrüche umwandeln.
$0{,}8x + 0{,}25 = 4 - 0{,}45x$	$\mid +0{,}45x$
$1{,}25x + 0{,}25 = 4$	$\mid -0{,}25$
$1{,}25x = 3{,}75$	$\mid :1{,}25$
$x = 3$	

2.

$11\frac{1}{4} - \frac{3}{4}x = 1\frac{5}{7}x - 6$	gemischte Zahlen in unechte Brüche umwandeln
$\frac{45}{4} - \frac{3}{4}x = \frac{12}{7}x - 6$	$\mid \cdot 28$ beide Seiten der Gleichung mit dem Hauptnenner multiplizieren
$\frac{45 \cdot 28}{4} - \frac{3 \cdot 28}{4}x = \frac{12 \cdot 28}{7}x - 6 \cdot 28$	kürzen
$45 \cdot 7 - 3 \cdot 7x = 12 \cdot 4x - 6 \cdot 28$	zusammenfassen
$315 - 21x = 48x - 168$	$\mid -48x$
$315 - 69x = -168$	$\mid -315$
$-69x = -483$	$\mid :(-69)$
$x = 7$	

Aufgaben

236 Bestimme die Lösungen. Prüfe zuerst, ob du die Brüche in abbrechende Dezimalbrüche umwandeln kannst.

a) $\frac{2}{3}x - \frac{5}{6} = \frac{1}{2}x + \frac{1}{6}$ b) $\frac{3}{4}x + \frac{1}{5} = \frac{7}{8}x - \frac{3}{10}$

c) $1\frac{1}{8}x - 2\frac{1}{5} = 20 + \frac{1}{5}x$ d) $\frac{3}{5}x - \frac{1}{2} = 12\frac{5}{6} - \frac{1}{15}x$

237 Stelle die Gleichung auf und berechne x.

a) Die Summe aus dem dritten, dem sechsten und dem neunten Teil einer Zahl ist 5,5.

b) Wenn du von zwei Drittel einer Zahl drei Viertel der Zahl subtrahierst, erhältst du die Differenz aus 2 und dem sechsten Teil der Zahl.

c) Die Differenz aus 2 und drei Achtel einer Zahl ist genauso groß wie die Summe aus einem Achtel der Zahl und 1.

Merke

Gleichungen mit Brüchen und Klammern

Enthält eine Gleichung Brüche und Klammern, so kannst du zwischen zwei Lösungsverfahren wählen.

- Du löst zuerst die Klammern auf und multiplizierst dann beide Seiten der Gleichung mit dem Hauptnenner der Brüche.
- Du multiplizierst zuerst beide Seiten der Gleichung mit dem Hauptnenner der Brüche und löst dann die Klammern auf.
- Beachte beim Auflösen der Klammern die Vorzeichenregel.

Beispiele

1.

$\frac{3}{4}x - \frac{1}{6}(3x+2) = \frac{1}{12}(2x+1)$	in die Klammern multiplizieren
$\frac{3}{4}x - \left(\frac{3x \cdot 1}{6} + \frac{2 \cdot 1}{6}\right) = \left(\frac{2x \cdot 1}{12} + \frac{1}{12}\right)$	kürzen
$\frac{3}{4}x - \left(\frac{1}{2}x + \frac{1}{3}\right) = \left(\frac{1}{6}x + \frac{1}{12}\right)$	Klammern auflösen
$\frac{3}{4}x - \frac{1}{2}x - \frac{1}{3} = \frac{1}{6}x + \frac{1}{12}$	$\vert \cdot 12$ beide Seiten mit dem Hauptnenner multiplizieren
$\frac{3 \cdot 12}{4}x - \frac{1 \cdot 12}{2}x - \frac{1 \cdot 12}{3} = \frac{1 \cdot 12}{6}x + \frac{1 \cdot 12}{12}$	kürzen
$9x - 6x - 4 = 2x + 1$	zusammenfassen
$3x - 4 = 2x + 1$	$\vert -2x$
$x - 4 = 1$	$\vert +4$
$x = 5$	

2.

$\frac{3}{4}x - \frac{1}{6}(3x+2) = \frac{1}{12}(2x+1)$	$\vert \cdot 12$ mit dem Hauptnenner multiplizieren
$\frac{3 \cdot 12}{4}x - \frac{1 \cdot 12}{6}(3x+2) = \frac{1 \cdot 12}{12}(2x+1)$	kürzen
$9x - 2(3x+2) = (2x+1)$	Klammern auflösen
$9x - 6x - 4 = 2x + 1$	zusammenfassen
$3x - 4 = 2x + 1$	$\vert -2x$
$x - 4 = 1$	$\vert +4$
$x = 5$	

Aufgaben

238 Löse die Gleichungen.

a) $\frac{1}{3}(x-18)=\frac{1}{2}(2x-6)$

b) $\frac{7}{5}-\frac{1}{3}(9x-6)=-\frac{2}{5}(3x-4)$

c) $\frac{1}{9}(21x+18)-\frac{x}{3}=5\frac{1}{2}-\frac{1}{2}(5x-2)$

d) $\frac{1}{6}(10x-4)+2=\frac{1}{2}(5x-3)-4\frac{1}{3}$

239 Schreibe die Gleichung auf und löse sie.

a) Der neunte Teil der Differenz aus dem Zweifachen einer Zahl und 12 ergibt genauso viel wie ein Neuntel der Summe aus der Zahl und 3.

b) Ein Fünfzehntel der Differenz aus dem Zehnfachen einer Zahl und 1 ist genauso groß wie der fünfte Teil der Summe aus dem Dreifachen der Zahl und 2.

Merke

Gleichungen mit langem Bruchstrich

Enthält eine Gleichung Brüche und Brüche mit einem **mehrgliedrigen Zählerterm (langer Bruchstrich)**, so wird die Gleichung auf beide Seiten mit dem Hauptnenner der Brüche multipliziert. Vor dem Multiplizieren muss der Zählerterm in **Klammern** gesetzt werden. Achte beim Auflösen der Klammern auf die Vorzeichenregel.

Beispiel

$\frac{6x+5}{10}-\frac{2x}{5}=\frac{3}{5}-\frac{1}{4}\cdot 1(x-5)$	$\mid \cdot 20$ Mit dem Hauptnenner multiplizieren! Klammern setzen!
$\frac{20\cdot(6x+5)}{10}-\frac{20\cdot 2x}{5}=\frac{20\cdot 3}{5}-\frac{20\cdot 1}{4}(x-5)$	kürzen
$2\cdot(6x+5)-8x=12-5\cdot(x-5)$	Klammern multiplizieren
$(12x+10)-8x=12-(5x-25)$	Klammern auflösen
$12x+10-8x=12-5x+25$	zusammenfassen
$4x+10=37-5x$	$\mid +5x$
$9x+10=37$	$\mid -10$
$9x=27$	$\mid :9$
$x=3$	

Aufgabe

240 Bestimme die Lösungen.

a) $\frac{3x+7}{4}=\frac{4x-8}{5}+3$

b) $\frac{12x+20}{8}=\frac{5x+4}{3}$

c) $\frac{2(x-1)}{3}=40-\frac{3(x-4)}{5}$

d) $\frac{3x-19}{3}=\frac{x-12}{2}+\frac{5x}{18}$

Fit im Quali

241 Löse die Gleichungen.

a) $5(3x-1)=4(4x-3)$

b) $3(x+5)=(10x+8):4$

c) $34-3(x+7)=6+4x$

d) $8(x-12)=-441-7(x-45)$

e) $2\frac{1}{8}x+9=3\frac{1}{4}x-2$

f) $\frac{4}{5}x+\frac{1}{4}=-\frac{9}{20}x+4$

242 Fülle die Platzhalter jeweils so aus, dass die Gleichung stimmt.

a) $4\cdot($ ________ $\cdot x+$ ________ $)-4=-12\cdot x+20-4$

b) ________ $($ ________ $x-5)=21x-15$

c) $21x+$ ________ $=3\cdot($ ________ $+2)$

243 In jeder Lösung steckt ein Fehler. Unterstreiche den Fehler und rechne die Aufgabe richtig zu Ende.

a)
$$(14x-24):2-3x=5x-2\cdot(3x+4)$$
$$(14x-24):2-3x=5x-6x-8$$
$$7x-24-3x=-x-8$$
$$7x-3x+x=-8+24$$
$$5x=16$$
$$x=3{,}2$$

b)
$$5{,}5x-2\cdot(x-5)=3\cdot(x+6)$$
$$5{,}5x-2x-10=3x+18$$
$$3{,}5x-10=3x+18$$
$$0{,}5x-10=18$$
$$0{,}5x=28$$
$$x=56$$

c)
$$4\cdot(2x+2{,}5)+7=20-2\cdot(x+4)$$
$$8x+10+7=20-2x+8$$
$$8x+17=28-2x$$
$$10x=11$$
$$x=1{,}1$$

d)
$$5\cdot(6x-3)-3\cdot(4x+3)=12$$
$$30x-15-12x-9=12$$
$$18x-6=12$$
$$18x=18$$
$$x=1$$

244 Ergänze die fehlenden Zeilen in den Gleichungen.

a)
________ $|-7x$
$3x+5=32$ $|-5$
________ $|:3$
$x=9$

b)
________ $|+8$
$6x=2x+20$ $|-2x$
________ $|:4$
$x=5$

c)
________ $|\cdot 5$
________ $|-4x$
$-2x+50=-150$ $|-50$
________ $|:(-2)$
$x=100$

d)
________ $|\cdot 4$
________ $|+2{,}5x$
$3x+1{,}5=15$ $|-1{,}5$
________ $|:3$
$x=4{,}5$

245 Berechne jeweils die Länge von x.

a)

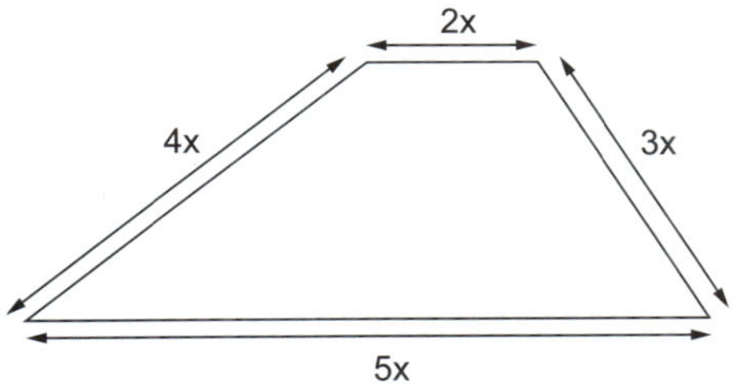

u = 28 cm

b)

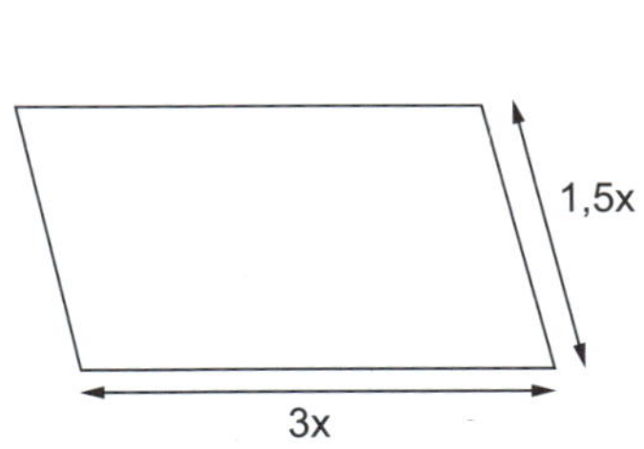

u = 63 dm

c)

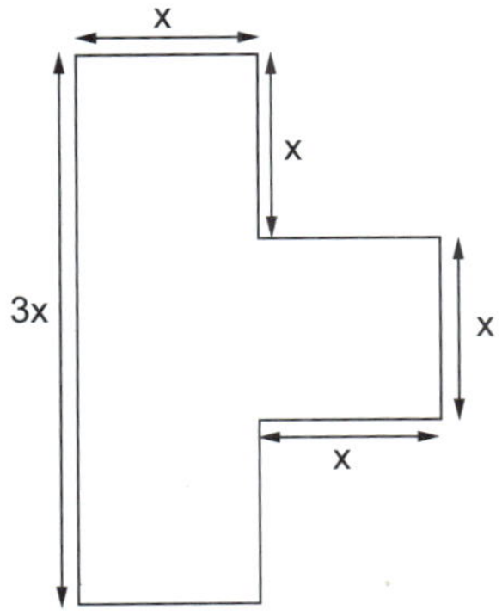

u = 15 m

d)

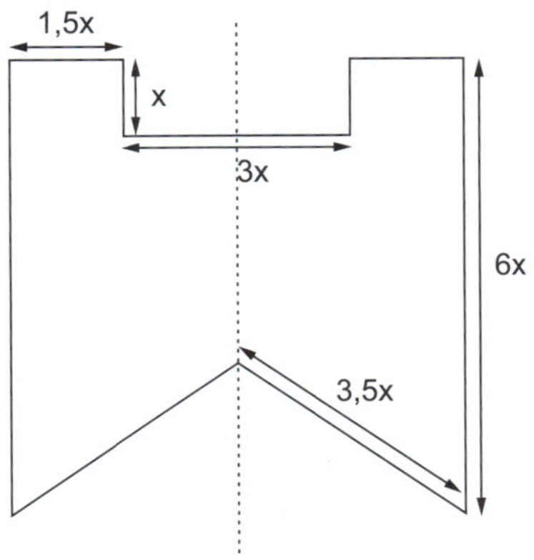

u = 108 dm

e)

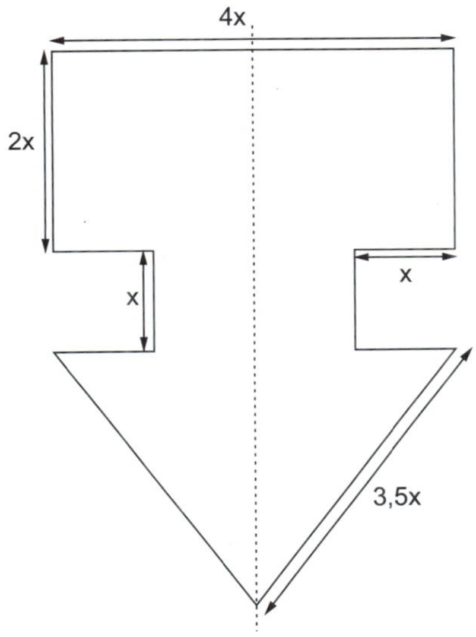

u = 126 mm

f)

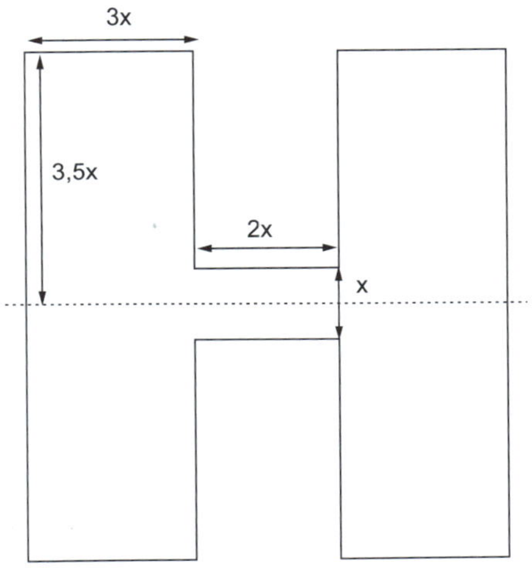

u = 126 m

246 Löse die Gleichungen.

a) $\frac{2(7x-6)}{3} - \frac{5x-25}{6} = 3 - \frac{3(9x+30)}{4} + \frac{x-1}{2}$

b) $8x - \frac{1}{4} \cdot (4x+32) + \frac{1}{2} \cdot (8x-4) + 3 = \frac{1}{8} \cdot (48+64x) - (10x-35) \cdot \frac{1}{5}$

c) $(27x + 19,2) : 6 - 8,25 = 0,8 \cdot (10 + 0,5x) - (3x - 6) : 4$

d) $34,25x - 48 - 3,5 \cdot (23 + x) = (166,25 + 20x) : 2,5 + 6,5x$

Textgleichungen

Merke

Von der Textform in die Zahlenform

Gleichungen bestehen aus Zahlen, Variablen und Rechenoperationen. Gleichungen in Textform (Zahlenrätsel) musst du zuerst in die Zahlenform übersetzen, bevor du sie lösen kannst.

Beispiele

1. Die Summe aus 36 und dem 20-Fachen einer Zahl ist genauso groß wie die Differenz aus 61 und dem 5-Fachen der Zahl.

$$\begin{aligned} 36+20x &= 61-5x & &|+5x \\ 36+25x &= 61 & &|-36 \\ 25x &= 25 & &|:25 \\ x &= 1 \end{aligned}$$

Die **Summe** aus 36 und …	36 +
dem **20-Fachen** einer Zahl …	20x
ist genauso groß wie …	=
die **Differenz** aus 61 und …	61 –
dem **5-Fachen** der Zahl.	5x

2. Das Produkt aus 7 und der Differenz aus 9 und einer Zahl ist genauso groß wie die Summe aus dem 15-Fachen der Zahl und 9, dividiert durch 3.

$$\begin{aligned} 7\cdot(9-x) &= (15x+9):3 & &\text{Klammern auflösen} \\ 63-7x &= 5x+3 & &|-5x \\ 63-12x &= 3 & &|-63 \\ -12x &= -60 & &|:(-12) \\ x &= 5 \end{aligned}$$

3. Die Summe dreier Zahlen beträgt 300. Die erste Zahl ist doppelt so groß wie die zweite Zahl, die dritte Zahl ist um 50 größer als die erste Zahl.
Wie heißen die Zahlen?

$$\left.\begin{aligned} &\text{erste Zahl: } 2x \\ &\text{zweite Zahl: } x \\ &\text{dritte Zahl: } 2x+50 \end{aligned}\right\}\text{ Summe: } 300$$

$$\begin{aligned} 2x+x+2x+50 &= 300 & &\text{zusammenfassen} \\ 5x+50 &= 300 & &|-50 \\ 5x &= 250 & &|:5 \\ x &= 50 \end{aligned}$$

erste Zahl:	$2\cdot 50=100$
zweite Zahl:	50
dritte Zahl:	$2\cdot 50+50=150$
Summe:	300

Aufgabe 247

Bestimme die gesuchten Zahlen.

a) Die Summe dreier Zahlen beträgt 400. Die zweite Zahl ist um 30 größer, die dritte Zahl um 80 kleiner als die erste Zahl.

b) Die erste Zahl ist um 30 größer als die zweite Zahl, die dritte Zahl um 60 kleiner als die zweite Zahl. Addiert man die drei Zahlen, so erhält man die Summe aus dem Doppelten der zweiten Zahl und 50.

c) Die Summe dreier Zahlen ist 520. Die erste Zahl ist doppelt so groß wie die zweite Zahl. Die dritte Zahl ist der Quotient aus der zweiten Zahl und 4.

d) Die zweite Zahl ist um 7 kleiner als die dritte Zahl. Die erste Zahl ist das Doppelte der zweiten Zahl, die vierte Zahl das Dreifache der zweiten Zahl. Die Summe der vier Zahlen beträgt 56.

Fit im Quali

248 Welche Gleichung passt zum Text?

a) Wenn ich von 65 das Vierfache einer Zahl subtrahiere, erhalte ich die doppelte Summe aus dem 1,5-Fachen der Zahl und 1.

- **A** $(65-4)x = 2(1{,}5x+1)$
- **B** $65-4x = 2\cdot 1{,}5x+1$
- **C** $65-4x = 2(1{,}5x+1)$
- **D** $65-4x = 2(x:1{,}5+1)$

b) Wenn ich das Fünffache einer Zahl um 18 vermindere, so erhalte ich den dritten Teil der Summe aus 6 und dem Neunfachen der Zahl.

- **A** $(18-5x) = \frac{1}{3}(6+9x)$
- **B** $5x:18 = \frac{1}{3}(6+9x)$
- **C** $(5x-18) = 3\cdot(6+9x)$
- **D** $(5x-18) = \frac{1}{3}(6+9x)$

c) Subtrahiert man vom Fünffachen einer Zahl 6 und multipliziert die Differenz mit 4, so erhält man dreimal so viel, wie wenn man die um eins vermehrte Zahl mit 3 multipliziert.

- **A** $(6-5x)\cdot 4 = 3(x+1)\cdot 3$
- **B** $(5x-6)\cdot 4 = 3(x+1)\cdot 3$
- **C** $4(5x-6) = (3x+1)\cdot 3$
- **D** $(5x-6)\cdot 4 = 3\cdot x\cdot 1\cdot 3$

d) Wenn du die Summe aus einer Zahl und 5 verdoppelst und vom Ergebnis 4 subtrahierst, erhältst du den vierten Teil der Differenz aus 72 und dem 4-Fachen der Zahl.

- **A** $4-(x+5)\cdot 2 = \frac{1}{4}(72-4x)$
- **B** $(x+5)\cdot 2+4 = \frac{1}{4}(72-4x)$
- **C** $(x+5)\cdot 2-4 = \frac{1}{4}(4x-72)$
- **D** $(x+5)\cdot 2-4 = \frac{1}{4}(72-4x)$

e) Die zweite Zahl ist um 8 größer als das Doppelte der ersten Zahl, die dritte Zahl um 24 kleiner als das Dreifache der zweiten Zahl. Die Summe der drei Zahlen beträgt 116. Wie heißen die Zahlen?

- **A** $x+2\cdot(x+8)+3\cdot(2x+8)-24=116$
- **B** $x+(2x+8)+3\cdot 2x+8-24=116$
- **C** $x+x+8\cdot 2+3\cdot(2x+8)-24=116$
- **D** $x+(2x+8)+3\cdot(2x+8)-24=116$

249 Bestimme die gesuchten Zahlen.

a) Von drei Zahlen ist die erste das Dreifache der zweiten Zahl, die dritte um 5 kleiner als das Doppelte der zweiten Zahl. Die Summe der Zahlen ist 43. Wie heißen die Zahlen?

b) Die erste Zahl ist die doppelte Summe aus der zweiten Zahl und 8. Die dritte Zahl ist das Dreifache der zweiten Zahl, vermindert um 12. Die vierte Zahl ist das Dreifache der dritten Zahl. Die Summe der vier Zahlen beträgt 268. Wie heißen die Zahlen?

Sachaufgaben mit Gleichungen

Sachaufgaben mit Gleichungen lösen

Überlege zuerst, welche Größe du mit der Variable x festlegst. Drücke dann die anderen Größen mithilfe von x aus.

Beispiel

Die KITA „Mäusenest" kauft 688 Holzklötze in drei verschiedenen Farben. Von den roten Holzklötzen werden halb so viele wie von den blauen Klötzen bestellt. Von den gelben Holzklötzen werden 102 weniger angeschafft als von den blauen Holzklötzen.
Wie viele Holzklötze von jeder Farbe werden jeweils bestellt?

Lösung mithilfe einer Gleichung.

Anzahl der …
blauen Klötze: x
roten Klötze: $0{,}5x$
gelben Klötze: $x-102$
} 688 Klötze

Lege für die Anzahl eines Holzklotzes die Variable x fest. Die Anzahl der blauen Holzklötze eignet sich besonders gut.
Drücke die Anzahl der anderen Holzklötze mit x aus.
Halb so viele rote wie blaue Holzklötze „**0,5**".
102 gelbe **weniger** als blaue „**–**102".
Insgesamt sind es 688 Klötze.

Stelle die Gleichung auf und löse sie:

$$\begin{aligned} x+0{,}5x+x-102 &= 688 && \text{zusammenfassen}\\ 2{,}5x-102 &= 688 && \mid +102\\ 2{,}5x &= 790 && \mid :2{,}5\\ x &= 316 \end{aligned}$$

Berechne die Anzahl der einzelnen Holzklötze:

blaue Holzklötze: 316
rote Holzklötze: $0{,}5\cdot 316=158$
gelbe Holzklötze: $316-102=214$

Aufgaben

250 Für die Otto-Schrems-Mittelschule werden nach der Renovierung der Schulküche neue Kochtöpfe angeschafft.
Von den kleinen Kochtöpfen werden halb so viele bestellt wie von den Kochtöpfen der mittleren Größe. Es werden 12 große Kochtöpfe mehr bestellt als kleine. Insgesamt werden 96 neue Kochtöpfe bestellt.
Wie viele Kochtöpfe von jeder Größe werden bestellt? Löse mithilfe einer Gleichung.

251 Die Zulieferer A, B, C und D fertigen für eine Automobilfabrik insgesamt 146 100 Einbauteile an. Zulieferer B baut 13 800 Teile mehr als Zulieferer A. Zulieferer C fertigt doppelt so viele Teile wie Zulieferer B. Zulieferer D produziert 12 300 Bauteile.
Wie viele Einbauteile fertigt jeder Zulieferer an? Löse mithilfe einer Gleichung.

252 Zum Elternsprechtag bereiten die Schülerinnen und Schüler der AG Schulfirma Fruchtspieße vor. Sie benötigen dafür acht Pfirsiche weniger als Ananas, zwölf Mangos mehr als die halbe Anzahl der Ananas und dreimal so viele Kiwis wie Ananas und 14 Äpfel.
Insgesamt kaufen sie 84 Früchte.
Wie viele Früchte von jeder Sorte kaufen die Schülerinnen und Schüler ein? Löse mithilfe einer Gleichung.

253 Die SMV einer Mittelschule hat einen neuen Schulsprecher gewählt. Anouk bekam zehn Stimmen weniger als ein Drittel der abgegebenen Stimmen, Bekim fünf mehr als ein Viertel der Stimmen. Für Florian stimmten 20 mehr als ein Sechstel der Wählerinnen und Wähler.

a) Wie viele Stimmen wurden insgesamt abgegeben?

b) Wie viele Stimmen erhielten die Bewerberinnen und Bewerber jeweils?

254 Torsten, Stefan und Markus liefern nach einer Straßensammlung für das „Rote Kreuz“ zusammen 326 € ab. Stefan hat in seiner Sammelbüchse 14 € mehr als Torsten, Markus 21 € weniger als Torsten.

Welchen Betrag hat jeder gesammelt?

255 Drei Jugendliche sammeln für den Landesbund für Vogelschutz. Tulia bekommt 12 € mehr als Marcus. Corinna hat am Ende der Sammlung 32 € mehr als Marcus. Insgesamt geben sie 80 € an Spenden ab.

Wie viel Euro haben die Jugendlichen jeweils gesammelt?

256 Um einem kranken Kind in Simbabwe eine lebenswichtige Operation zu ermöglichen, sammeln drei neunte Klassen einer Mittelschule. Sie liefern insgesamt 912 € ab. Die Klasse 9a konnte um 30 € mehr als das Doppelte des Betrags sammeln, den die Klasse 9b erzielte. Hätte die Klasse 9c noch 18 € mehr sammeln können, wäre von ihr der dreifache Betrag der Klasse 9a erreicht worden.

Wie hoch war das Sammelergebnis jeder Klasse?

257 Für das Rockkonzert eines Superstars im Olympiastadion wurden Eintrittskarten in vier verschiedenen Preisklassen angeboten.

Ein Viertel aller Karten entfiel auf die Preisklasse 1, ein Achtel aller Karten entfiel auf die Preisklasse 2. Von der Preisklasse 3 konnten 8 000 Karten mehr verkauft werden als von der Preisklasse 1, von der Preisklasse 4 wurden 1 000 Karten weniger als von der Preisklasse 1 verkauft.

Preisklasse 1:	128 €
Preisklasse 2:	97 €
Preisklasse 3:	74 €
Preisklasse 4:	65 €

a) Wie viele Eintrittskarten wurden insgesamt verkauft?

b) Wie viel wurde durch den Verkauf der Eintrittskarten eingenommen?

258 Von ihrem ersten selbst verdienten Geld richtet Songül ihr Zimmer neu ein. Sie gibt insgesamt 1 018 € aus.

Wie viel kosten Schrank, Bettwäsche und Tischchen?

Der **Schrank** kostet doppelt so viel wie die Bettwäsche und die Couch zusammen.

Die **Bettwäsche** kostet dreimal so viel wie das Tischchen.

Tischchen: ________

Couch: 256 €

259 21 Mitglieder einer rhythmischen Sportgymnastikgruppe fahren in ein Trainingslager. 19 Mädchen zahlen den vollen Preis, zwei Sportlerinnen erhalten zum regulären Preis je einen Zuschuss von 80 €.

Insgesamt werden für den Aufenthalt im Trainingslager 4 880 € eingesammelt.

Wie viel kostet der Aufenthalt im Trainingslager für eine Teilnehmerin, die voll bezahlt?

Löse mithilfe einer Gleichung.

260 Ein Dreieck hat einen Umfang von 56 cm. Die Seite b ist um 6 cm länger als die Hälfte der Seite c. Die Seite a ist um 2 cm kürzer als zwei Drittel der Seite c.
Berechne die Längen der Seiten des Dreiecks.

Fit im Quali

261 Es sind sechs 1-€-Münzen mehr als 2-€-Münzen im Sparschwein. Wie viele Münzen von jeder Sorte befinden sich im Sparschwein?

262 Wie viel Taschengeld bekommt Tina monatlich?

263 Für einen Skikurs werden die Teilnehmerinnen und Teilnehmer nach ihrem Können in vier Gruppen eingeteilt.

Gruppeneinteilung

Gruppe A: ....
Gruppe B: 4 mehr als in A
Gruppe C: doppelt so viel wie in A
Gruppe D: 6 weniger als in C

Preis für den Wochenskipass pro Person

Gruppe A: 27 €
Gruppe B: 27 €
Gruppe C: 31,50 €
Gruppe D: 54 €

eingesammelt: 909 €

Mike soll ausrechnen, wie viele Teilnehmerinnen und Teilnehmer jede Gruppe hat.
Mike meint: „Ich setze die Anzahl der Schülerinnen und Schüler der Gruppe A mit x fest. Dann heißt der Ansatz: $x + (x + 4) + 2x + (2x - 6) = 909$ €

a) Welchen Fehler macht Mike? Verbessere den Ansatz.
b) Berechne mithilfe deiner Gleichung die Anzahl der Teilnehmerinnen und Teilnehmer in jeder Gruppe.

264 Linda soll berechnen, wie viele 4-Bett-Zimmer und 6-Bett-Zimmer das Schullandheim hat.
Sie stellt fest, dass die Aufgabe so nicht lösbar ist.
Erkläre, welche Angabe fehlt.

> **Schullandheim Birkenwald**
> 4-Bett-Zimmer, 6-Bett-Zimmer
> Schwimmbad, Bolzplatz
> Platz für 270 Schüler

265 Fischer Fritze verkauft seinen Fang.

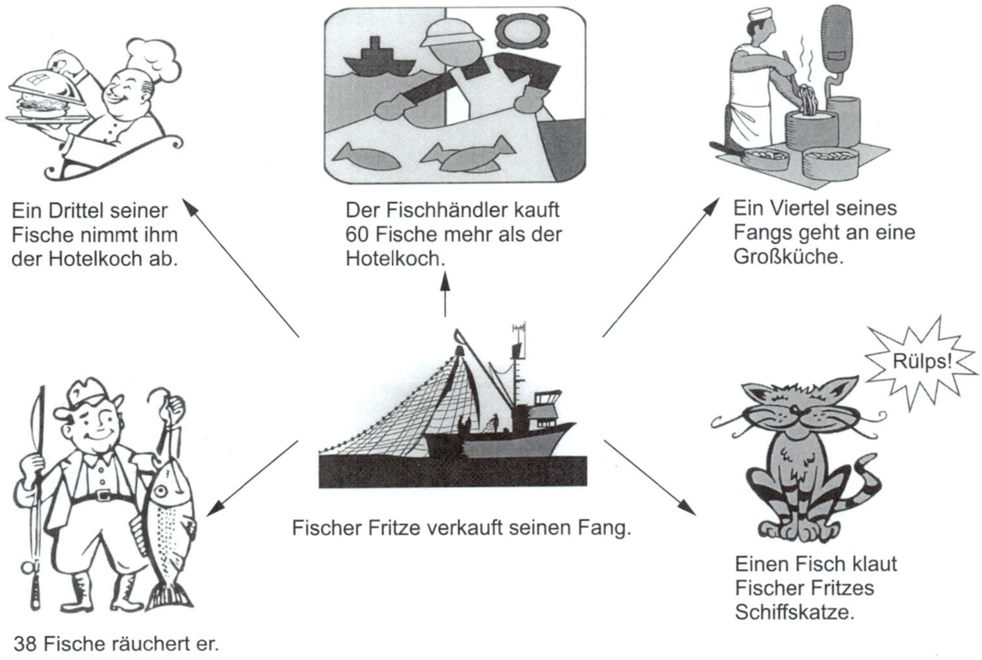

a) Wie viele Fische hat Fischer Fritze gefangen?
b) Wie viele Fische kaufen jeweils der Hotelkoch, der Fischhändler und die Großküche?

266 Zwei Unternehmer und eine Unternehmerin wollen ein Start-up für Musikbands gründen. Sie benötigen insgesamt 250 000 € Startkapital für die Erstausstattung.
Björn hat 4 500 € mehr als Annika zur Verfügung. Carsten kann ein Viertel des Startkapitals aufbringen. Von einer Firma für Elektrogitarren bekommen sie 2 500 € für das Anbringen eines Werbebanners. Der Staat fördert das Start-up mit einem zinsgünstigen Darlehen in Höhe von einem Fünftel der benötigten Summe.
Welchen Betrag bringen Annika, Björn und Carsten in das Start-up ein?
Löse mithilfe einer Gleichung.

267 Für das Spitzenspiel in der Bundesliga konnte der Verein alle Karten verkaufen.
Ein Viertel des Publikums hatte Karten für die Haupttribüne, ein Drittel Karten für die Gegentribüne. Ein Sechstel der Zuschauerinnen und Zuschauer kaufte Karten für die Nordkurve, in der Südkurve waren 5 500 Zuschauerinnen und Zuschauer mehr als in der Nordkurve.

Eintrittspreise	
Haupttribüne	72,50 €
Gegentribüne	63,00 €
Nordkurve	34,50 €
Südkurve	45,00 €

a) Wie viele Karten wurden insgesamt verkauft? Löse mithilfe einer Gleichung.
b) Berechne die Gesamteinnahmen aus dem Kartenverkauf.

268 Kerstin stellt für ihren Mathematiklehrer das Kantenmodell eines zusammengesetzten Körpers her. Der untere Körper soll ein Würfel werden. Für den aufgesetzten Körper wählt sie eine Pyramide aus.
Die Seitenkanten der Pyramide sollen doppelt so lang werden wie die Kanten des Würfels. Insgesamt benötigt sie 180 cm Draht.
Berechne die Kantenlänge des Würfels und die Kantenlänge der Pyramide.

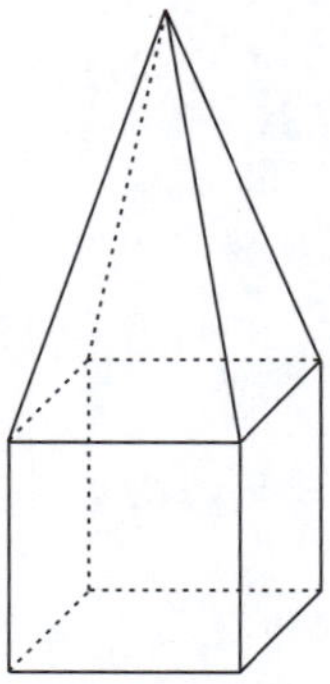

269 Vier Geschwister werden nach ihrem Alter gefragt. Jens antwortet:

Berechne das Alter aller Geschwister.

4 Funktionale Zusammenhänge

Direkt proportionale Zuordnungen

Merke

> **Direkt proportionale Zuordnungen**
> Wenn bei einer Zuordnung zwischen zwei Größen gilt:
> - zum **Doppelten** der Ausgangsgröße gehört das **Doppelte** der zugeordneten Größe
> - zum **Dreifachen** der Ausgangsgröße gehört das **Dreifache** der zugeordneten Größe
> - zum **Vierfachen** der Ausgangsgröße gehört das **Vierfache** der zugeordneten Größe
>
> usw.
> - zur **Hälfte** der Ausgangsgröße gehört die **Hälfte** der zugeordneten Größe
> - zum **Drittel** der Ausgangsgröße gehört ein **Drittel** der zugeordneten Größe
> - zum **Viertel** der Ausgangsgröße gehört ein **Viertel** der zugeordneten Größe
>
> usw.
> dann liegt eine **direkt proportionale Zuordnung (lineare Funktion)** vor.

Beispiel

Anne trägt eine Wochenzeitung aus.

a) Im Mai erhält Anne für 4 Stunden 22 €.
Wie viel erhält sie im Juni für 6 Stunden?

Lösen mit dem Dreisatz
Die **gesuchte zugeordnete Größe** steht immer auf der **rechten Seite**.

$$\begin{aligned} &4\,\text{h} \mathrel{\hat=} 22\,€ && :4 \\ &1\,\text{h} \mathrel{\hat=} 22\,€ : 4 = 5{,}50\,€ && \cdot 6 \\ &6\,\text{h} \mathrel{\hat=} 5{,}50\,€ \cdot 6 = 33{,}00\,€ \end{aligned}$$

Kurztabelle

	Zeit (h)	Lohn (€)	
:4	4 h	22 €	:4
·6	1 h	5,50 €	·6
	6 h	33 €	

Im Juni erhält Anne für 6 Stunden 33,00 €.

b) Im Juli bekommt Anne 27,50 €.
Wie viele Stunden hat sie gearbeitet?

Lösen mit dem Dreisatz

$$\begin{aligned} &22\,€ \mathrel{\hat=} 4\,\text{h} && :22 \\ &1\,€ \mathrel{\hat=} 4\,\text{h} : 22 = 0{,}1818\ldots\,\text{h} && \cdot 27{,}50 \\ &27{,}50\,€ \mathrel{\hat=} 0{,}1818\ldots\,\text{h} \cdot 27{,}50 = 5\,\text{h} \end{aligned}$$

oder

$$\begin{aligned} &22\,€ \mathrel{\hat=} 4\,\text{h} && :4 \\ &5{,}50\,€ \mathrel{\hat=} 4\,\text{h} : 4 = 1\,\text{h} && \cdot 5 \\ &27{,}50\,€ \mathrel{\hat=} 1\,\text{h} \cdot 5 = 5\,\text{h} \end{aligned}$$

Anne hat im Juli 5 h gearbeitet.

Aufgaben

270 Anouk füllt in einem Lebensmittelmarkt Regale auf. In 3 Stunden verdient sie 19,50 €.
Fülle die Tabelle aus.

Zeit (h)	1	2	3	4	5	6	7	8	9	10
Lohn (€)			19,50							

271 Fülle die Tabellen aus.

Stunden (h)	Lohn (€)
36	
	94,50
35	367,50
15	
	252,00
	283,50

Menge (kg)	Preis (€)
5	
6	20,40
8	
	37,40
13	
	57,80

Stück	Preis (€)
5	
8	4,80
	6,60
13	
	13,20
25	

272 Für 4 Rollen Papier bezahlt eine Druckerei 176 €. Zum Drucken eines Werbefaltblatts werden 15 Rollen benötigt.
Berechne den Preis für das Papier.

273 Ein 3 m langes Stück Elektrokabel wiegt 240 g.

a) Wie schwer ist ein Bund mit 50 m Elektrokabel?

b) Wie viele m Elektrokabel sind auf einem Bund, der 38 kg wiegt?

274 Sonja und Heike füllen in einem Supermarkt Regale auf.

a) Vergangene Woche hat Sonja 7 Stunden gearbeitet und 61,88 € verdient. Diese Woche bekam sie 79,56 €. Wie viele Stunden hat sie gearbeitet?

b) Heike kam letzte Woche auf 5 Arbeitsstunden. Berechne ihre Verdienst.

c) Diese Woche hat Heike 57,46 € verdient. Berechne ihre Arbeitsstunden.

275 Ein quaderförmiges Schwimmbecken wird gefüllt. Nach 90 Minuten steht das Wasser 36 cm hoch.
Nach wie vielen Minuten ist das Schwimmbecken auf eine Höhe von 1,70 m gefüllt?

276 Beim Bau eines Tunnels schafft eine Maschine in 4 Stunden 120 cm.

a) Wie viele m schafft eine Maschine in 9 Stunden?

b) Wie lange dauert die Arbeit mit einer Maschine, wenn der Tunnel 180 m lang werden soll?

277 Aus 400 kg Kartoffeln können 336 kg Pommes frites hergestellt werden.

a) Ein Betrieb verarbeitet 5 Tonnen Kartoffeln.
Wie viele Kilogramm Pommes frites werden hergestellt?

b) Wie viele Pakete zu je 400 g kann man daraus abpacken?

c) Ein Lebensmittel-Discounter bestellt 4 000 Pakete Pommes frites mit einem Füllgewicht von je 750 g.
Wie viele Tonnen Kartoffeln werden dafür verarbeitet?

278 Ein Bäcker liefert Frühstücksbrötchen an 3 Großkunden aus.

a) Berechne die fehlenden Werte.

Lieferschein für	Lieferschein für	Lieferschein für
Pension Alpenblick	**Hotel Seeblick**	**Hotel Edelweiß**
160 Stück 72,00 €	___ Stück 139,50 €	520 Stück ___ €

b) Am folgenden Tag nimmt er 374,85 € ein.
Wie viele Brötchen hat er ausgeliefert?

279 Eine Obstkelterei bringt ein neues Fruchtsaftgetränk auf den Markt (siehe Werbeplakat).
Es wird auch in Mehrwegflaschen zu 1 ℓ, 0,5 ℓ und 0,3 ℓ angeboten.
Berechne den Preis für die angegebenen Flaschengrößen bei gleichbleibendem Literpreis.

280 Herr Schmidt renoviert die Wohnung.

Tapezieren

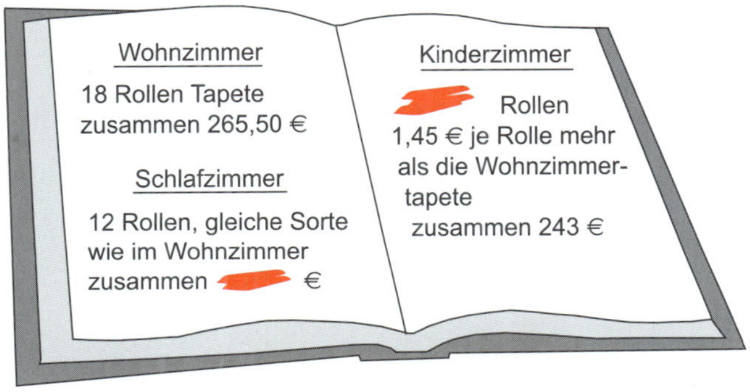

a) Berechne den Preis für die Tapeten für das Schlafzimmer.

b) Wie viele Rollen benötigt er für das Kinderzimmer?

281 Herr Schmidt will auch die Decken in den Zimmern erneuern.
Wie viel Geld muss Herr Schmidt für die Holzdecken einplanen?

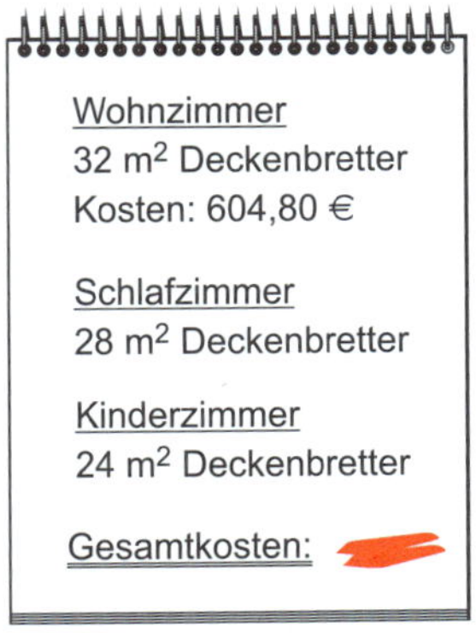

Merke

Schaubild einer direkt proportionalen Zuordnung

Der **Graph** einer direkt proportionalen Zuordnung ist eine Halbgerade im Koordinatensystem. Sie geht **durch den Koordinatenursprung**.

Beispiel

Die Pumpe zur Bewässerung des Gemüsefeldes einer Gärtnerei fördert in 5 Stunden 40 m^3 Wasser.
Stelle den Zusammenhang in einem Koordinatensystem grafisch dar.
Rechtswertachse: 2 cm ≙ 1 h Hochwertachse: 1 cm ≙ 4 cm^3
Hinweis zum Platzbedarf: Rechtswertachse 11 cm, Hochwertachse 11 cm

In 5 Stunden fördert die Pumpe 40 m^3 Wasser. Trage diesen Punkt in das Koordinatensystem ein.
Zeichne durch den Punkt und den Koordinatenursprung die Halbgerade.

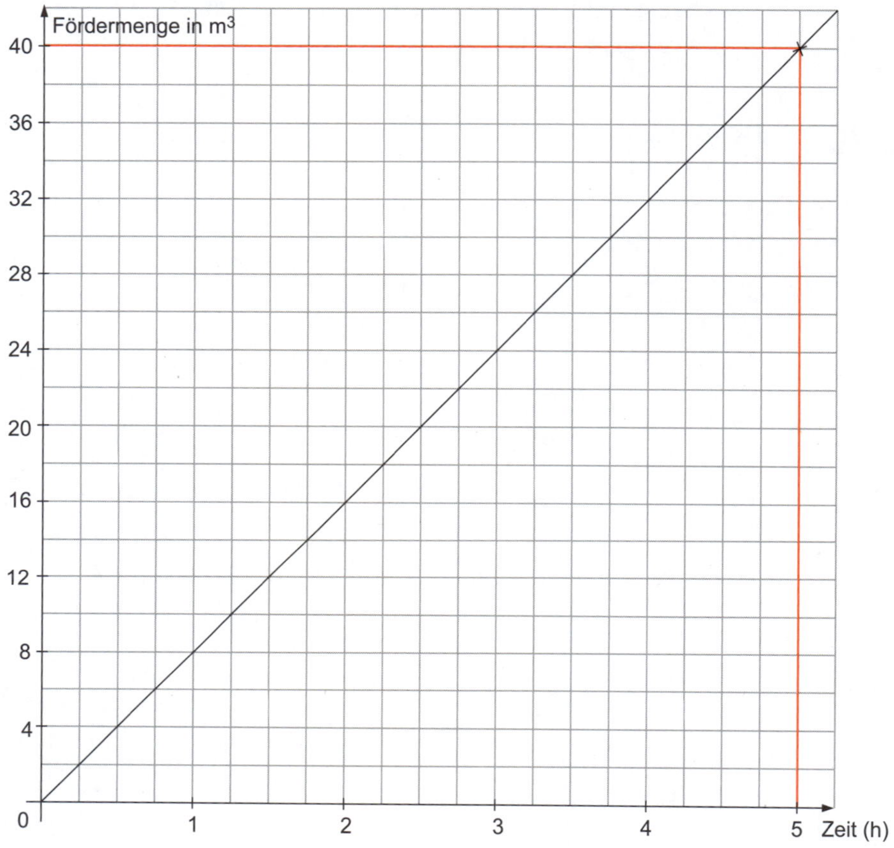

Aufgaben

282 Beantworte folgende Fragen. Lies aus dem oben stehenden Schaubild ab.

a) Wie viele m^3 Wasser werden in 1,5 h (45 min, 2 h, 3 h 30 min, 4 h 15 min) versprüht?

b) In welcher Zeit fördert die Pumpe 2 m^3 (10 m^3, 22 m^3, 30 m^3, 38 m^3) Wasser?

283 Während einer Dürreperiode muss ein Kartoffelfeld bewässert werden. Die Pumpe fördert in 6 Stunden 180 m^3 Wasser.

a) Stelle den Zusammenhang in einem Koordinatensystem grafisch dar.
Rechtswertachse: 1 cm ≙ 1 h Hochwertachse: 1 cm ≙ 30 m^3
Hinweis zum Platzbedarf: Rechtswertachse 11 cm, Hochwertachse 11 cm

Lies aus dem Schaubild ab und beantworte die folgenden Fragen.

b) Wie viel m^3 Wasser fördert die Pumpe in 30 min (1,5 h, 3 h, 4 h, 5,5 h, 10 h)?

c) Nach welcher Zeit sind 45 m^3 (105 m^3, 120 m^3, 225 m^3, 240 m^3, 285 m^3) Wasser versprüht?

284 Ein Fahrzeug legt bei gleichbleibender Geschwindigkeit auf einer geraden Teststrecke in 3 Sekunden 60 m zurück.

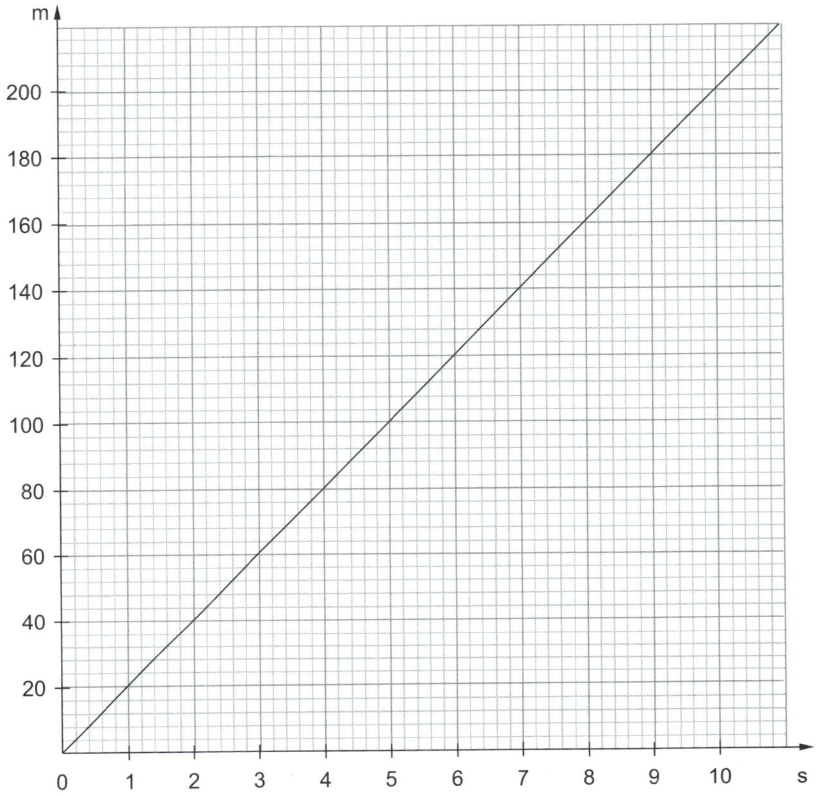

a) Fülle die Tabelle aus. Lies die fehlenden Werte aus dem Schaubild ab.

Zeit (s)	1		3	3,5		5		6		7,5		8,5		10
Weg (m)		50	60		90		110		140		160		180	

b) Berechne die fehlenden Werte in der Tabelle.

Zeit (s)	11		15		25		40		45		51		60	
Weg (m)		150		350		520		650		710		830		1 000

285 In einem Müllheizkraftwerk wird der angelieferte Abfall gewogen. Die Entsorgungskosten für 10 kg betragen 1,50 €.

a) Fülle die Tabelle aus.

kg	10	20	30	40	50	60	70	80	90	100	110	120
€			4,50									

b) Zeichne mit den Werten aus der Tabelle ein Schaubild.
Achse für die Masse in kg (waagrechte Achse): 1 cm ≙ 10 kg
Achse für die Kosten in € (senkrechte Achse): 1 cm ≙ 2 €

c) Berechne die Kosten für die Anlieferung von 75 kg (95 kg, 115 kg) Abfall.

d) Wie viel kg Abfall kann man für 5 € (12 €, 20 €) anliefern?

e) Berechne die Kosten für die Anlieferung von 1 t Abfall.

Merke

Weg-Zeit-Diagramme
Geschwindigkeiten werden zeichnerisch in einem Weg-Zeit-Diagramm dargestellt. Aus einem Weg-Zeit-Diagramm kannst du die **Geschwindigkeit**, die benötigte **Zeit** und die zurückgelegte **Strecke** ablesen.

Beispiel

a) Mit welcher Geschwindigkeit fahren die Fahrzeuge jeweils?
- Fahrzeug A legt 15 km in 1 h zurück. (im Diagramm gekennzeichnet). Die Geschwindigkeit beträgt 15 km/h.
- Fahrzeug B legt 60 km in 1 h zurück. Die Geschwindigkeit beträgt 60 km/h.
- Fahrzeug C legt 45 km in 0,5 h zurück. Die Geschwindigkeit beträgt 90 km/h.

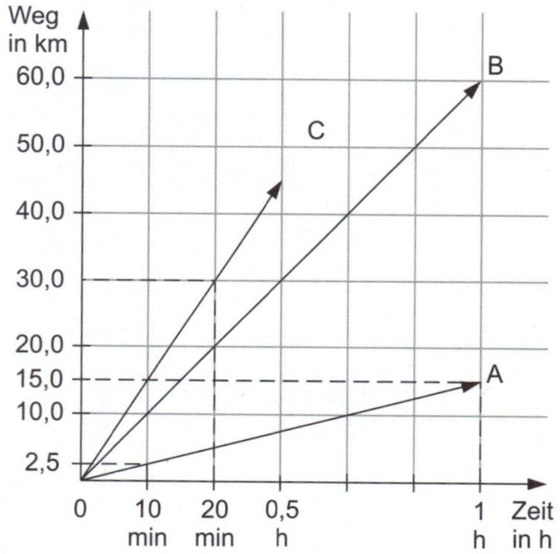

b) Welche Strecke legen die Fahrzeuge jeweils in 10 Minuten zurück?
- Fahrzeug A legt in 10 Minuten 2,5 km zurück (im Diagramm gekennzeichnet).
- Fahrzeug B legt in 10 Minuten 10 km zurück.
- Fahrzeug C legt in 10 Minuten 15 km zurück.

c) Wie lange braucht Fahrzeug C für eine Strecke von 30 km?
Fahrzeug C braucht für 30 km 20 Minuten (im Diagramm gekennzeichnet).

Aufgaben

286

Dirk fährt mit dem Fahrrad eine 60 km lange Strecke in 3 Stunden.

a) Ergänze die Tabelle.

Weg (km)									60
Zeit	15 min	30 min	45 min	60 min	1 h 15 min	1 h 30 min	2 h	2 h 45 min	3 h

b) Zeichne das Schaubild der linearen Funktion (1 cm ≙ 5 km; 1 cm ≙ 15 min).
c) Lies aus dem Schaubild ab, wie weit Dirk nach 10 min (50 min; 1 h 45 min) gefahren ist.
d) Lies aus dem Schaubild ab, wie lange Dirk für 10 km (25 km; 40 km; 50 km) braucht.

287

a) Gib die Fahrzeuge an, die im gleichen Ort abfahren.
b) Wie viele Minuten nach C fährt A ab?
c) Gib die Geschwindigkeiten der Fahrzeuge an.
d) Welche Strecke legen die Fahrzeuge jeweils zurück?
e) Nach welcher Zeit hat B 50 km zurückgelegt?
f) Wie weit ist B von C 15 Minuten nach dem Start entfernt?

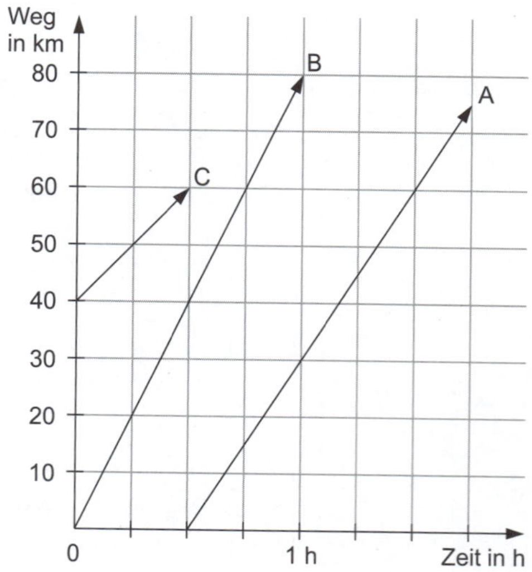

288

a) Gib jeweils an:
Wann fährt A ab?
Wann macht B eine Pause?
Wie lange dauert die Pause?
Mit welcher Geschwindigkeit fährt B vor und nach der Pause?

b) Wie viele Minuten nach A fährt C ab?

c) Gib die Geschwindigkeiten der Fahrzeuge A und C an.

d) Gib die Fahrzeiten und die zurückgelegte Strecke der Fahrzeuge an.

e) Wie viele km haben A und B jeweils um 8:45 Uhr zurückgelegt?

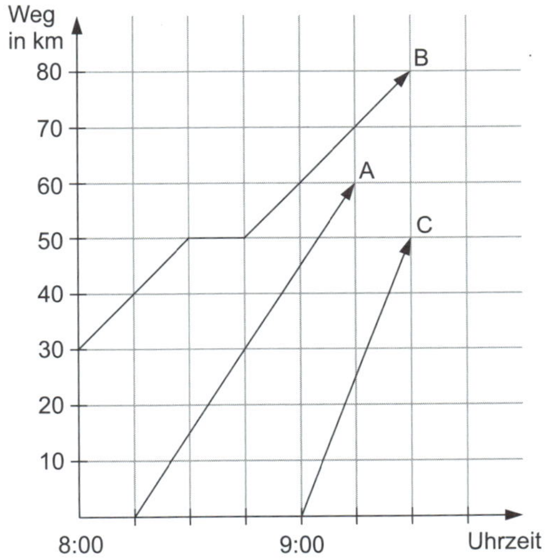

Beispiele

1. Ein Auto fährt um 8:00 Uhr von Ort A aus mit gleichbleibender Geschwindigkeit von $v_1 = 40\,\frac{km}{h}$ in Richtung B. Eine Stunde später folgt dem Auto ein weiteres Fahrzeug, das mit einer Geschwindigkeit $v_2 = 80\,\frac{km}{h}$ fährt.
Wann und in welcher Entfernung von A aus wird das erste Auto eingeholt?

Zeichnerische Lösung:
Zeitachse: 4 cm ≙ 1 Stunde
Wegachse: 1 cm ≙ 10 km

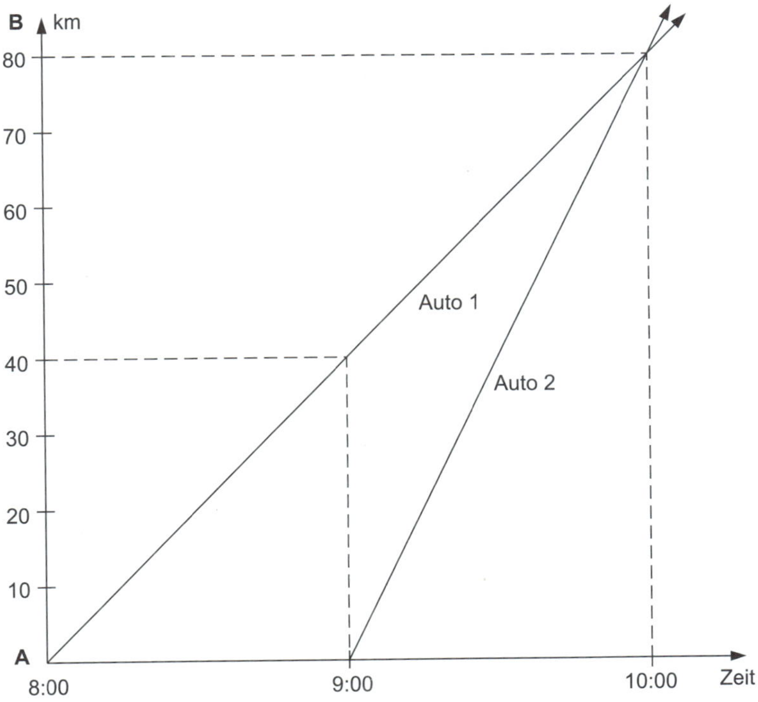

Das erste Auto ist 2 Stunden unterwegs. Einholzeit: 10:00 Uhr
Das erste Auto wird 80 km von A entfernt eingeholt.

2. Zwei Orte A und B liegen 90 km voneinander entfernt. Um 12:00 Uhr fährt von A aus ein Radfahrer mit gleichbleibender Geschwindigkeit $v_1 = 15\,\frac{km}{h}$ in Richtung B.
Um 13:00 Uhr startet von B aus ein Mopedfahrer mit gleichbleibender Geschwindigkeit $v_2 = 45\,\frac{km}{h}$ und fährt dem Radfahrer entgegen.
Wann und wo von A aus treffen sich die beiden?

Zeichnerische Lösung:
Zeitachse: 3 cm ≙ 1 Stunde
Wegachse: 1 cm ≙ 10 km

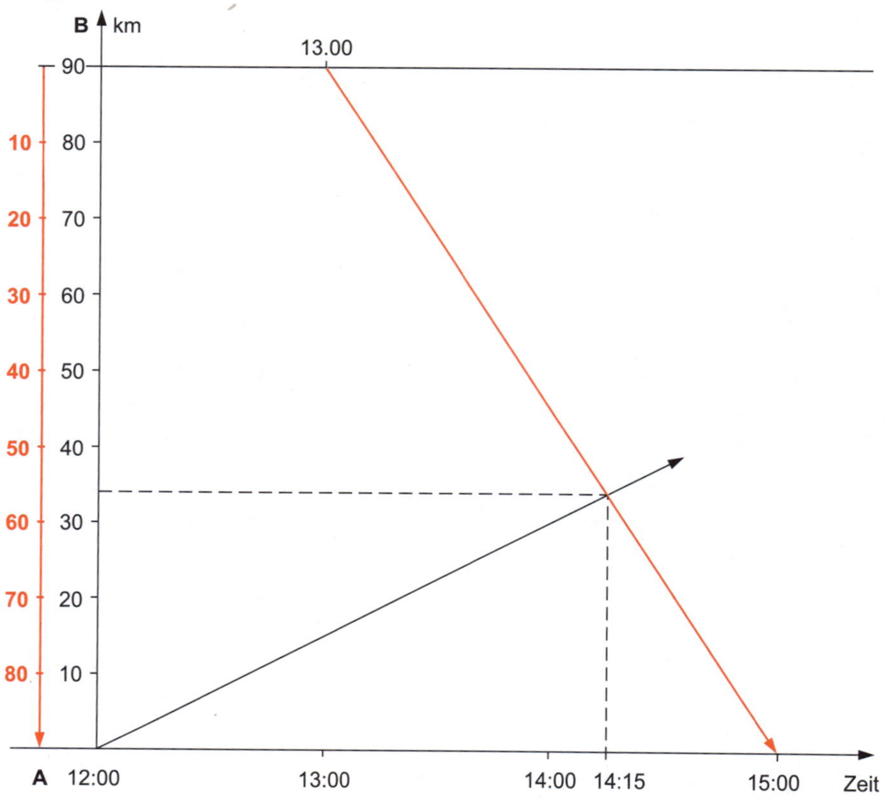

Der Radfahrer muss $2\frac{1}{4}$ Stunden fahren. Treffzeit: 14:15 Uhr
Der Treffpunkt ist ungefähr 34 km von A entfernt.

Fit im Quali
289

Mike startet um 9 Uhr mit dem Mofa in Aufhausen. Er fährt mit 25 km/h in Richtung Breitenbrunn. Die Entfernung zwischen Aufhausen und Breitenbrunn beträgt 60 km. Gleichzeitig fährt Lena mit dem Fahrrad von Breitenbrunn nach Aufhausen mit einer Geschwindigkeit von 15 km/h.

a) Stelle den Vorgang grafisch dar (Wegachse: 1 cm ≙ 10 km; Zeitachse: 4 cm ≙ 1 h).
b) Wann und in welcher Entfernung von Aufhausen treffen sich die beiden?
c) Wann erreicht Mike sein Ziel?
Wann kommt Lena in Aufhausen an?

290 Zwei Geschäftsfreunde, die in Köln bzw. in Regensburg wohnen, wollen sich in Würzburg treffen.
In Köln startet Herr Albert um 7:00 Uhr mit seinem Pkw mit einer durchschnittlichen Geschwindigkeit von 100 km/h in Richtung Würzburg, das 300 km entfernt ist. Nach 1,5 Stunden Fahrzeit gerät er in einen Stau, der ihn 30 Minuten aufhält. Danach fährt er mit einer durchschnittlichen Geschwindigkeit wie vor dem Stau weiter.
In Regensburg fährt Herr Bauer um 8:15 Uhr mit seinem Auto in Richtung Würzburg los, das 210 km entfernt ist. Hierbei legt er in 20 Minuten durchschnittlich 35 km zurück.
Fertige ein Weg-Zeit-Diagramm an und beantworte folgende Frage:
Wie viele Minuten später als Herr Bauer erreicht Herr Albert Würzburg?
Löse zeichnerisch (Zeitachse: 4 cm ≙ 1 Stunde; Wegachse: 2 cm ≙ 100 km).

291 Beantworte die folgenden Fragen zu dem Weg-Zeit-Diagramm.

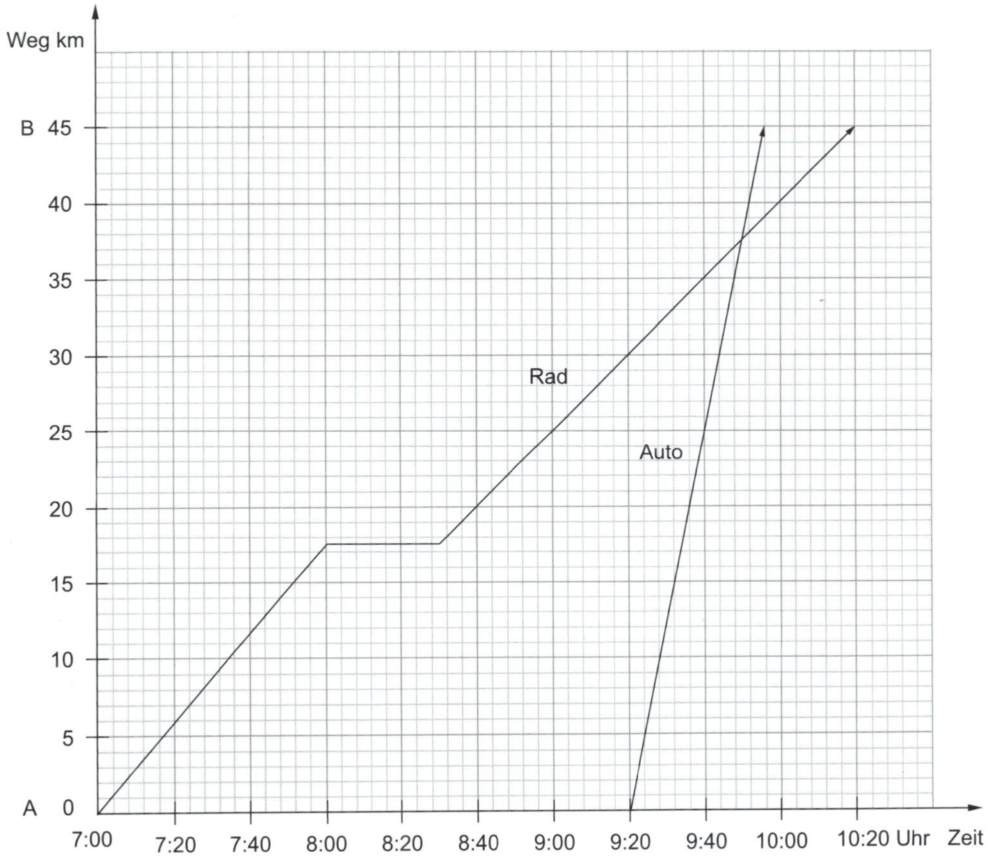

a) Gib die Geschwindigkeit des Radfahrers vor der Pause an.
b) Bestimme seine Geschwindigkeit nach der Pause.
c) Wie lange dauert die Pause des Radfahrers?
d) Wann fährt der Autofahrer los?
e) Gib die Geschwindigkeit des Autofahrers an.
f) Um wie viel Uhr holt der Autofahrer den Radfahrer ein?
g) Wie lange ist der Radfahrer unterwegs, bis er eingeholt wird (reine Fahrzeit)?
h) Wie lange ist der Autofahrer bis zum Einholzeitpunkt unterwegs?
i) Wie viele km von B entfernt wird der Radfahrer eingeholt?
k) Lies ab, wann der Radfahrer in B eintrifft.
l) Wann trifft der Autofahrer in B ein?

Funktionale Zusammenhänge mit Grundgebühr

Beispiel

Bei Rent-a-Bike kann man Motorräder mieten.

Hubraumklasse	bis 250 cm^3	bis 500 cm^3	über 500 cm^3
Preis je km	0,15 €	0,30 €	0,40 €
Grundgebühr pro Tag	35 €	50 €	65 €

Mietpreis = Preis je km · Anzahl der gefahrenen km + Grundgebühr

a) Tobias mietet für einen Tag eine Maschine mit 900 cm^3 und fährt 620 km. Wie viel Euro Fahrzeugmiete muss er bezahlen?

$$\text{Mietpreis} = 0{,}40\,\frac{€}{\text{km}} \cdot 620\text{ km} + 65\text{ €} = 313\text{ €}$$

b) Alex leiht sich für 2 Tage ein Motorrad mit 350 cm^3 und fährt damit insgesamt 800 km. Wie viel Geld würde Alex sparen, wenn er stattdessen eine Maschine mit nur 250 cm^3 mieten würde?

$$\text{Preis}_{350} = 0{,}30\,\frac{€}{\text{km}} \cdot 800\text{ km} + 2 \cdot 50\text{ €} \qquad \text{Preis}_{250} = 0{,}15\,\frac{€}{\text{km}} \cdot 800\text{ km} + 2 \cdot 35\text{ €}$$

$$\text{Preis}_{350} = 340\text{ €} \qquad \text{Preis}_{250} = 190\text{ €}$$

Alex würde (340 € – 190 € =) 150 € sparen.

Aufgabe 292

Die Grundgebühr für den Wasserzähler beträgt jährlich 50 €, 1 m^3 Frischwasser wird mit 2,50 € abgerechnet.

a) Fülle die Tabelle aus.

Verbrauch (m^3)	0	10	20	30	40	50	60	70	80	90
Gesamtkosten (€)										

b) Zeichne für den Sachverhalt ein Schaubild.
(x-Achse: 1 cm ≙ 10 m^3; y-Achse: 1 cm ≙ 25 €)

c) Lies aus dem Schaubild die Kosten für 35 m^3 (55 m^3; 75 m^3; 85 m^3) ab.

d) Wie viel Euro sind für einen jährlichen Verbrauch von 184 m^3 Wasser zu bezahlen?

Fit im Quali 293

Das kosten Taxis in deutschen Großstädten im Jahr 2022:

Stadt	Augsburg	Braun-schweig	Dortmund	Dresden	Hannover	München
Grundgebühr	3,30 €	3,90 €	4,00 €	3,90 €	3,90 €	4,80 €
Kilometerpreis	1,70 €	2,00 €	1,75 €	2,00 €	2,30 €	2,10 €

a) Wie weit kann man in Augsburg für 22,00 € fahren?

b) Berechne, wie viel man in Braunschweig für 28 km bezahlen muss.

c) Wie weit kann man in Dortmund für 65,25 € fahren?

d) Berechne die Kosten einer Taxifahrt über 18 km in Dresden.

e) Lisa bezahlt in Hannover 24,60 €. Wie weit ist sie gefahren?

f) Reichen in München 50 € für eine Taxifahrt von 23 km?

294 Bevor es Mobilfunktarife mit Flatrates gab, wurden SMS und Telefonminuten oft extra abgerechnet. Zwei Mobilfunk-Betreiber boten folgende Prepaid-Karten an:

Alpha-Super-Prepaid
SMS:
0,07 €/SMS in alle deutschen Netze
Telefonie:
0,05 €/Min in alle deutschen Netze
Internet:
500 MB Flatrate: 9,95 € pro Monat
danach: 0,05 €/MB

Beta-Better-Prepaid
SMS:
0,03 €/SMS in alle deutschen Netze
Telefonie:
0,04 €/Min in alle deutschen Netze
Internet:
1 000 MB Flatrate: 14,95 € pro Monat

Fülle die Tabellen aus.

a) Alpha-Super-Prepaid, SMS

x (Anzahl)	10		27		51		77		93	
y (€)		1,26		2,80		4,76		5,81		6,86

b) Alpha-Super-Prepaid, Telefonie

x (min)	10		31		49		74		89	
y (€)		0,65		2,15		2,85		4,20		4,95

c) Beta-Better-Prepaid, SMS

x (Anzahl)		23		43		54		73		96
y (€)	0,27		1,05		1,47		2,04		2,61	

d) Beta-Better-Prepaid, Telefonie

x (min)		19		29		51		75		98
y (€)	0,48		0,88		1,32		2,16		3,48	

295 Alpha-Super-Prepaid

a) Gib die Kosten für 41 Minuten Telefongespräche an.
b) Bestimme die Kosten für 87 SMS.
c) Wie lange konnte man für 3,15 € telefonieren?
d) Wie viele SMS konnte man für 3,78 € schreiben?

296 Tina hatte die Alpha-Super-Prepaid-Karte mit Internet-Flat. Sie schrieb täglich 4 SMS und telefonierte rund 7 Minuten. Ihr benötigtes Datenvolumen lag pro Tag bei rund 20 MB.

a) Reichten für Tina 500 MB Internet-Flatrate im Monat?
b) Berechne den Betrag, den Tina pro Monat gezahlt hat.
c) Hätte sich für Tina ein Wechsel zu Beta-Better gelohnt?

297 Der Verbrauch an elektrischer Energie wird in kWh (Kilowattstunden) gemessen. Andreas und seine Eltern hatten im Jahr 2021 einen Stromverbrauch von etwa 3 500 kWh. Ihr lokaler Energieversorger berechnete eine Grundgebühr in Höhe von 120 € und 25 ct pro kWh.

a) Berechne die Kosten für den lokalen Energieversorger für das Jahr 2021.

Andreas Eltern möchten zu einem Öko-Strom-Anbieter wechseln.
Vom Anbieter „Sun-Power" erhalten sie folgendes Angebot:

Grundgebühr pro Jahr: 150 €
Preis pro kWh: 0,20 €

b) Welcher Energieversorger ist für Andreas Eltern günstiger?

Andreas Eltern haben auch ein Angebot vom Öko-Strom-Anbieter „Mix-Eltron" erhalten. Um die Angebote der beiden Öko-Strom-Anbieter zu vergleichen erstellt Andreas dazu ein Schaubild.

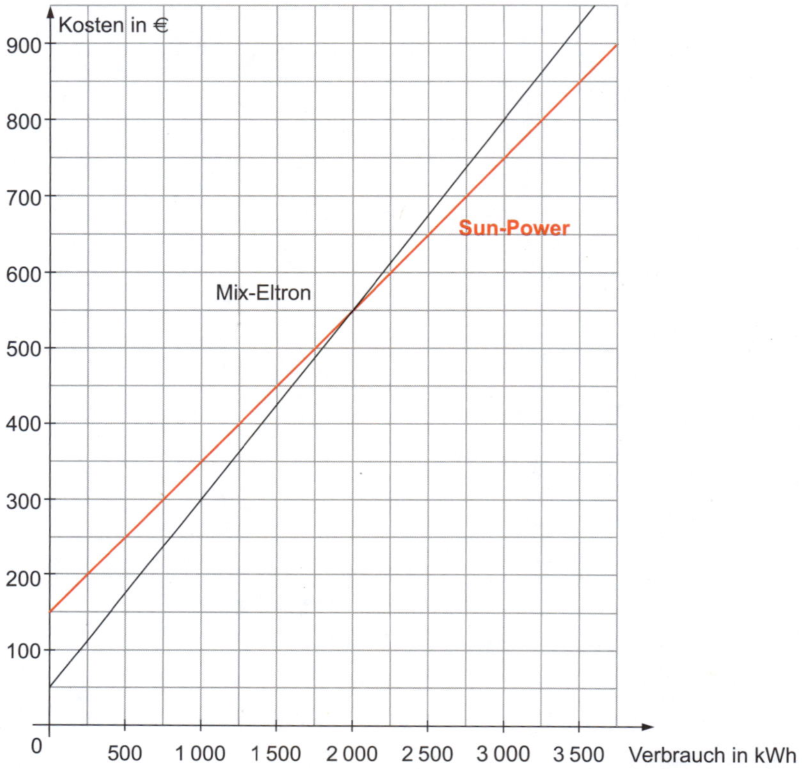

c) Entnimm dem Schaubild die Höhe der jährlichen Grundgebühr des Anbieters „Mix-Eltron".

d) Lies aus dem Schaubild ab, bis zu welchem jährlichen Verbrauch in kWh die Energiekosten von „Mix-Eltron" unter den Kosten von „Sun-Power" liegen.

e) Wie hoch ist der Preis für 1 kWh elektrischer Energie beim Öko-Anbieter „Mix-Eltron"?

298 Ein mit 160 kg Körnern gefüllter Futterautomat leert sich gleichmäßig. Pro Stunden fallen dabei 25 kg Futter in die Futterstelle eines Freiluftgeheges.

a) Die Tabelle gibt an, wie viel Futter noch im Automat ist. Fülle sie aus.

h	1					6
kg	135					

b) Stelle den Sachzusammenhang in einem Diagramm dar.
x-Achse: 1 h ≙ 2 cm; y-Achse: 10 kg ≙ 1 cm

c) Nach wie vielen Stunden und Minuten ist der Futterautomat leer?
Löse grafisch und rechnerisch.

d) Wie viel kg Fassungsvermögen hat ein Futterautomat, der nur einmal täglich aufgefüllt werden muss?

299 Ordne die Diagramme den Aussagen zu.

a) Pro Minute werden 130 ℓ Kraftstoff aus einem Tankwagen abgepumpt.

b) In einem Hochbehälter werden 200 m^3 Trinkwasser für Notfälle (z. B. Dürren) gespeichert.

c) Ein Planschbecken wird gefüllt. Aus einem Gartenschlauch fließen 16 ℓ Wasser pro Minute ein.

d) Rita radelt von Hohengitter nach Sassfest. Johannes radelt ihr entgegen. Sie begegnen sich.

e) Eine U-Bahn hält immer wieder an den Bahnhöfen auf ihrer Linie.

f) Aus einem Tank wird Heizöl abgelassen. Nach einiger Zeit wird der Tank wieder aufgefüllt.

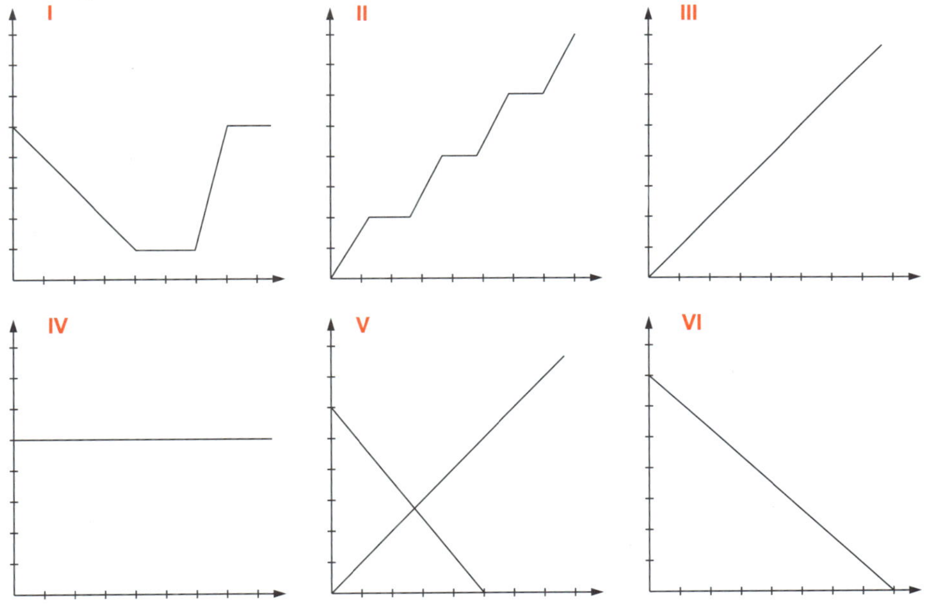

300 Frau Utz verwendet ein langes Streichholz (9 cm), um das Feuer im Kamin anzuzünden. Nach dem Anzünden brennt das Streichholz mit 6 mm pro Sekunde ab.

a) Erstelle die entsprechende Wertetabelle.

b) Stelle den Sachzusammenhang mit einem Diagramm dar.
x-Achse: 1 cm ≙ 2 s; y-Achse: 1 cm ≙ 10 mm

c) Kann Frau Utz das Streichholz 15 s brennen lassen?

Umgekehrt proportionale Zuordnungen

Merke

Umgekehrt proportionale Zuordnungen

Wenn bei einer Zuordnung zwischen zwei Größen gilt:

- zum **Doppelten** der Ausgangsgröße gehört die **Hälfte** der zugeordneten Größe
- zum **Dreifachen** der Ausgangsgröße gehört ein **Drittel** der zugeordneten Größe
- zum **Vierfachen** der Ausgangsgröße gehört ein **Viertel** der zugeordneten Größe

usw.

- zur **Hälfte** der Ausgangsgröße gehört das **Doppelte** der zugeordneten Größe
- zum **Drittel** der Ausgangsgröße gehört das **Dreifache** der zugeordneten Größe
- zum **Viertel** der Ausgangsgröße gehört das **Vierfache** der zugeordneten Größe

usw.

dann liegt eine **umgekehrt proportionale Zuordnung** vor.

Beispiel

Für die Erneuerung der Schulhausfassade benötigen 6 Malerinnen und Maler 10 Tage.
Die Firma kann nur 4 Malerinnen und Maler einsetzen.
Wie lange dauern nun die Malerarbeiten?

Lösen mit dem Dreisatz

$:6$ (6 Arbeiter/-innen $\hat{=}$ 10 Tage) $\cdot 6$

1 Arbeiter/-in $\hat{=}$ 10 Tage $\cdot 6 = 60$ Tage

$\cdot 4$ (4 Arbeiter/-innen $\hat{=}$ 60 Tage $: 4 = 15$ Tage) $:4$

Kurztabelle

	Arbeiter/-innen	Tage	
$:6$	6	10	$\cdot 6$
$\cdot 4$	1	$10 \cdot 6 = 60$	$:4$
	4	$60 : 4 = 15$	

Lösen mit der Gesamtgröße

Zuerst berechnest du die gesamte Arbeitszeit.
6 Arbeiter/-innen $\cdot$ 10 Tage $= 6 \cdot 10 = 60$ Arbeitstage $\Rightarrow$ Gesamtgröße
1 Arbeiter/-in braucht 60 Tage
4 Arbeiter/-innen brauchen $60 : 4 = 15$ Tage

Aufgaben

301 Berechne zuerst die Gesamtgröße. Berechne dann die fehlenden Werte in den Tabellen.

a) 8 Bagger heben einen Teilabschnitt eines Kanals in 30 Tagen aus.

Bagger	4	10	12	24	6					
Tage						6	24	12	10	8

b) 12 Planierraupen ebnen ein Gelände für eine neue Startbahn in 30 Tagen ein.

Raupen	5		20		30		9		8	
Tage		15		10		18		12		36

302 Berechne in den Tabellen die fehlenden Werte. Nutze Rechenvorteile.

Anzahl der Lkw	Fahrten je Lkw
6	24
3	
	12
24	
	36
8	

Holzpellet pro Tag (kg)	Anzahl der Tage
60	80
	40
30	
	60
40	
	240

Anzahl der Raten	Höhe je Rate (€)
72	120
	240
48	
	360
12	
	480

303 Zur Umgestaltung einer Parkanlage brauchen 3 Gärtner 8 Tage.

a) Wie lange brauchen 2 Gärtner?

b) Die Arbeiten sollen nach 6 Tagen abgeschlossen sein.
Berechne die benötigte Anzahl an Gärtnern.

304 Für den Bau einer Autobahnausfahrt muss eine Rampe aufgeschüttet werden.
60 Lkw brauchen für die Anfahrt des Erdreiches 36 Tage.

a) Um wie viele Tage würde sich die Fertigstellung der Rampe verzögern, wenn nur 20 Lkw eingesetzt werden können?

b) Wie viele Lkw müssen zusätzlich eingesetzt werden, wenn die Rampe in 24 Tagen aufgeschüttet sein soll?

305 Wenn Anja im Urlaub täglich 7,50 € von ihrem Taschengeld ausgibt, reicht es aus für 14 Tage. Das Taschengeld ist bereits nach 10 Tagen ausgegeben.
Wie viel hat sie durchschnittlich pro Tag verbraucht?

306 Der Fußboden in Leopolds Arbeitszimmer mit einer Fläche von 20 m^2 soll mit Korkplatten ausgelegt werden. Im Baumarkt findet er folgende Angebote.

Angebot A
Naturkorkplatten 25 cm × 25 cm
10er-Pack nur 11,65 €

Angebot B
Kork, unbehandelt 20 cm × 25 cm
20er-Pack nur 16,95 €

a) Wie viele Korkplatten von jedem Angebot müsste Leopold kaufen?

b) Berechne, wie viel Leopold sparen kann, wenn er sich für das günstigere Angebot entscheidet.

307 Für einen Ausflug mietet der Sportverein Walderbach für die Mädchen der rhythmischen Sportgymnastik einen Bus.

a) Wenn 54 Mädchen mitfahren, beträgt der Fahrpreis für jedes Mädchen 30 €.
Es melden sich nur 50 Mädchen zum Ausflug an.
Berechne den neuen Fahrpreis für jedes Mädchen.

b) Der Sportverein beteiligt sich mit 300 € an den Buskosten.
Wie viel bezahlt nun jedes der zum Ausflug angemeldeten Mädchen?

Merke

Schaubild einer umgekehrt proportionalen Zuordnung

Der **Graph** einer umgekehrt proportionalen Zuordnung ist eine **Kurve**.

Beispiel

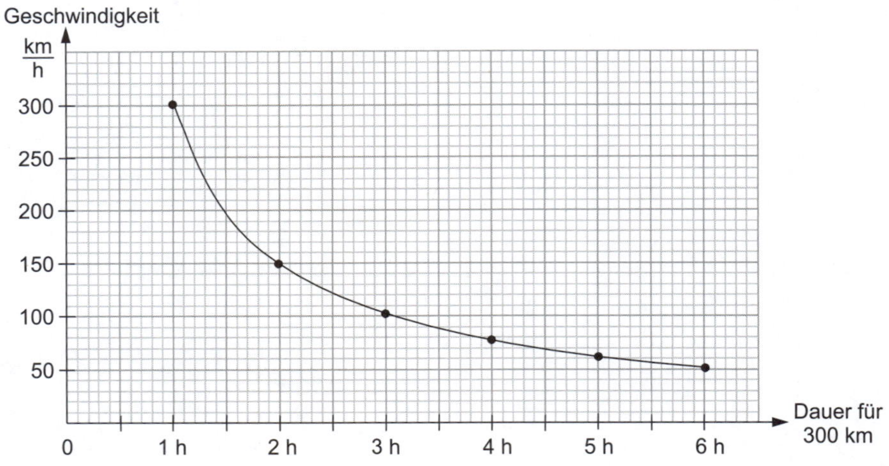

Aufgaben

308 Herr Ziegler fährt mit seinem Pkw auf der Autobahn zu einem Geschäftsfreund. Die Fahrstrecke beträgt 300 km, seine durchschnittliche Geschwindigkeit 125 km/h.

a) Wie lange ist Herr Ziegler unterwegs? Lies die Zeit aus dem Schaubild oben ab.

b) Wie ändert sich die Reisedauer, wenn Herr Ziegler die Geschwindigkeit erhöht (verringert)?

c) Ergänze die Tabelle für die Reisedauer und die zugeordnete Strecke. Lies die fehlenden Werte aus dem Schaubild oben ab.

Reisedauer (h)	1	1,5	2	2,5	3	3,5	4	4,5	5	5,5	6
Geschwindigkeit (km/h)	300	200									
zurückgelegte Strecke (km)	300										

d) Ab welcher Reisedauer (bzw. Geschwindigkeit) sind die Werte nicht mehr realistisch?

309 An einem anderen Tag besucht Herr Ziegler eine Filiale, die 240 km entfernt liegt. Er benutzt die Bundesstraße. Seine durchschnittliche Geschwindigkeit beträgt 80 km/h.

a) Fülle die Tabelle aus.

Reisedauer (h)	1	1,5	2	2,5	3	3,5	4	4,5	5	5,5	6
Geschwindigkeit (km/h)	240	160									
zurückgelegte Strecke (km)	240										

b) Zeichne das Schaubild (1 cm ≙ 40 km; 1 cm ≙ 0,5 h).

Fit im Quali

310 Bei welchen Funktionen ist keine Gesetzmäßigkeit erkennbar?

a) 6 Bagger brauchen 9 Tage. 2 Bagger brauchen 27 Tage.
b) 12 ℓ Farbe kosten 108 €. 4 ℓ Farbe kosten 35 €.
c) 60 min kosten 12,50 €. 10 min kosten 1,89 €.
d) Mit 120 km/h braucht man 4 h. Mit 160 km/h braucht man 3 h.

311 Fülle die Tabellen aus.

a) 20 Stück kosten 140 €.

Stück	5	10	20		
Preis			140 €	210 €	350 €

b) 12 Lkw fahren in 16 Tagen Bauschutt ab.

Lkw	3	6	12	24	48
Tage			16		

312 0,5 ℓ Motoröl kosten 7 €. Fülle die Tabelle aus und zeichne mit den Tabellenwerten ein Schaubild. Wähle geeignete Einheiten.

Liter	0,5	1	1,5	2	2,5	3	3,5	4
€								

313

Gemüseeintopf für 4 Personen

600 g	Kohlrabi
400 g	Möhren
200 g	Blumenkohl
12	Rosenkohlröschen
100 g	Zwiebeln
1 ℓ	Bouillon
120 g	Butter
je 2 EL	Salz, Pfeffer
1	Knoblauchzehe

Gemüseeintopf für 3 Personen

____	Kohlrabi
____	Möhren
____	Blumenkohl
____	Rosenkohlröschen
____	Zwiebeln
____	Bouillon
____	Butter
je ____	Salz, Pfeffer
____	Knoblauchzehe

Emma will den Gemüseeintopf für 3 Personen zubereiten.
Schreibe das Rezept für 3 Personen.

314 Familie Ferchow plant den Bau eines Einfamilienhauses. Ein Grundstücksmakler bietet der Familie drei Grundstücke an:

Grundstück A
870 m² Fläche
Kaufpreis 152 250 €
keine weiteren Gebühren

Grundstück B
920 m² Fläche
Kaufpreis 155 480 €
zuzüglich 2 % Maklergebühren

Grundstück C
35 m lang, 25 m breit,
176 € je m²
zuzüglich
1,5 % Maklergebühren

a) Vergleiche die Grundstückspreise.
b) Familie Ferchow entscheidet sich für das Angebot C.
Berechne die gesamten Kosten für das Grundstück.

315 Der Rohbau des neuen Hauses der Familie Ferchow ist erstellt. Für die Außenputzarbeiten holt die Familie zwei Angebote ein.

Angebot A
Einrüsten der 265 m² großen Außenfassade: 6,25 € je m²
Anbringen des Außenputzes: 31,50 € je m²
122 m Sockelsteine zu 8,50 € je m

Angebot B
Gerüst aufstellen pauschal: 1 500 €
Anbringen des Außenputzes: 34,20 € je m²
Sockelsteine zu 7,90 € je m

Für welche Firma wird sich die Familie entscheiden?

316 Das Orkantief Anke richtete schwere Schäden am Dach des Hauses der Familie Kubicek an. Für die Arbeitszeit zur Reparatur des Dachs erstellt der Dachdeckerbetrieb die rechts abgebildete Rechnung.

	Arbeitszeit	Arbeitslohn
Meister	5 Stunden	323,75 €
Geselle	11 Stunden	483,45 €
Azubi	9 Stunden	247,05 €

a) Berechne jeweils den Arbeitslohn pro Stunde.
b) Für die Reparaturarbeiten am Dach des Nachbarn entstehen folgende Arbeitszeiten: 3 Stunden beim Meister, 13 Stunden beim Gesellen und 7 Stunden beim Azubi. Berechne den gesamten Arbeitslohn.

317 Im Vergleich zur alten Glühlampe haben Energiesparlampen und LED-Lampen bei gleicher Lichtstärke deutlich weniger Watt. Das bedeutet, dass der Stromverbrauch wesentlich geringer ausfällt.

Ein Onlineversender bietet die folgenden Leuchtmittel auf seiner Homepage an.

Glühlampe* 40 Watt
Lebensdauer: 1 000 Std.
15 Stück
11,85 €

Energiesparlampe 7,5 Watt
Lebensdauer: 12 000 Std.
3 Stück
10,95 €

LED-Lampe 4 Watt
Lebensdauer: 35 000 Std.
4 Stück
15,68 €

* Eine EU-Verordnung untersagt es den Herstellern, Glühlampen in den Verkehr zu bringen. Restbestände in den Lagern dürfen abverkauft werden.

a) Sven meint: „Energiesparlampen kosten fast das 5-Fache einer Glühlampe, LED-Lampen sogar mehr als das 10-Fache“.
Hat Sven recht? Begründe deine Entscheidung mit einer Rechnung.
b) Wie viele Jahre könnte eine LED-Lampe ununterbrochen in Betrieb sein?
c) Wie lange können die 3 Lampen jeweils mit 1 kWh elektrischer Energie betrieben werden?
Hinweis: 1 kWh (Kilowattstunde) = 1 000 Wh (Wattstunden)

d) Im Jahr 2021 berechnete der örtliche Energieversorger je verbrauchte Kilowattstunde 34 Cent. Anna tauschte zu Anfang des Jahres die 40-Watt-Glühlampe an ihrem Computerarbeitsplatz durch eine 7,5-Watt-Energiesparlampe. Rechne mit einer durchschnittlichen täglichen Einschaltdauer von 3 Stunden.
Bestimme den Betrag, den Anna durch den Austausch der Lampen einsparen konnte.

e) Ordne den Graphen die entsprechenden Leuchtmittel zu.

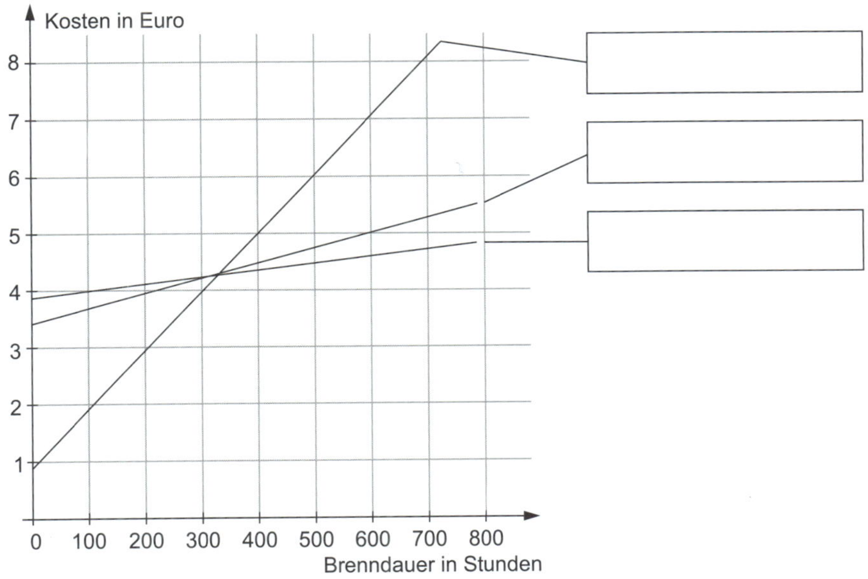

f) Lies aus dem Schaubild ab, nach welcher Brenndauer die Kosten für eine LED-Lampe günstiger sind als die Kosten für eine Glühlampe.

5 Prozent- und Zinsrechnen

Prozentrechnen

Merke

Prozentrechnung

- Der **Grundwert G** beschreibt das Ganze. Er entspricht 100 %.
- Der **Prozentwert P** bezeichnet einen Teil des Grundwerts.
- Der **Prozentsatz p %** bestimmt die Größe eines Anteils vom Grundwert.

Die Berechnung der einzelnen Werte erfolgt mit dem **Dreisatz**, dem **Faktor** oder mithilfe der folgenden **Formeln:**

$P = \frac{G \cdot p}{100}$ $\quad G = \frac{P \cdot 100}{p}$ $\quad p\,\% = \frac{P \cdot 100}{G}\,\%$

Beispiele

1. **Den Prozentwert P berechnen**
   Katrin will sich ein E-Bike für 1 900 € kaufen. Da es sich um ein Ausstellungsstück handelt, gewährt der Händler einen Preisnachlass von 15 %. Wie viel € spart Katrin?
   gegeben: G = 1 900 €; p % = 15 %
   gesucht: P

   Lösen mit dem Dreisatz:
   $100\,\% \mathrel{\hat{=}} 1\,900\,€$
   $1\,\% \mathrel{\hat{=}} 1\,900\,€ : 100 = 19\,€$
   $15\,\% \mathrel{\hat{=}} 19\,€ \cdot 15 = 285\,€$

   Lösen mit der Formel:
   $P = \frac{1\,900\,€ \cdot 15}{100}$
   $P = 285\,€$

   Lösen mit dem Faktor:
   $15\,\% = 0{,}15$
   $P = 1\,900\,€ \cdot 0{,}15$
   $P = 285\,€$

2. **Den Grundwert G berechnen**
   Das neue Modell eines Smartphones kostet bei einer Werbeaktion 667,50 €. Das sind 75 % des regulären Preises.
   Berechne den Preis des Smartphones nach der Werbeaktion.
   gegeben: P = 667,50 €; p % = 75 %
   gesucht: G

   Lösen mit dem Dreisatz:
   $75\,\% \mathrel{\hat{=}} 667{,}50\,€$
   $1\,\% \mathrel{\hat{=}} 667{,}50\,€ : 75 = 8{,}90\,€$
   $100\,\% \mathrel{\hat{=}} 8{,}90\,€ \cdot 100 = 890{,}00\,€$

   Lösen mit der Formel:
   $G = \frac{667{,}50\,€ \cdot 100}{75}$
   $G = 890{,}00\,€$

   Lösen mit dem Faktor:
   $75\,\% = 0{,}75$
   $G = 667{,}50\,€ : 0{,}75$
   $G = 890{,}00\,€$

3. **Den Prozentsatz p % berechnen**
   Von 2 500 geprüften Autos fand der TÜV bei 2 050 Autos keine Mängel.
   Wie viel Prozent der geprüften Autos hatten keine Mängel?
   gegeben: G = 2 500 Autos; P = 2 050 Autos
   gesucht: p %

   Lösen mit dem Dreisatz:
   $2\,500\text{ A} \mathrel{\hat{=}} 100\,\%$
   $1\text{ A} \mathrel{\hat{=}} 100\,\% : 2\,500 = 0{,}04\,\%$
   $2\,050\text{ A} \mathrel{\hat{=}} 0{,}04\,\% \cdot 2\,050 = 82\,\%$

   Lösen mit der Formel:
   $p\,\% = \frac{2\,050 \cdot 100}{2\,500}\,\%$
   $p\,\% = 82\,\%$

   Kurzform:
   $p\,\% = (P:G) \cdot 100\,\%$
   $p\,\% = (2\,050 : 2\,500) \cdot 100\,\%$
   $p\,\% = 82\,\%$

Merke

Diagramme zeichnen

Prozentsätze können besonders gut in Diagrammen veranschaulicht werden.

- Bei einem **Kreisdiagramm** entsprechen 100 % dem Vollkreis (360°).
  1 % entspricht also 3,6°.
- Bei einem **Streifendiagramm** entspricht die gesamte Länge des Streifens 100 %.

Beispiele

Die Schülerinnen und Schüler der Gebrüder-Grimm-Mittelschule kommen wie folgt zur Schule:

Bus	Pkw	Mofa	zu Fuß	Fahrrad
205	38	58	70	129

1. **Säulendiagramm zeichnen** (1 cm $\triangleq$ 50 Schüler)

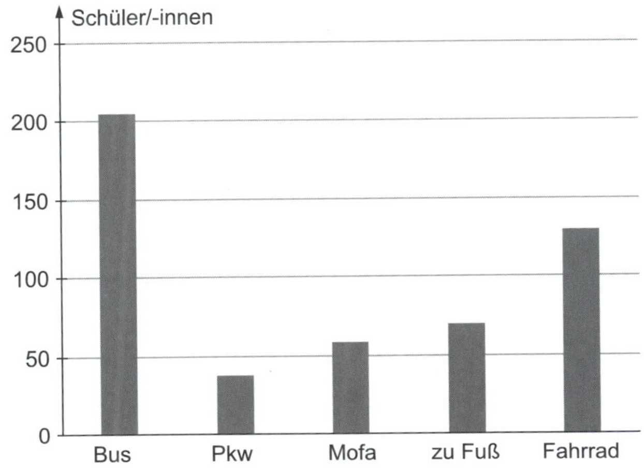

Die Hochachse muss mindestens 5 cm lang sein (5 cm $\triangleq$ 250 Schüler/-innen). Jeder Teilstrich entspricht 50 Schüler/-innen.

Nun können die Säulen eingezeichnet werden. Die Säule für die 205 Schüler/-innen, die mit dem Bus kommen, endet beispielsweise knapp über dem Teilstrich für 200 Schüler/-innen.

2. **Anteile der Schülergruppen in Prozent**

Gesamte Schülerzahl: $205 + 38 + 58 + 70 + 129 = 500$

500 Schüler/-innen $\triangleq 100\,\%$

1 Schüler/-innen $\triangleq 100\,\% : 500 = 0{,}2\,\%$

205 Schüler/-innen $\triangleq 0{,}2\,\% \cdot 205 = 41\,\%$ Bus

38 Schüler/-innen $\triangleq 0{,}2\,\% \cdot 38 = 7{,}6\,\%$ Pkw

58 Schüler/-innen $\triangleq 0{,}2\,\% \cdot 58 = 11{,}6\,\%$ Mofa

70 Schüler/-innen $\triangleq 0{,}2\,\% \cdot 70 = 14\,\%$ zu Fuß

129 Schüler/-innen $\triangleq 0{,}2\,\% \cdot 129 = 25{,}8\,\%$ Fahrrad

3. **Kreisdiagramm zeichnen**

$100\,\% \triangleq 360°$

$1\,\% \triangleq 360° : 100 = 3{,}6°$

$41\,\% \triangleq 3{,}6° \cdot 41 = 147{,}6° \approx 148°$ Bus

$7{,}6\,\% \triangleq 3{,}6° \cdot 7{,}6 = 27{,}36° \approx 27°$ Pkw

$11{,}6\,\% \triangleq 3{,}6° \cdot 11{,}6 = 41{,}76° \approx 42°$ Mofa

$14\,\% \triangleq 3{,}6° \cdot 14 = 50{,}4° \approx 50°$ zu Fuß

$25{,}8\,\% \triangleq 3{,}6° \cdot 25{,}8 = 92{,}88° \approx 93°$ Fahrrad

Die Prozentsätze werden in ganze Grad umgerechnet.

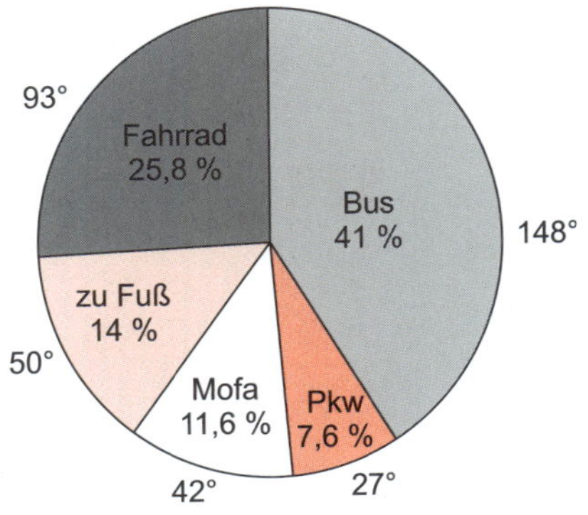

4. **Streifendiagramm zeichnen**

41 % ≙ 41 mm	Bus
7,6 % ≙ 7,6 mm	Pkw
11,6 % ≙ 11,6 mm	Mofa
14 % ≙ 14 mm	zu Fuß
25,8 % ≙ 25,8 mm	Fahrrad

Die errechneten Prozentwerte werden in mm umgerechnet (100 % ≙ 100 mm).
Das Streifendiagramm ist also 10 cm lang.

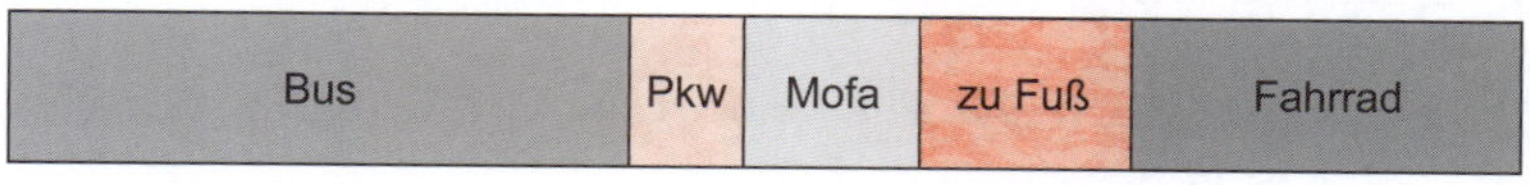

Aufgaben

318 Fülle die Tabelle aus.

	a)	b)	c)	d)	e)	f)	g)	h)
Grundwert	32 €	78 €	120 €	240 €			1 050 €	
Prozentsatz	15 %	64 %	37 %		107 %	11 %		72 %
Prozentwert				206,40 €	524,30 €	79,75 €	430,50 €	903,60 €

319 Die Prozentsätze sollen in ein Kreisdiagramm eingezeichnet werden. Rechne in Grad um. Runde, falls erforderlich, auf ganze Grad.

a) 5 %; 15 %; 25 %; 55 %

b) 22 %; 36,5 %; 54 %; 91,25 %

320 Welcher Prozentsatz ist gefärbt?

a) 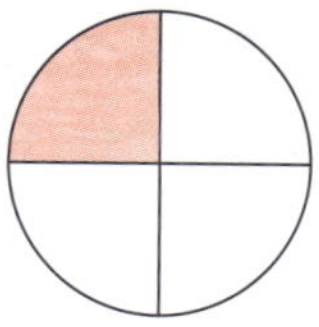

b) 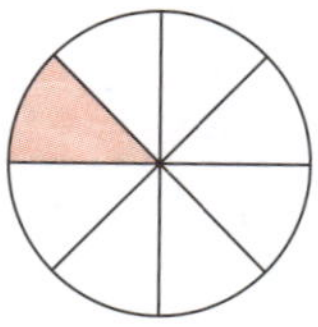

c) 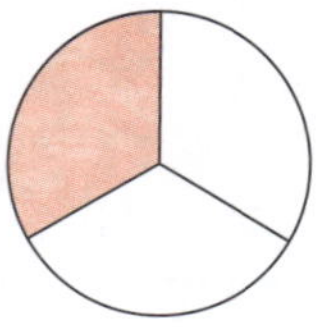

d) 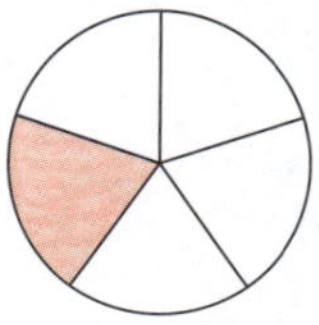

321 Die Mittelschule Lerchenau besuchen Schülerinnen und Schüler aus den folgenden Gemeindeteilen:

Lerchenau: 106 Farnheim: 72 Dengenbach: 55 Neuhaus: 12 Kiefernhofen: 5

a) Wie viele Schülerinnen und Schüler besuchen die Mittelschule Lerchenau insgesamt?
b) Rechne die Schülerzahlen in Prozent um. Runde, falls erforderlich, auf ganze Prozent.
c) Zeichne das zugehörige Kreisdiagramm (r = 2 cm).

322 Das Autohaus Fuchs verkauft im August 16 Kleinwagen, 26 Mittelklassewagen und 8 Pkw der gehobenen Mittelklasse.

a) Gib die Anteile der verkauften Fahrzeuge in Prozent an.
b) Zeichne für die verkauften Pkw ein Streifendiagramm (Streifenlänge = 10 cm).

323 Frau Zitzelsberger will ein neues Fernsehgerät kaufen.

a) Wie hoch war der Neuwert des Fernsehgeräts?
b) Wie viel Prozent kann Frau Zitzelsberger sparen, wenn sie das Angebot annimmt?

Das Gerät habe ich nur noch als Vorführmodell. Ich mache Ihnen einen guten Preis: **1 299 €**

Verkäufer

Frau Zitzelsberger

Toll! Ich könnte glatt 324,75 € sparen!

324 Armin kauft ein neues Smartphone.

a) Wie viel bezahlt Armin dafür?

b) Berechne den Preis des Smartphones vor dem Ausverkauf.

325 Eine Neubaustrecke der Bahn AG soll in vier Bauabschnitten fertiggestellt werden. Im ersten Bauabschnitt werden 112,5 km gebaut, in den weiteren Bauabschnitten sollen 32 %, 28 % und 15 % der Strecke errichtet werden.

a) Wie lang ist die gesamte Neubaustrecke?

b) Welche Strecken entfallen auf die einzelnen Bauabschnitte?

326 Herr Mühlbauer ist Händler für Nutzfahrzeuge. Er betrachtet ein Diagramm, das die Verkaufszahlen seiner vier Autohäuser zeigt.

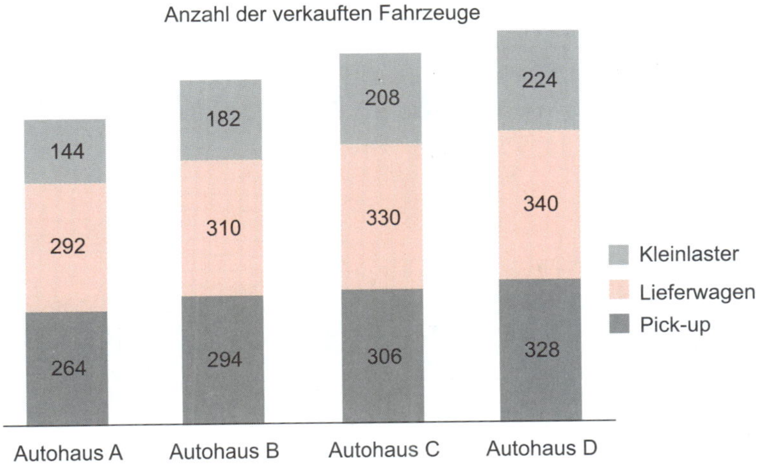

a) Berechne die Gesamtzahl der verkauften Fahrzeuge für jedes Autohaus.

b) Zeichne jeweils ein Säulendiagramm für die Verkaufszahlen von Autohaus A und Autohaus D (1 cm ≙ 50 Autos).

c) Zeichne ein Kreisdiagramm (r = 2 cm) für alle verkauften Fahrzeuge von Autohaus C. Berechne die Anteile dazu zuerst in ganzen Prozent.

327 Bei dem Motorradgroßhändler „Happy Biker“ gehen bis zum Februar Bestellungen für 12 000 Motorräder verschiedenster Hubraumklassen ein.

Bestellungen nach Hubraumklassen	bis 250 cm^3	bis 500 cm^3	bis 750 cm^3	über 750 cm^3
Bestellungen in %	20 %	45 %	15 %	

Hersteller	Hindu	Kawanaki	Sosika	Jamimoto
Anteile der Hersteller an den Bestellungen	35 %	17 %	22 %	

a) Wie viele Motorräder entfallen jeweils auf die einzelnen Hubraumklassen?

b) Zeichne für die Hubraumklassen ein Streifendiagramm (Streifenlänge = 10 cm).

c) Wie viele Motorräder liefern die Hersteller jeweils? Stelle die Anteile der Lieferanten in einem Kreisdiagramm (r = 2 cm) dar.

328 Fülle die Tabelle aus.

	a)	b)	c)	d)
Einkaufspreis	2 500 €	3 685 €	1 200 €	2 400 €
Verlust	7 %	6,45 %	37 %	
Verkaufspreis				1 958 €

	e)	f)	g)	h)
Einkaufspreis			2 258,95 €	
Verlust	17 %	45 %		13,25 %
Verkaufspreis	524,30 €	526,75 €	1 430,50 €	548,60 €

329 Während einer Grippewelle sind in einem Industriebetrieb 12 % der Angestellten krank, sodass nur noch 264 Personen arbeitsfähig sind.

a) Wie viele Angestellte sind erkrankt?

b) Von den erkrankten Angestellten kommen 9 nach einer Woche wieder zur Arbeit, 12 nach zwei Wochen. Wie viel Prozent der erkrankten Angestellten sind länger als zwei Wochen krank? Runde den Prozentsatz auf eine Dezimalstelle.

Fit im Quali

330 Schreibe als Prozent.

a) $\frac{1}{2}$ b) $\frac{3}{4}$ c) $\frac{4}{5}$ d) $\frac{9}{20}$

e) $\frac{3}{25}$ f) $\frac{7}{50}$ g) $\frac{2}{100}$ h) $\frac{91}{100}$

331 a) Wie viel Prozent der Fläche sind grau gefärbt?

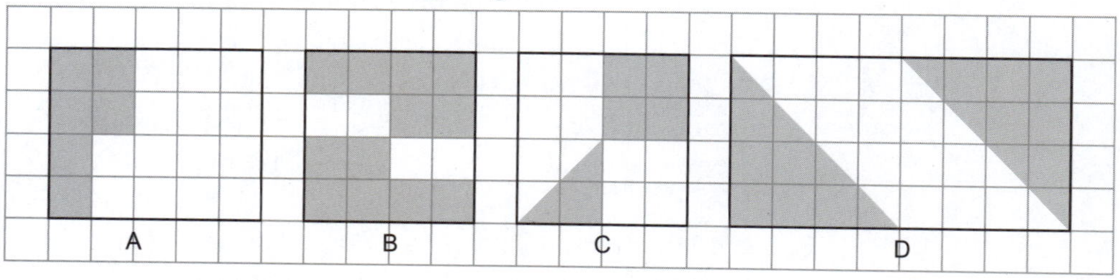

b) Färbe jeweils den angegebenen Prozentsatz des Streifens.

75 % 40 % 55 %

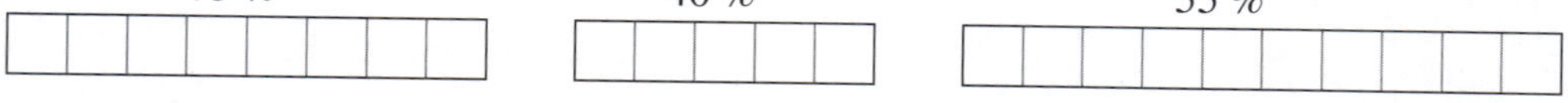

332 Berechne die fehlenden Werte.

a) 30 % von 200 kg = ______ kg

b) 14 % von 500 ℓ = ______ ℓ

c) 45 cm von 180 cm = ______ %

d) 12 m^3 von 60 m^3 = ______ %

e) 25 % ≙ 70 dm
100 % ≙ ______ dm

f) 75 % ≙ 1 200 m^3
100 % ≙ ______ m^3

333 Welche Kästen enthalten falsche Angaben?

a)

alter Preis:	300 €
Verlust:	26 €
neuer Preis:	326 €

b)

neuer Preis:	300 €
Rabatt:	25 %
alter Preis:	400 €

c)

Rabatt:	300 €
Preis:	1 290 €
bezahlt:	1 200 €

d)

alter Preis:	250 €
Erhöhung um	50 %
neuer Preis:	375 €

334 Berechne die fehlenden Werte in den Tabellen.
Beachte Rechenvorteile.

20 %	100 %	50 %	25 %	175 %
800 km				

100 %				
300 kg	1 500 kg	750 kg	375 kg	675 kg

335 Für ein Schullandheim muss jede Schülerin und jeder Schüler 200 € aufbringen.
Davon entfallen auf:

Buskosten	15 % – ______ €
Verpflegung	55 % – ______ €
Unterkunft	______ % – 40 €
Taschengeld (Rest)	______ % – ______ €

Ermittle die fehlenden Werte.

336 Das Elektroland führt die Rabattaktion „Mehrwertsteuer (19 %) geschenkt!“ durch.
Die Schülerinnen und Schüler der 9c diskutieren, wie man den gesenkten Preis für ein Smartphone berechnet.

Albert ist sich sicher

Preis: 357 €
81 % von 357 € = 0,81 · 357 € = 289,17 €

ermäßigter Verkaufpreis: **289,17 €**

Bernhard denkt nach

357 € mit 19 % MwSt. sind 119 %.
1 % sind dann 3 € und
19 % MwSt. machen 57 € aus.

357 € – 57 € = 300 €

300 € ohne MwSt. sind 100 %.

ermäßigter Verkaufpreis: **300 €**

Cho macht es einfacher

regulärer Preis:	357 €
Preissenkung um 19 %:	–19 €

ermäßigter Verkaufpreis: **338 €**

Wer denkt richtig? Begründe deine Meinung.

337 Tobias will das Motorrad unbedingt haben, er hat jedoch nur 15 % des Kaufpreises als Bargeld zur Verfügung.

gebraucht, aber
TOP-ZUSTAND
nur 5 880 €
2 % Skonto
bei Barzahlung

Angebot des Händlers
Anzahlung: 15 % des Kaufpreises
18 Monatsraten zu je 320 €

Bankfinanzierung
Kreditsumme: ___________
Zinsen, Bearbeitungsgebühr: 313,50 €

a) Über wie viel € Bargeld verfügt Tobias?
b) Berechne die Kosten für das Motorrad, wenn Tobias das Händlerangebot annimmt.
c) Wie hoch wäre bei der Bankfinanzierung die Kreditsumme, die er aufnehmen muss?
d) Wie teuer kommt der Motorradkauf mit Bankfinanzierung?
e) Berechne den Unterschied der beiden Finanzierungsarten in € und Prozent. Runde den Prozentsatz auf eine Dezimalstelle.

338 Eine Super-Plus-Videospiel-Konsole kostet 399 €.
Zum Weihnachtsgeschäft wurde der Preis um 12,5 % angehoben, nach dem Weihnachtsgeschäft um 12,5 % gesenkt.
Robin kauft die Konsole vor dem Weihnachtsgeschäft, Peter nach dem Weihnachtsgeschäft.
Überlege, ob Robin und Peter denselben Preis zahlen.

339 Das Säulendiagramm zeigt die Unterschiede im Gehalt (Brutto) von Arzthelferinnen in sechs deutschen Städten im Jahr 2021.

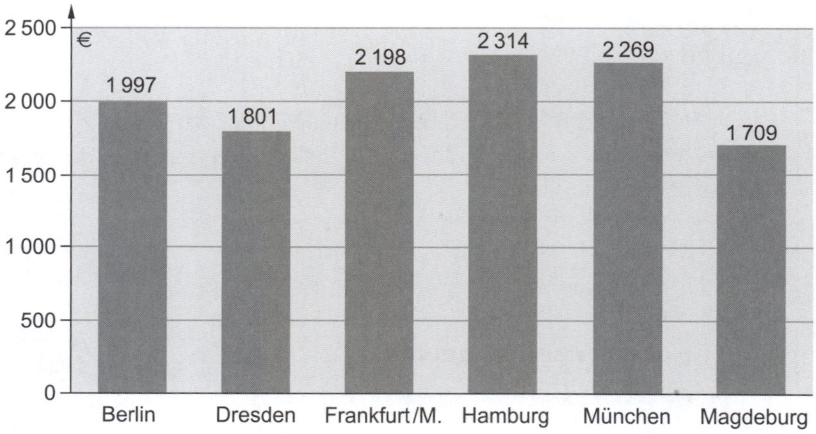

a) Berechne das durchschnittliche Gehalt aus den sechs Städten für das Jahr 2021.
b) Um wie viel Prozent weichten die Gehälter jeweils vom Durchschnitt ab? Runde auf eine Stelle nach dem Komma.
c) Stelle die prozentualen Abweichungen in einem Plus-Minus-Diagramm dar.

340 Einsätze der freiwilligen Feuerwehr Neustadt:

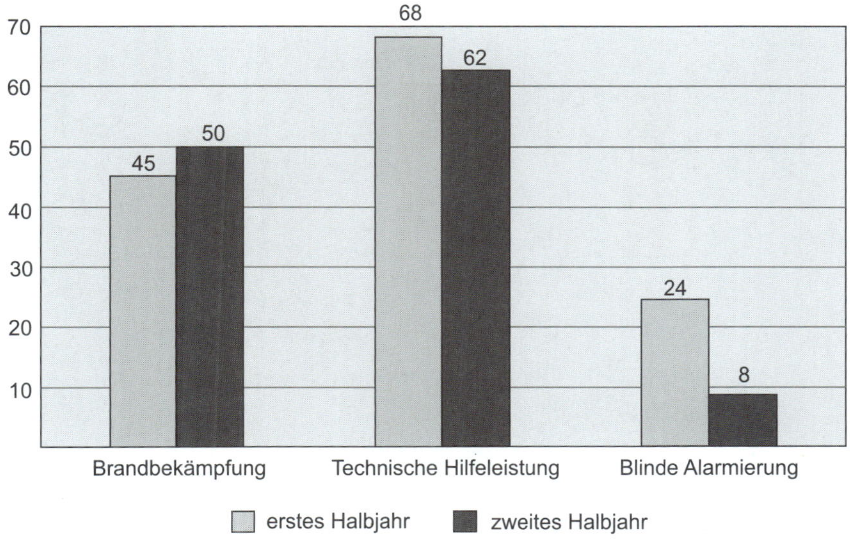

a) Wie viel Prozent der gesamten Einsätze entfielen auf technische Hilfeleistungen? Runde den Prozentsatz auf eine Dezimalstelle.

b) Um wie viel Prozent nahmen die blinden Alarmierungen im zweiten Halbjahr ab? Runde den Prozentsatz auf eine Dezimalstelle.

c) Zeichne für die Einsätze im zweiten Halbjahr ein Kreisdiagramm (r = 4 cm).

341 Die Abschlussklassen einer Mittelschule (zusammen 50 Schülerinnen und Schüler) planen ihre Abschlussfahrt nach Hamburg. Es liegen zwei Angebote vor:

Angebot 1

Die Deutsche Bahn AG verlangt für die 4-Tages-Fahrt (Bahnfahrt, 3 Übernachtungen, Halbpension) pro Teilnehmer 380 €.
Jeder 11. Teilnehmer erhält eine Freikarte. Diese sollen als Ermäßigung auf alle Schüler verteilt werden.

Angebot 2

Der örtliche Busunternehmer macht den Klassen folgendes Angebot:
Busfahrt 6 300 €
3 Übernachtungen mit Halbpension pro Schüler/-in 210 €
Bei Annahme des Angebots innerhalb von 3 Wochen gewährt der Busunternehmer einen Rabatt von 5 % auf den Gesamtpreis

a) Wie viel muss jede Schülerin und jeder Schüler beim Angebot der Deutschen Bahn AG tatsächlich bezahlen?
Um wie viel Prozent ermäßigt sich der Preis pro Kopf durch die Freikarten?

b) Berechne den Betrag, den jede Schülerin und jeder Schüler beim Angebot des Busunternehmers aufbringen muss, wenn das Angebot innerhalb von 3 Wochen angenommen wird.

c) Um wie viel Prozent liegt das Angebot des Busunternehmers über oder unter dem Angebot der Deutschen Bahn AG?
Runde den Prozentsatz auf zwei Dezimalstellen.

342

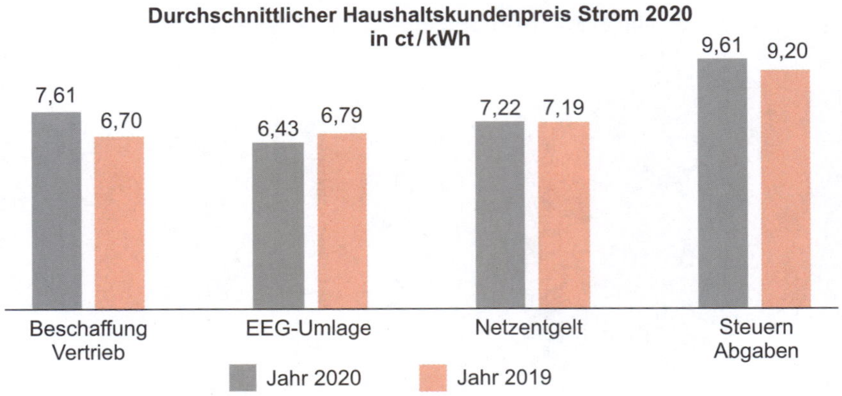

a) Um wie viel Prozent stieg der durchschnittliche Haushaltskundenpreis für 1 kWh vom Jahr 2019 auf das Jahr 2020?

b) Wie viel Prozent der Stromrechnung entfielen 2020 auf den Bereich Steuern/Abgaben?

c) 2020 verbrauchte die 4-köpfige Familie Brettscheider 4 250 kWh. Dafür berechnete der örtliche Energieversorger 1 268,63 €. Gib den Unterschied zum durchschnittlichen Haushaltskundenpreis für Strom in Prozent an.

d) Erstelle für das Jahr 2020 ein Streifendiagramm, das die Zusammensetzung des durchschnittlichen Haushaltskundenpreises für Strom zeigt. Die Streifenlänge beträgt 15 cm.

343

Das Schaubild zeigt die Verteilung der weltweiten Kunststoffproduktion in Tonnen nach Regionen und Ländern im Jahr 2019.

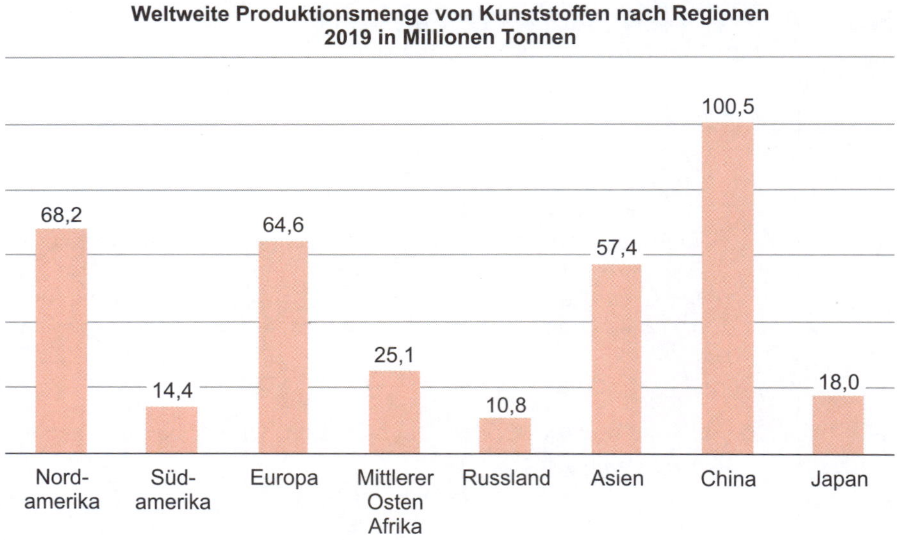

a) Entscheide und kreuze an:

	wahr	falsch
China produzierte 2019 die doppelte Menge an Kunststoffen wie Europa.	☐	☐
Russlands Kunststoffproduktion betrug etwa ein Sechstel der Kunststoffproduktion Europas.	☐	☐
Nordamerika und Südamerika produzierten zusammen mehr Kunststoffe als Asien und Japan.	☐	☐
China, Asien und der Mittlere Osten/Afrika stellten genauso viel Kunststoffe her wie die restlichen Regionen zusammen.	☐	☐

b) Gib an wie viele Tonnen Kunststoffe 2019 weltweit produziert wurden?
c) Berechne die prozentualen Anteile der Regionen und Länder an der weltweiten Kunststoffproduktion im Jahr 2019.
d) Stelle für China, Asien, Nordamerika und Europa die Menge der 2019 produzierten Kunststoffe in einem Kreisdiagramm (r = 3,5 cm) dar.

344 2019 wurden in Deutschland rund 21,8 Millionen Tonnen Kunststoffe produziert.

Welche Branche verbraucht den meisten Kunststoff?

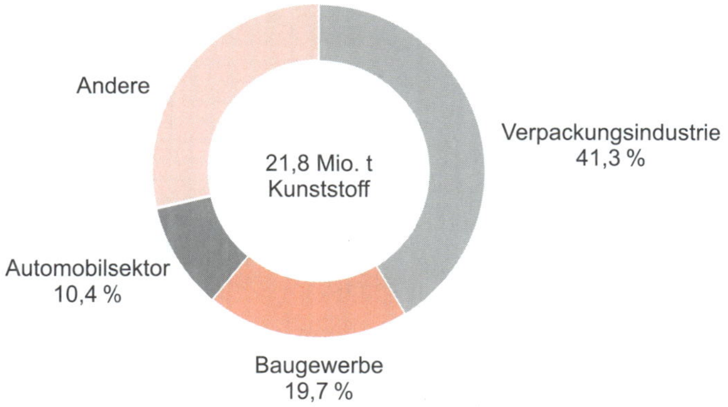

a) Gib an, wie viele Prozent der produzierten Kunststoffmenge 2019 auf den Bereich „Andere Branchen" entfielen.
b) Berechne den Verbrauch an Kunststoffen im Jahr 2019 für jede Branche.
c) Erstelle für den Kunststoffverbrauch der vier Branchen im Jahr 2019 ein Säulendiagramm.
Hinweis: 1 Million Tonnen Kunststoff $\hat{=}$ 0,5 cm

345 **Anzahl der Plastiktüten-Tragetaschen und dünnen Plastikbeutel (z. B. für Obst und Gemüse) pro Person pro Jahr in ausgewählten EU-Staaten (2020)**

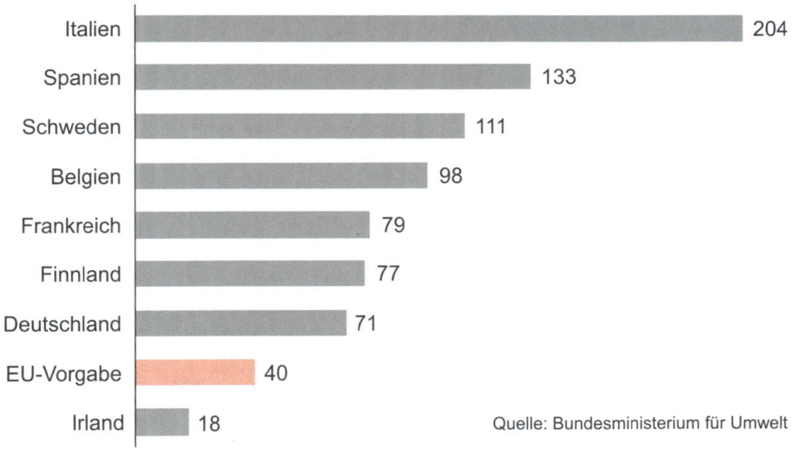

a) Um das wie Vielfache lag im Jahr 2020 der Plastiktütenverbrauch Italiens über dem Irlands?
b) Bestimme, um wie viel Prozent der Plastiktütenverbrauch in Deutschland im Jahr 2020 hätte fallen müssen, damit die EU-Vorgabe erreicht worden wäre.
c) Berechne die Höhe des durchschnittlichen Plastiktütenverbrauchs pro Person in den acht ausgewählten EU-Staaten für das Jahr 2020.
d) Tatsächlich lag im Jahr 2020 der EU-Durchschnitt bei rund 198 Plastiktüten pro Kopf. In der EU lebten im Jahr 2020 rund 450 Millionen Menschen. Wie viele Plastiktüten verbrauchten die EU-Bürger im Jahr 2020?

Zinsrechnen

Merke

Zinsrechnung

Die Zinsrechnung ist eine Anwendung der Prozentrechnung.

- Der **Grundwert G** heißt **Kapital K** und entspricht 100 %.
- Der **Prozentwert P** heißt **Zinsen Z** und entspricht einem Teil des Kapitals.
- Der **Prozentsatz p %** heißt **Zinssatz p %**. Er bezieht sich immer auf ein ganzes Jahr.

Die Berechnung der einzelnen Werte erfolgt mit dem **Dreisatz** oder mithilfe folgender **Formeln:**

$K = \frac{Z \cdot 100}{p}$ $Z = \frac{K \cdot p}{100}$ $p\,\% = \frac{Z \cdot 100}{K}$

Beispiel

Herr Becker kauft ein Auto zum Preis von 31 500 €. Er zahlt 20 000 € an und finanziert den Restbetrag über die Autofinanzbank. Der Zinssatz der Autofinanzbank beträgt 4,9 %. Wie viel Zinsen hat er jährlich zu bezahlen?

gegeben: 31 500 € – 20 000 € = 11 500 € Kredit der Autofinanzbank
gesucht: Z

Lösen mit dem Dreisatz:

100 % ≙ 11 500 €
1 % ≙ 115 €
4,9 % ≙ 563,50 €

Lösen mit der Zinsformel:

$Z = \frac{11\,500\,€ \cdot 4{,}9}{100}$

Z = 563,50 €

Aufgaben

346 Fülle die Tabelle aus. Runde sinnvoll.

	a)	b)	c)	d)	e)	f)
Kapital:	45 785 €	37 855 €		25 897 €	450 000 €	
Zinssatz:	0,4 %		1,25 %	1,5 %		1,95 %
Jahreszinsen:		302,84 €	582,25 €		7 740 €	2 248,35 €

347 Herr Berger erhält ein Darlehen in Höhe von 12 000 € zu einem Zinssatz von 2,1 %. Nach einem Jahr zahlt er das Darlehen und die Zinsen zurück.
Berechne die Höhe der gesamten Rückzahlung.

348 Herr Götze nimmt bei seiner Hausbank ein Darlehen in Höhe von 25 000 € zu einem Zinssatz von 2,15 % auf. Bei der Kreditbank hätte er für das gleiche Darlehen jährlich 512,50 € Zinsen zahlen müssen.

a) Wie viel € Zinsen muss Herr Götze jährlich an die Hausbank zahlen?
b) Welchen Zinssatz hätte Herr Götze bei der Kreditbank bekommen?

349 Katrin bekommt für ihr Sparguthaben bei einem Zinssatz von 0,5 % im ersten Jahr 85,50 € Zinsen. Berechne die Höhe ihres Sparguthabens.

350 Welches Angebot ist günstiger?
50 000 € Darlehen bei 51 500 € Rückzahlung nach einem Jahr oder 50 000 € zu einem Zinssatz von 3,15 %?

Merke

Tages- und Monatszinsen

Wird Kapital nicht über ein Jahr, sondern nur über einige Tage bzw. Monate angelegt, verringern sich die anfallenden Zinsen.

Für die Berechnung der Tages- und Monatszinsen gilt folgende Vereinbarung:
1 Monat = 30 Tage
1 Jahr = 12 Monate = 360 Tage

Die Berechnung der einzelnen Werte erfolgt wieder mit dem **Dreisatz** oder mithilfe folgender **Formel**:

$Z = \frac{K \cdot p \cdot t}{100 \cdot 360}$ bzw. $Z = \frac{K \cdot p \cdot m}{100 \cdot 12}$

t steht dabei für die Anzahl der Tage und **m** für die Anzahl der Monate.

Beispiel

Frau Ziegler zahlt auf ein Sparkonto 7 200 € ein. Die Sparkasse bietet für Sparguthaben einen Zinssatz von 0,2 %. Nach 220 Tagen hebt Frau Ziegler das Guthaben und die angefallenen Zinsen ab. Berechne die Zinsen.

Lösen mit dem Dreisatz:

1. Jahreszinsen
   100 % ≙ 7 200 €
   1 % ≙ 72 €
   0,2 % ≙ 14,40 €

2. Zins für 220 Tage
   Zins für 360 Tage ≙ 14,40 €
   Zins für 1 Tag ≙ 0,04 €
   Zins für 220 Tage ≙ 8,80 €

Lösen mit der Zinsformel:

$Z = \frac{K \cdot p \cdot t}{100 \cdot 360}$

$Z = \frac{7\,200\text{ €} \cdot 0,2 \cdot 220}{100 \cdot 360}$

$Z = 8,80\text{ €}$

TIPP

Die hier vorgestellte kaufmännische Berechnung von Tageszinsen ist nur eine von vielen Möglichkeiten. Bei manchen Zinsmodellen wird das Jahr zu 365 Tagen (bzw. 366 Tagen, falls es sich um ein Schaltjahr handelt) gerechnet und die Tage werden kalendergerecht gezählt. Bei den folgenden Aufgaben solltest du so rechnen, wie du es in der Schule gelernt hast. Je nach Berechnungsweise können sich daher kleine Unterschiede zu den Lösungsvorschlägen ergeben.

Aufgaben

351 Fülle die Tabelle aus.

	a)	b)	c)	d)	e)	f)
Kapital	2 000 €	40 800 €	73 000 €	49 740 €	2 400 €	10 250 €
Zinssatz	2,5 %	2 %	3 %	1,5 %	2,5 %	0,8 %
Zeit	6 Monate	5 Monate	4 Monate	2 Monate	7 Monate	3 Monate
Zinsen						

352 Bärbel eröffnet ein Sparkonto und zahlt 5 780 € ein. Der Zinssatz beträgt 0,5 %. Nach 112 Tagen sinkt der Zinssatz auf 0,25 %. Nach weiteren 145 Tagen löst Bärbel ihr Sparkonto wieder auf.
Wie viel Geld bekommt sie insgesamt ausgezahlt?

353 Gunnar will ein Quad kaufen. Bei einem Händler sieht er sein Traumfahrzeug. Bei Barzahlung bietet der Händler das Quad 14 Tage lang zu einem Aktionspreis von 3 300 € an. Nach den Aktionswochen kostet das Modell 3 550 €.
Da Gunnar das Quad nicht bar bezahlen kann, überzieht er sein Girokonto einen Monat um 1 500 €, einen weiteren Monat um 750 €.
Die Bank berechnet 14,75 % Überziehungszinsen.

a) Berechne die Zinsen, die Gunnar zahlen muss.
b) Wie viel € spart Gunnar dadurch?

Beispiel

Für ein Guthaben in Höhe von 3 500 € erhält Tina nach 90 Tagen 17,50 € Zinsen.
Mit welchem Zinssatz war das Guthaben verzinst?

Lösen mit dem Dreisatz

1. Jahreszinsen
   Zinsen für 90 Tage: 17,50 €
   Zinsen für 360 Tage: 70 €
2. Zinssatz
   3 500 € ≙ 100 %
   35 € ≙ 1 %
   70 € ≙ 2 %

Lösen mit der Zinsformel

$$p\,\% = \frac{Z \cdot 100 \cdot 360}{K \cdot t}\,\%$$

$$p\,\% = \frac{17{,}50 \cdot 100 \cdot 360}{3\,500 \cdot 90}\,\%$$

$$p\,\% = 2\,\%$$

Aufgaben

354 Tina leiht ihrer Schwester Katrin 5 € und verlangt nach einem Tag 5,20 € zurück.
a) Welchen Zinssatz verlangt sie?
b) Katrin ist sauer. Warum wohl?

355 Julia und Markus erben von ihrer Großmutter zu gleichen Teilen 22 000 €. Markus eröffnet im Januar 2018 ein Sparkonto. Er zahlt 11 000 € ein.

Zinssätze für Sparguthaben

2018	0,2 %
2019	0,1 %
2020	0,02%

a) Wie viel Zinsen bekommt er nach einem Jahr gutgeschrieben?
b) Markus lässt die Zinsen für die Jahre 2019 und 2020 auf dem Sparkonto.
   Berechne die Höhe seines Guthaben Ende 2020.
c) Berechne die durchschnittlichen Zinssätze von 2018 bis 2020.

Julia entscheidet sich für Goldmünzen. Sie kauft 10 Münzen zum Stückpreis von 1 096,67 € je Münze.

d) Wie viel Euro bezahlt Julia 2018 für die 10 Goldmünzen?
e) Nach einem Jahr war eine Goldmünze bereits 1 418,00 € wert. Welchem Zinssatz entspricht diese Wertsteigerung?
f) Bis zum Jahr 2020 stieg der Wert einer Goldmünze auf 1 789,87 €.
   Berechne den Gewinn für Julia in Euro und in Prozent.

Beispiel

Katrin erhält für ihr Guthaben bei einem Zinssatz von 0,4 % nach 11 Monaten 35,20 € Zinsen. Wie viel € hatte Katrin auf das Sparkonto einbezahlt?

Lösen mit dem Dreisatz:

1. Jahreszinsen

In 11 Monaten:	35,20 € Zins
In 1 Monat:	3,20 € Zins
In 12 Monaten:	38,40 € Zins

2. Kapital

$0{,}4\ \% \mathrel{\hat{=}} 38{,}40\ €$

$1\ \% \mathrel{\hat{=}} 96\ €$

$100\ \% \mathrel{\hat{=}} 9\,600\ €$

Lösen mit der Formel:

$$K = \frac{Z \cdot 100 \cdot 12}{p \cdot m}$$

$$K = \frac{35{,}20\ € \cdot 100 \cdot 12}{0{,}4 \cdot 11}$$

$$K = 9\,600\ €$$

Aufgaben

356

Fülle die Tabelle aus.

	a)	b)	c)	d)	e)	f)
Zinsen	175 €	140 €	567 €	283,50 €	1 064 €	577,50 €
Zeit	6 Monate	7 Monate	3 Monate	40 Tage	76 Tage	84 Tage
Jahreszinsen						
Zinssatz	2,5 %	1,2 %	1,5 %	1,25 %	2 %	0,9 %
Kapital						

357

An Frau Forsters Auto muss eine größere Reparatur durchgeführt werden. Zur Begleichung der Rechnung nimmt sie den Dispositionskredit ihrer Bank zu 13,75 % in Anspruch. Nach 22 Tagen gleicht sie ihr Konto wieder aus. Für diesen Zeitraum muss sie 12,85 € Zinsen bezahlen.
Um welchen Betrag hat sie ihr Konto überzogen?

Fit im Quali

358

Berechne die Jahreszinsen.

a) 20 € Zinsen in 3 Monaten
b) 45 € Zinsen in 9 Monaten
c) 5 € in 60 Tagen
d) 15 € in 120 Tagen
e) 280 € in einem Vierteljahr
f) 810 € halbjährlich

359

Berechne die Zinsen.

K = 6 000 €	K = 750 €	K = 800 €	K = 9 500 €	K = 12 000 €
p% = 0,7 %	p% = 0,2 %	p% = 1,2 %	p% = 0,4 %	p% = 0,5 %
t = 6 Monate	t = 4 Monate	t = 5 Monate	t = 3 Monate	t = 1 Monat

360

Welche Sparangebote sind für den Kunden jeweils besser?

a) 500 € zu 0,8 % und 500 € zu 0,4 % oder 1 000 € zu 0,7 %?
b) 200 € zu 0,3 % und 1 800 € zu 0,5 % oder 2 000 € zu 0,4 %?
c) 1 000 € zu 0,35 % und 800 € zu 0,6 % oder 900 € zu 0,4 % und 900 € zu 0,5 %?

361 Adrian will sich ein neues PC-Komplettsystem anschaffen. Die gewünschten Komponenten findet er in zwei Großmärkten. Adrian kann höchstens 500 € anzahlen, den Rest muss er finanzieren. Welches Angebot ist günstiger?

Mediacenter	
Komplettsystem	1 599,00 €
Bearbeitungsgebühr:	35,00 €
Anzahlung:	350,00 €
erste Rate:	284,00 €
8 Monatsraten zu je	145,00 €

Jupitermarkt	
Komplettsystem	1 599,00 €
keine Bearbeitungsgebühr	
Anzahlung:	500,00 €
erste Rate:	299,00 €
5 Monatsraten zu je	180,00 €

362 Die Fahrschule Peterson will vier alte Fahrschulfahrzeuge durch energiesparende und abgasarme Modelle ersetzen.

Modell Eco-Star

42 200 € Grundpreis

3 800 € Aufpreis für die Umrüstung zum Fahrschulauto, Lackierung in den Farben Ihrer Fahrschule mit Firmennamen

Modell HybridPLUS

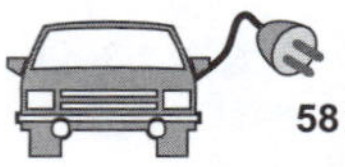

58 500 € Grundpreis

3 500 € Aufpreis für den Umbau zum Schulungsfahrzeug und Sonderlackierung in den Fahrschulfarben mit Logo der Firma

Herr Peterson kauft drei Modelle Eco-Star und ein Modell HybridPLUS. Er hat 120 000 € zur Verfügung. Für den Rest der Kaufsumme nimmt Herr Peterson einen Kredit auf, für den vierteljährlich 550 € Zinsen fällig sind.

a) Wie viel muss die Fahrschule Peterson insgesamt für die vier Fahrzeuge bezahlen?
b) Berechne die Höhe der Kreditsumme.
c) Wie viele Zinsen sind jährlich fällig?
d) Bestimme, zu welchem Zinssatz Herr Peterson den Kredit bekommt.

363 Familie Götze will ihr Haus energieeffizient sanieren. Für die Kosten der Sanierung bekommt Familie Götze von der KfW-Bank ein zinsgünstiges Darlehen zu 1,25 %. Es liegt das nebenstehende Angebot vor.

a) Berechne die Kosten für die Sanierung.
b) Wie viele Zinsen fallen monatlich an?
c) Durch die Sanierung kann Familie Götze jährlich 600 € an Energiekosten einsparen.
Wie viel Prozent der Darlehenssumme spart Familie Götze dadurch jährlich?

Wärmedämmung des Daches:	9 500 €
Erneuerung der Heizungsanlage:	18 200 €
Erneuerung der Heizkörper:	5 200 €
Erneuerung der Fenster:	10 900 €
Erneuerung der Außentüren:	6 200 €

364 Jens möchte sich bei Antritt seiner Berufsausbildung am 1. September den Mofaroller kaufen.

Sparbuch
Guthaben 850 €
Zinssatz: 0,8 %; 145 Zinstage

500 € Zuschuss
von den Großeltern für den guten Mittelschulabschluss

a) Welcher Betrag fehlt Jens für den beabsichtigten Kauf des Mofarollers noch?
b) Zum Kauf der nötigen Schutzbekleidung und zur Finanzierung der Restsumme nimmt Jens bei der Sparkasse einen Kleinkredit in Höhe von 2 000 € für 6 Monate auf.
Er zahlt dafür insgesamt 65 € Zinsen. Zu welchem Zinssatz bekommt Jens den Kredit?
c) Die fälligen Zinsen und die zu zahlenden Monatsraten werden gleichmäßig auf die gesamte Laufzeit verteilt. Berechne die Höhe der Monatsrate.

Promillerechnen

Merke

Promillerechnung

Der **Grundwert G** beschreibt das Ganze. Er entspricht 1 000 ‰.
Der **Promillewert P** bezeichnet einen Teil des Grundwerts.
Der **Promillesatz p ‰** bestimmt die Größe eines Anteils vom Grundwert.

Die Berechnung der einzelnen Werte erfolgt mit dem **Dreisatz**, dem **Faktor** oder mithilfe folgender **Formeln:**

$G = \frac{P \cdot 1\,000}{p\,‰}$ $\quad P = \frac{G \cdot p\,‰}{1\,000}$ $\quad p\,‰ = \frac{P \cdot 1\,000}{G}\,‰$

Beispiele

1. **Den Promillewert P berechnen**

Ein Ring wiegt 20 g. Er trägt den Stempel 585. Damit wird der Reingoldanteil in Promille angegeben.
Wie viel Gramm reines Gold enthält der Ring?

gegeben: G = 20 g; p ‰ = 585
gesucht: P

Lösen mit dem Dreisatz:
$1\,000\,‰ \mathrel{\hat{=}} 20\text{ g}$
$1\,‰ \mathrel{\hat{=}} 20\text{ g} : 1\,000 = 0{,}02\text{ g}$
$585\,‰ \mathrel{\hat{=}} 0{,}02\text{ g} \cdot 585 = 11{,}7\text{ g}$

Lösen mit der Formel:
$P = \frac{20\text{ g} \cdot 585}{1\,000}$
$P = 11{,}7\text{ g}$

Lösen mit dem Faktor:
$585\,‰ = 0{,}585$
$P = 20\text{ g} \cdot 0{,}585$
$P = 11{,}7\text{ g}$

Der Ring enthält 11,7 g reines Gold.

2. **Den Grundwert G berechnen**

Für eine Unfallversicherung werden jährlich 450 € Beitrag bezahlt. Das sind 3 ‰ der Versicherungssumme.
Berechne die Höhe der Versicherungssumme.

gegeben: P = 450 €; p ‰ = 3 ‰
gesucht: G

Lösen mit dem Dreisatz:
$3\,‰ \mathrel{\hat{=}} 450\text{ €}$
$1\,‰ \mathrel{\hat{=}} 450\text{ €} : 3 = 150\text{ €}$
$1\,000\,‰ \mathrel{\hat{=}} 150\text{ €} \cdot 1\,000 = 150\,000\text{ €}$

Lösen mit der Formel:
$G = \frac{450\text{ €} \cdot 1\,000}{3}$
$G = 150\,000\text{ €}$

Lösen mit dem Faktor:
$3\,‰ = 0{,}003$
$G = 450\text{ €} : 0{,}003$
$G = 150\,000\text{ €}$

Die Versicherungssumme beträgt 150 000 €.

3. **Den Promillesatz p ‰ berechnen**

Eine Brausetablette wiegt 5 g. Darin sind 150 mg Vitamin C enthalten.
Gib den Vitamin-C-Anteil in der Brausetablette in Promille an.

gegeben: G = 5 g; P = 150 mg = 0,15 g
gesucht: p ‰

Lösen mit dem Dreisatz:
$5\text{ g} \mathrel{\hat{=}} 1\,000\,‰$
$1\text{ g} \mathrel{\hat{=}} 1\,000\,‰ : 5 = 200\,‰$
$0{,}15\text{ g} \mathrel{\hat{=}} 200\,‰ \cdot 0{,}15 = 30\,‰$

Lösen mit der Formel:
$p\,‰ = \frac{0{,}15 \cdot 1\,000}{5}\,‰$
$p\,‰ = 30\,‰$

Kurzform:
$p\,‰ = (P : G) \cdot 1\,000\,‰$
$p\,‰ = (0{,}15 : 5) \cdot 1\,000\,‰$
$p\,‰ = 30\,‰$

Die Brausetablette enthält 30 ‰ Vitamin C.

Aufgaben

365 Berechne die fehlenden Werte in der Tabelle.

	a)	b)	c)	d)	e)	f)
Grundwert G	20 000 €	36 000 €		2 ℓ	35 ℓ	
Promillewert P	80 €		37,50 €	2 mℓ		112,5 mℓ
Promillesatz p ‰		1,5 ‰	0,75 ‰		7 ‰	2,5 ‰

366 Apotheker Marius stellt Arzneimittel her.

a) Der Alkoholgehalt eines Hustensaftes beträgt 2,5 Promille. Wie viel Alkohol braucht er für 40 Fläschchen mit je 175 mℓ Inhalt?

b) Für 30 Tuben Nasensalbe mit je 30 mℓ Inhalt verarbeitet Apotheker Marius 8,1 mℓ Alkohol. Berechne den Alkoholanteil der Nasensalbe in Promille.

c) Apotheker Marius mischt Ohrentropfen mit einem Alkoholgehalt von 3,5 Promille. Er verwendet 14 mℓ Alkohol. Wie viele Fläschchen mit je 50 mℓ kann er abfüllen?

367 Der Salzgehalt in den Weltmeeren ist nicht überall gleich hoch. Der Salzgehalt wird in Gramm je 1 Liter Wasser gemessen. 1 Liter Wasser wiegt 1 000 g.

a) In der Ostsee beträgt der Salzgehalt rund 15 ‰. Wie viel g Salz sind in 5 Liter Ostseewasser gelöst?

b) Im Mittelmeer sind in einem halben Liter 19 g Salz gelöst. Berechne den Salzgehalt in Promille.

c) Der Nordatlantik hat einen Salzgehalt von rund 36 ‰. In einer Wasserprobe wurden 126 g Salz festgestellt. Wie viele Liter umfasste die Wasserprobe?

368 Jährlich wiederkehrende Beträge, die für eine Versicherung zu zahlen sind, werden auch als Prämie bezeichnet. Die Höhe der Prämie wird in Promille angegeben.

a) Ein Juwelier versichert seinen Warenbestand gegen Diebstahl. Die Versicherungssumme beträgt 8 000 000 € bei einer jährlichen Prämie von 1,75 ‰. Wie viel € bezahlt er in einem Zeitraum von 12 Jahren als Prämie an die Versicherung, wenn sich die Prämie über den gesamten Zeitraum am Anfangswert orientiert?

b) Familie Bayer versichert die Wohnungseinrichtung ihres Einfamilienhauses gegen Diebstahl, Feuer und Wasserschaden mit 120 000 €. Dafür muss sie jährlich 372 € an Prämie bezahlen. Welchen Promillesatz legt die Versicherungsgesellschaft fest?

c) Herr Träg schließt für seinen Handwerksbetrieb eine Haftpflichtversicherung ab. Das Versicherungsunternehmen berechnet 1 770 € Jahresprämie bei einem Promillesatz von 2,95 ‰. Berechne die Höhe der Versicherungssumme.

Fit im Quali

369 Auf der Verpackung eines umweltfreundlichen, biologisch abbaubaren Pflanzenschutzmittels steht: „15 Milliliter mit 5 Liter Wasser verdünnen."

a) Gib die Konzentration der Lösung in Promille an.

b) Herr Günzelsen will eine Lösung mit einer Konzentration von 1,5 ‰ herstellen. Er nimmt 8 Liter Wasser. Wie viel Milliliter des Pflanzenschutzmittels muss er zumischen?

370 Das Jugendhotel „Youngster" will eine Versicherung gegen Brand- und Wasserschäden abschließen. Drei Versicherungsunternehmen legen ein Angebot vor, das beide Schadensarten umfasst.

Versicherung A
monatliche Prämie: 525 €
Prämiensatz:
2,1 ‰

Versicherung B
vierteljährliche Prämie: 807,50 €
Versicherungssumme:
1,7 Mio. €

Versicherung C
Versicherungssumme: 2,2 Mio. €
Brandversicherung: 1,2 ‰
Wasserschäden: ______ ‰
jährliche Prämie insgesamt: 4 620 €

a) Wie hoch ist die Versicherungssumme bei der Versicherung A?
b) Berechne den jährlichen Promillesatz der Versicherung B.
c) Berechne den jährlichen Promillesatz bei der Versicherung C gegen Wasserschäden.

371 Die Steigung von Eisenbahnstrecken wird in Promille angegeben.

a) Die Zugspitzbahn bewältigt auf der 12 km langen Strecke zwischen Grainau und dem Schneefernerhaus einen Höhenunterschied von 751 m.
Gib die durchschnittliche Steigung in Promille an.
b) Auf der „Schiefen Ebene", einer 6,8 km langen Eisenbahnstrecke zwischen Neuenmarkt und Marktschorgast, beträgt die durchschnittliche Steigung 23,19 ‰.
Welcher Höhenunterschied wird dabei überwunden?
c) Die Eisenbahnbrücke bei Rendsburg über den Nord-Ostsee-Kanal führt die Gleise auf 42 m Höhe. Die durchschnittliche Steigung der Auffahrtsrampen beträgt 7 ‰.
Welche Länge haben die Auffahrtsrampen?

Mischungsverhältnisse

Merke

Mischungen
Werden mehrere Anteile eines Stoffes miteinander vermischt, gibt man die Anteile der einzelnen Bestandteile oft in einem **Zahlenverhältnis** an.
Die **gesamten Anteile** in der Mischung erhält man aus der **Addition der Einzelteile**.

Beispiele

1. Bei einer Vase aus Messing beträgt das Mischungsverhältnis von Kupfer zu Zink 5 : 3.
Die Messingvase wiegt 1 200 Gramm.
Wie viel Gramm Kupfer und wie viel Gramm Zink enthält die Vase?

8 Teile ≙ 1 200 g
1 Teil ≙ 1 200 g : 8 = 150 g
5 Teile ≙ 150 g · 5 = 750 g
3 Teile ≙ 150 g · 3 = 450 g

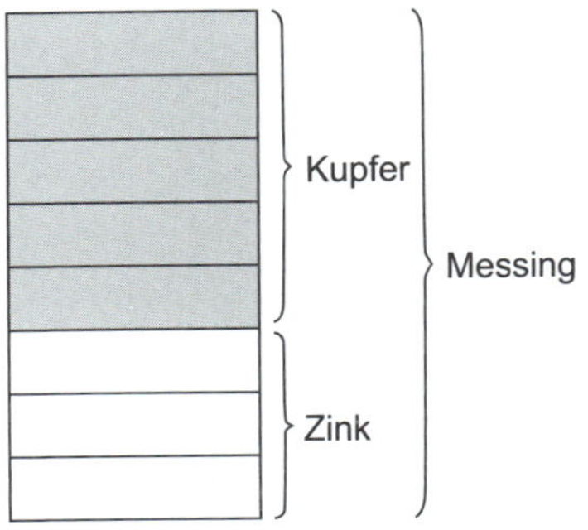

Die Messingvase enthält 750 g Kupfer und 450 g Zink.

2. Ein Biobauer mischt die Kartoffelsorten Bintje, Linda und Ora im Verhältnis 3:4:5. Von der Sorte Bintje nimmt er 1 500 kg.
   Wie viel kg der Sorte Linda und Ora muss er jeweils zumischen?
   Wie viele kg Mischung erhält der Biobauer?

   $3 \text{ Teile} \mathrel{\hat{=}} 1\,500 \text{ kg}$
   $1 \text{ Teil} \mathrel{\hat{=}} 1\,500 \text{ kg} : 3 = 500 \text{ kg}$
   $4 \text{ Teile} \mathrel{\hat{=}} 500 \text{ kg} \cdot 4 = 2\,000 \text{ kg}$
   $5 \text{ Teile} \mathrel{\hat{=}} 500 \text{ kg} \cdot 5 = 2\,500 \text{ kg}$
   $12 \text{ Teile} \mathrel{\hat{=}} 500 \text{ kg} \cdot 12 = 6\,000 \text{ kg}$

Bintje:	3 Teile
Linda:	4 Teile
Ora:	5 Teile
Mischung:	12 Teile

   Von der Sorte Linda muss er 2 000 kg und von der Sorte Ora 2 500 kg zumischen.
   Der Biobauer erhält 6 000 kg Kartoffelmischung.

3. Für ein Fruchtsaftgetränk mischt Aygül 250 $m\ell$ **F**ruchtsaftkonzentrat mit 1,5 Liter **M**ineralwasser.
   Gib das Mischungsverhältnis in kleinsten natürlichen Zahlen und in Prozent an.

   Mischungsverhältnis in Zahlen:
   $F:M = 250:1\,500 \quad |:10$
   $F:M = 25:150 \quad |:25$
   $F:M = 1:6$

   1,5 Liter = 1 500 $m\ell$

   Mischungsverhältnis in Prozent:
   Grundwert: $1\,500\ m\ell + 250\ m\ell = 1\,750\ m\ell$

   Prozentwert Fruchtsaftkonzentrat: 250 $m\ell$
   $p\,\% = 250 : 1\,750 \cdot 100\,\%$
   $p\,\% = 14{,}28\ldots\,\% \approx 14{,}3\,\%$

   Prozentwert Mineralwasser: 1 500 $m\ell$
   $p\,\% = 1\,500 : 1\,750 \cdot 100\,\%$
   $p\,\% = 85{,}71\ldots\,\% \approx 85{,}7\,\%$

   Das Mischungsverhältnis Fruchtsaftkonzentrat zu Mineralwasser in natürlichen Zahlen beträgt 1:6, in Prozent 14,3 % zu 85,7 %.

Aufgaben

372 Verteile im angegebenen Verhältnis.
a) 120 000 € im Verhältnis 5:7:13
b) 55 000 € im Verhältnis 6:7:9

373 Bei der Herstellung von Bronze werden flüssiges Kupfer und Zinn im Verhältnis 78:22 gemischt.
a) Wie viel kg Zinn müssen zu 780 kg Kupfer gemischt werden?
b) Wie viel kg Kupfer sind bei 880 g Zinn erforderlich?
c) Eine Bronzeskulptur wiegt 4,8 kg.
   Wie viel kg Kupfer und Zinn enthält die Statue?

374 Die berühmte Statue „Bavaria“ in München wurde aus vier verschiedenen Metallen gegossen. Die Bronzelegierung besteht aus 92 % Kupfer, 5 % Zink, 2 % Zinn und 1 % Blei.
a) Zur Herstellung der Bronze wurden 80,37 t Kupfer verwendet.
   Berechne das Gewicht der anderen Metalle.
b) Berechne das Gewicht der fertigen Statue.

375 Für eine Knabbermischung werden Rosinen, Haselnüsse und Mandelsplitter im Verhältnis 3:4:2 gemischt.

a) Wie viel g Rosinen sind in einer Tüte mit 180 g Knabbermischung enthalten?

b) Es sollen 8,1 kg Knabbermischung hergestellt werden.
Wie viel g sind von jeder Zutat erforderlich?

376 Cem mischt für sein Mofa ein Öl-Benzin-Gemisch im Verhältnis 1:50. Er füllt 10 Liter Benzin in einen Kanister.
Berechne die Menge an Zweitaktöl, die er hinzufügen muss.

Fit im Quali

377 **Der Kräuterladen hat das richtige Gewürz für dein Grillgut.**
Zu Beginn der Grillsaison mischt eine Gewürzhandlung aus Cayennepfeffer, rotem Paprika und Knoblauchpulver eine sehr scharfe Gewürzmischung.
Das Mischungsverhältnis beträgt 5:4:1.

Einkaufspreise für die Gewürze pro Kilogramm:

Cayennepfeffer	45,20 €
Roter Biopaprika	24,90 €
Knoblauchpulver	12,90 €

a) Wie viele Kilogramm Cayennepfeffer, roter Paprika und Knoblauchpulver werden zur Herstellung von 45 kg der Gewürzmischung benötigt?

b) Die 45 kg Gewürzmischung werden in Gläser zu je 50 g abgefüllt.
Wie viele Gläser werden abgefüllt?

c) Der Verkaufspreis für ein Glas der Gewürzmischung beträgt 2,99 €. Nach 4 Wochen ist die Gewürzmischung ausverkauft.
Berechne den Gewinn der Gewürzhandlung in Euro und Prozent.

378 Zur Abschlussfeier bereiten die Schülerinnen und Schüler der Ernährung- und Soziales-Gruppe einen Salat für das kalte Buffet nach folgendem Rezept zu:

200 g Nudeln
160 g gekochter Schinken gewürfelt
120 g Käse gewürfelt
100 g Mayonnaise
20 g Gewürze (Cayennepfeffer, Salz, Knoblauch, Curry)

a) Gib das Mischungsverhältnis in möglichst kleinen ganzen Zahlen an.

b) Der örtliche Metzger schenkt den Schülern 3,2 kg gekochten Schinken.
Welche Menge jeder der weiteren Zutaten wird noch benötigt?

c) In wie viele Portionen zu je 150 g kann der fertige Salat aufgeteilt werden?

6 Daten und Zufall

Statistische Kennwerte

Merke

> **Urliste, Strichliste, Häufigkeitstabelle**
> Bei **statistischen Untersuchungen** werden **Daten** in einer **Urliste** gesammelt. Die Daten der Urliste werden mithilfe einer **Strichliste** geordnet und in einer **Häufigkeitstabelle** übersichtlich dargestellt.

Beispiel

Tina befragt die Schülerinnen und Schüler der 7 a nach ihrem monatlich verfügbaren Taschengeld. Sie legt eine **Urliste** an.

15 €	17 €	18 €	22 €	17 €	16 €	21 €	16 €	15 €	21 €	21 €	20 €	19 €	18 €	19 €
22 €	21 €	20 €	17 €	17 €	15 €	22 €	20 €	20 €	15 €	21 €	16 €	20 €	20 €	15 €

Tina legt nach den Daten der Urliste eine **Strichliste** an.

Taschengeld	15 €	16 €	17 €	18 €	19 €	20 €	21 €	22 €
Anzahl	卌	III	IIII	II	II	卌 I	卌	III

Mit den Daten aus der Strichliste legt Tina eine **Häufigkeitstabelle** an.

Taschengeld	15 €	16 €	17 €	18 €	19 €	20 €	21 €	22 €
Anzahl	5	3	4	2	2	6	5	3

Aufgaben

379 Björn befragt für die Schülerzeitung Mitschüler/-innen nach der Länge ihres Schulwegs.

2 km	4 km	3 km	4 km	1 km	2 km	6 km	5 km	2 km	1 km	3 km	3 km	2 km	2 km	1 km	4 km
6 km	5 km	4 km	3 km	2 km	2 km	2 km	3 km	6 km	5 km	3 km	4 km	1 km	5 km	2 km	1 km

a) Wie viele Schülerinnen und Schüler wurden befragt?
b) Lege für das Umfrageergebnis eine Strichliste an.
c) Übertrage das Ergebnis der Strichliste in eine Häufigkeitstabelle.

380 Svenja befragt die 9. Klassen an ihrer Schule nach ihrem monatlichen Taschengeld.

Anja: 30 €	Björn: 40 €	Chris: 35 €	Diana: 32 €	Erik: 40 €	Frank: 34 €
Greg: 31 €	Hannes: 39 €	Ina: 36 €	Joe: 33 €	Karl: 37 €	Lena: 31 €
Maja: 32 €	Nena: 34 €	Olaf: 33 €	Pia: 30 €	Ralf: 38 €	Susi: 31 €
Tanja: 32 €	Ulf: 33 €	Verony: 34 €	Wulf: 35 €	Xenia: 30 €	Alonso: 32 €
Beate: 38 €	Carlo: 37 €	Dennis: 36 €	Emine: 35 €	Fatma: 32 €	Gina: 39 €
Heike: 40 €	Ingo: 39 €	Jens: 37 €	Klara: 38 €	Lucie: 36 €	Mike: 30 €
Nico: 35 €	Otto: 32 €	Paul: 33 €	Roman: 31 €	Steve: 37 €	Tina: 40 €

a) Wie viele Schülerinnen und Schüler wurden befragt?
b) Erstelle eine geordnete Urliste.
c) Lege für das Umfrageergebnis eine Strichliste an.
d) Übertrage das Ergebnis der Strichliste in eine Häufigkeitstabelle.

Merke

Absolute und relative Häufigkeit

Absolute Häufigkeit: Anzahl eines Wertes
Relative Häufigkeit: Anzahl eines Wertes in Bezug auf die Anzahl aller Werte (Daten)

$$\text{Relative Häufigkeit} = \frac{\text{absolute Häufigkeit}}{\text{Gesamtzahl der Werte}}$$

Die relative Häufigkeit kann als Bruch, Dezimalbruch oder in Prozent angegeben werden.

Beispiel

Alter der Schülerinnen und Schüler der Klasse 8 b:

Alter (Jahre)	13	14	15	16
Strichliste	II	𝍸 𝍸	𝍸 III	𝍸
absolute Häufigkeit	2	10	8	5
relative Häufigkeit	$\frac{2}{25} = \frac{8}{100} = 0{,}08 = 8\,\%$	$\frac{10}{25} = \frac{40}{100} = 0{,}4 = 40\,\%$	$\frac{8}{25} = \frac{32}{100} = 0{,}32 = 32\,\%$	$\frac{5}{25} = \frac{20}{100} = 0{,}2 = 20\,\%$

Aufgaben

381

Ergebnisse der letzten Mathematikarbeit in den Klassen 9 a und 9 b:

9 a

Noten	1	2	3	4	5	6
Anzahl	III	IIII	𝍸 II	III	II	I

9 b

Noten	1	2	3	4	5	6
Anzahl	𝍸	II	𝍸 III	𝍸 II	I	II

a) Bestimme für jede Klasse die absolute und die relative Häufigkeit der einzelnen Noten und trage die Ergebnisse in eine Häufigkeitstabelle ein.

b) Bestimme für beide Klassen zusammen die absolute und die relative Häufigkeit der einzelnen Noten und trage die Ergebnisse in eine Häufigkeitstabelle ein.

382

Schülerinnen und Schülern der 10. Klasse wurde folgende Frage gestellt:
„Wie oft gehst du werktags abends weg?“

0	1	2	3	4	5
𝍸 𝍸 II	𝍸 𝍸 IIII	𝍸 IIII	𝍸 II	𝍸	III

Lege eine Häufigkeitstabelle an und berechne die absoluten und die relativen Häufigkeiten.

383

Die Antworten auf die Frage „Wie viel Zeit verbringst du täglich vor dem Fernseher?“ wurden zunächst in einer Urliste gesammelt.

Urliste (Stunden vor dem Fernseher)
4 4 3 1 2 1 5 3 2 1 1 3 2 5 4 2 2 5 4 3 2 1 4 2 2 1 3 3 5 4 4 2
2 2 5 1 1 4 3 2 1 5 4 3 2 3 2 2 1 4 5 5 2 3 3 4 2 2 2 1 3 3 1 5

a) Ordne die Daten mithilfe einer Strichliste.

b) Bestimme die absoluten und die relativen Häufigkeiten der einzelnen Zeiten und trage die Ergebnisse in eine Häufigkeitstabelle ein.

384 Eddi hat nachmittags an einer Hauptstraße eine Verkehrszählung gemacht und die Ergebnisse in einer Strichliste festgehalten.

Fahrräder/Mofas	Motorräder	Pkw	Lkw
卌 卌 卌 卌 卌 卌 卌 卌 卌 |||	卌 卌 卌 卌 ||	卌 卌 卌 卌 卌 卌 卌 卌 卌 卌 卌 卌 卌 卌 卌 卌 卌 卌 ||||	卌 卌 卌 卌 卌 卌 卌 |

a) Stelle die absolute und die relative Häufigkeit in einer Häufigkeitstabelle dar.

b) Zeichne zu den absoluten Häufigkeiten ein Säulendiagramm.
Hinweis: 0,5 cm ≙ 10 Fahrzeuge

c) Zeichne zu den relativen Häufigkeiten ein Kreisdiagramm.

385 Bei einer Umfrage während der Corona-Krise wurden 500 Personen zu ihrer hauptsächlichen Internetnutzung befragt.

Nutzung	E-Mail	E-Banking	Online-Shop	Nachrichten	soziale Netzwerke
absolute Häufigkeit	60			25	130
relative Häufigkeit		7,6 %			

a) Berechne die fehlenden Werte in der Tabelle.

b) Stelle die relativen Häufigkeiten in einem Streifendiagramm (Streifenlänge 15 cm) dar.

386 Von 350 befragten Jugendlichen gaben 112 an, dass sie in einem Verein Fußball spielen. 18 % der Befragten spielen Tennis und 42 Jugendliche spielen Handball. 20 % der befragten Jugendlichen betreiben andere Sportarten, die restlichen treiben keinen Sport.

a) Stelle das Ergebnis der Umfrage in einer Häufigkeitstabelle dar.

b) Zeichne für die relativen Häufigkeiten der Umfrage ein Balkendiagramm.
Hinweis: 1 cm ≙ 5 %

387 Simone hat bei einer Verkehrszählung notiert, wie viele Personen in den einzelnen Autos saßen.

Personen pro Auto

1 Person	2 Personen	3 Personen	4 Personen	5 Personen
卌 卌	卌 卌 卌 卌 卌 卌 卌 卌 卌	卌 卌 卌 卌 ||	卌 卌 卌	卌 |||

a) Lege eine Häufigkeitstabelle an und berechne jeweils die absoluten und die relativen Häufigkeiten.

b) Zeichne für die absoluten Häufigkeiten ein Streifendiagramm (Streifenlänge 15 cm).

Merke

Mittelwert

So kannst du den **Mittelwert $\overline{x}$ (arithmetisches Mittel, Durchschnitt)** berechnen:

1. Addiere die Zahlenwerte.
2. Dividiere die Summe durch die Anzahl der Werte.

$$\text{Mittelwert } \overline{x} = \frac{\text{Summe aller Werte}}{\text{Anzahl der Werte}}$$

Beispiel

Frau Hansen schreibt jeden Tag ihre Ausgaben auf.

Montag	Dienstag	Mittwoch	Donnerstag	Freitag	Samstag
22,80 €	31,40 €	21,50 €	36,75 €	49,25 €	72,30 €

Wie viel Euro gab sie durchschnittlich aus?

$$\overline{x} = \frac{22,80 + 31,40 + 21,50 + 36,75 + 49,25 + 72,30}{6}$$

$$\overline{x} = 39$$

Die durchschnittlichen Ausgaben berechnen sich als der Mittelwert der Ausgaben.

Frau Hansen gab durchschnittlich 39 € aus.

Aufgaben

388 Tina hat im vergangenen Schuljahr folgende Noten in den Mathematikarbeiten erhalten:

Mathearbeit Nr.	1	2	3	4	5	6	7	8
Note	2	3	3	2	4	2	3	3

Berechne den Mittelwert ihrer Noten.

389 Morgens um 8 Uhr wurden folgende Außentemperaturen gemessen:

Montag	Dienstag	Mittwoch	Donnerstag	Freitag	Samstag	Sonntag
8,2 °C	10,7 °C	12,4 °C	14,1 °C	11,9 °C	12,7 °C	9,8 °C

Wie hoch war die durchschnittliche Temperatur?

390 Werchojansk in Sibirien gehört zu den kältesten Orten der Welt. Die Tabelle zeigt die monatlichen Durchschnittstemperaturen:

Monat	Jan.	Feb.	März	April	Mai	Juni	Juli	Aug.	Sep.	Okt.	Nov.	Dez.
Temp. in °C	−49	−45	−30	−13	2	12	15	11	2	−14	−37	−46

Berechne die durchschnittliche Jahrestemperatur.

391 Ein Radrennen wird in fünf Tagesetappen gefahren.

Tagesetappe	1	2	3	4	5
Länge in km	191	229	167	183	235

Wie viele km legen die Radfahrer durchschnittlich an einem Tag zurück?

392 Tabea hat in den Mathematikarbeiten folgende Noten erzielt.

3	4	3	1	2	?

Nach der 6. Probe beträgt der Notendurchschnitt genau 2,5.
Welche Note hat sie in der 6. Probe erzielt?

393 Ein Kino ermittelte innerhalb einer Woche folgende Besucherzahlen:

Tag	Mo	Di	Mi	Do	Fr	Sa	So
Besucherzahl	164	157	193	348	425	413	298

a) Wie viele Besucherinnen und Besucher kamen im Durchschnitt jeden Tag ins Kino? Runde das Ergebnis auf eine ganze Zahl.

b) Wie viele Besucherinnen und Besucher hätten am Sonntag ins Kino kommen müssen, um eine durchschnittliche Besucherzahl von genau 300 zu erreichen?

394 Heike befragte 200 Schülerinnen und Schüler ihrer Schule zum Thema „Monatliches Taschengeld“. Das Ergebnis der Befragung hat sie in einem Säulendiagramm dargestellt.

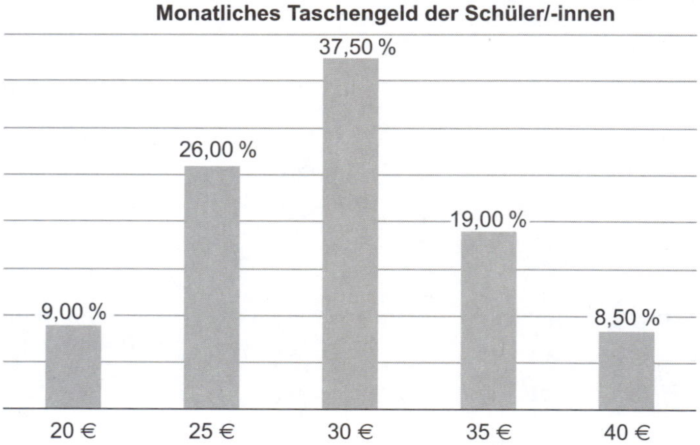

a) Berechne zu jedem relativen Ergebnis die absolute Häufigkeit.

b) Über wie viel Taschengeld verfügen die Schülerinnen und Schüler durchschnittlich?

395 Das Diagramm zeigt Julias Taschengeldausgaben im letzten Jahr (gerundete Angaben):

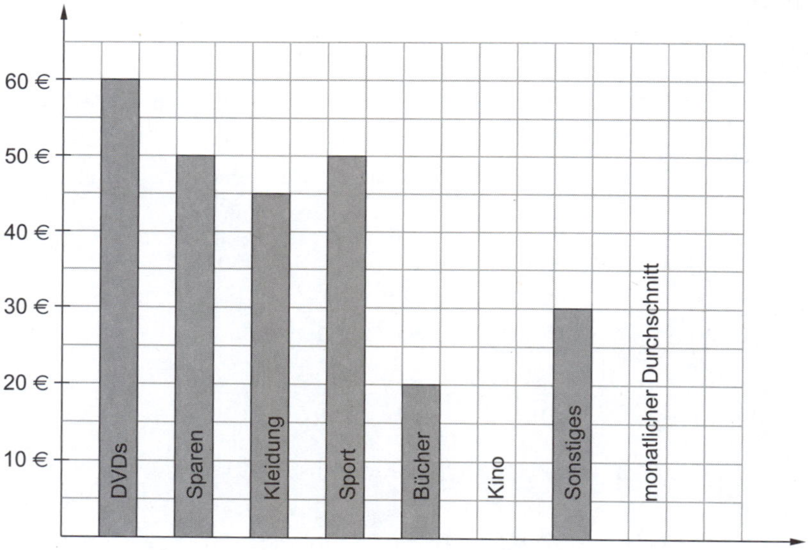

Julia hatte im letzten Jahr insgesamt 300 € zur Verfügung.
Zeichne die fehlenden Säulen in das Diagramm ein.

Merke

Zentralwert

Der **Zentralwert (Median)** $\tilde{x}$ ist der in der Mitte einer geordneten Rangliste stehende Wert.
Ungerade Anzahl von Daten: $\tilde{x}$ ist der Wert in der Mitte der Rangliste.
Gerade Anzahl von Daten: $\tilde{x}$ ist der Mittelwert der beiden in der Mitte stehenden Werte.

Beispiele

1. Die Anzahl der Daten (hier 5) ist **ungerade**.
   22,75 € 23,49 € **23,78 €** 24,26 € 25,12 €
   Der Zentralwert $\tilde{x}$ ist der dritte Wert.
   $\tilde{x} = 23{,}78$ €

2. Die Anzahl der Daten (hier 6) ist **gerade**.
   22,75 € 23,49 € **23,78 €** **24,26 €** 25,12 € 25,98 €
   $\tilde{x}$ ist der Mittelwert der beiden in der Mitte stehenden Werte.
   $\tilde{x} = \frac{23{,}78 + 24{,}26}{2} = 24{,}02$ €

Aufgaben

396

Eine Befragung von Schülerinnen und Schülern nach der Dauer der Hausaufgaben ergab folgende Ergebnisse:

7. Jahrgangsstufe:
Dauer der Hausaufgaben (min): 42 48 41 56 49 52 72 54 61 54

9. Jahrgangsstufe:
Dauer der Hausaufgaben (min): 39 45 41 82 53 74 60 65 55

a) Stelle für jede Jahrgangsstufe eine geordnete Rangliste auf.
b) Berechne für beide Jahrgangsstufen jeweils den Mittelwert und den Zentralwert.

397

Das Schaubild zeigt die durchschnittlichen Monatstemperaturen auf der Zugspitze im Laufe eines Jahres.

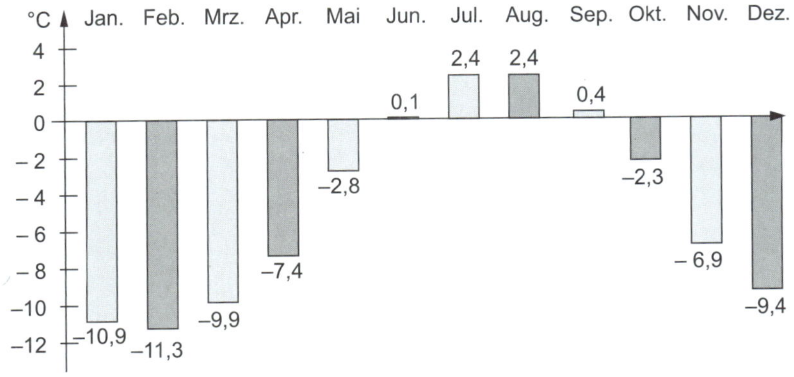

a) Berechne die durchschnittliche Jahrestemperatur.
   Runde auf eine Dezimalstelle.
b) Erstelle eine geordnete Rangliste und berechne den Zentralwert.
   Um wie viel Prozent weicht der Zentralwert vom Jahresdurchschnitt ab? Runde auf eine Dezimalstelle.

398 Auf einem Autobahnabschnitt mit einer Geschwindigkeitsbegrenzung auf 80 km/h kontrolliert die Verkehrsüberwachung die Geschwindigkeit der Fahrzeuge.
In einer Minute wurden folgende Geschwindigkeiten gemessen:

105 km/h	78 km/h	80 km/h	88 km/h
79 km/h	92 km/h	85 km/h	112 km/h
102 km/h	77 km/h	78 km/h	99 km/h
80 km/h	87 km/h	93 km/h	103 km/h

a) Wie viele Fahrzeuge wurden kontrolliert?
b) Stelle eine geordnete Rangliste auf.
c) Wie viele Fahrzeuge hielten sich an die vorgeschriebene Höchstgeschwindigkeit?
d) Berechne jeweils den Mittelwert und den Zentralwert für die gemessenen Geschwindigkeiten.

399 Bella Italia! – Ab in den Süden! Die Diagramme stellen das Klima in Rom dar.

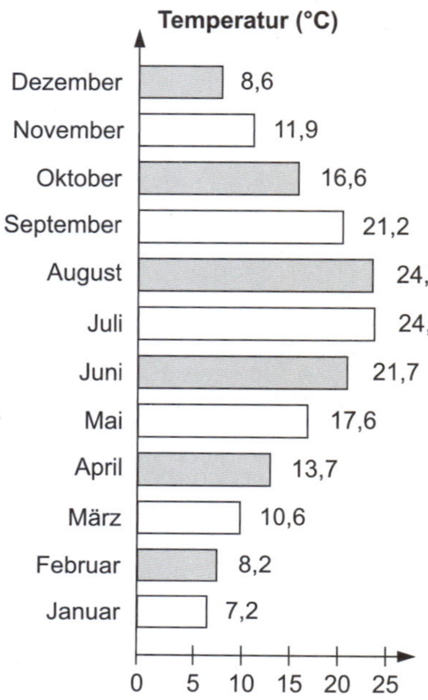

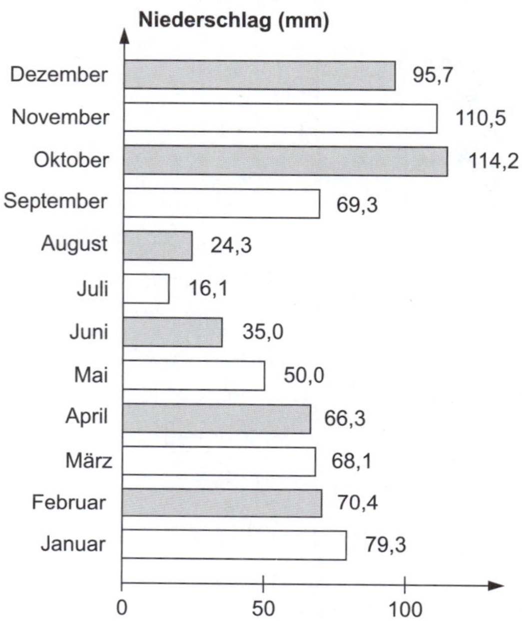

a) Berechne die durchschnittliche Jahrestemperatur.
Welche Monate liegen über dem Jahresmittel?
b) Um wie viel Prozent weicht die durchschnittliche Jahrestemperatur vom Zentralwert ab? Runde auf eine Dezimalstelle.
c) Wie viele mm Regen fallen durchschnittlich in einem Monat?
d) Wie viele mm Niederschlag fallen im Winter (Dezember, Januar, Februar)?
Wie viele mm Niederschlag fallen im Frühjahr (März, April, Mai)?
Wie viele mm Niederschlag fallen im Sommer (Juni, Juli, August)?
Wie viele mm Niederschlag fallen im Herbst (September, Oktober, November)?
e) Berechne für die Jahreszeiten die prozentualen Anteile an der gesamten Niederschlagsmenge und stelle das Ergebnis in einem Kreisdiagramm dar (r = 4 cm). Runde auf ganze Grad.

Merke

Spannweite

Die **Spannweite s** ist der **Unterschied** zwischen dem **Maximum** (größter Wert) und dem **Minimum** (kleinster Wert) einer Datenreihe.
Spannweite s = Maximum − Minimum

Beispiel

Eine Maschine stellt Schrauben her, die 35 mm lang sein sollen. In einer Stichprobe werden 400 Schrauben nachgemessen.

Länge	34,7 mm	34,8 mm	34,9 mm	35,0 mm	35,1 mm	35,2 mm	35,3 mm
Anzahl	4	26	75	196	63	29	7

Gib die Spannweite an.

größter Messwert, Maximum: 35,3 mm   kleinster Messwert, Minimum: 34,7 mm

Spannweite: s = 35,3 mm − 34,7 mm
s = 0,6 mm

Aufgaben

400 Berechne die fehlenden Werte in der Tabelle.

	a)	b)	c)	d)	e)	f)
Minimum	35 €	45 m		258 mm	100 ℓ	
Maximum	92 €		68 g	285 mm		81 $
Spannweite		8 m	45 g		1 459 ℓ	192 $

401 Ella fährt täglich mit dem Auto zu ihrer Arbeitsstätte. Um von zwei möglichen Fahrstrecken die günstigere herauszufinden, notiert sie an jeweils 10 Tagen die Fahrzeiten.

Fahrzeiten

1. Fahrstrecke

35 min	40 min
38 min	50 min
56 min	59 min
39 min	35 min
49 min	39 min

2. Fahrstrecke

44 min	50 min
54 min	46 min
48 min	49 min
52 min	63 min
46 min	48 min

a) Berechne die Spannweite für die Fahrzeiten auf beiden Fahrstrecken.
b) Berechne die durchschnittliche Fahrzeit für jede Fahrstrecke.
c) Berechne den Zentralwert für jede Fahrstrecke.
d) Welche Fahrstrecke sollte Ella nehmen?

402 Eine Elektronik-Fachmarktkette bietet Smartphones an.

a) Berechne die Spannweite der Preise für die Smartphones.
b) Gib den Zentralwert an.
c) Wie viel kostet ein Smartphone durchschnittlich?

Fit im Quali

403

Das Schaubild zeigt die Einwohnerzahlen von vier Städten.
Stadt C ist kleiner als Stadt A und größer als Stadt B und D.
Stadt D ist größer als Stadt B.

a) Ordne die Städte den Balken zu und gib an, wie viele Einwohner jede Stadt hat.

b) Stadt E hat ebenso viele Einwohner wie der Durchschnitt der Einwohnerzahlen aus den Städten A, B, C und D. Zeichne in das Diagramm den Balken für Stadt E ein.

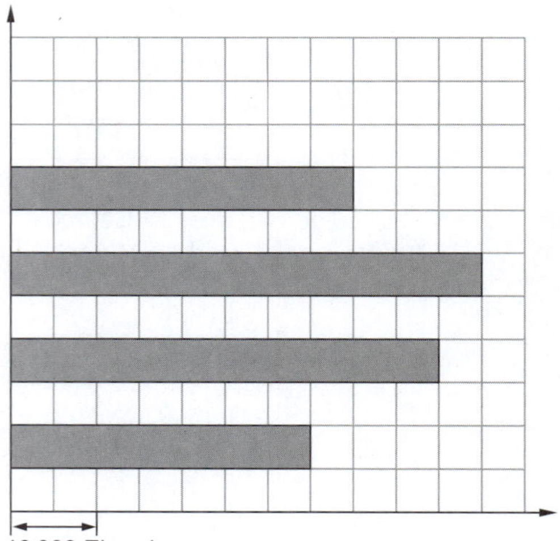

404

Frau Jansen wertet das Ergebnis der letzten Mathematikarbeit der Klasse 9a aus.

Note 1	Note 2	Note 3	Note 4	Note 5	Note 6
I I	I I I I	I I I I I I I	I I I I I I	I I I I I	I I

a) Berechne den Notendurchschnitt für die Klasse 9a.

b) Berechne die Anteile der Noten in Prozent.

c) Stelle das Ergebnis in einem Kreisdiagramm dar (r = 4 cm). Runde die Winkel auf ganze Grad.

405

Im Säulendiagramm ist das Ergebnis einer Befragung nach dem Alter der Schülerinnen und Schüler einer Mittelschule grafisch dargestellt.

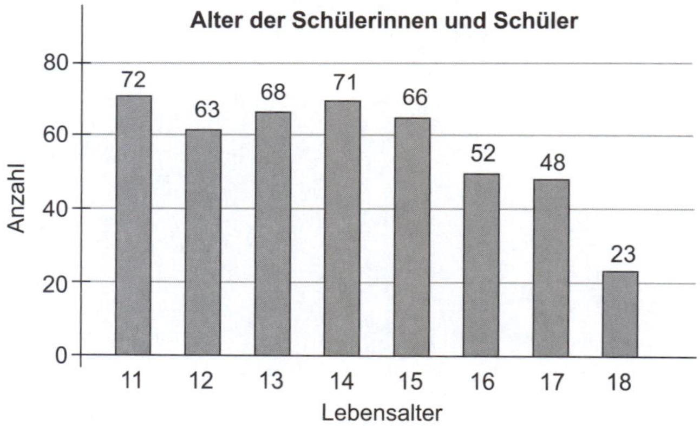

a) Wie viele Schülerinnen und Schüler besuchen die Mittelschule?

b) Berechne das Durchschnittsalter an der Mittelschule.

c) Berechne die relativen Häufigkeiten der einzelnen Altersgruppen und stelle das Ergebnis in einem Säulendiagramm dar. Runde auf ganze Prozentsätze.
Hinweis: Diagrammhöhe 1 cm $\hat{=}$ 5 %

406 Die Schülerinnen und Schüler einer Grundschule verteilen sich auf folgende Altersgruppen:

6 Jahre	7 Jahre	8 Jahre	9 Jahre	10 Jahre	11 Jahre
82	104	93	118	88	45

a) Wie viele Schülerinnen und Schüler besuchen die Grundschule?

b) Berechne das Durchschnittsalter an der Grundschule.

c) Berechne die relativen Häufigkeiten der einzelnen Altersgruppen und stelle das Ergebnis in einem Säulendiagramm dar. Runde auf ganze Prozentsätze.
Hinweis: Diagrammhöhe 1 cm $\hat{=}$ 5 %

407 Das Schaubild zeigt die monatlichen Durchschnittstemperaturen für Frankfurt am Main.

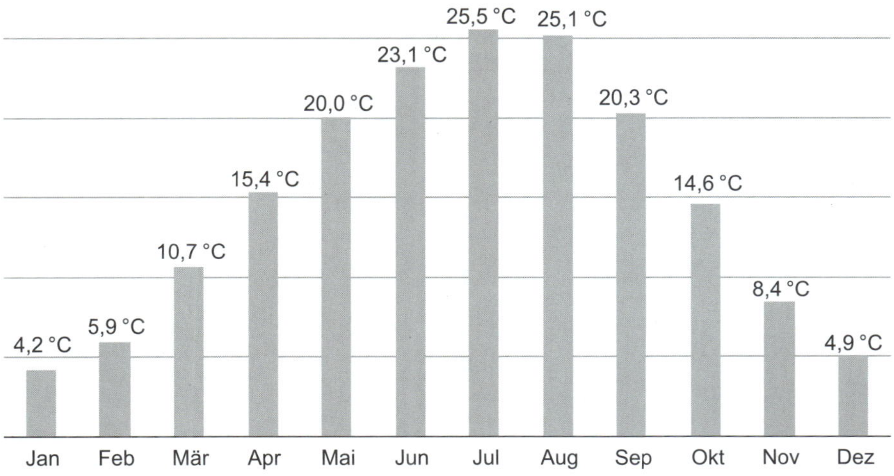

a) Gib die Spannweite an.

b) Berechne den Zentralwert.

c) Berechne den Monatsdurchschnitt der Temperaturen.

d) Um wie viel Prozent liegt die monatliche Durchschnittstemperatur des heißesten Monats über dem arithmetischen Mittel?

e) Um wie viel Prozent liegt die monatliche Durchschnittstemperatur des kältesten Monats unter dem arithmetischen Mittel?

408 Anouk oder Birthe sollen die Schule im Weitsprung vertreten. Vor dem Wettkampf machen beide noch acht Probesprünge. Die Betreuerin notiert die erreichten Sprungweiten.

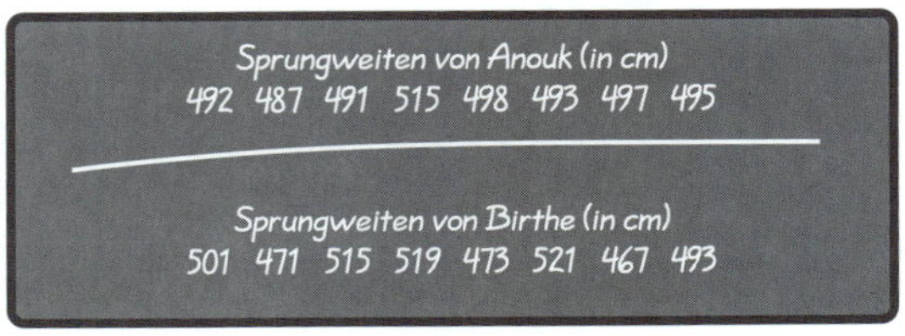

a) Stelle für die Sprungweiten von Anouk und Birthe eine geordnete Urliste auf.

b) Die Betreuerin bestimmt jeweils das arithmetische Mittel und den Zentralwert. Für welches Mädchen wird sie sich entscheiden?

c) Die Betreuerin berechnet auch die Spannweite der Probesprünge und ist sich nun nicht mehr sicher. Warum wohl?

Zufallsexperimente und Wahrscheinlichkeit

Merke

Zufallsexperiment, Ergebnismenge und Ereignismenge

- **Zufallsexperimente** sind Versuche, bei denen sich die Ergebnisse nicht sicher vorhersagen lassen, sondern zufällig zustande kommen.
- Die **Menge aller möglichen Ergebnisse** eines Zufallsexperiments heißt **Ergebnismenge Ω** (lies: Omega).
- Verschiedene Ergebnisse lassen sich zu einem **Ereignis E** zusammenfassen. Die **Ereignismenge** ist ein Teil der **Ergebnismenge Ω**.
- Liegt das **Ereignis E nicht in der Ergebnismenge Ω**, kann es nie eintreten. Es wird als **unmögliches Ereignis** bezeichnet.
- Sind die **Ergebnismenge** und die **Ereignismenge identisch**, so tritt das Ereignis immer ein. Dies wird als **sicheres Ereignis** bezeichnet.

Beispiel

Aus der abgebildeten Urne wird eine Kugel mit geschlossenen Augen gezogen.

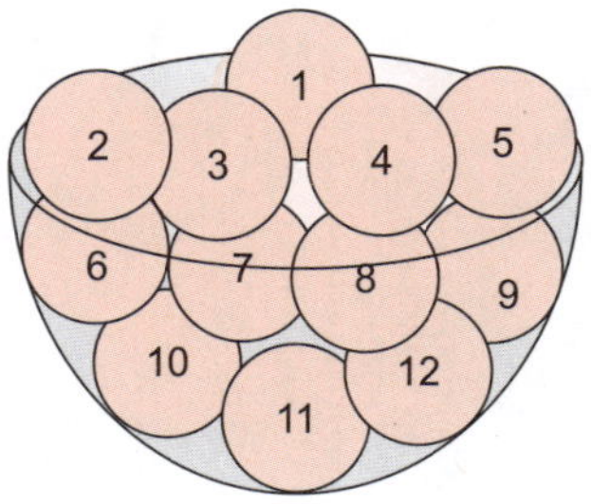

a) Gib alle möglichen Ergebnisse dieses Zufallsexperiments an.

Ergebnismenge $\Omega = \{1; 2; 3; 4; 5; 6; 7; 8; 9; 10; 11; 12\}$

b) Gib jedes Ereignis als Teil der Ergebnismenge an.

E_1: Die gezogene Zahl ist gerade.
$E_1 = \{2; 4; 6; 8; 10; 12\}$

E_2: Die gezogene Zahl ist kleiner als 5.
$E_2 = \{1; 2; 3; 4\}$

E_3: Die gezogene Zahl liegt zwischen 1 und 15.
$E_3 = \{1; 2; 3; 4; 5; 6; 7; 8; 9; 10; 11; 12\}$
$E_3 =$ Lösungsmenge $\Omega \Rightarrow$ sicheres Ereignis

E_4: Die gezogene Zahl ist kleiner als 1.
In der Ergebnismenge gibt es kein günstiges Ereignis E_4.
$E_4 = \{\ \} \Rightarrow$ unmögliches Ereignis

Aufgaben

409

Ein Würfel wird einmal geworfen.
Gib die folgenden Ereignisse als Teil der Ergebnismenge an.

E_1: Die Augenzahl ist höchstens 5.
E_2: Die Augenzahl ist mindestens 3.
E_3: Die Augenzahl ist durch 11 teilbar.
E_4: Die Augenzahl ist durch 2 teilbar.
E_5: Die Augenzahl ist kleiner als 7.
E_6: Die Augenzahl ist gerade und durch 3 teilbar.
E_7: Die Augenzahl ist kleiner als 3 oder größer als 5.

410 Das Glücksrad wird einmal gedreht.
Gib für die folgenden Ereignisse die Ereignismenge an.

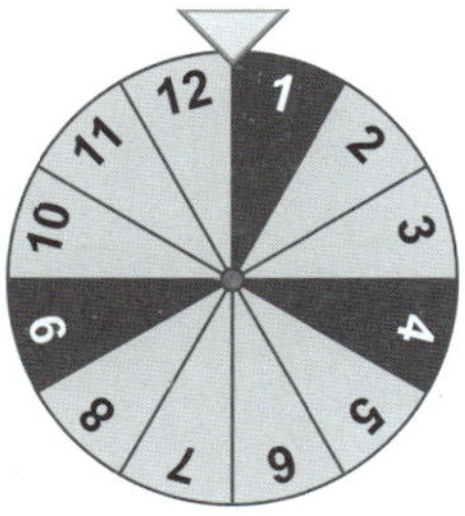

E_1: Die Zahl ist höchstens 4.
E_2: Die Zahl ist ein Vielfaches von 4.
E_3: Die Zahl ist durch 2 oder 3 teilbar.
E_4: Die Zahl ist größer als 5 und kleiner als 6.
E_5: Die Zahl ist höchstens 12.
E_6: Die Zahl ist durch 2 und 3 teilbar.
E_7: Die Zahl steht auf einem schwarzen Feld und ist durch 7 teilbar.
E_8: Die Zahl steht auf einem grauen Feld und ist durch 5 teilbar.

411 In einer Urne befinden sich zwanzig gleichartige Kugeln, die mit den Zahlen von 1 bis 20 beschriftet sind. Es wird einmal gezogen.
Zu welcher Aussage gehören die angegebene Ereignismengen?
Schreibe die richtigen Aussage in die Kästchen neben die zutreffende Ereignismengen.

Ereignismengen:

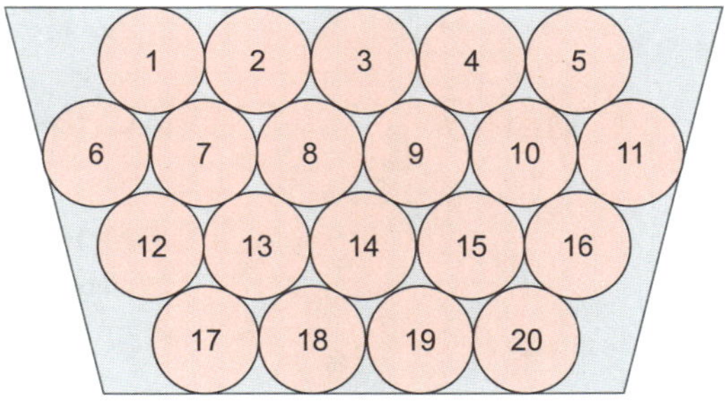

☐ $E_1 = \{4; 8; 12; 16; 20\}$
☐ $E_2 = \{2; 4; 6; 8; 10; 12; 14; 16; 18; 20\}$
☐ $E_3 = \{1; 2; 3; 4; 5; 6; 7; 8\}$
☐ $E_4 = \{1; 2; 3; 4; 5; 17; 18; 19; 20\}$
☐ $E_5 = \{\ \}$
☐ $E_6 = \{5; 10; 15; 20\}$
☐ $E_7 = \{20\}$
☐ $E_8 = \{1; 2; 3; 4; 5; 6; 7; 8; 9; 10; 11; 12; 13; 14; 15; 16; 17; 18; 19; 20\}$

Aussagen:
A_1: Die gezogene Zahl ist ein Vielfaches von 5.
A_2: Die gezogene Zahl ist ein Vielfaches von 4.
A_3: Die gezogene Zahl ist ungerade und durch 2 teilbar.
A_4: Die gezogene Zahl ist kleiner als 9.
A_5: Die gezogene Zahl ist größer als 19.
A_6: Die gezogene Zahl ist gerade.
A_7: Die gezogene Zahl ist größer als 0.
A_8: Die gezogene Zahl ist kleiner als 6 oder größer als 16.

Merke

Laplace-Experimente und Wahrscheinlichkeit

- Sind bei einem Zufallsexperiment **alle Ergebnisse gleich wahrscheinlich**, handelt es sich um ein **Laplace-Experiment**.
- Die **Wahrscheinlichkeit für jedes Ereignis E** beträgt dann:

$$P(E) = \frac{\text{Anzahl der günstigen Ergebnisse}}{\text{Anzahl aller möglichen Ergebnisse}}$$

(**P** *probability:* englisch für Wahrscheinlichkeit)

Beispiele

1. Es wird mit verbundenen Augen eine Kugel gezogen. Mit welcher Wahrscheinlichkeit wird eine schwarze Kugel gezogen?

   Anzahl der günstigen Ergebnisse: 3
   Anzahl aller Ergebnisse: $4+3+2+1=10$

   $P(\text{schwarze Kugel}) = \frac{3}{10} = 0{,}3 = 30\ \%$

   Die Wahrscheinlichkeit für eine schwarze Kugel beträgt $0{,}3 = 30\ \%$.

2. Mit welcher Wahrscheinlichkeit wird eine weiße oder eine rote Kugel gezogen?

   Anzahl der günstigen Ergebnisse: $4+2=6$
   Anzahl aller Ergebnisse: $4+3+2+1=10$

   $P(\text{weiße oder rote Kugel}) = \frac{6}{10} = 0{,}6 = 60\ \%$

   Die Wahrscheinlichkeit für eine weiße oder rote Kugel beträgt $0{,}6 = 60\ \%$.

Merke

Gegenwahrscheinlichkeit

- Alle für ein Ereignis E **ungünstigen Ergebnisse** bilden zusammen das **Gegenereignis $\overline{E}$**.
- Die **Gegenwahrscheinlichkeit** zu einem Ereignis E ist die Wahrscheinlichkeit, dass das Ereignis **nicht** eintrifft.
  $P(E) = 1 - P(\overline{E})$

Beispiel

Mit welcher Wahrscheinlichkeit wird keine graue Kugel gezogen?

Ereignis E: keine graue Kugel
Gegenereignis $\overline{E}$: eine graue Kugel

Anzahl der günstigen Ergebnisse für $\overline{E}$: 1
Anzahl aller Ergebnisse: $4+3+2+1=10$

Wahrscheinlichkeit für E: $P(E) = 1 - P(\overline{E})$

$P(E) = 1 - \frac{1}{10}$

$P(E) = \frac{9}{10} = 0{,}9 = 90\ \%$

Die Wahrscheinlichkeit für keine graue Kugel beträgt $0{,}9 = 90\ \%$.

Aufgaben

412

Jasmin spielt mit einem Würfel.
Wie groß ist die Wahrscheinlichkeit für folgende Ereignisse?

a) Die Augenzahl ist ungerade.
b) Die Augenzahl ist kleiner als 3.
c) Jasmin würfelt eine 5.
d) Jasmin würfelt keine 6.

413 Das Glücksrad wird einmal gedreht.
Welche Wahrscheinlichkeit haben die folgenden Ereignisse?

a) Das Glücksrad bleibt bei der Zahl 3 stehen.
b) Das Glücksrad bleibt nicht bei der Zahl 4 stehen.
c) Das Glücksrad bleibt bei der Zahl 1 auf einem grauen Feld stehen.
d) Das Glücksrad bleibt nicht bei der Zahl 5 stehen.
e) Das Glücksrad bleibt bei der Zahl 3 oder der Zahl 5 stehen.

414 Aygül und Kevin haben für ihr Schulfest zwei Glücksräder gebaut.
Aygül hat ihr Glücksrad in 50 gleich große Abschnitte eingeteilt und mit den Ziffern 1 bis 50 beschriftet. Man gewinnt, wenn das Glücksrad bei einem Vielfachen von 7 stehen bleibt.
Kevin hat sein Glücksrad in 100 gleich große Abschnitte eingeteilt und mit den Ziffern 1 bis 100 gekennzeichnet. Es gewinnen alle Felder mit zwei gleichen Ziffern.
Entscheide: Bei welchem Glücksrad sind die Gewinnchancen größer?

415 Aus einem Behälter wird mit verbundenen Augen eine Kugel gezogen.
Bestimme jeweils die Wahrscheinlichkeit dafür, dass folgende Kugel gezogen wird.

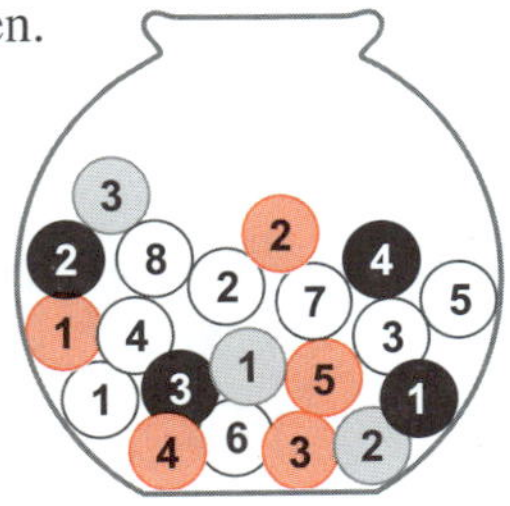

a) eine weiße oder eine rote Kugel
b) eine Kugel mit einer ungeraden Zahl
c) eine rote Kugel mit einer geraden Zahl
d) eine Kugel mit einer Zahl kleiner als 10
e) eine schwarze oder eine weiße Kugel
f) keine weiße Kugel
g) eine graue Kugel mit der Zahl 6

416 Bei einer Tombola befinden sich zu Beginn der Verlosung 360 Nieten, 156 Trostpreise, 78 Gewinne und 6 Hauptgewinne im Losbehälter.
a) Berechne die Wahrscheinlichkeit, keine Niete zu ziehen.
b) Berechne die Wahrscheinlichkeit für einen Hauptgewinn.
c) Nach 240 verkauften Losen sind noch 4 Hauptgewinne im Losbehälter.
Wie groß ist nun die Wahrscheinlichkeit für einen Hauptgewinn?

417 Bei einem Angelspiel können Fische, Enten oder Gegenstände geangelt werden. In dem Kasten, der den Teich darstellt, befinden sich Figuren für 5 Karpfen, 6 Forellen, 2 Hechte, 4 Enten, 2 Schuhe und ein Regenschirm.
Berechne die Wahrscheinlichkeit für folgende Ereignisse:
E_1: Es wird ein Hecht geangelt.
E_2: Es wird ein Karpfen oder eine Ente geangelt.
E_3: Es wird kein Fisch geangelt.
E_4: Es wird ein Schuh oder ein Regenschirm geangelt.
E_5: Es wird keine Forelle geangelt.

Merke

Baumdiagramme

Die Ergebnisse von Laplace-Experimenten können in einem **Baumdiagramm** dargestellt werden.

Beispiele

1. Der Würfel wird einmal geworfen.
   Berechne die Wahrscheinlichkeit für
   E: Die Zahl ist gerade.

   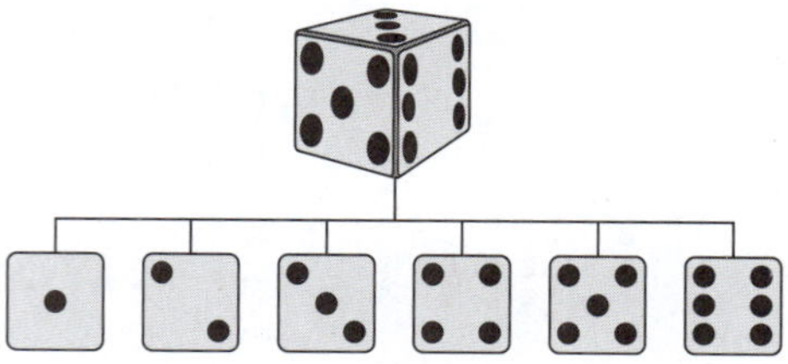

   E = {2; 4; 6}
   Anzahl der günstigen Ergebnisse: 3
   Anzahl aller Ergebnisse: 6

   $P(E) = \frac{3}{6} = 0{,}5 = 50\ \%$

2. Aus der Urne wird mit geschlossenen Augen eine Kugel gezogen. Erstelle für dieses Zufallsexperiment das Baumdiagramm. Schreibe für jedes Ereignis die Wahrscheinlichkeit an den Zweig.

   Anzahl der günstigen Ergebnisse für rot: 4
   Anzahl der günstigen Ergebnisse für schwarz: 3
   Anzahl der günstigen Ergebnisse für weiß: 1
   Anzahl aller möglichen Ergebnisse: 8

   Baumdiagramm:

   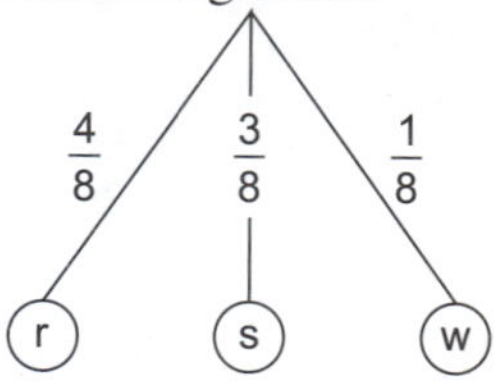

Aufgaben

418 In einer Lostrommel auf dem Jahrmarkt befinden sich noch 2 Hauptgewinne, 18 Kleingewinne und 80 Nieten. Manuela zieht ein Los aus der Trommel. Fülle die leeren Felder im Baumdiagramm aus.

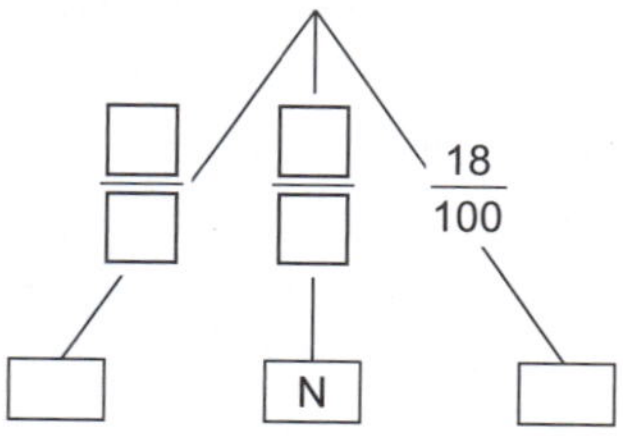

419 Bei einem Mathematik-Wettbewerb für die Jahrgangsstufe 9 einer Mittelschule haben 5 Jugendliche der 9a, 13 Jugendliche der 9b und 12 Jugendliche der 9c die richtige Lösung abgegeben. Unter diesen wird ein Preis verlost.

a) Wie verteilen sich die Gewinnchancen auf die einzelnen Klassen? Erstelle dazu ein Baumdiagramm und beschrifte die Äste mit den jeweiligen Wahrscheinlichkeiten.

b) Mit welcher Wahrscheinlichkeit erhalten die Schülerinnen und Schüler der Klasse 9c keinen Preis?

420 Aus einem Behälter wird mit verbundenen Augen eine Kugel entnommen.
Das folgende Baumdiagramm stellt dieses Zufallsexperiment dar.

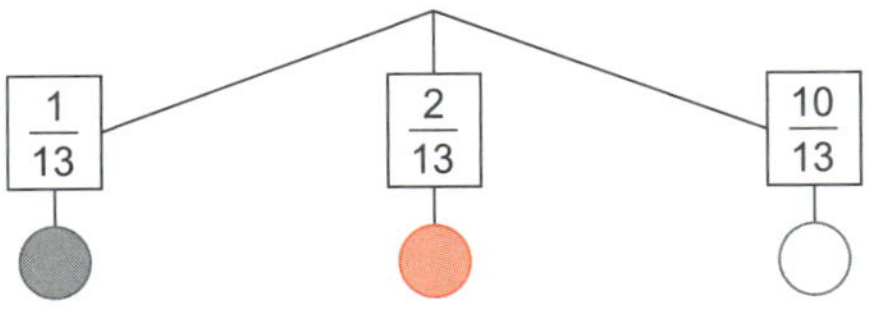

Welcher Behälter passt zum dargestellten Baumdiagramm?

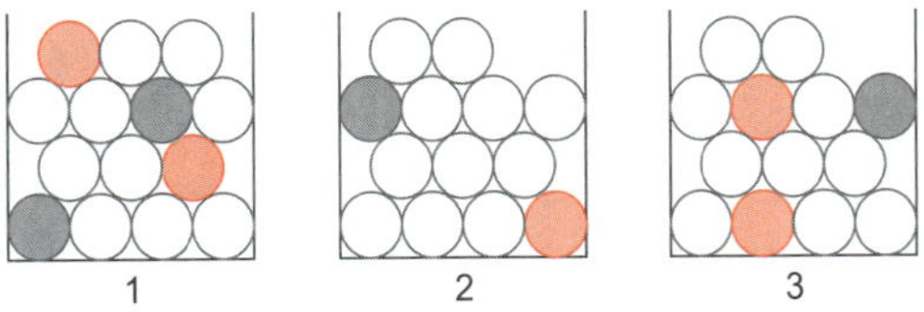

421 Bei einem Abfahrtsrennen starten 24 Skirennläufer:
4 Deutsche, 5 Italiener, 8 Österreicher und einige Abfahrer aus der Schweiz.
Die Startreihenfolge wird ausgelost. In der Lostrommel befinden sich Kugeln mit den Ziffern 1 bis 24.

a) Wie viele Skirennfahrer starten für die Schweiz?
b) Erstelle für die Vergabe der Startnummer 1 ein Baumdiagramm, das nur die Nationalitäten der Skirennläufer berücksichtigt.
c) Mit welcher Wahrscheinlichkeit geht die Startnummer 1 an einen deutschen Skirennfahrer?
d) Mit welcher Wahrscheinlichkeit geht die Startnummer 1 nicht an einen Österreicher?

Fit im Quali

422 In einem Gefäß befinden sich fünf quaderförmige Holzstäbchen. Sie sind mit schwarzen, grauen und weißen Streifen beklebt.
Mit verbundenen Augen wird ein Holzstäbchen gezogen.

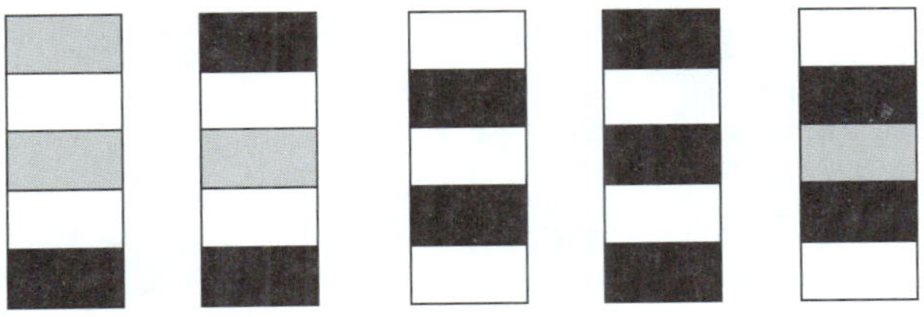

a) Ist das Ereignis sicher, möglich oder unmöglich. Kreuze an.

Das gezogene Stäbchen hat …	sicher	möglich	unmöglich
mindestens einen schwarzen Streifen.	☐	☐	☐
zwei graue Streifen.	☐	☐	☐
mindestens einen grauen Streifen.	☐	☐	☐
zwei schwarze und einen grauen Streifen.	☐	☐	☐
einen schwarzen und keinen weißen Streifen.	☐	☐	☐
zwei weiße und mindestens einen schwarzen Streifen.	☐	☐	☐

b) Berechne jeweils die Wahrscheinlichkeit P für folgende Ereignisse:

Ereignis	Wahrscheinlichkeit
Das Stäbchen hat zwei weiße Streifen.	
Das Stäbchen hat keinen grauen Streifen.	
Das Stäbchen hat zwei schwarze und keinen grauen Streifen.	
Das Stäbchen hat mehr als drei graue Streifen.	
Das Stäbchen hat mindestens einen weißen Streifen.	
Das Stäbchen hat zwei schwarze Streifen.	

423 In einer Urne liegen rote, grüne und blaue Kugeln. Zusammen sind es 50 Stück. Die Wahrscheinlichkeit, eine grüne oder blaue Kugel zu ziehen, beträgt jeweils 30 %.

a) Mit welcher Wahrscheinlichkeit wird eine rote Kugel gezogen?

b) Wie viele Kugeln von jeder Farbe befinden sich in der Urne?

424 In einer Lostrommel sind 100 Freilose, 50 Lose mit einem Trostpreis, 20 Lose mit einem Kleingewinn, ein Los mit dem Hauptgewinn und 829 Nieten.
Es wird ein Los gezogen.
Berechne die Wahrscheinlichkeit für folgende Ereignisse:

E_1: Es wird ein Gewinnlos gezogen.

E_2: Es wird eine Niete gezogen.

E_3: Es wird kein Trostpreis gezogen.

E_4: Es wird ein Kleingewinn oder ein Freilos gezogen.

Gesetz der Großen Zahlen

Merke

Gesetz der Großen Zahlen

Führt man ein **Zufallsexperiment sehr häufig** durch, ändert sich die **relative Häufigkeit** des Ergebnisses kaum noch. Mit wachsender Gesamtzahl der Versuche ist die relative Häufigkeit ein **guter Schätzwert für die Wahrscheinlichkeit** dieses Ergebnisses. Dies wird als **Gesetz der Großen Zahlen** bezeichnet.

Beispiel

Susanne und Tatjana werfen einen Reißnagel 500-mal.
Sie notieren die absoluten Häufigkeiten für das Ergebnis Kopf.

Anzahl der Versuche	100	200	300	400	500
absolute Häufigkeit für Kopf	45	79	129	170	211
relative Häufigkeit für Kopf	45 %	39,5 %	43 %	42,5 %	42,2 %

a) Berechne jeweils die relative Häufigkeit für das Ergebnis Kopf.

relative Häufigkeit (100) $= \frac{45}{100} = 0{,}45 = 45\ \%$

b) Nach wie vielen Würfen ändert sich die relative Häufigkeit kaum noch?

Nach 400 Versuchen ändert sich die relative Häufigkeit nur noch um 0,3 %.

c) Welche relative Häufigkeit kann nach 1 000 Versuchen für das Ergebnis Kopf erwartet werden?

Nach dem Gesetz der Großen Zahlen kann für das Ergebnis Kopf mit einer relativen Häufigkeit von rund 42 % gerechnet werden.

Aufgaben

425 Es gibt unterschiedliche Reißnägel. Deshalb unterscheiden sich die Wahrscheinlichkeiten für „Kopf" oder „Seite". Manuela und Jasmin werfen einen Reißnagel 1 000-mal.

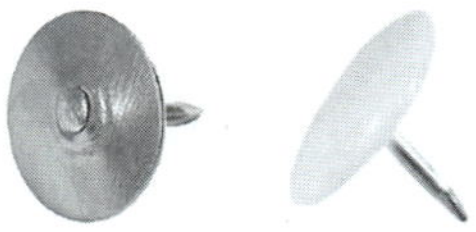

Gesamtzahl der Versuche	absolute Häufigkeit für Kopf	relative Häufigkeit für Kopf	absolute Häufigkeit für Seite	relative Häufigkeit für Seite
200	96			
400			234	
600	263			
800			452	
1 000	435			

a) Berechne die fehlenden Werte für die Tabelle.

b) Ab wie vielen Würfen ändert sich die relative Häufigkeit für Kopf kaum noch?

c) Welche Wahrscheinlichkeit für „Seite" haben diese Reißnägel?

426 Die Verkehrswacht überprüfte an sechs Schulen Fahrräder auf ihre Verkehrssicherheit hin.

keine Mängel	149
leichte Mängel	231
schwere Mängel	120

a) Wie viele Fahrräder wurden insgesamt überprüft?

b) Wie groß ist die Wahrscheinlichkeit, dass an der nächsten Schule ein zufällig ausgewähltes Fahrrad leichte Mängel aufweist?

427 Tina und Nora haben ihren Bruder Tim in Verdacht, mit einem „gezinkten" Würfel zu spielen. Sie werfen Tims Würfel 1 000-mal.
Das Ergebnis ihrer Versuche findest du in der Tabelle.

Augenzahl	1	2	3	4	5	6
absolute Häufigkeit	152	153	149	150	151	
relative Häufigkeit						

a) Berechne die fehlenden Werte in der Tabelle.

b) Haben Tina und Nora mit ihrer Vermutung recht?
Begründe deine Entscheidung.

7 Berechnungen an geometrischen Figuren

Dreiecke

Merke

allgemeines Dreieck

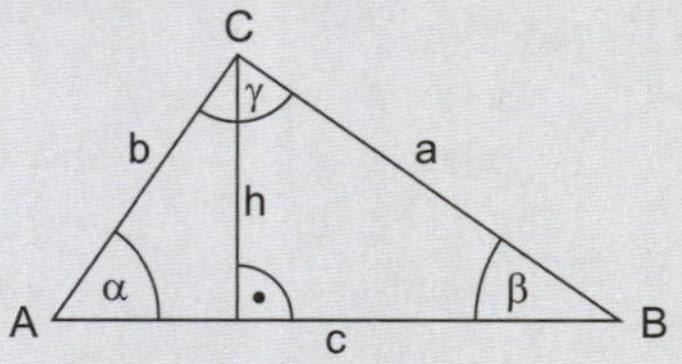

$$A = \frac{a \cdot h_a}{2} = \frac{b \cdot h_b}{2} = \frac{c \cdot h_c}{2}$$

Winkelsumme: $\alpha + \beta + \gamma = 180°$

Umfang: $u = a + b + c$

Flächeninhalt: $A = \frac{g \cdot h}{2}$

gleichschenkliges Dreieck

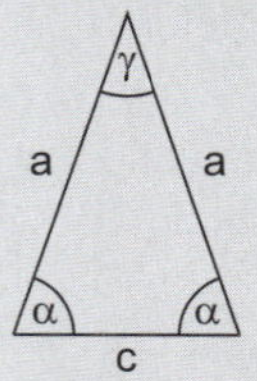

gleichseitiges Dreieck

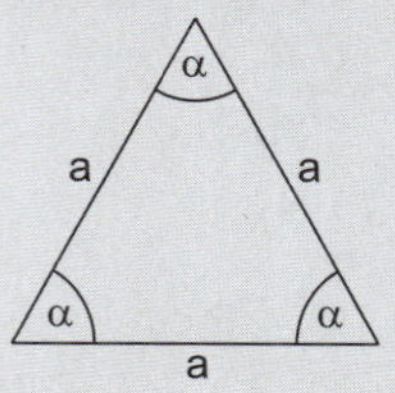

Beispiele

1. gegeben: $g = 4{,}5$ cm, $h = 5$ cm
   gesucht: A
   $A = \frac{4{,}5\text{ cm} \cdot 5\text{ cm}}{2}$
   $A = 11{,}25\text{ cm}^2$

2. gegeben: $A = 50\text{ cm}^2$, $g = 12{,}5$ cm
   gesucht: h
   $50\text{ cm}^2 = \frac{12{,}5\text{ cm} \cdot h}{2} \quad | \cdot 2$
   $100\text{ cm}^2 = 12{,}5\text{ cm} \cdot h \quad | : 12{,}5\text{ cm}$
   $8\text{ cm} = h$

Aufgaben

428 Berechne den Flächeninhalt und den Umfang der Dreiecke.

a)

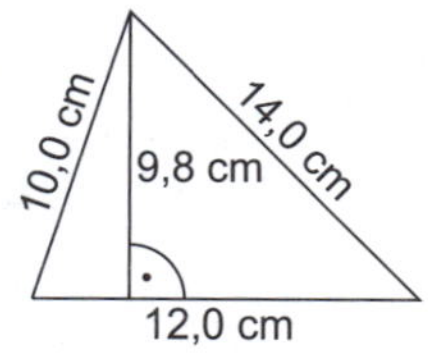

b)

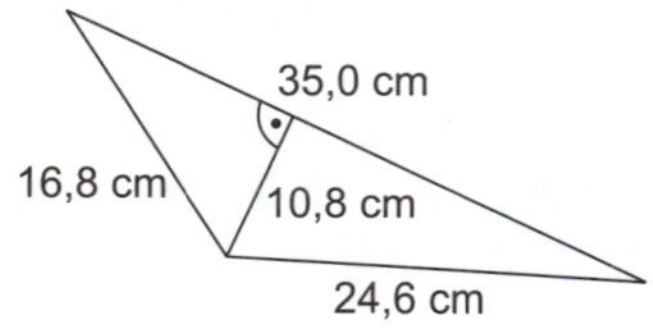

c)

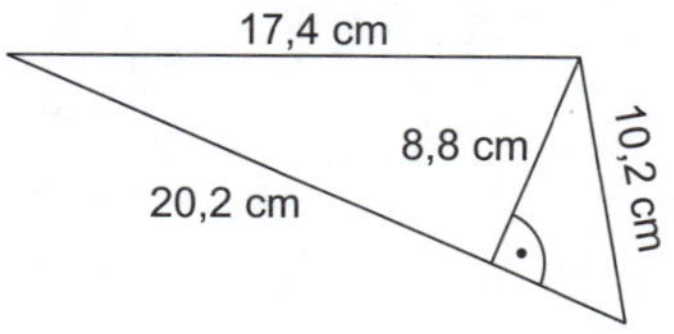

429 Berechne den Flächeninhalt der folgenden Dreiecke.

a) $a = 4{,}5$ cm
   $h_a = 2{,}8$ cm

b) $b = 8{,}6$ m
   $h_b = 22{,}0$ m

c) $c = 85$ dm
   $h_c = 52$ dm

430 Berechne die fehlenden Werte in der Tabelle.

	a)	b)	c)	d)	e)	f)
Grundseite g	2,6 m	2,5 dm		1,56 m	19,8 dm	
Höhe h	1,25 m		5,2 cm	0,85 m		43 cm
Flächeninhalt A		3,25 dm²	13,52 cm²		143,55 dm²	462,25 cm²

Merke

Rechtwinkliges Dreieck

Die beiden Seiten a und b, die den rechten Winkel einschließen, werden als **Katheten** bezeichnet. Die Seite, die dem rechten Winkel gegenüberliegt, heißt **Hypotenuse**.

Den Flächeninhalt eines rechtwinkligen Dreiecks kannst du auch mithilfe der beiden Katheten berechnen.

Flächeninhalt: $A = \frac{a \cdot b}{2}$

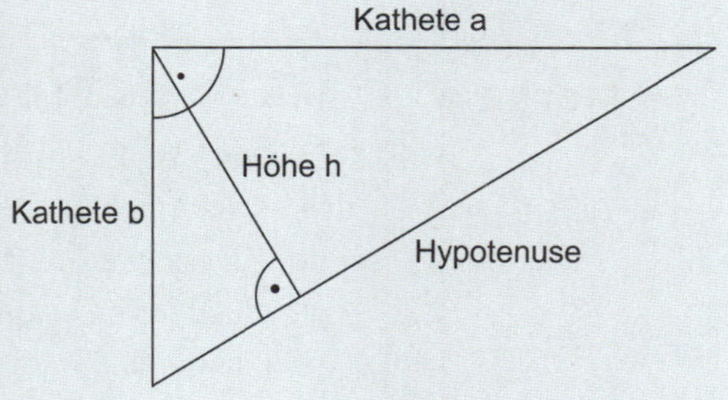

Beispiele

1. Berechne den Flächeninhalt eines rechtwinkligen Dreiecks mit den Katheten a = 8 cm und b = 12 cm.

$A = \frac{8\text{ cm} \cdot 12\text{ cm}}{2}$ $\qquad A = \frac{a \cdot b}{2}$

$A = 48\text{ cm}^2$

2. Der Flächeninhalt eines rechtwinkligen Dreiecks beträgt 350 m². Die Kathete a ist 70 m lang. Berechne die Länge der Kathete b.

Setze die gegebenen Werte in die Formel zur Berechnung des Flächeninhalts ein und löse nach a auf.

$350\text{ m}^2 = \frac{70\text{ m} \cdot b}{2} \quad | \cdot 2$ $\qquad A = \frac{a \cdot b}{2}$

$700\text{ m}^2 = 70\text{ m} \cdot b \quad | : 70\text{ m}$

$10\text{ m} = b$

Aufgaben

431 Berechne für rechtwinklige Dreiecke die fehlenden Werte in der Tabelle.

	a)	b)	c)	d)	e)
Kathete a	8 cm		15 dm	210 mm	
Kathete b	12 cm	10 m		96 mm	6,8 m
Flächeninhalt A		100 m²	90 dm²		11,56 m²

432 Bestimme den Flächeninhalt der grauen Dreiecke.

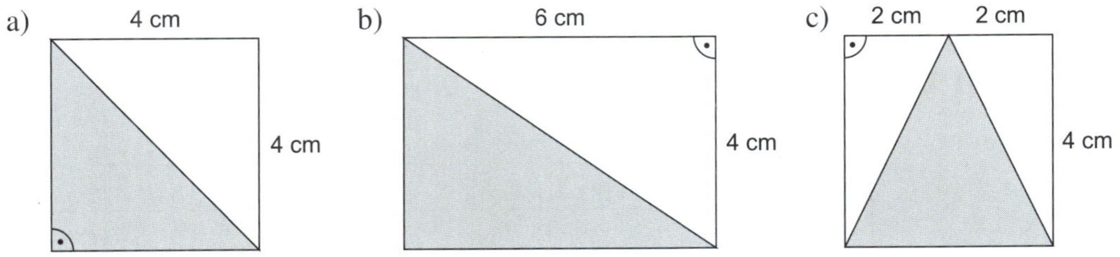

Satz des Pythagoras

Merke

Lehrsatz des Pythagoras

In jedem **rechtwinkligen Dreieck** gilt:
Die Quadrate über den Katheten eines rechtwinkligen Dreiecks sind zusammen flächeninhaltsgleich zu dem Quadrat über der Hypotenuse.
Hier sind a und b die Katheten, c ist die Hypotenuse.
Es gilt:

$a^2 + b^2 = c^2$

$a^2 = c^2 - b^2$

$b^2 = c^2 - a^2$

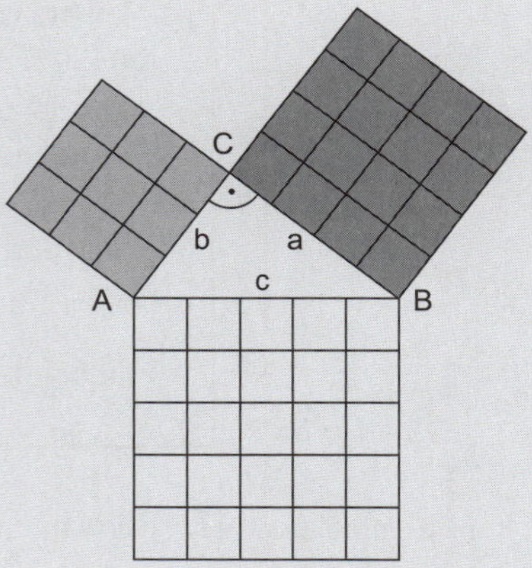

Merke

Umkehrung des Satzes von Pythagoras

$a^2 + b^2 = c^2$ das Dreieck ist rechtwinklig
$a^2 + b^2 \neq c^2$ kein rechtwinkliges Dreieck

Beispiele

1. gegeben: Kathete a = 8 cm
   Kathete b = 6 cm
   gesucht: Hypotenuse c

   $c^2 = a^2 + b^2$
   $c^2 = (8\text{ cm})^2 + (6\text{ cm})^2$
   $c^2 = 64\text{ cm}^2 + 36\text{ cm}^2$
   $c^2 = 100\text{ cm}^2$
   $c = 10\text{ cm}$

2. gegeben: Kathete a = 5 cm;
   Hypotenuse c = 13 cm
   gesucht: Kathete b

   $b^2 = c^2 - a^2$
   $b^2 = (13\text{ cm})^2 - (5\text{ cm})^2$
   $b^2 = 169\text{ cm}^2 - 25\text{ cm}^2$
   $b^2 = 144\text{ cm}^2$
   $b = 12\text{ cm}$

3. Berechne die fehlende Kathete, wenn gilt: Kathete b = 8 cm; Hypotenuse c = 17 cm

   $a^2 = c^2 - b^2$
   $a^2 = (17\text{ cm})^2 - (8\text{ cm})^2$
   $a^2 = 289\text{ cm}^2 - 64\text{ cm}^2$
   $a^2 = 225\text{ cm}^2$
   $a = 15\text{ cm}$

Aufgaben

433

Ergänze die fehlenden Werte der rechtwinkligen Dreiecke.

	Kathete a	Kathete b	Hypotenuse c
a)	33 cm	56 cm	
b)	63 dm		65 dm
c)	6,5 cm		9,7 cm
d)		80 dm	89 dm
e)		11,2 m	11,3 m
f)	55 cm	48 cm	

434 Berechne jeweils die fehlende Seite im rechtwinkligen Dreieck.

a)
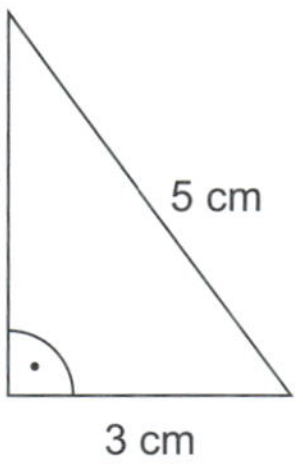

b)
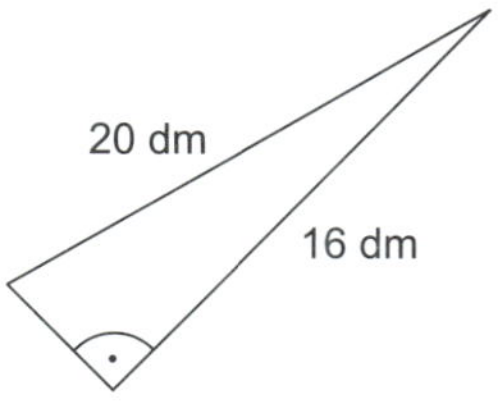

c)
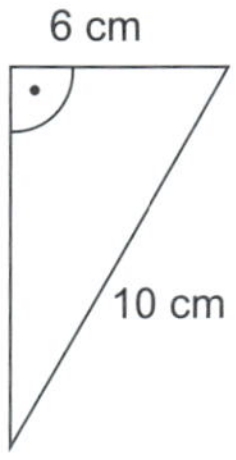

d)
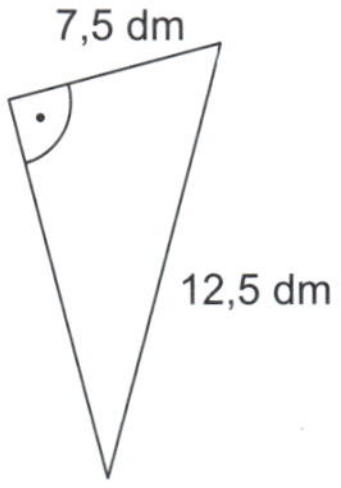

435 Prüfe, ob die folgenden Dreiecke rechtwinklig sind.
Unterstreiche zuerst die längste Seite. Wende dann den Satz des Pythagoras an.

	Seitenlänge a	Seitenlänge b	Seitenlänge c
a)	9 cm	12 cm	15 cm
b)	18 dm	30 dm	24 dm
c)	15 m	17 m	16 m
d)	25 km	20 km	15 km
e)	170 mm	150 mm	80 mm

436 Berechne für die gleichschenkligen Dreiecke jeweils die Fläche und den Umfang.
Fehlende Werte kannst du mit dem Satz des Pythagoras berechnen.

a)
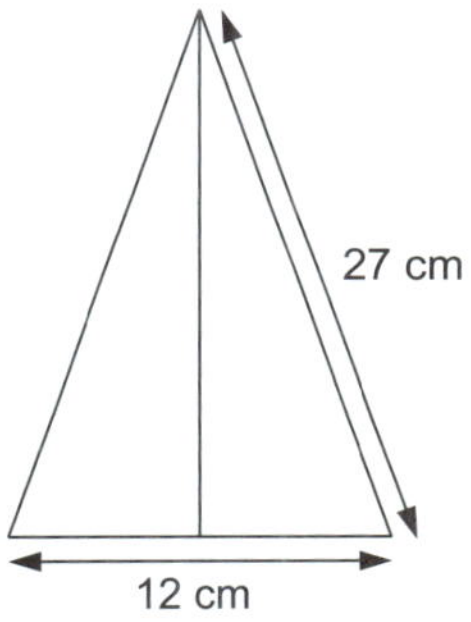

b)
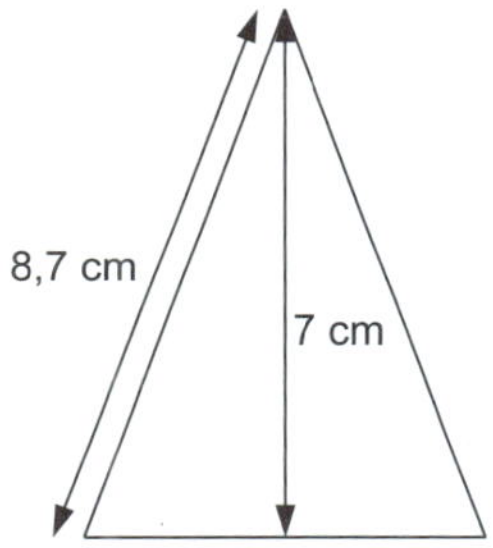

c)
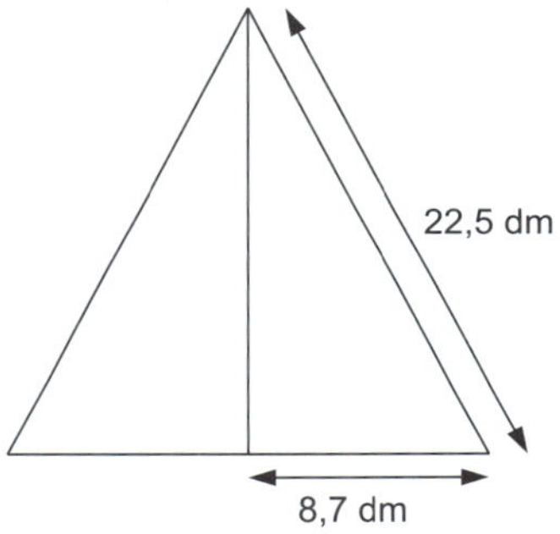

437 Berechne die Längen der roten Linien. Runde, falls erforderlich, die Längen auf eine Dezimalstelle.

a)
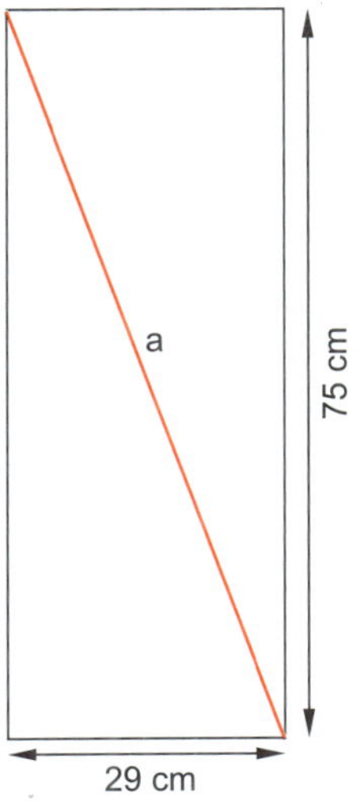

b)
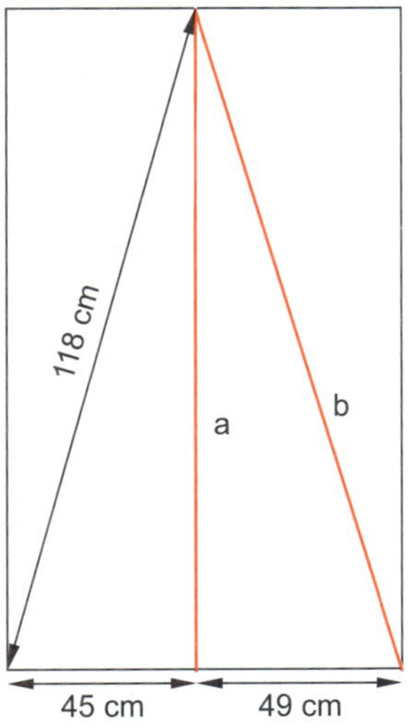

c)
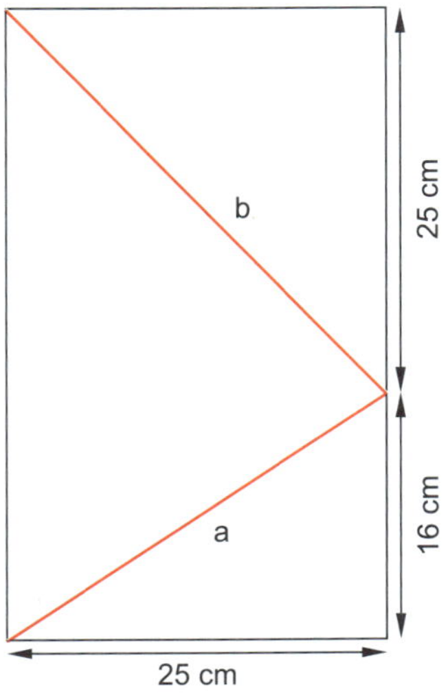

438 Berechne die fehlenden Strecken. Runde die Ergebnisse auf eine Dezimalstelle. Alle Maße in cm.

a)

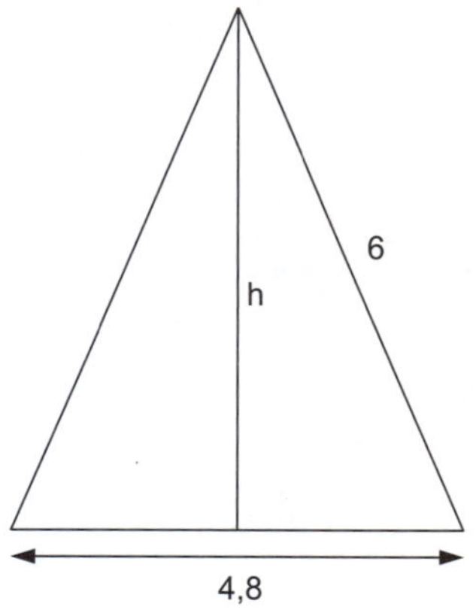

b)

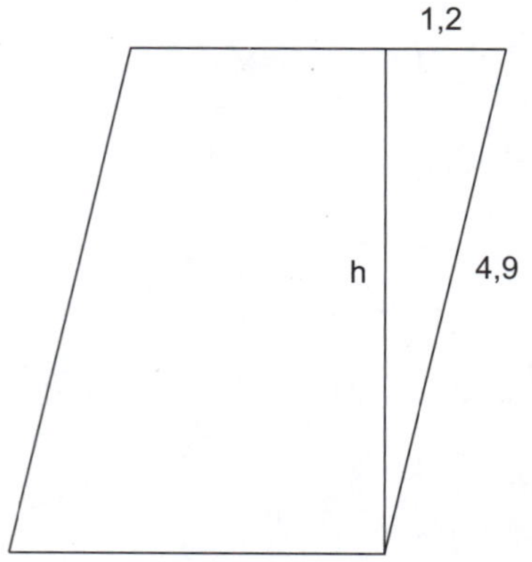

c)

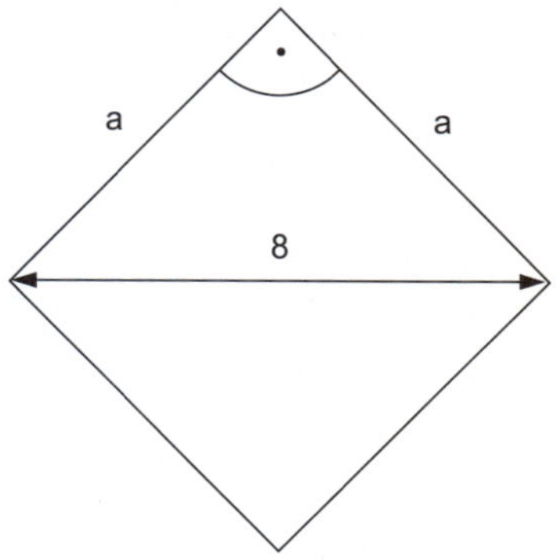

d)

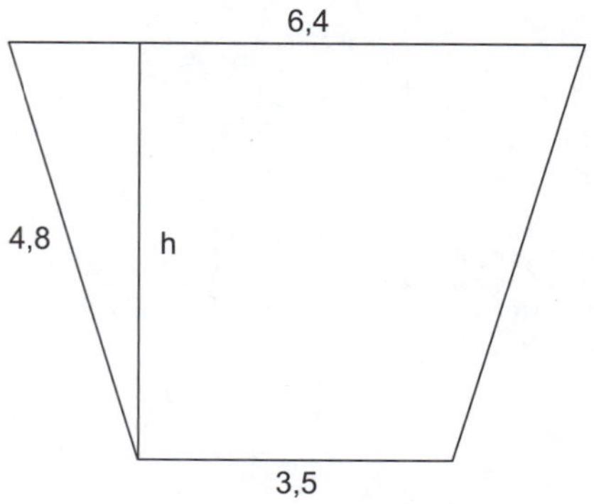

e)

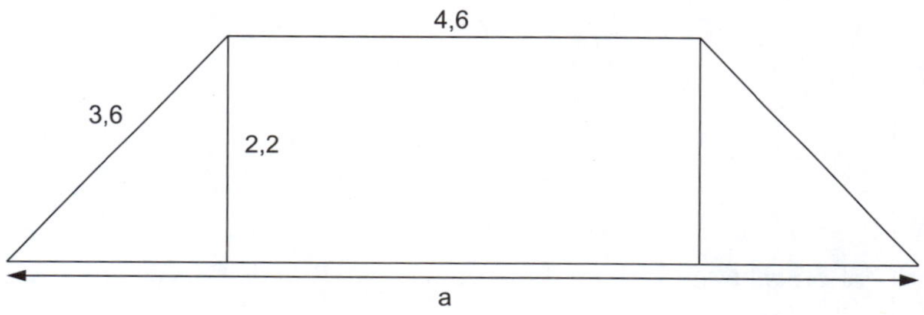

f)

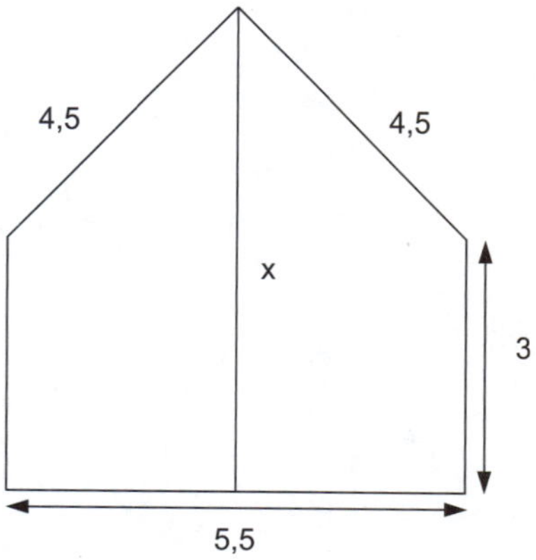

g)

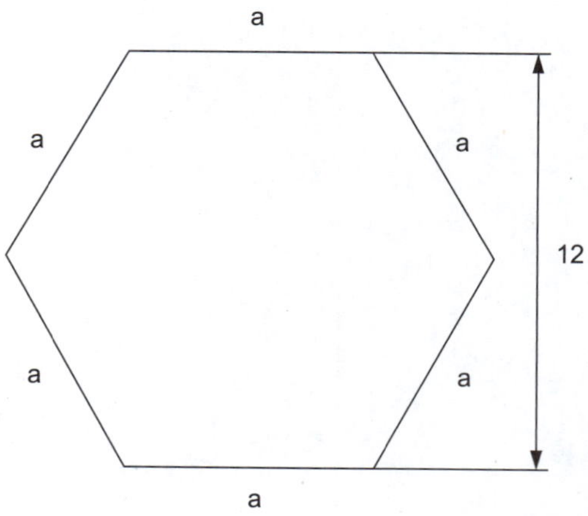

Vierecke

Merke

Quadrat

Umfang: $u = a + a + a + a$

$u = 4 \cdot a$

Flächeninhalt: $A = a \cdot a$

$A = a^2$

Flächendiagonale: $d = \sqrt{a^2 + a^2}$

$d = \sqrt{2a^2}$

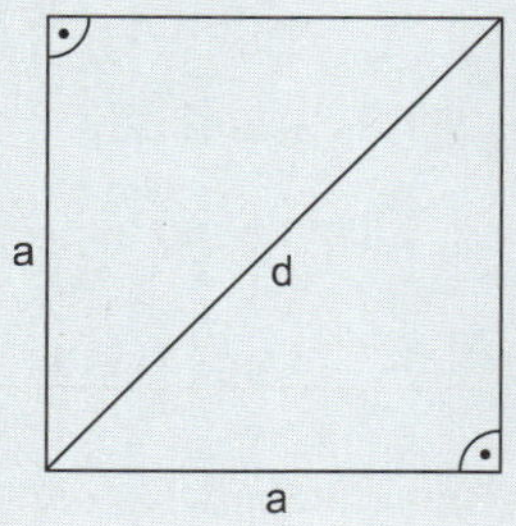

Beispiele

Berechne jeweils die gesuchten Werte für Quadrate.

1. gegeben: $a = 7{,}5$ cm
   gesucht: u, A, d

   $A = 7{,}5\text{ cm} \cdot 7{,}5\text{ cm}$
   $A = 56{,}25\text{ cm}^2$

   $u = 4 \cdot 7{,}5\text{ cm}$
   $u = 30\text{ cm}$

   $d = \sqrt{(7{,}5\text{ cm})^2 + (7{,}5\text{ cm})^2}$
   $d = \sqrt{112{,}5\text{ cm}^2}$
   $d \approx 10{,}61\text{ cm}$

2. gegeben: $A = 39{,}69\text{ cm}^2$
   gesucht: a

   $A = a^2$
   $39{,}69\text{ cm}^2 = a^2$
   $a = \sqrt{39{,}69\text{ cm}^2}$
   $a = 6{,}3\text{ cm}$

3. gegeben: $u = 49$ cm
   gesucht: a

   $u = 4 \cdot a$
   $49\text{ cm} = 4 \cdot a \quad |:4$
   $a = 12{,}25\text{ cm}$

Aufgaben

439 Berechne für die Quadrate die fehlenden Werte.
Runde, falls erforderlich, auf zwei Dezimalstellen.

	Seite a	Flächendiagonale d	Umfang u	Flächeninhalt A
a)	12 cm			
b)				121 cm^2
c)			100 dm	
d)				64 cm^2
e)	7,2 m			
f)			77 cm	
g)				54 cm^2

440 Ein quadratisches Grundstück mit einem Flächeninhalt von 665 m^2 soll eingezäunt werden. Die Garageneinfahrt ist 4,50 m breit, das Gartentor 1,30 m.
Wie viele Meter Gartenzaun müssen aufgestellt werden?

441 Ein Zimmer mit einer quadratischen Grundfläche ($u = 17$ m) soll mit Teppichboden ausgelegt werden. Ein m^2 kostet 15,40 €, für einen Meter Randleiste fallen 8,90 € an.
Die Zimmertür ist 1,30 m breit. Berechne die Gesamtkosten.

Merke

Rechteck

Umfang: $u = a + b + a + b$

$u = 2 \cdot a + 2 \cdot b$

$u = 2 \cdot (a + b)$

Flächeninhalt: $A = a \cdot b$

Flächendiagonale: $d = \sqrt{a^2 + b^2}$

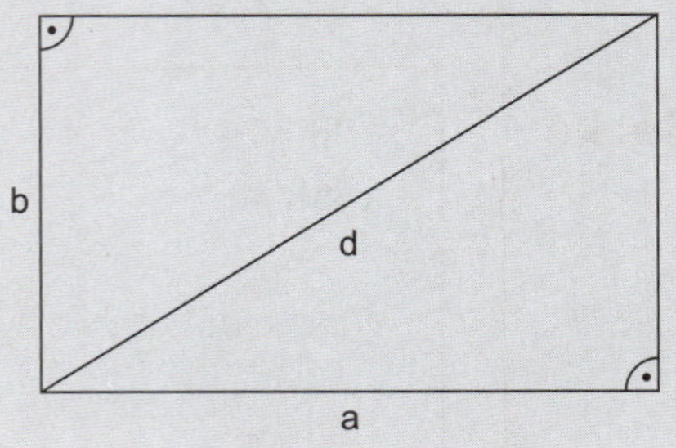

Beispiele

Berechne jeweils die gesuchten Werte für Rechtecke.

1. gegeben: $a = 4{,}5$ cm; $b = 7$ cm
   gesucht: A, u, d

   $A = 4{,}5\text{ cm} \cdot 7\text{ cm}$
   $A = 31{,}5\text{ cm}^2$

   $u = 2 \cdot (4{,}5\text{ cm} + 7\text{ cm})$
   $u = 2 \cdot 11{,}5\text{ cm}$
   $u = 23\text{ cm}$

   $d = \sqrt{(4{,}5\text{ cm})^2 + (7\text{ cm})^2}$
   $d = \sqrt{20{,}25\text{ cm}^2 + 49\text{ cm}^2}$
   $d = \sqrt{69{,}25\text{ cm}^2}$
   $d \approx 8{,}3\text{ cm}$

2. gegeben: $A = 21\text{ cm}^2$, $b = 3{,}5$ cm
   gesucht: a

   $A = a \cdot b$
   $21\text{ cm}^2 = a \cdot 3{,}5\text{ cm} \quad |: 3{,}5\text{ cm}$
   $6\text{ cm} = a$

3. gegeben: $u = 48$ cm, $a = 15$ cm
   gesucht: b

   $u = 2 \cdot a + 2 \cdot b$
   $48\text{ cm} = 2 \cdot 15\text{ cm} + 2 \cdot b$
   $48\text{ cm} = 30\text{ cm} + 2 \cdot b \quad |-30\text{ cm}$
   $18\text{ cm} = 2 \cdot b \quad |: 2$
   $9\text{ cm} = b$

Aufgaben

442 Berechne für Rechtecke die fehlenden Werte.
Runde, falls erforderlich, auf zwei Dezimalstellen.

	Seite a	Seite b	Umfang u	Flächendiagonale d	Flächeninhalt A
a)	4,5 dm	3,0 dm			
b)		16 cm			64 cm²
c)		5,09 m	23,56 m		
d)	3,8 m	2,0 m			
e)	23 m				35,9 m²
f)	13 dm		40 dm		
g)		6,5 cm			80 cm²

443 Auf einem Firmengelände mit rechteckiger Grundfläche (siehe Skizze) soll Rasen ausgerollt werden.
Wie viele m^2 Rasen werden benötigt, wenn auf der Fläche des Hauptgebäudes (rechteckige Grundfläche mit $u = 160$ m) und des Nebengebäudes (quadratische Grundfläche mit $a = 30$ m) kein Rasen verlegt wird?

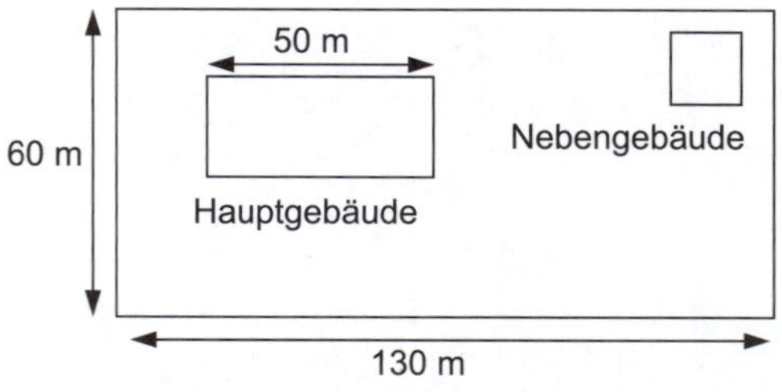

Skizze nicht maßstabsgetreu

444 Berechne den Flächeninhalt und den Umfang der Rechtecke. Verwende den Satz des Pythagoras.

a)

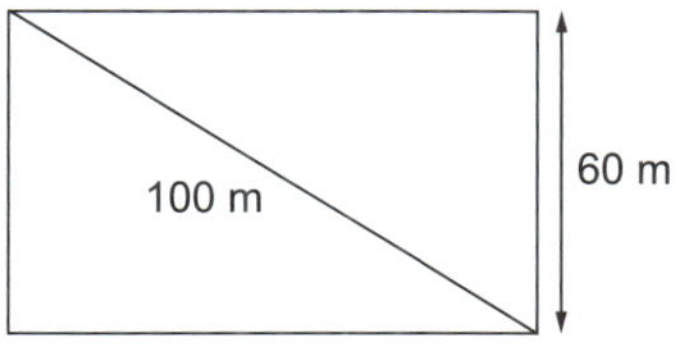

b)

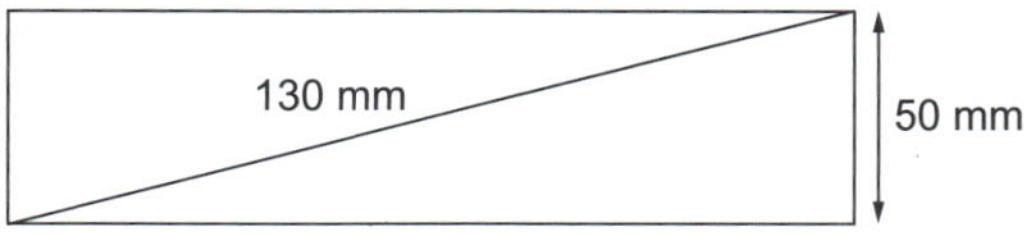

c)

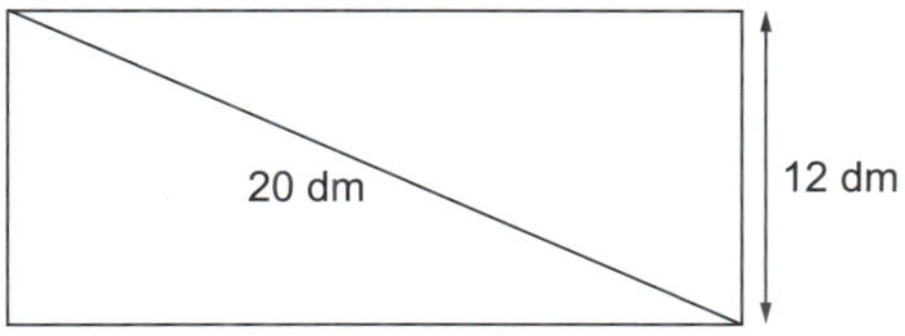

d)

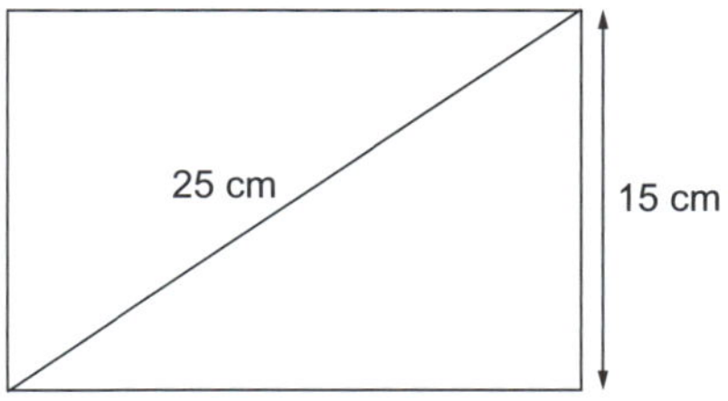

445 Berechne den Flächeninhalt und den Umfang der Figuren.

a)

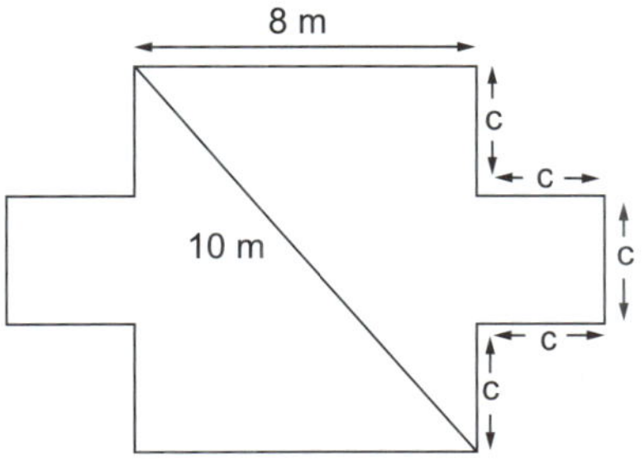

b)

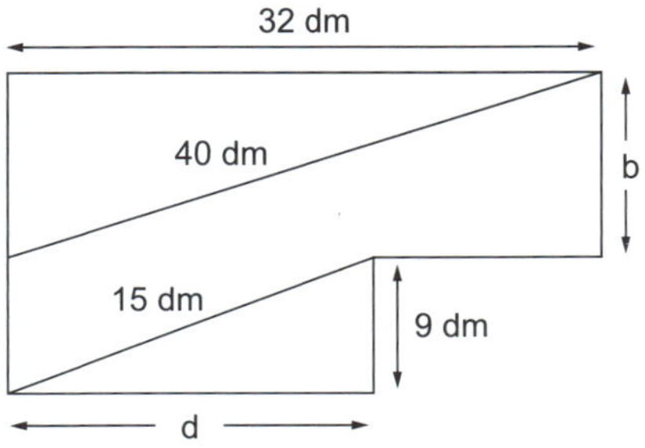

446 Drei Weidegrundstücke des Landwirts Blumscheid (B_1, B_2, B_3) grenzen an das Weideland der Landwirtin Feldmann (F). Die Landwirtin Feldmann macht folgenden Vorschlag: „Du gibst mir dein angrenzendes Weideland, und ich gebe dir dafür einen entsprechenden Anteil von meiner anderen großen Weide."
Wie breit wird das neue Weidegrundstück des Landwirts Blumscheid?

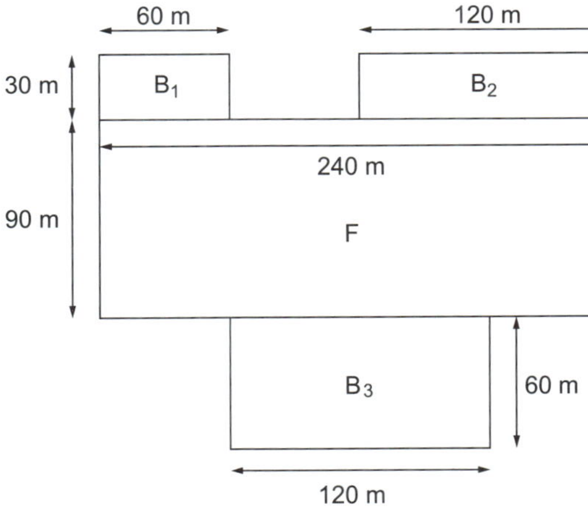

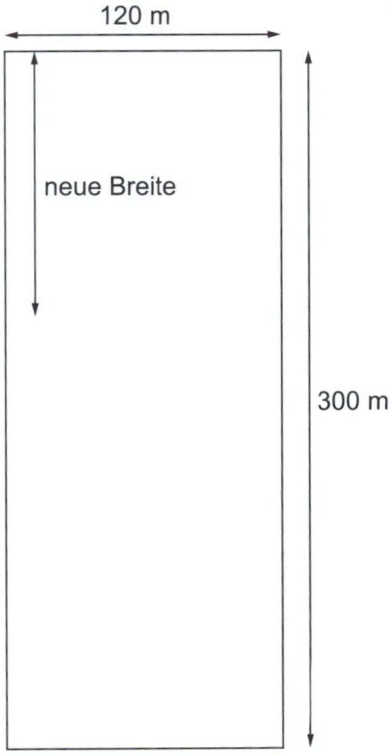

Merke

Parallelogramm

Winkel: $\alpha = \gamma$
$\beta = \delta$

Winkelsumme: $\alpha + \beta + \gamma + \delta = 360°$
$2 \cdot (\alpha + \beta) = 360°$

Flächeninhalt: $A = g \cdot h$
$A = a \cdot h_a = b \cdot h_b$

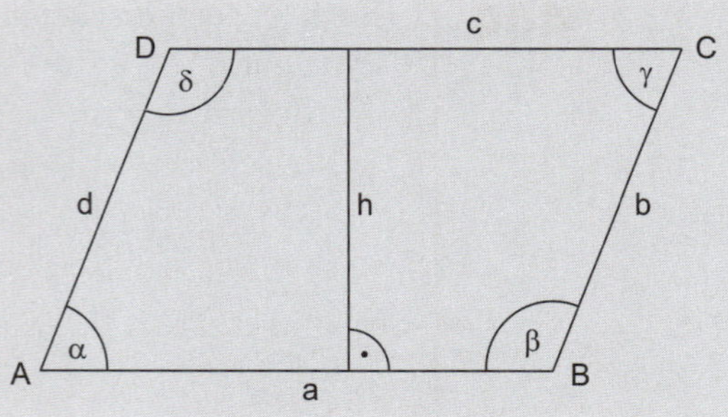

Beispiele

1. Ein Parallelogramm hat die folgenden Maße: $a = 12$ cm, $h_a = 8$ cm
Berechne seinen Flächeninhalt.

$A = 12\text{ cm} \cdot 8\text{ cm}$ $\qquad A = a \cdot h_a$
$A = 96\text{ cm}^2$

2. Welche Höhe hat ein Parallelogramm mit dem Flächeninhalt $A = 116{,}85\text{ cm}^2$ und der Grundseite $g = 12{,}3$ cm?

$116{,}85\text{ cm}^2 = 12{,}3\text{ cm} \cdot h \quad |:12{,}3\text{ cm} \qquad A = g \cdot h$
$h = 9{,}5\text{ cm}$

Aufgaben

447 Berechne die fehlenden Werte für ein Parallelogramm. Runde, falls erforderlich, auf zwei Dezimalstellen.

	Grundseite g	Höhe h	Flächeninhalt A
a)	4,5 cm		246,4 cm²
b)	24 m		696 m²
c)		50 cm	630 cm²
d)		66 m	46,2 m²
e)	45 cm	150 cm	
f)	3,7 m	0,8 m	

448 Berechne den Flächeninhalt der folgenden Figuren.

a)
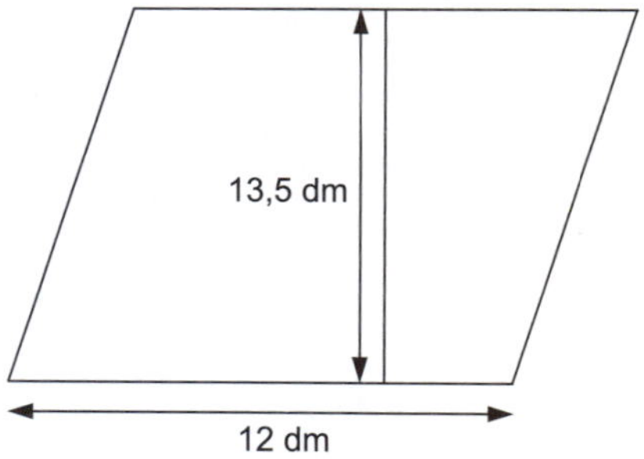

b)
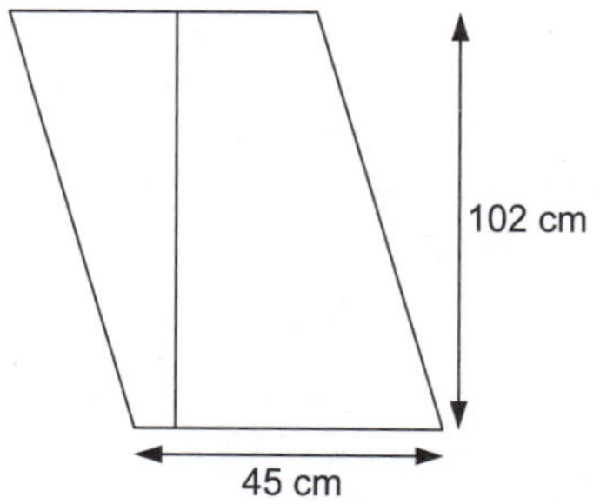

c)
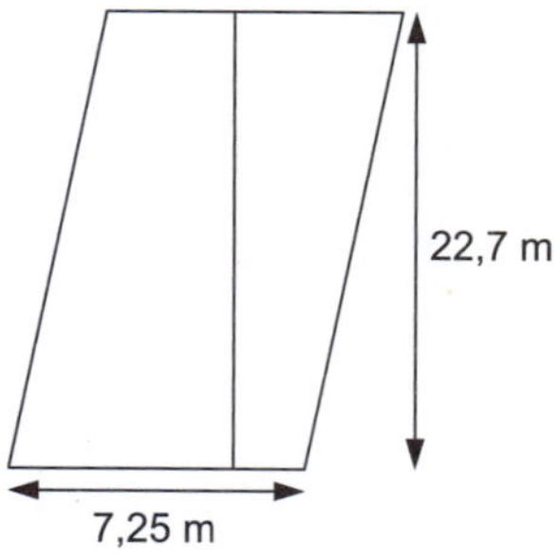

d)
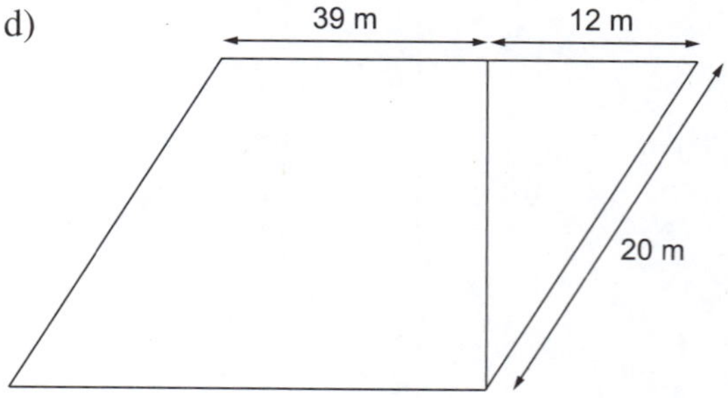

449 Berechne in jedem Parallelogramm die Länge der roten Linie.

a) $A = 51\ m^2$

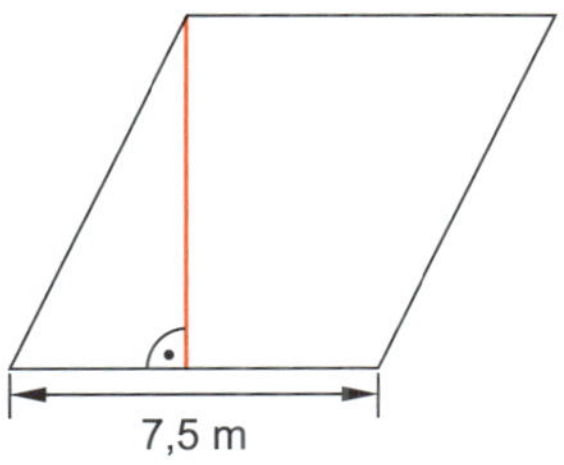

b) $A = 55{,}1\ m^2$

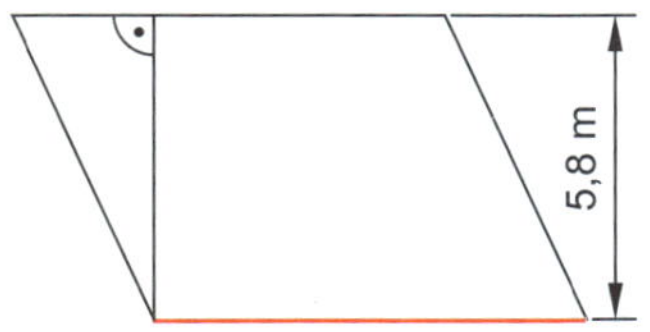

c) $A = 1\,470\ dm^2$

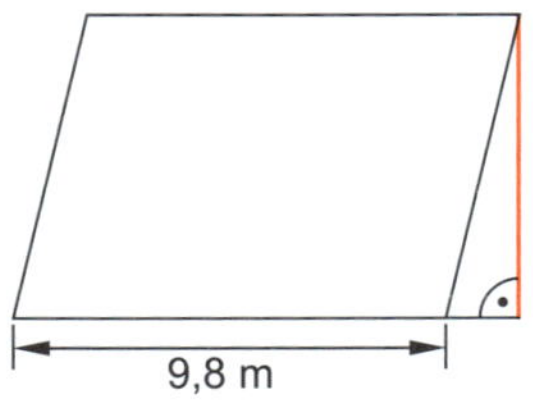

450 a) Berechne den Flächeninhalt des rechtwinkligen Dreiecks und des Parallelogramms (alle Maße in cm).

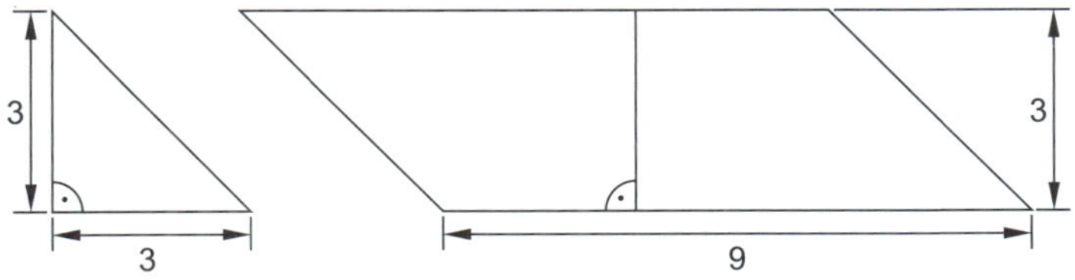

b) In wie viele Dreiecke mit der Form und der Größe des gezeichneten Dreiecks kann das Parallelogramm zerlegt werden?

451 Die Skizze zeigt ein graues Rechteck in einem Parallelogramm.

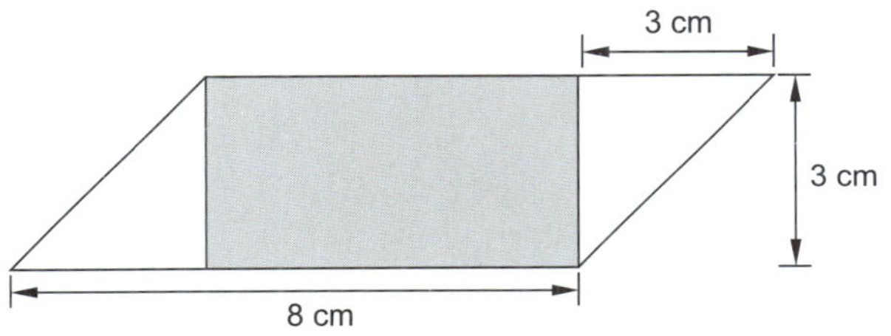

a) Berechne den Flächeninhalt des Parallelogramms.
b) Berechne den Flächeninhalt eines Dreiecks.
c) Bestimme nun den Flächeninhalt des Rechtecks.

452 a) Ergänze das Dreieck zu dem Parallelogramm ABCD.
b) Gib die Koordinaten des Punktes C an.
c) Bestimme den Flächeninhalt des Parallelogramms.
d) Stimmt es, dass der Flächeninhalt des Dreiecks nur halb so groß ist wie der Flächeninhalt des Parallelogramms? Begründe deine Meinung durch eine Rechnung.

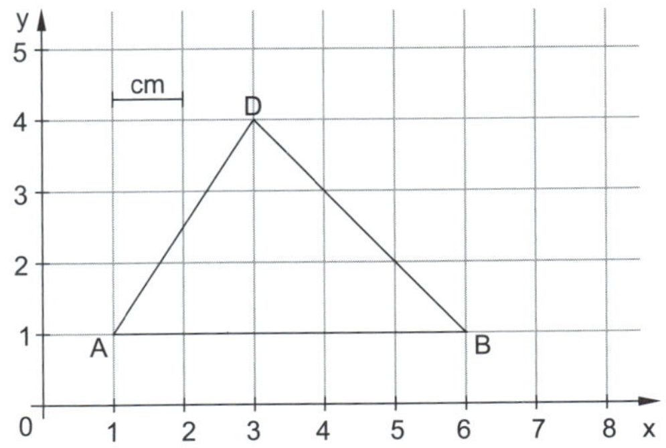

Merke

Drachenviereck

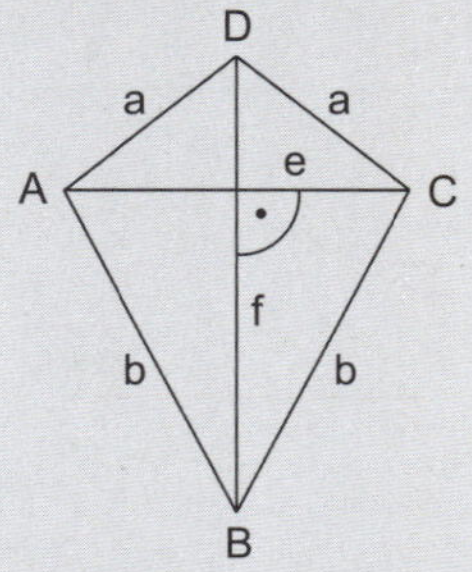

Die Diagonalen e und f stehen senkrecht aufeinander und die Diagonale e wird durch die Diagonale f halbiert.

Flächeninhalt: $A = \frac{e \cdot f}{2}$

Raute

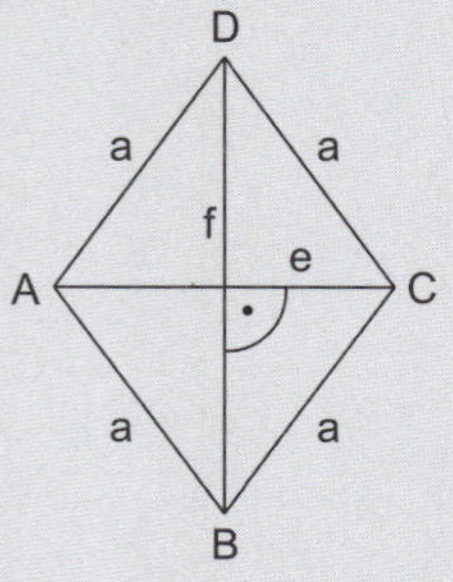

Die Diagonalen e und f stehen senkrecht aufeinander und halbieren einander.

Flächeninhalt: $A = \frac{e \cdot f}{2}$

Beispiel

gegeben: Raute mit e = 6 cm und f = 8 cm
gesucht: A, a

$A = \frac{6\text{ cm} \cdot 8\text{ cm}}{2}$ $\quad A = \frac{e \cdot f}{2}$

$A = 24\text{ cm}^2$

$a^2 = \left(\frac{e}{2}\right)^2 + \left(\frac{f}{2}\right)^2$ $\quad$ Satz des Pythagoras

$a^2 = \left(\frac{6\text{ cm}}{2}\right)^2 + \left(\frac{8\text{ cm}}{2}\right)^2$

$a^2 = (3\text{ cm})^2 + (4\text{ cm})^2$

$a^2 = 9\text{ cm}^2 + 16\text{ cm}^2$

$a^2 = 25\text{ cm}^2$

$a = 5\text{ cm}$

Aufgaben

453 Berechne die Seitenlänge einer Raute, deren Diagonalen 7 cm und 9 cm lang sind. Überprüfe das Ergebnis durch eine Zeichnung.

454 Berechne A und u für folgende Drachenvierecke. Runde, falls erforderlich, auf eine Dezimalstelle.

a) $e_1 = 1{,}5$ cm, $e_2 = 4$ cm, $f = 3{,}2$ cm
b) $e_1 = 2{,}1$ dm, $e_2 = 5{,}8$ dm, $f = 4$ dm
c) $A = 31{,}54\text{ cm}^2$, $e_1 = 2{,}2$ cm, $e_2 = 5{,}4$ cm

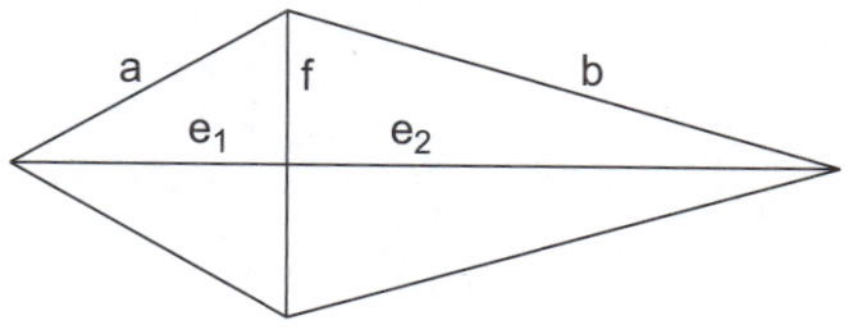

Merke

allgemeines Trapez

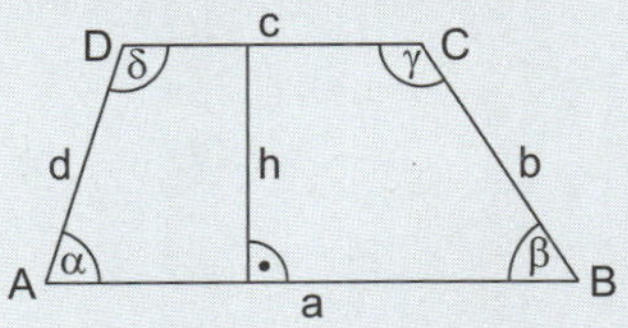

gleichschenkliges Trapez

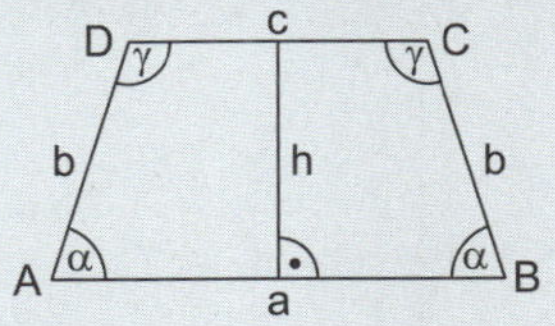

a parallel zu c

Flächeninhalt: $A = \frac{a+c}{2} \cdot h$

Beispiele

1. Berechne den Flächeninhalt eines Trapezes mit folgenden Maßen:
   a = 32 cm, c = 18 cm, h = 30 cm

$$A = \frac{32\text{ cm} + 18\text{ cm}}{2} \cdot 30\text{ cm} \qquad A = \frac{a+c}{2} \cdot h$$

$$A = \frac{50\text{ cm}}{2} \cdot 30\text{ cm}$$

$$A = 25\text{ cm} \cdot 30\text{ cm}$$

$$A = 750\text{ cm}^2$$

2. Ein Trapez mit a = 9 cm und c = 5 cm hat einen Flächeninhalt von 56 cm².
   Bestimme die Höhe des Trapezes.

$$56\text{ cm}^2 = \frac{9\text{ cm} + 5\text{ cm}}{2} \cdot h \qquad A = \frac{a+c}{2} \cdot h$$

$$56\text{ cm}^2 = \frac{14\text{ cm}}{2} \cdot h$$

$$56\text{ cm}^2 = 7\text{ cm} \cdot h \qquad |: 7\text{ cm}$$

$$8\text{ cm} = h$$

3. Berechne den Flächeninhalt eines Trapezes mit folgenden Maßen ohne die Formel für den Flächeninhalt eines Trapezes zu benutzen: a = 5 cm, c = 9 cm, h = 4 cm
   Tipp: Zerlege das Trapez in ein Rechteck und zwei Dreiecke.

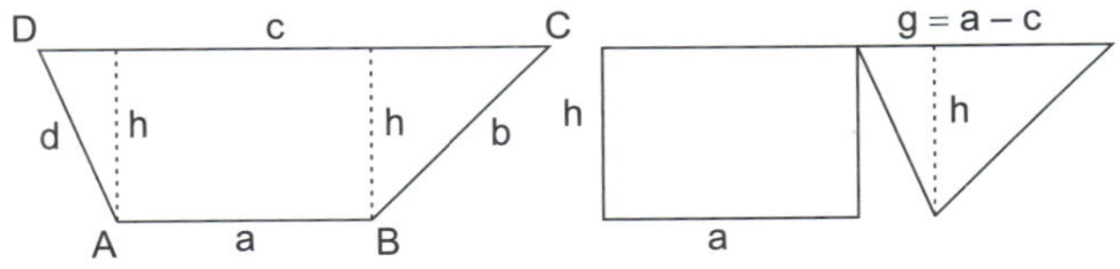

Flächeninhalt$_{\text{Rechteck}}$

$a = 5\text{ cm}, \quad h = 4\text{ cm}$

$A_R = 5\text{ cm} \cdot 4\text{ cm}$

$A_R = 20\text{ cm}^2$

Flächeninhalt$_{\text{Dreieck}}$

$g = 9\text{ cm} - 5\text{ cm} = 4\text{ cm}$

$h = 4\text{ cm}$

$$A_D = \frac{4\text{ cm} \cdot 4\text{ cm}}{2} = 8\text{ cm}^2$$

Flächeninhalt$_{\text{Trapez}}$

$A_T = A_R + A_D$

$A_T = 20\text{ cm}^2 + 8\text{ cm}^2$

$A_T = 28\text{ cm}^2$

Aufgaben

455 Berechne jeweils den Flächeninhalt der Trapeze mithilfe der Formel (Kästchenlänge = 4 cm).

a) 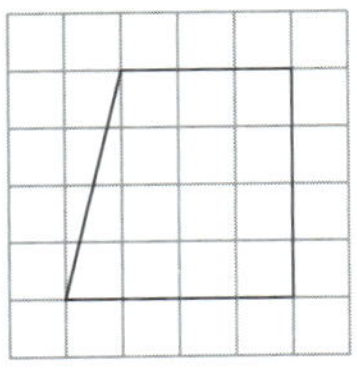

b) 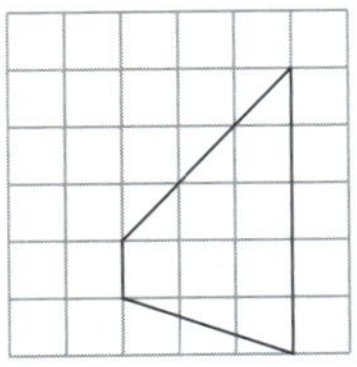

c) 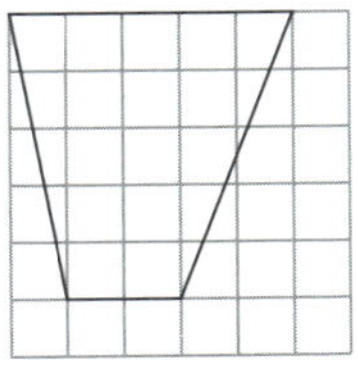

456 Berechne den Flächeninhalt der Trapeze.

a)
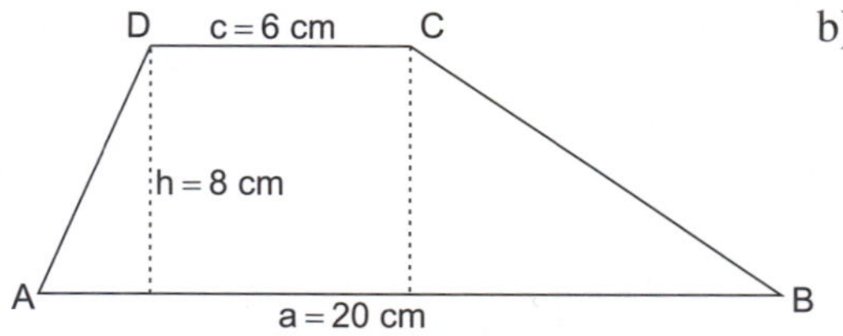

b)
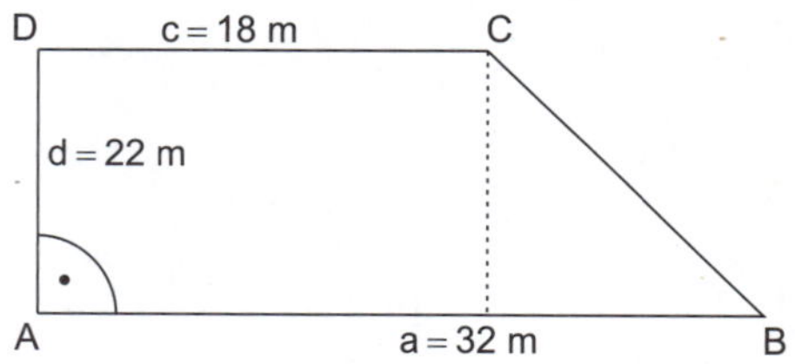

c)
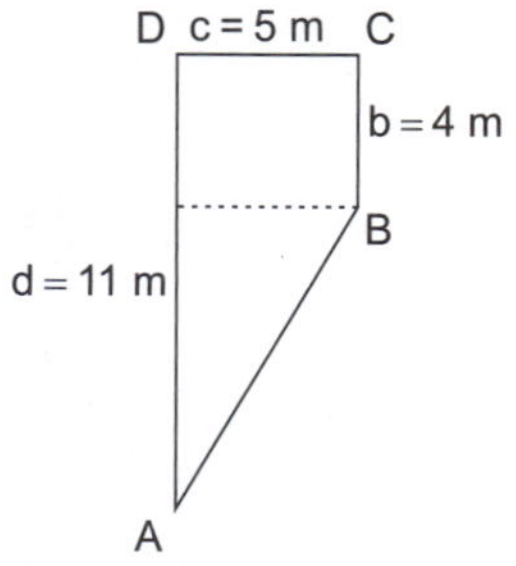

d)
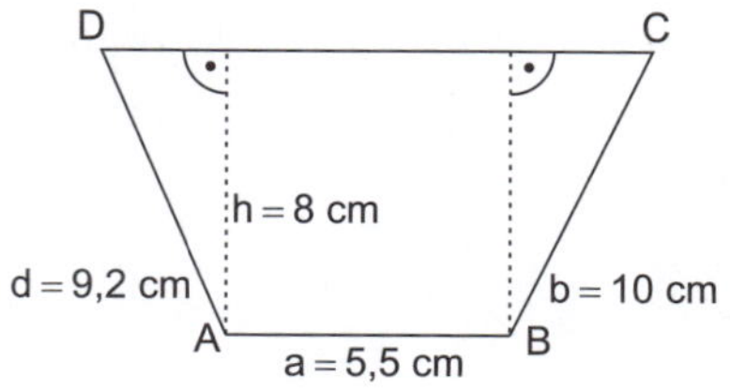

Fit im Quali

457 Nur bei einem Dreieck reichen die Angaben, um den Flächeninhalt direkt zu berechnen.

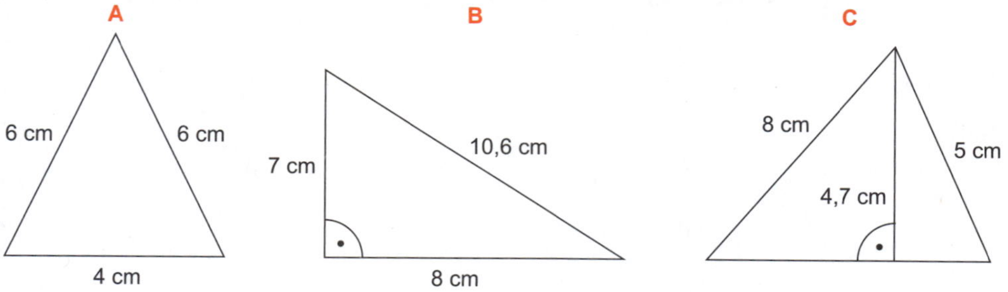

a) Berechne den Flächeninhalt dieses Dreiecks.
b) Welche Maße fehlen bei den anderen Dreiecken?

458 Berechne die fehlenden Winkel und trage sie in die Skizze ein.

a)
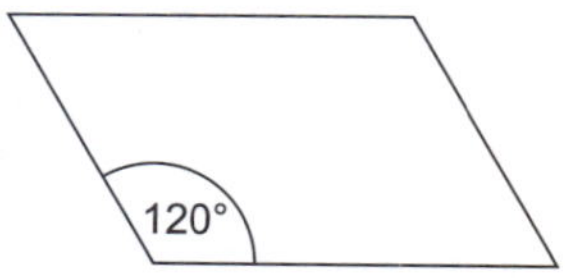

b)
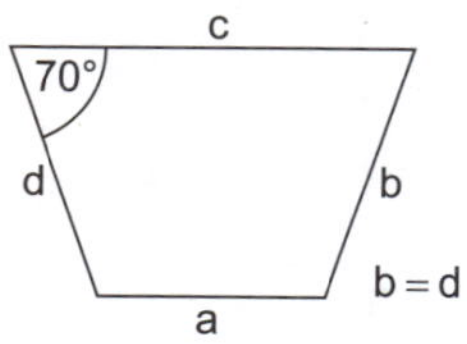

c)
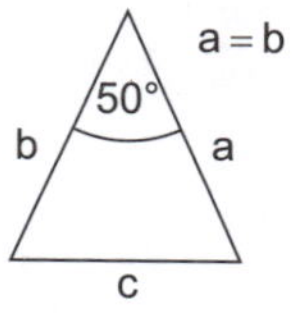

459 Ein kleines gleichseitiges Dreieck hat eine Fläche von 6,9 cm². Der Umfang beträgt 12 cm.
a) Berechne den Umfang und den Flächeninhalt des großen Dreiecks.
b) Das große Dreieck soll unten um zwei Reihen erweitert werden.
Wie viele kleine Dreiecke benötigt man dazu?

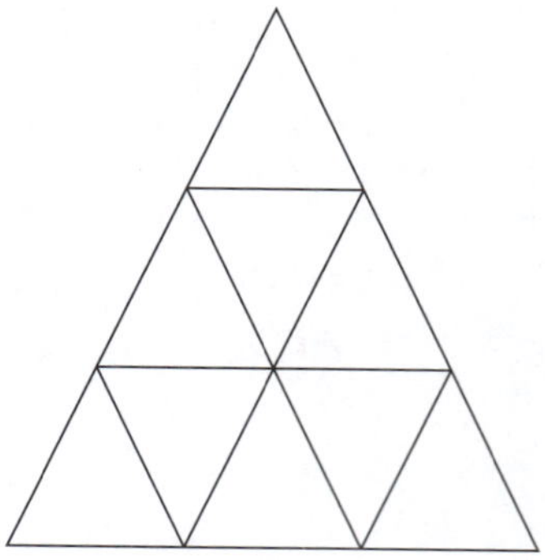

460 Berechne jeweils den grauen Flächeninhalt.

a)

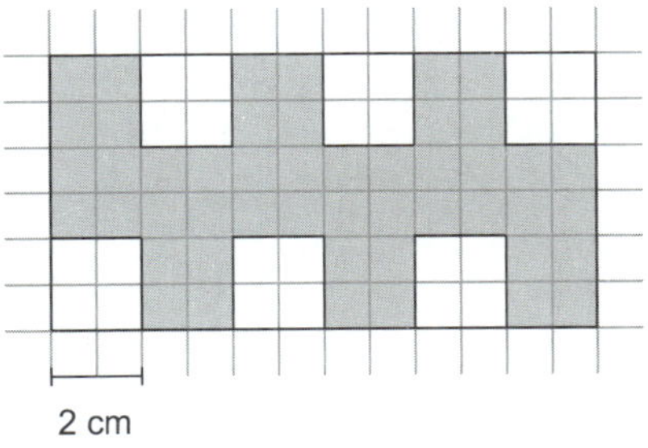

b)

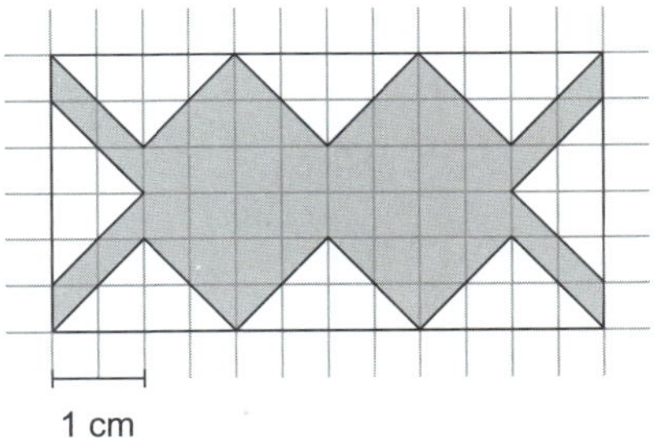

c)

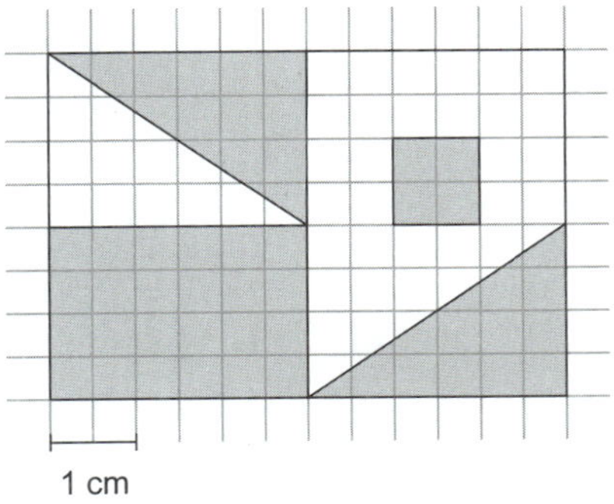

d)

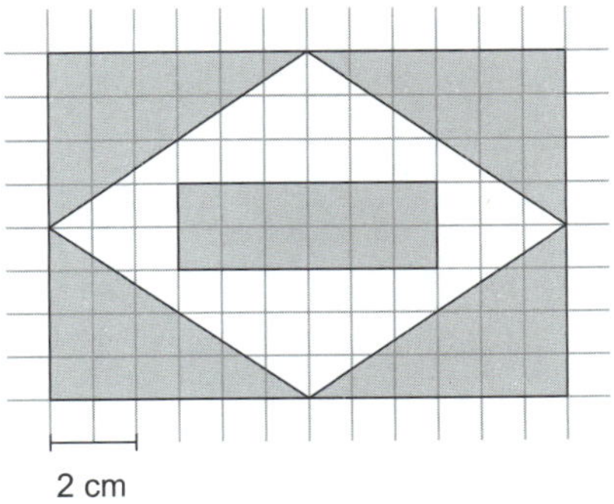

461 Berechne die Teilflächen.

a)

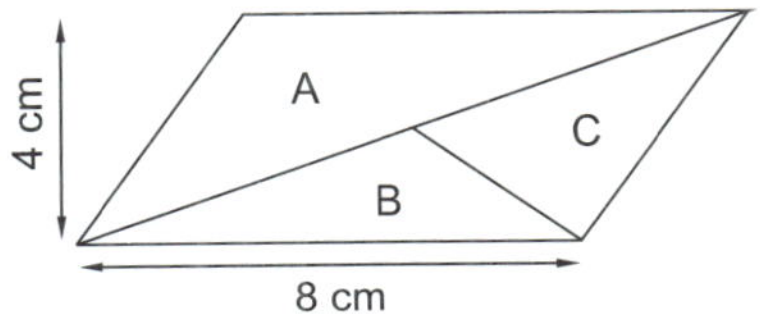

b)

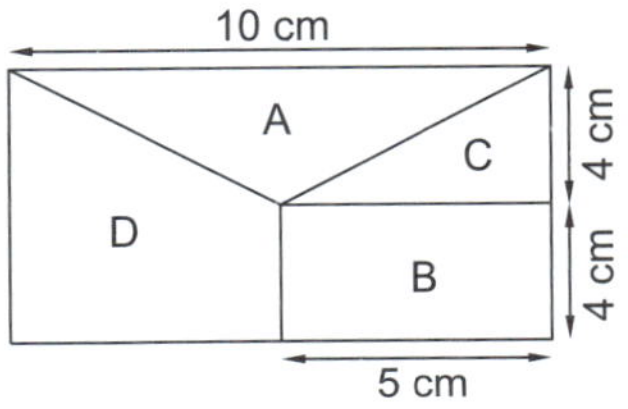

462 Berechne die fehlenden Werte und trage sie in die Skizze ein.

a) $u = 32$ cm

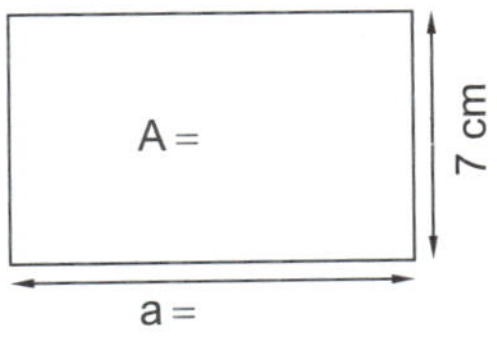

b) $u = 42$ cm, $A = 45\ cm^2$

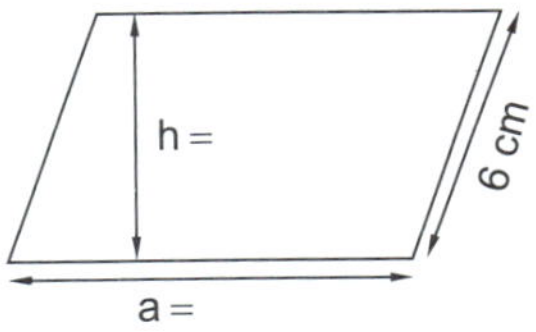

463 Berechne den Umfang und den Flächeninhalt des gleichschenkligen Trapezes. Fehlende Werte kannst du mit dem Satz des Pythagoras berechnen. Runde alle Ergebnisse, auch Zwischenergebnisse, auf eine Dezimalstelle.

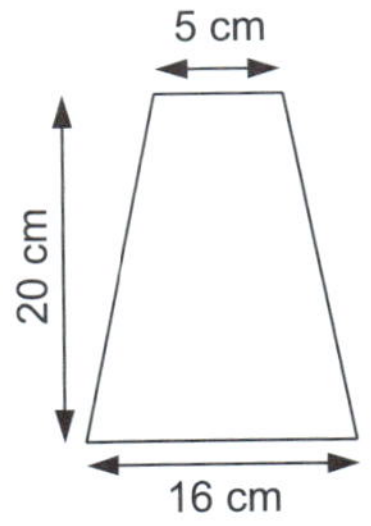

464 Berechne die Fläche des dargestellten unregelmäßigen Fünfecks.

$\overline{AE} = 6$ cm
$\overline{BC} = 6$ cm
$\overline{CD} = 8$ cm
$h = 12$ cm

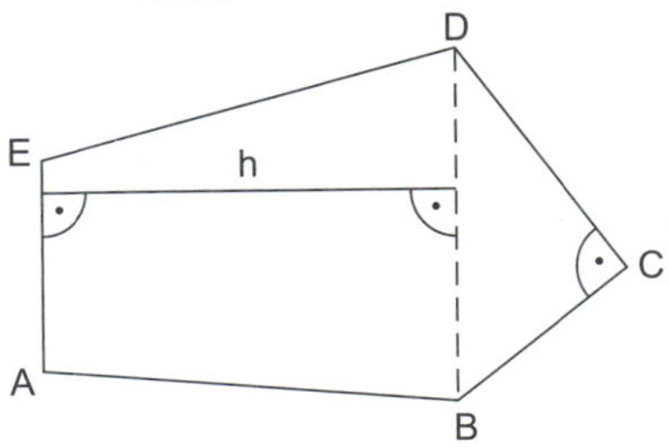

Kreis

Merke

Kreis

Durchmesser: $d = 2 \cdot r$

Umfang: $u = 2 \cdot r \cdot \pi$

$u = d \cdot \pi$

Flächeninhalt: $A = r \cdot r \cdot \pi$

$A = r^2 \cdot \pi$

$\pi = 3{,}14$

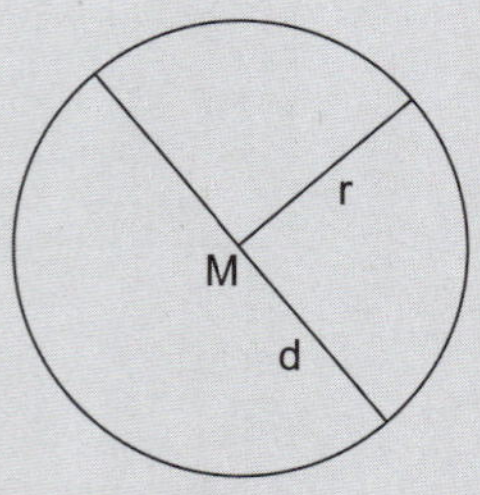

Beispiele

1. gegeben: $r = 6{,}7$ cm
   gesucht: A, u
   $A = (6{,}7\text{ cm})^2 \cdot 3{,}14$
   $A = 44{,}89\text{ cm}^2 \cdot 3{,}14$
   $A = 140{,}9546\text{ cm}^2 \approx 141\text{ cm}^2$
   $u = 2 \cdot 6{,}7\text{ cm} \cdot 3{,}14$
   $u = 42{,}076\text{ cm} \approx 42{,}1\text{ cm}^2$

2. gegeben: $A = 94{,}985\text{ cm}^2$
   gesucht: r
   $A = r^2 \cdot 3{,}14$
   $94{,}985\text{ cm}^2 = r^2 \cdot 3{,}14 \quad |:3{,}14$
   $30{,}25\text{ cm}^2 = r^2 \quad |\sqrt{\ }$
   $5{,}5\text{ cm} = r$

3. gegeben: $u = 28{,}26$ cm
   gesucht: d, r
   $u = d \cdot 3{,}14$
   $28{,}26\text{ cm} = d \cdot 3{,}14 \quad |:3{,}14$
   $9\text{ cm} = d \quad |:2$
   $r = 4{,}5\text{ cm}$

Aufgaben

465 Berechne die fehlenden Werte für einen Kreis und runde auf zwei Dezimalstellen.

	Radius r	Durchmesser d	Umfang u	Flächeninhalt A
a)	3,9 m			
b)		4 cm		
c)				195 cm²
d)			5,65 m	
e)			7,6 dm	
f)		6,47 dm		
g)				84,87 cm²

466 Der Stundenzeiger einer Kirchturmuhr ist 3,5 m lang, der Minutenzeiger 4 m. Welchen Weg legen die Spitzen der beiden Zeiger jeweils in 24 Stunden zurück?

467 Herr Müller braucht neue Winterreifen für sein Auto.
a) Berechne den Umfang eines Reifens. Runde auf ganze Meter.
b) Nach 35 000 km sind die Reifen abgefahren.
Wie viele Umdrehungen hat ein Reifen bis dahin gemacht?

468 Eine Ziege ist mit einem 6,50 m langen Strick an einem Pflock festgebunden.

a) Welche Fläche kann die Ziege abgrasen?

b) Kann die Ziege die doppelte Fläche abgrasen, wenn der Strick auf 13 m verlängert wird? Begründe.

469 Berechne jeweils den Umfang und den Flächeninhalt der grauen Figuren.

a)

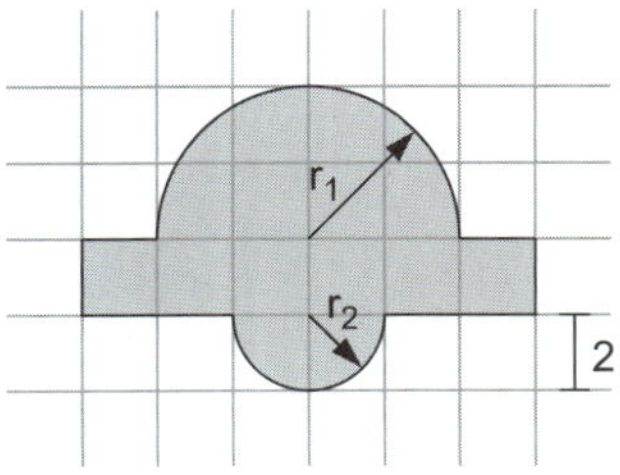

b)

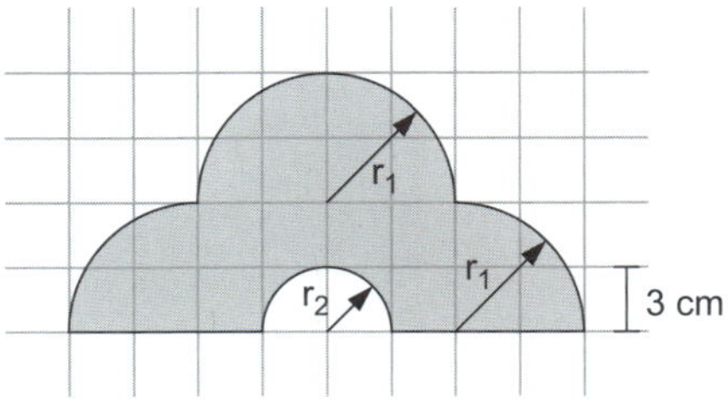

c)

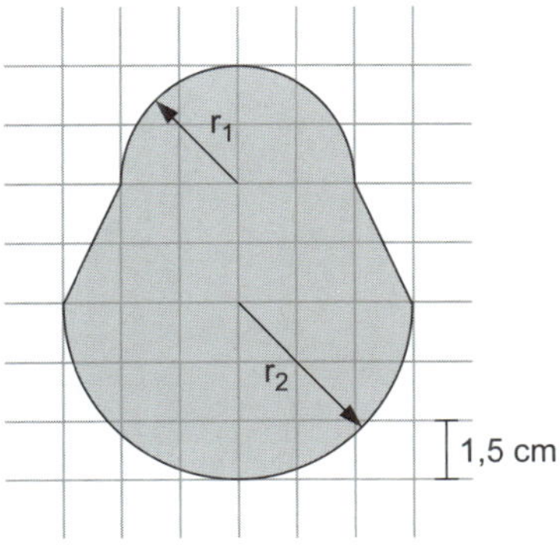

d)

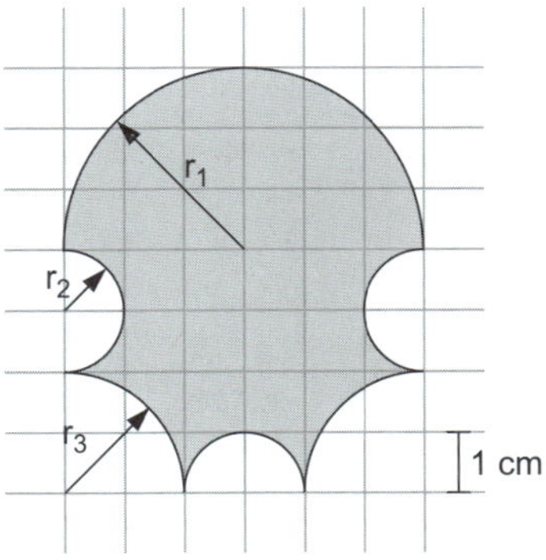

e)

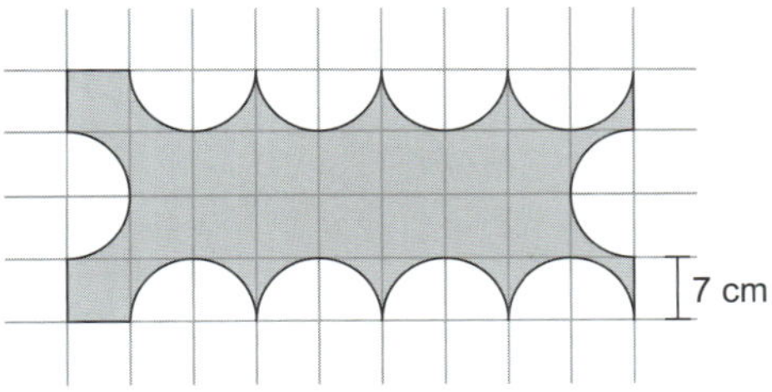

f)

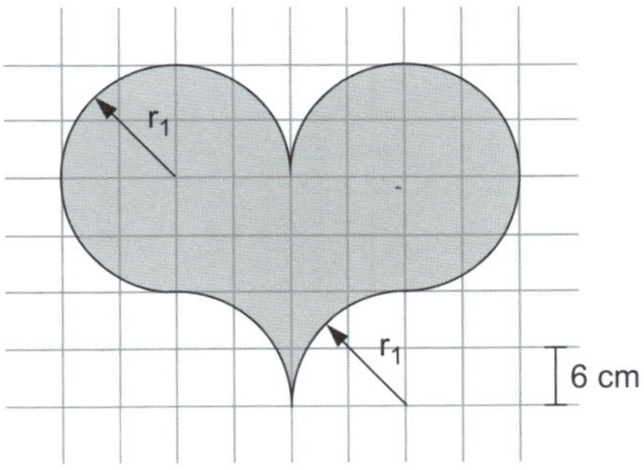

470 Katrin will für den Tisch eine Tischdecke nähen, die jeweils 20 cm herabhängen soll. Sie wird die Tischdecke aus einem quadratischen Stück Stoff schneiden.

a) Wie viel Stoff muss sie mindestens kaufen? Gib den Verschnitt in Prozent an. Runde alle Ergebnisse auf zwei Dezimalstellen.

b) Katrin will die Tischdecke mit einer Borte versehen. Ein laufender Meter der ausgewählten Borte kostet 6,25 €.
Berechne den Preis für die Borte.

Fit im Quali

471

Aus 31,4 cm Draht wird ein Kreis gebogen.
a) Berechne den Durchmesser des Kreises.
b) Aus dem Draht soll ein Quadrat (a = 10 cm) gebogen werden.
Wie viele cm Draht fehlen?

472

Ein Kreis mit dem Radius r = 2 cm besitzt einen Flächeninhalt von 12,56 cm^2 und einen Umfang von 12,56 cm.
a) Erkläre, warum das so ist.
b) Nun wird der Radius verdoppelt.
Gib den neuen Flächeninhalt und den neuen Umfang an.

473

Haben die rote und die graue Fläche jeweils den gleichen Flächeninhalt?
Begründe deine Entscheidung.

a)
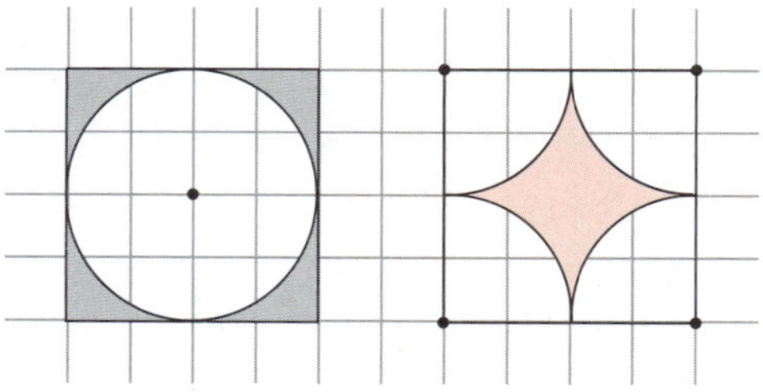

b)
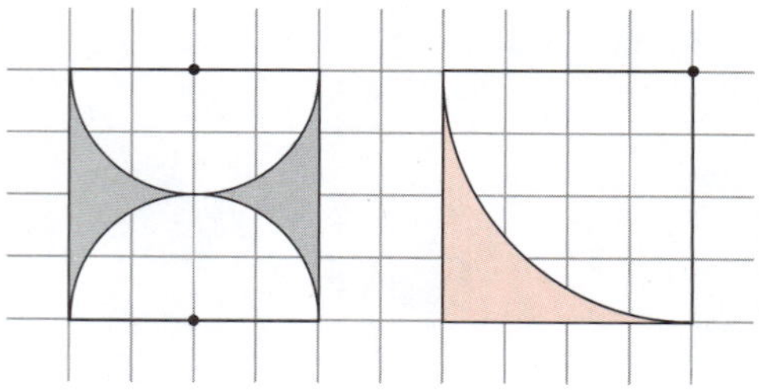

474

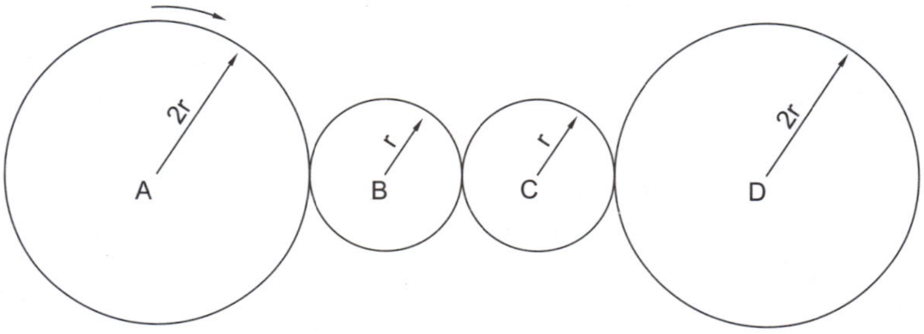

a) Zeichne die Drehrichtung für die Räder B, C und D ein.
b) Rad A führt eine Umdrehung aus. Wie viele Umdrehungen macht das Rad B?

475

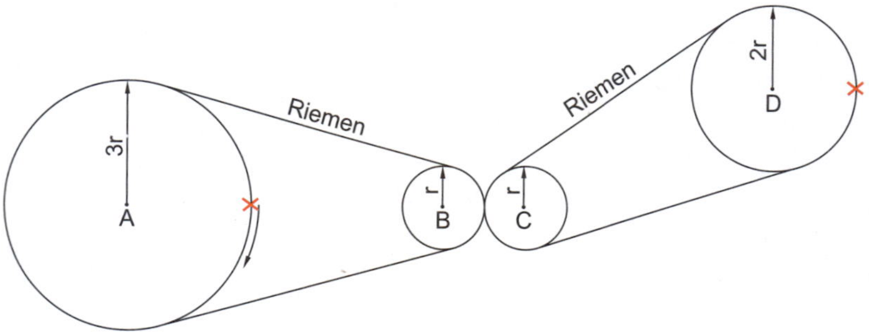

a) Zeichne die Drehrichtung für die Räder B, C und D ein.
b) Rad A macht eine Umdrehung.
Wie viele Umdrehungen machen die Räder B und C jeweils?
c) Wie viele Umdrehungen müssen die Räder A und D jeweils ausführen, damit die roten Markierungen × gemeinsam an der Ausgangsposition liegen?

476 Berechne jeweils den Flächeninhalt der Stanzteile.

a) 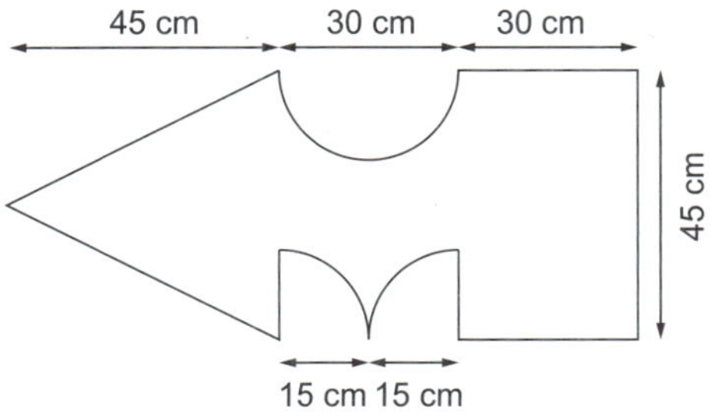

b) 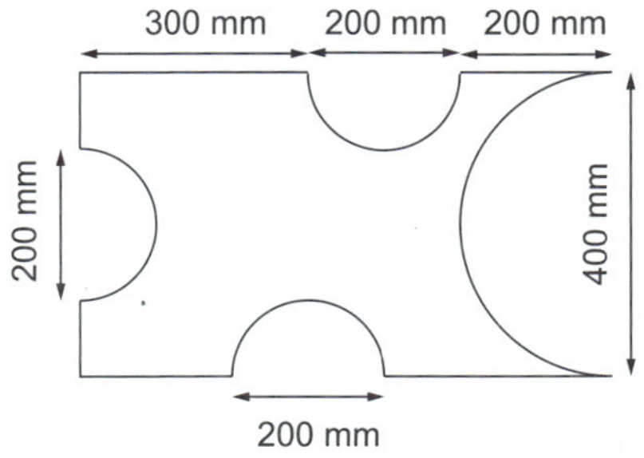

477 In einem Garten wird ein zylinderförmiges Schwimmbecken angelegt. Die Grundfläche hat einen Umfang von 37,68 m. Um das Becken führt ein 90 cm breiter Weg.

a) Fertige eine Skizze an und trage die gegebenen Maße ein.
b) Berechne die Grundfläche des Beckens.
c) Berechne die Fläche des Weges.
d) Berechne den Umfang des äußeren Wegrandes.
e) Der Gärtner möchte am äußeren Wegrand Ziersträucher in einem Abstand von 1,2 m setzen. Wie viele Sträucher benötigt er? Runde.

478 Berechne in den Figuren jeweils die rote und die graue Fläche. Runde, falls erforderlich, auf eine Dezimalstelle.

a) 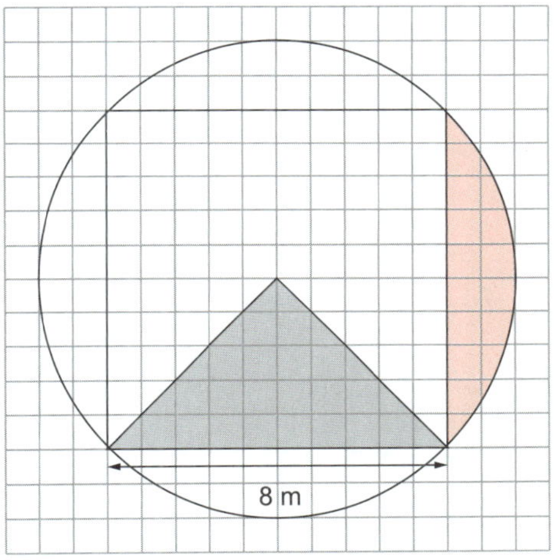

b) 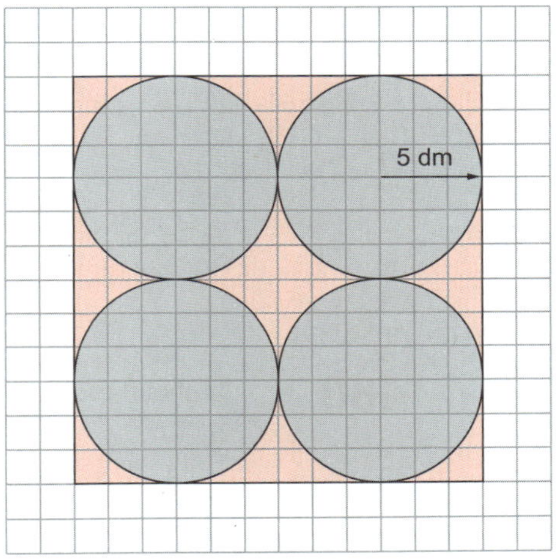

479 Der Boden einer Halle wird mit verschiedenfarbigem Marmor ausgelegt (siehe Skizze).
Die kleinen Kreise ($r_1 = 1$ m) werden mit grauen, der Rest des großen Kreises ($r_2 = 3$ m) mit roten und der Rest des Quadrats ($a = 8$ m) mit weißen Marmorstücken ausgelegt. Folgende Tabelle gibt die Kosten pro m² und den Verschnitt an.

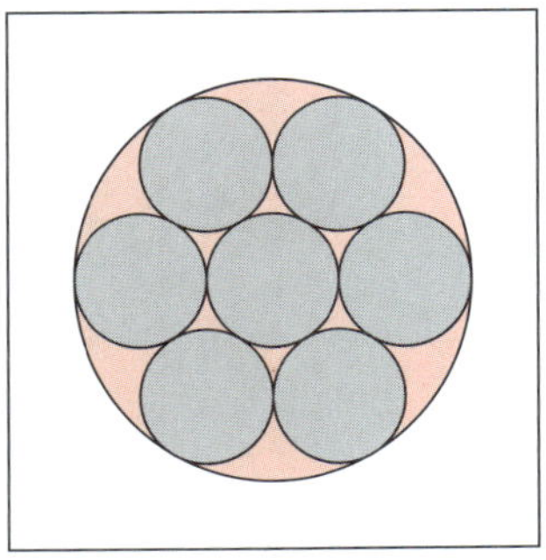

	Kosten pro m²	Verschnitt
weißer Marmor	145 €	12 %
grauer Marmor	165 €	15 %
roter Marmor	185 €	18 %

Wie teuer ist der Marmor für die abgebildete Fläche?

8 Volumen- und Oberflächenberechnungen

Würfel

Merke

Würfel

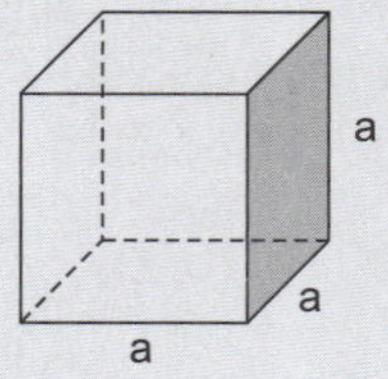

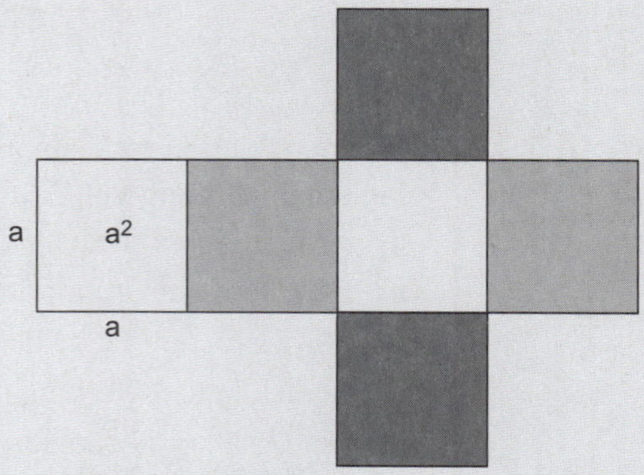

Volumen: $V = a \cdot a \cdot a$
$V = a^3$

Oberfläche: $O = 6 \cdot a^2$

Beispiele

1. gegeben: $a = 7$ cm
gesucht: V, O

$V = 7\text{ cm} \cdot 7\text{ cm} \cdot 7\text{ cm}$
$V = 343\text{ cm}^3$

$O = 6 \cdot 7\text{ cm} \cdot 7\text{ cm}$
$O = 294\text{ cm}^2$

2. gegeben: $O = 150\text{ cm}^2$
gesucht: a

$O = 6 \cdot a^2$
$150\text{ cm}^2 = 6 \cdot a^2 \quad |:6$
$25\text{ cm}^2 = a^2 \quad |\sqrt{\ }$
$a = 5\text{ cm}$

Aufgaben

480 Berechne die fehlenden Werte in der Tabelle für Würfel.

	Kante a	Grundfläche G	Oberfläche O	Volumen V
a)	5 m			
b)		36 dm^2		
c)			24 cm^2	
d)	6 mm			216 mm^3

481 Der große rot lackierte Würfel ($a = 15$ cm) wird in kleine Würfel zerschnitten.

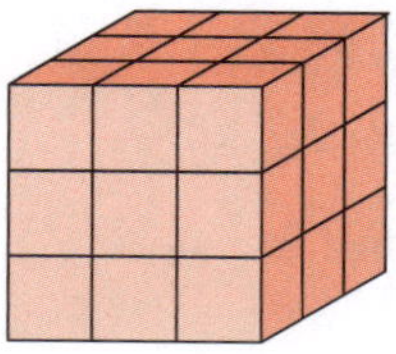

a) Wie viele Schnitte sind erforderlich?
b) Wie viele kleine Würfel erhält man durch die Schnitte?
c) Wie viele kleine Würfel haben drei rote Flächen?
d) Wie viele kleine Würfel haben nur eine rote Fläche?
e) Berechne das Volumen und den Oberflächeninhalt des großen rot lackierten Würfels.
f) Berechne das Volumen und den Oberflächeninhalt eines kleinen Würfels.

482

a) Bestimme die Länge der Würfelkante a. Runde auf ganze cm.

b) Berechne das Volumen und den Oberflächeninhalt des Würfels.

Maße in cm

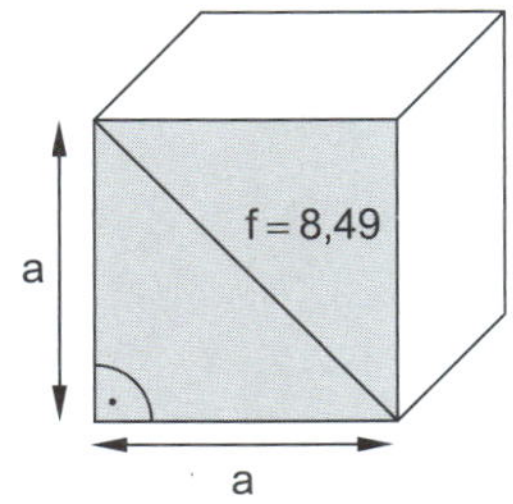

Quader

Merke

Quader

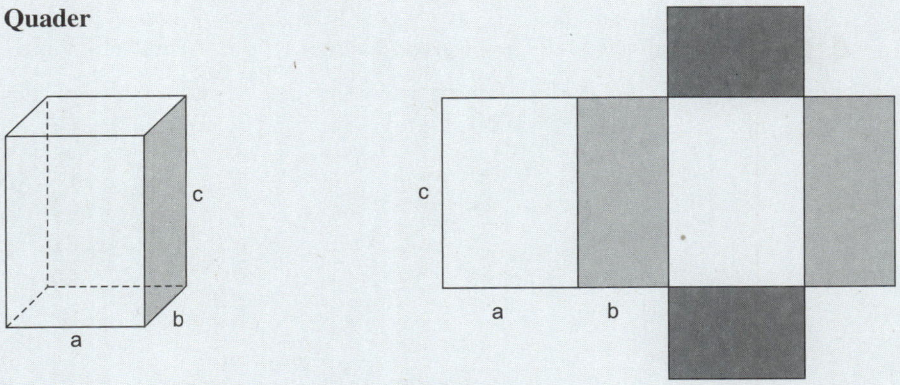

Volumen: $V = a \cdot b \cdot c$

Oberfläche: $O = 2 \cdot a \cdot b + 2 \cdot a \cdot c + 2 \cdot b \cdot c$

$O = 2 \cdot (a \cdot b + a \cdot c + b \cdot c)$

Beispiele

1. gegeben: $a = 12$ cm, $b = 8$ cm, $c = 10$ cm
   gesucht: V, O
   $V = 12\text{ cm} \cdot 8\text{ cm} \cdot 10\text{ cm}$
   $V = 960\text{ cm}^3$
   $O = 2 \cdot 12\text{ cm} \cdot 8\text{ cm} + 2 \cdot 12\text{ cm} \cdot 10\text{ cm} + 2 \cdot 8\text{ cm} \cdot 10\text{ cm}$
   $O = 192\text{ cm}^2 + 240\text{ cm}^2 + 160\text{ cm}^2$
   $O = 592\text{ cm}^2$

2. gegeben: $V = 720\text{ cm}^3$, $c = 9$ cm
   gesucht: G
   $V = G \cdot c$
   $720\text{ cm}^3 = G \cdot 9\text{ cm} \quad |:9\text{ cm}$
   $80\text{ cm}^2 = G$

Aufgaben

483 Berechne das Volumen und den Oberflächeninhalt der Quader.

a)

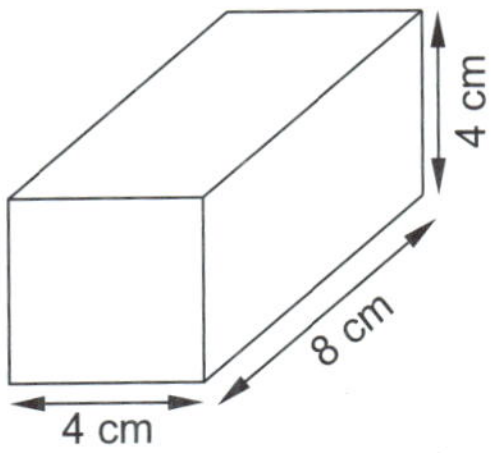

b)

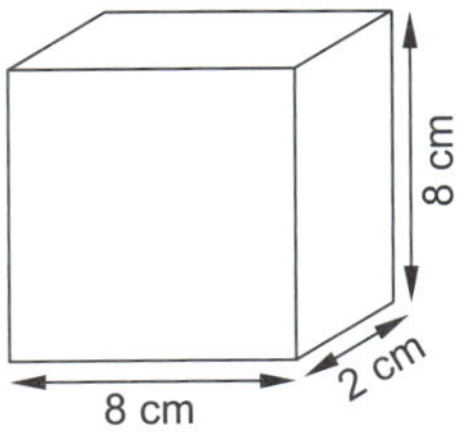

c)

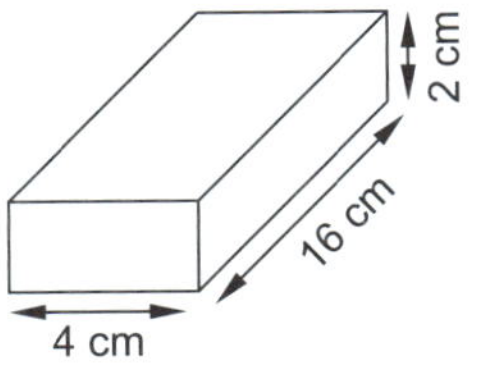

484 Berechne die fehlenden Werte in der Tabelle für Quader.

	Kante a	Kante b	Kante c	Volumen V	Oberfläche O
a)	20 cm	15 cm	40 cm		
b)	40 dm	0,5 dm		300 dm^3	
c)		15 mm	15 mm	1 687,5 mm^3	
d)	16 m		3,5 m	784 m^3	

485 Ein Quader mit einer quadratischen Grundfläche von 6,25 cm^2 und einer Höhe von 5 cm hat dieselbe Oberfläche wie ein Würfel.

a) Berechne die Oberfläche des Quaders.
b) Berechne den Rauminhalt des Quaders.
c) Berechne die Kantenlänge des Würfels.
Runde auf eine Dezimalstelle.

486 Berechne jeweils den Rauminhalt der Körper (Angaben in mm).

a)
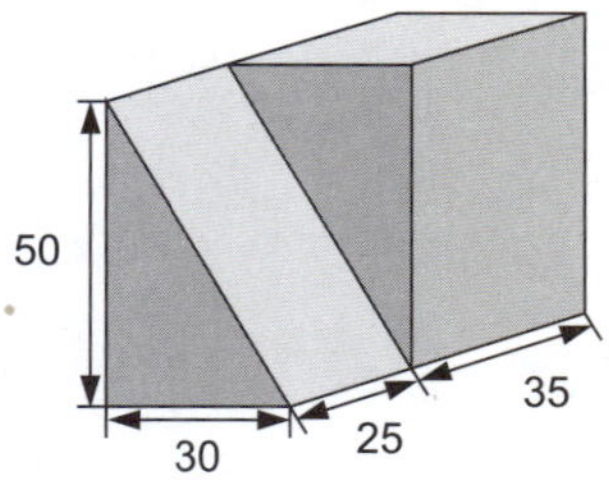

b)
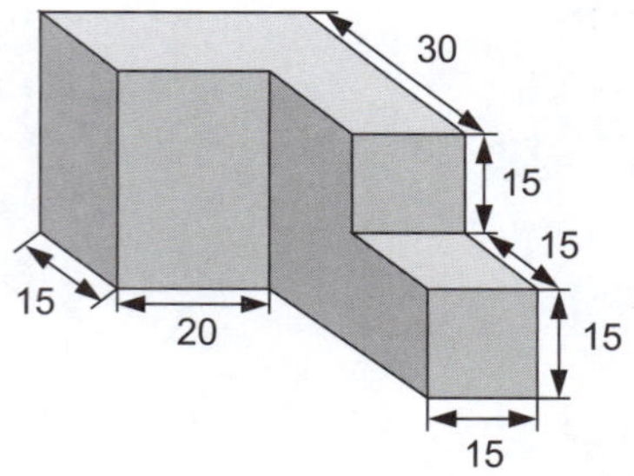

c)
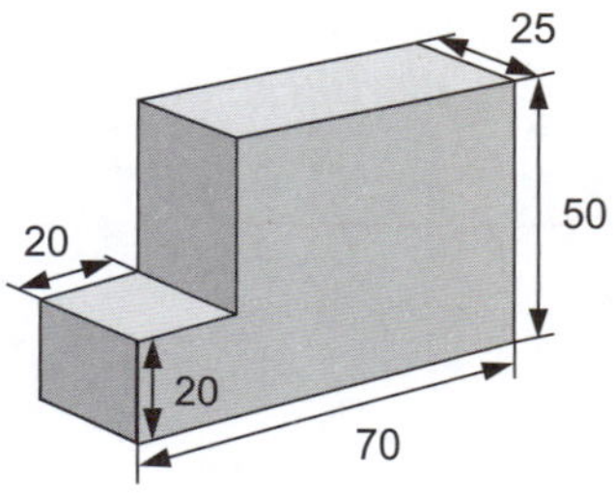

d)
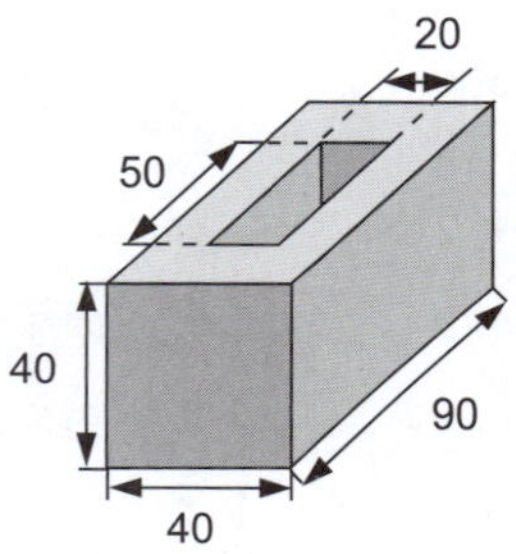

487 Ein Betrieb stellt einen quaderförmigen Tank (a = 6,5 m, b = 3,8 m) mit einem Fassungsvermögen von 66 690 Litern her.

a) Wie hoch wird der Tank?
b) Wie viele m^2 Stahlblech werden zur Herstellung des Tanks benötigt?

488 Berechne das Volumen, die Oberfläche des Quaders und die Längen der Flächendiagonalen $\overline{AF}$, $\overline{BG}$ und $\overline{EG}$.

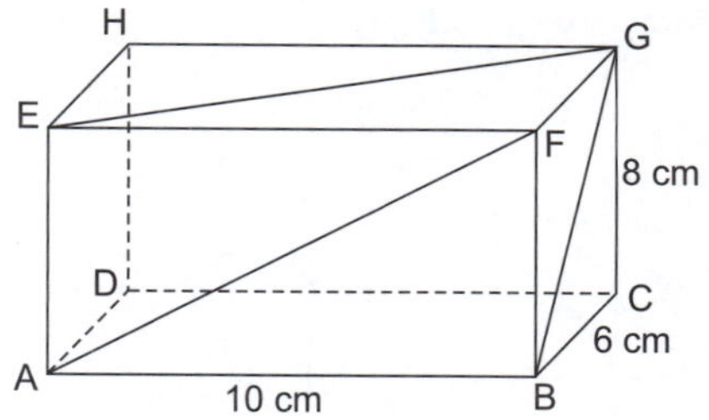

Fit im Quali

489 Bei einem echten Würfel beträgt die Summe der Punkte auf gegenüberliegenden Flächen jeweils 7.

a) Welches Netz gehört zu dem abgebildeten Würfel?

A

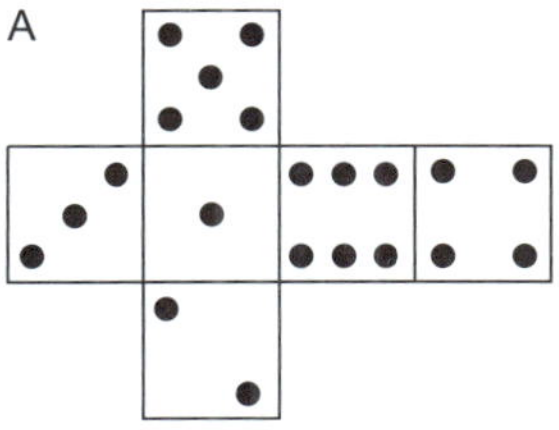

B

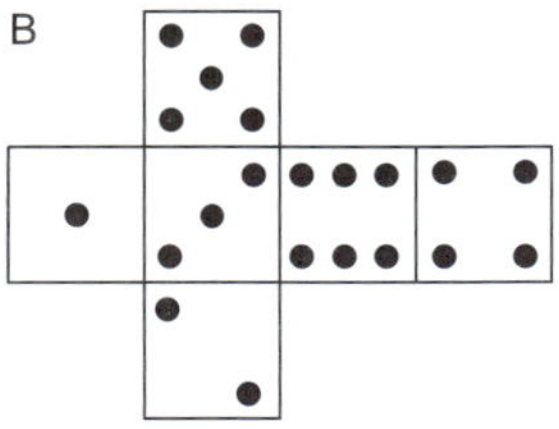

b) Zeichne die fehlenden Punkte in die Netze ein.

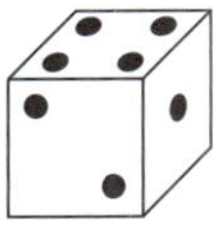

A

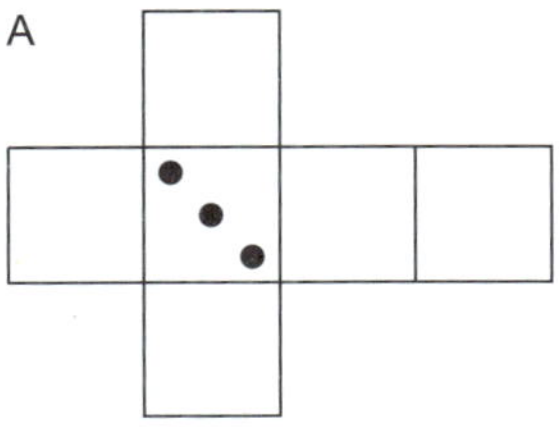

B

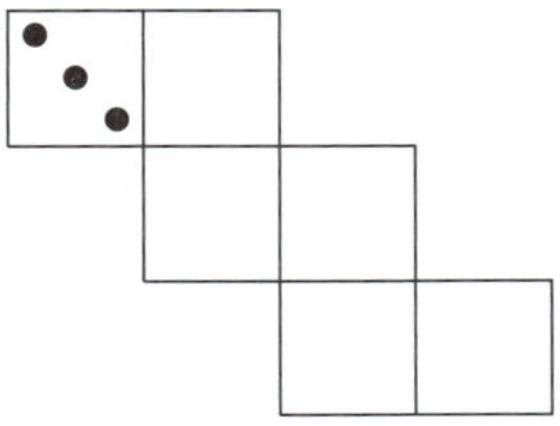

490 Wie viele kleine Würfel musst du jeweils ergänzen, um …

a) einen Quader zu bauen?

b) einen großen Würfel zu bauen?

A

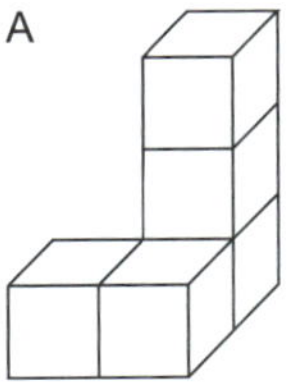

B

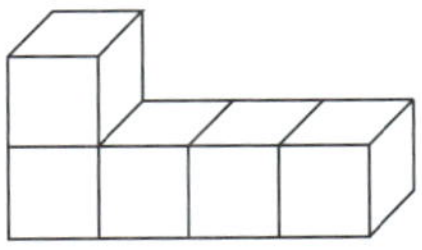

C

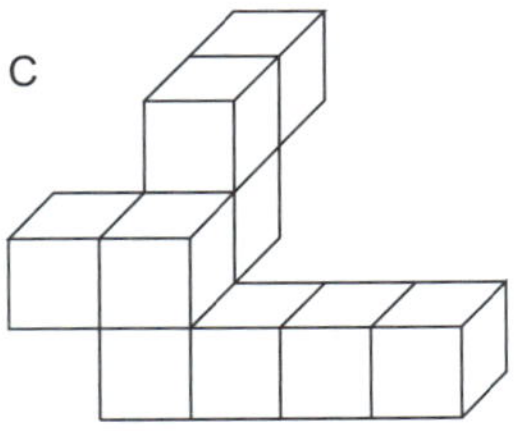

491 Zeichne die dunklen Flächen in das Netz des Quaders ein.

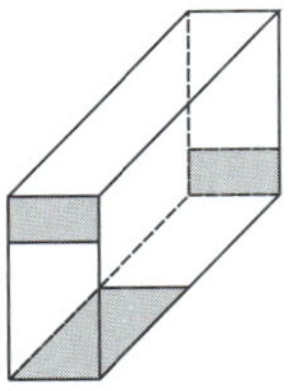

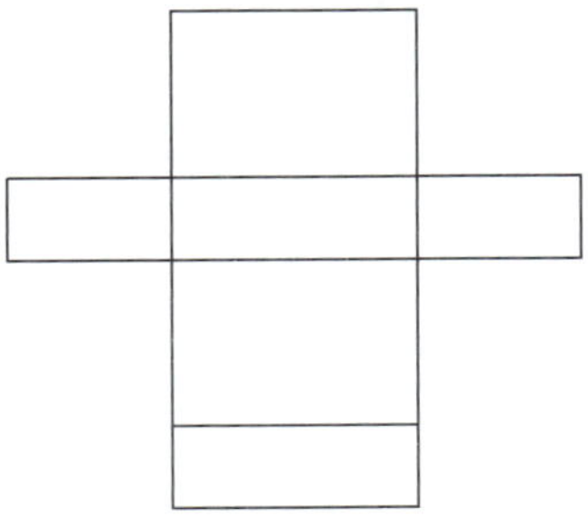

492 Eine Kartonagenfabrik bekommt einen Großauftrag für vier verschiedene Verpackungen. Typ A und B sind würfelförmig, Typ C und D sind quaderförmig. (Maße siehe Skizze)

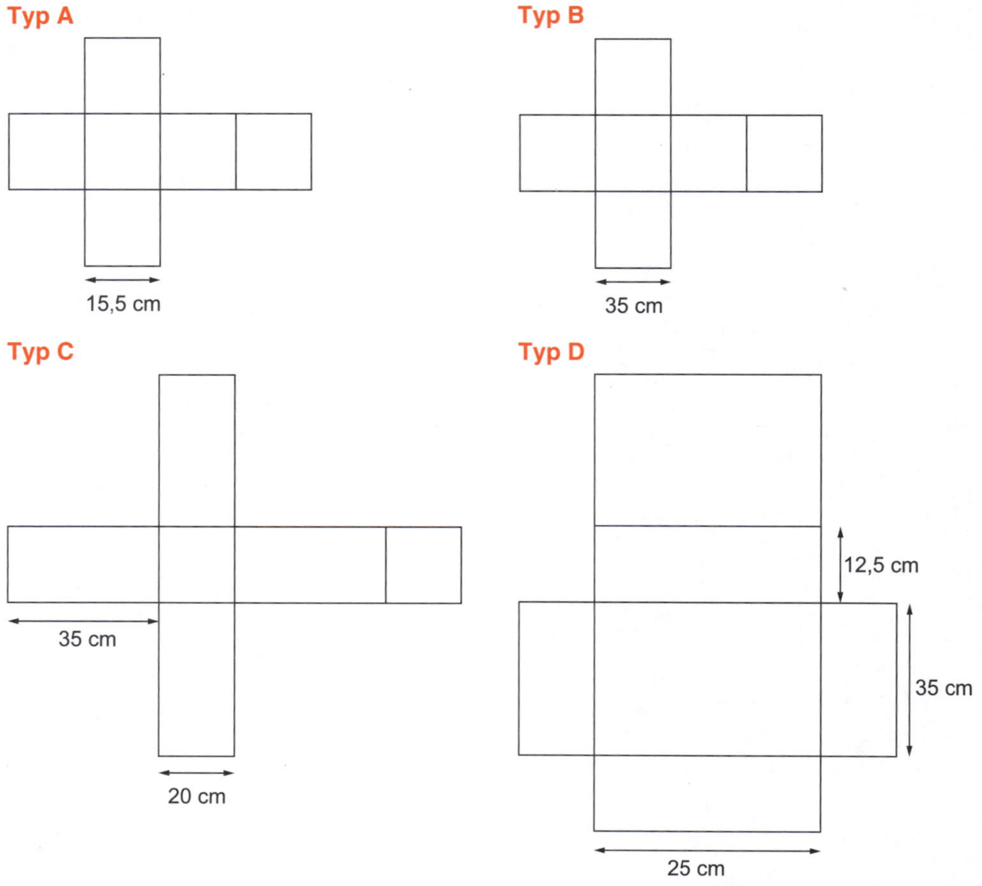

Es sollen 7 400 Stück von Typ A, 12 000 Stück von Typ B, 6 400 Stück von Typ C und 13 500 Stück von Typ D hergestellt werden.

a) Berechne jeweils den Rauminhalt einer Verpackung. Runde auf eine Dezimalstelle.
b) Berechne jeweils die Oberfläche einer Verpackung.
c) Berechne die benötigte Kartonmenge für alle Aufträge in m^2. Rechne mit 18 % Verschnitt für Abfall und Klebeflächen. Runde das Ergebnis auf ganze m^2.

493 Der Landwirt Gürster lässt für seine Beregnungsanlage ein Wasserrückhaltebecken bauen (siehe Skizze).

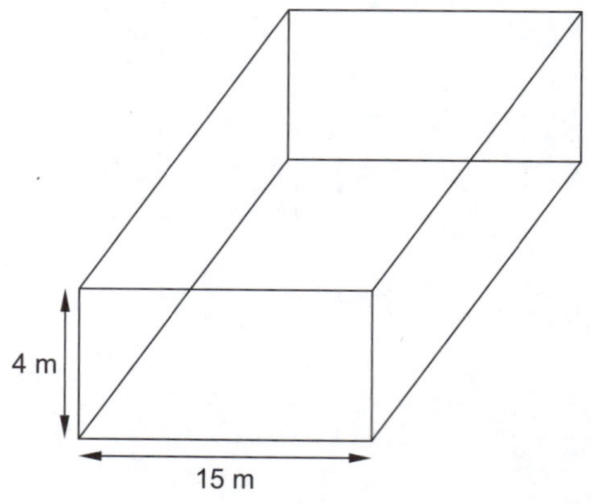

a) Das Becken soll 1 500 m^3 Wasser fassen. Berechne die Länge des Beckens.
b) Das Becken wird bis zum Rand gefüllt. Drei Pumpen mit gleicher Förderleistung liefern zusammen 45 000 Liter Wasser pro Stunde. Wie lange dauert das Füllen des Beckens?
c) Wie lange bräuchten zwei Pumpen bei einer Förderleistung von je 20 000 Liter pro Stunde zur Füllung des gesamten Beckens?

Hinweis: Gib die Füllzeiten in Stunden und Minuten an.

Prisma

Merke

Prisma

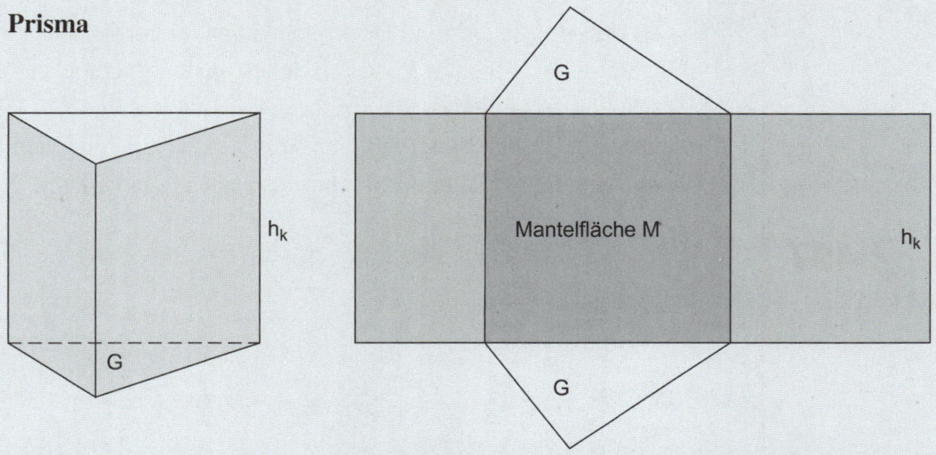

Volumen: $V = G \cdot h_k$

Mantelfläche: M = Summe der Seitenflächen

$M = u_{Grundfläche} \cdot h_k$

Oberfläche: $O = 2 \cdot G + M$

Die angegebenen Formeln sind für alle geraden Prismen gültig.

Beispiel

Man betrachtet ein Prisma mit einem rechtwinkligen Dreieck als Grundfläche.
gegeben: a = 9 cm, b = 12 cm, c = 15 cm, h_k = 11 cm
gesucht: V, O

Berechnen der Grundfläche

$$G = \frac{9\text{ cm} \cdot 12\text{ cm}}{2}$$

$G = 54\text{ cm}^2$

Berechnen des Volumens

$V = 54\text{ cm}^2 \cdot 11\text{ cm}$
$V = 594\text{ cm}^3$

Berechnen des Umfangs der Grundfläche

$u = 9\text{ cm} + 12\text{ cm} + 15\text{ cm}$
$u = 36\text{ cm}$

Berechnen der Oberfläche

$O = 2 \cdot 54\text{ cm}^2 + 36\text{ cm} \cdot 11\text{ cm}$
$O = 108\text{ cm}^2 + 396\text{ cm}^2$
$O = 504\text{ cm}^2$

Aufgaben

494 Berechne das Volumen und die Oberfläche der Prismen.

a)

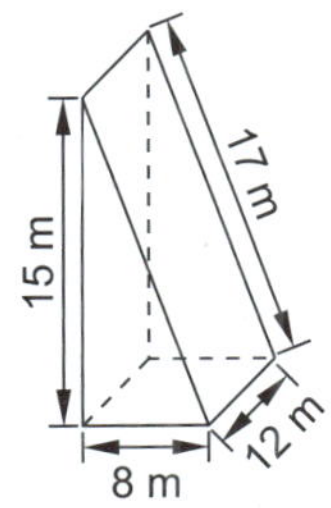

b)

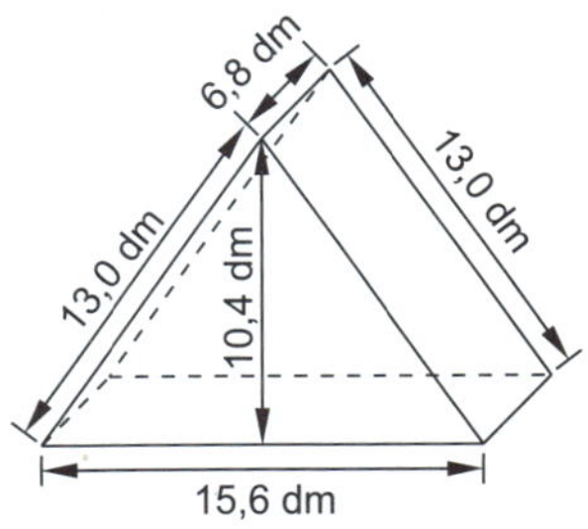

495 Berechne die Höhe eines Prismas mit einem rechtwinkligen Dreieck als Grundfläche (a = 3 cm, b = 4 cm, c = 5 cm), welches ein Volumen von $568{,}75\text{ cm}^3$ hat.

Fit im Quali

496 Streiche die falschen Aussagen zu geraden Prismen durch.

a) In einem Prisma müssen die Grund- und die Deckfläche deckungsgleich sein.
b) Die Form der Grund- und Deckfläche kann unterschiedlich sein.
c) Die Seitenflächen eines Prismas können auch aus Trapezen bestehen.
d) Die Seitenflächen eines Prismas bestehen aus Rechtecken.
e) Alle Seitenflächen bilden mit der Grundfläche einen rechten Winkel.
f) Jede Seitenfläche kann mit der Grundfläche einen anderen Winkel bilden.

497 Alle Prismen haben einen Rauminhalt von 450 cm^3. Berechne die fehlenden Werte.

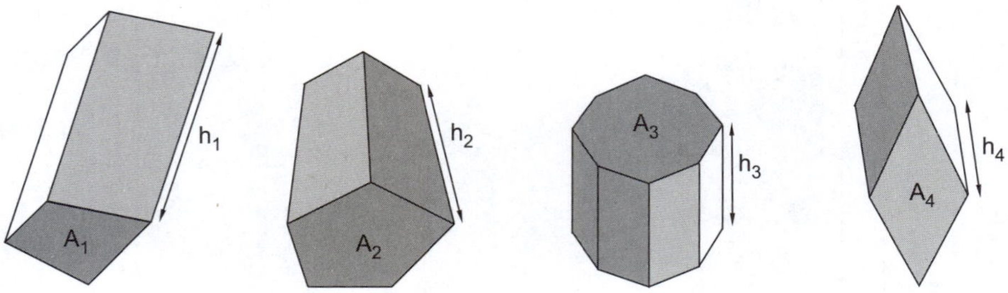

$A_1 =$	$A_2 = 50\ cm^2$	$A_3 = 90\ cm^2$	$A_4 =$
$h_1 = 15\ cm$	$h_2 =$	$h_3 =$	$h_4 = 10\ cm$

498 Berechne das Volumen der Werkstücke in cm^3. Die Maße sind in mm angegeben.

a)

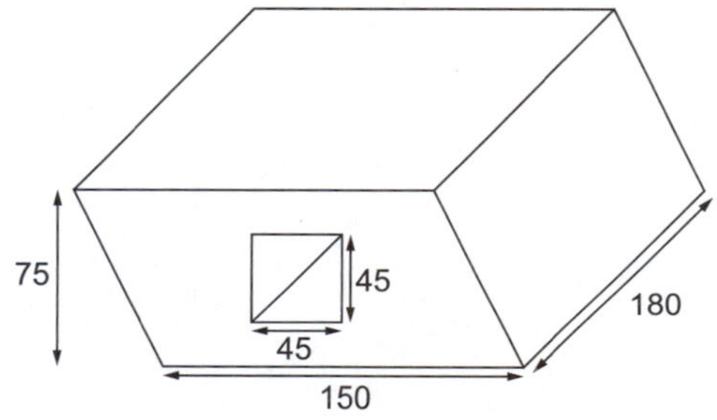

b)

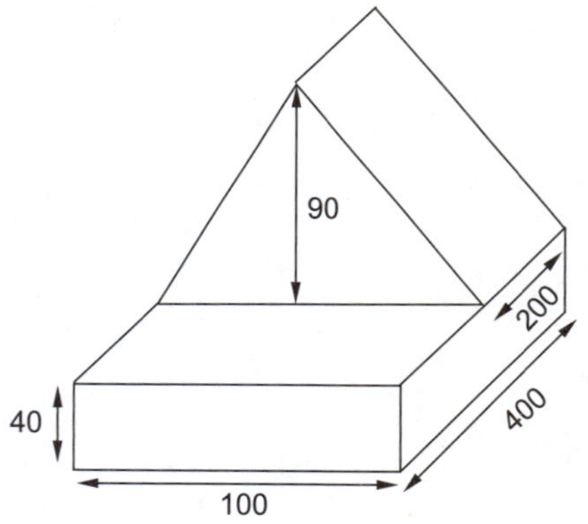

Zylinder

Merke

Zylinder

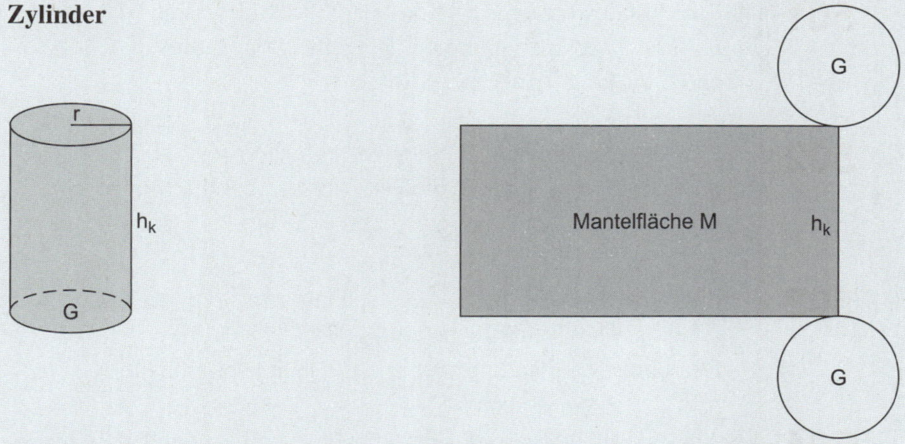

Volumen: $V = G \cdot h_k$
$V = r^2 \cdot \pi \cdot h_k$

Mantelfläche: $M = 2 \cdot r \cdot \pi \cdot h_k$

Oberfläche: $O = 2 \cdot G + M$
$O = 2 \cdot r^2 \cdot \pi + 2 \cdot r \cdot \pi \cdot h_k$

Beispiele

1. gegeben: $r = 7$ cm, $h_k = 18$ cm
   gesucht: V, M, O
   $V = (7\text{ cm})^2 \cdot 3{,}14 \cdot 18\text{ cm}$
   $V = 2\,769{,}48\text{ cm}^3 \approx 2\,769\text{ cm}^3$
   $M = 2 \cdot 7\text{ cm} \cdot 3{,}14 \cdot 18\text{ cm}$
   $M = 791{,}28\text{ cm}^2 \approx 791\text{ cm}^2$
   $O = 2 \cdot (7\text{ cm})^2 \cdot 3{,}14 + 791{,}28\text{ cm}^2$
   $O = 307{,}72\text{ cm}^2 + 791{,}28\text{ cm}^2$
   $O = 1\,099\text{ cm}^2$

2. gegeben: $V = 942\text{ cm}^3$, $h_k = 12$ cm
   gesucht: r
   $V = r^2 \cdot \pi \cdot h_k$
   $942\text{ cm}^3 = r^2 \cdot 3{,}14 \cdot 12\text{ cm} \quad |: 3{,}14;\ : 12\text{ cm}$
   $25\text{ cm}^2 = r^2 \quad |\sqrt{\ }$
   $5\text{ cm} = r$

3. gegeben: $V = 2\,307{,}9\text{ cm}^3$, $r = 7$ cm
   gesucht: h_k
   $2\,307{,}9\text{ cm}^3 = (7\text{ cm})^2 \cdot 3{,}14 \cdot h_k \quad |: 3{,}14;\ : (7\text{ cm})^2$
   $15\text{ cm} = h_k$

Aufgaben

499 Berechne die fehlenden Werte der Zylinder. Runde auf zwei Stellen nach dem Komma.

	Radius r	Grundfläche G	Höhe h_k	Volumen V	Mantelfläche M	Oberfläche O
a)	4,7 cm		12,3 cm			
b)	7,60 m			1 379,10 m³		
c)		24,6 cm²	42,8 cm			
d)			102,5 m	1 689,41 m³		
e)	8,5 dm				895,41 dm²	
f)			15,3 cm		680,54 cm²	

500 Das Volumen eines Zylinders beträgt 16 964,6 cm^3, seine Höhe 24 cm. Berechne den Radius.

501 Ein zylinderförmiges Silo hat eine Standfläche von 616 m^2. Es fasst 17 241 m^3 Getreide. Berechne den Radius, die Höhe und die Mantelfläche des Silos.

502 Eine 2-Euro-Münze hat einen Durchmesser von 25,75 mm. Sie ist 2,20 mm hoch. Welches Volumen hat die Münze? Runde das Ergebnis auf ganze mm^3.

503 Ein neuer zylinderförmiger Gasbehälter soll ein Fassungsvermögen von 13 665 m^3 erhalten. Die Grundfläche beträgt 803,84 m^2.
Berechne den Durchmesser und die Höhe des Behälters.

504 Aus einem Holzwürfel (a = 15 cm) wird mittig ein Zylinder mit einem Durchmesser von 9 cm herausgebohrt. Um wie viel Prozent verringert sich dadurch der Rauminhalt des ursprünglichen Holzwürfels? Runde auf eine Dezimalstelle.

505 Bestimme das Volumen der abgebildeten Körper (Maße in cm).

a)

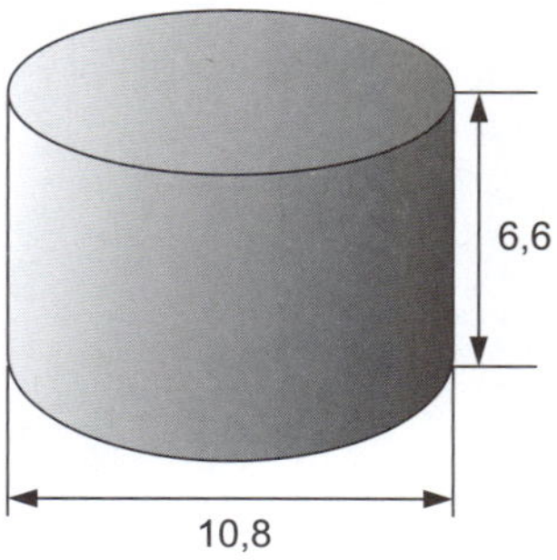

b)

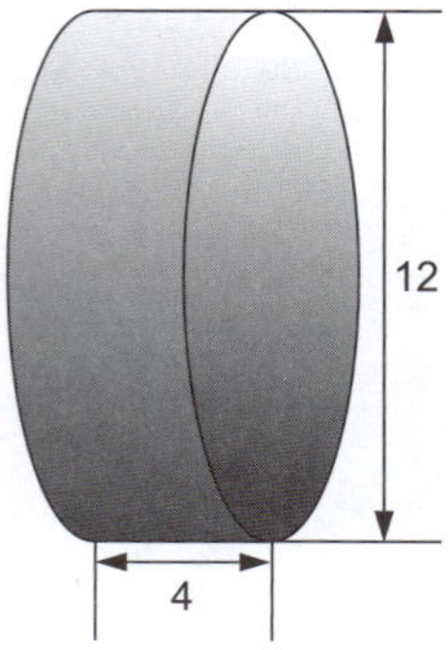

c)

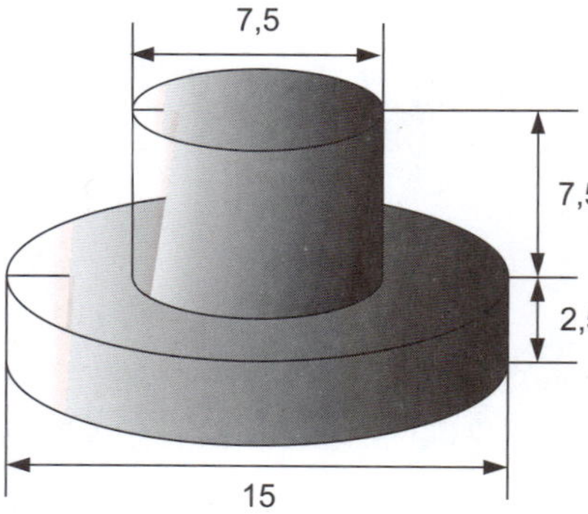

d)

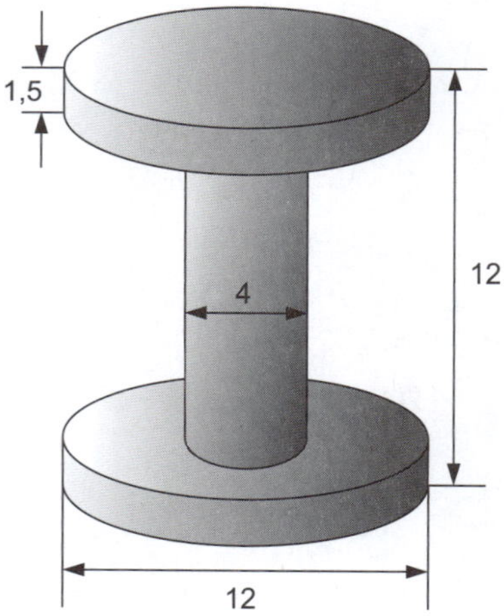

Fit im Quali

506 Ein Zylinder hat ein Volumen von 1 000 cm^3. Welches Volumen hat ein Zylinder, wenn

a) der Radius verdoppelt wird? V = ____________

b) der Radius halbiert wird? V = ____________

c) die Zylinderhöhe halbiert wird? V = ____________

d) die Zylinderhöhe vervierfacht wird? V = ____________

507 Ergeben die Zylinder von Typ B und Typ C zusammen jeweils das Volumen von Typ A?

a)

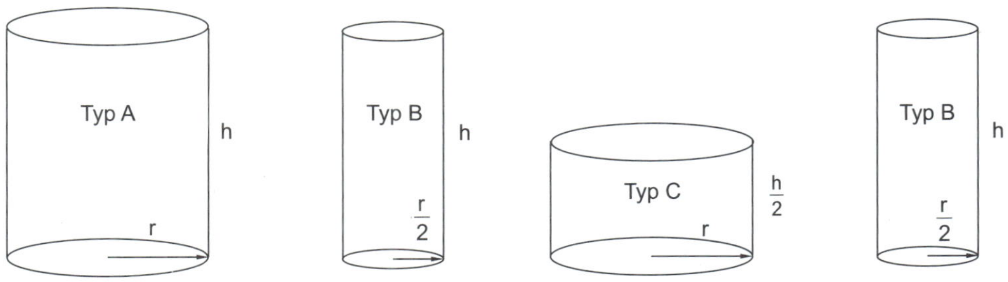

b)

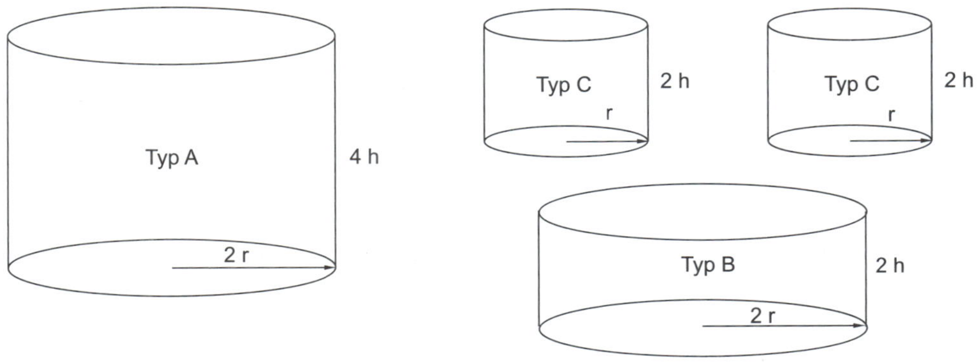

508 Herrn Lachmayrs Regentonne fasst 423 ℓ. Der innere Durchmesser beträgt 70 cm.

a) Wie hoch ist die Regentonne? Runde auf ganze Dezimeter.

b) In der Regentonne steht das Wasser noch 40 cm hoch.
Wie viele ℓ Wasser muss Herr Lachmayr abschöpfen, damit die Regentonne leer ist? Runde auf ganze Liter.

c) Herr Lachmayr streicht die Regentonne innen neu. Er rechnet mit 250 mℓ Farbe pro m^2. Eine Farbdose mit 850 mℓ Inhalt kostet 12,75 €.
Berechne die Kosten für den Anstrich.

509 Die Konservendose hat ein Fassungsvermögen von 850 cm^3.

a) Berechne die Höhe der Dose.

b) Das Blech für die Grund- und Deckfläche wird jeweils aus quadratischen Blechteilen ausgeschnitten.
Wie groß müssen die quadratischen Teile sein?

c) Wie viele cm^2 Abfall entstehen beim Herstellen des Bodens und des Deckels der Dose? Berechne den Abfall auch in Prozent.

Pyramide

Merke

Pyramide

rechteckige Pyramide

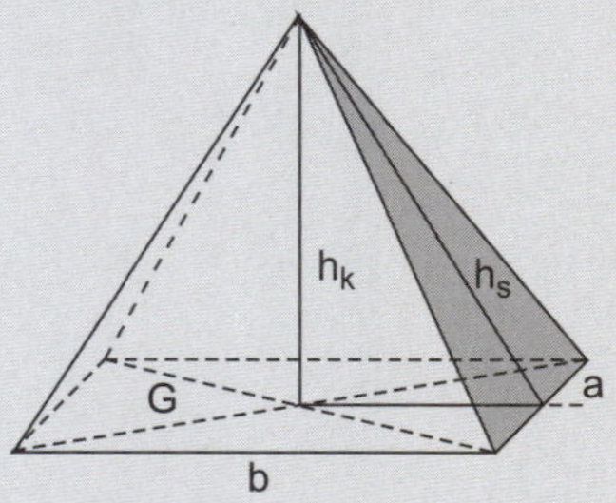

a, b: Kantenlängen der Grundfläche
h_k: Körperhöhe
h_s: Höhe der Seitenfläche

Volumen: $V = \frac{1}{3} \cdot G \cdot h_k$

quadratische Pyramide

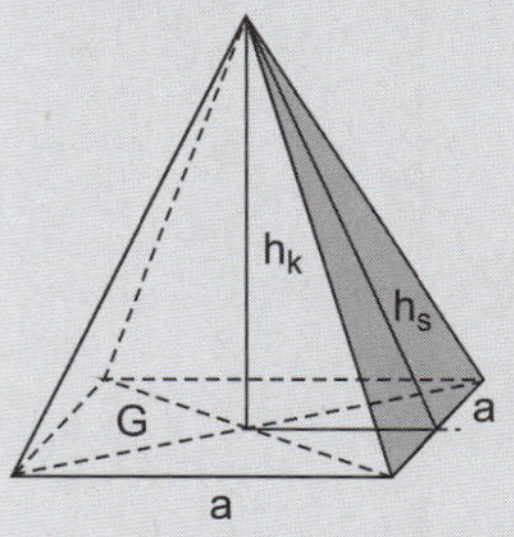

a: Kantenlänge der Grundfläche
h_k: Körperhöhe
h_s: Höhe der Seitenfläche

Volumen: $V = \frac{1}{3} \cdot a^2 \cdot h_k$

Beispiele

1. gegeben: quadratische Pyramide mit: $a = 5\ \text{cm}$, $h_k = 12\ \text{cm}$
   gesucht: V
   $G = 5\ \text{cm} \cdot 5\ \text{cm}$
   $G = 25\ \text{cm}^2$
   $V = \frac{1}{3} \cdot 25\ \text{cm}^2 \cdot 12\ \text{cm}$
   $V = 100\ \text{cm}^3$

2. gegeben: $G = 121\ \text{cm}^2$, $V = 605\ \text{cm}^3$
   gesucht: h_k
   $605\ \text{cm}^3 = \frac{1}{3} \cdot 121\ \text{cm}^2 \cdot h_k \quad | \cdot 3;\ :121\ \text{cm}^2$
   $15\ \text{cm} = h_k$

3. gegeben: quadratische Pyramide mit: $a = 5\ \text{cm}$, $h_k = 12\ \text{cm}$
   gesucht: h_s
   $h_s^2 = h_k^2 + \left(\frac{a}{2}\right)^2$
   $h_s^2 = (12\ \text{cm})^2 + \left(\frac{5\ \text{cm}}{2}\right)^2$
   $h_s^2 = (12\ \text{cm})^2 + (2{,}5\ \text{cm})^2$
   $h_s^2 = 144\ \text{cm}^2 + 6{,}25\ \text{cm}^2$
   $h_s^2 = 150{,}25\ \text{cm}^2 \quad |\sqrt{\ }$
   $h_s \approx 12{,}26\ \text{cm}$

Aufgabe 510

Berechne die fehlenden Werte für Pyramiden mit quadratischer Grundfläche G. Bestimme auch den Flächeninhalt eines Seitendreiecks. Runde auf eine Dezimalstelle.

	a)	b)	c)	d)	e)
a	7,2 dm	6,5 cm			
G					25 m²
h_k	9,5 dm		28 cm		
h_s		8,5 cm		40 dm	7 m
k_s				48,5 dm	
V			457,33 cm³		

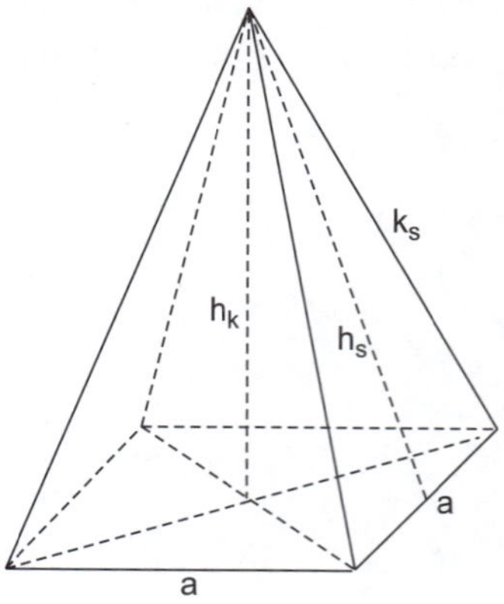

Fit im Quali

511 Berechne mit den Maßen in der Skizze …
a) das Volumen.
b) die Länge von h_s.
c) den Flächeninhalt des grauen Dreiecks.

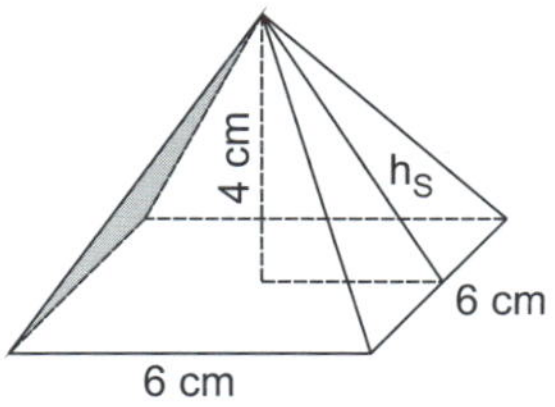

512 Ein Silberschmied gießt aus Sterlingsilber einen Briefbeschwerer in der Form einer Pyramide. Die Pyramide hat als Grundfläche ein gleichseitiges Dreieck mit einer Seitenlänge von 6 cm. Der Briefbeschwerer hat eine Höhe von 12,5 cm, die Kanten der Pyramide sind 13 cm lang (siehe Skizze).
a) Berechne das Gewicht des Briefbeschwerers. 1 cm^3 Sterlingsilber wiegt 10,49 g.
b) Berechne die Oberfläche des Briefbeschwerers.

Hinweis: Runde alle Ergebnisse auf zwei Dezimalstellen.

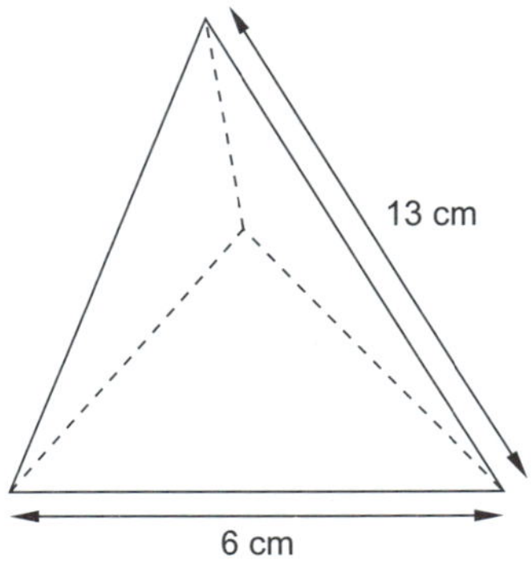

513 Ein Goldschmied soll aus einem quaderförmigen Goldbarren (a = 15 mm; b = 7,5 mm; c = 5 mm) ein Schmuckstück in der Form einer Doppelpyramide mit quadratischer Grundfläche (a = 9 mm) gießen.
a) Skizziere den Längsschnitt der Doppelpyramide und trage die gegebenen Maße ein.
b) Wie hoch wird das Schmuckstück insgesamt?
c) Wie schwer ist das Schmuckstück? 1 cm^3 Gold wiegt 19,3 g.

514 Die Skizze zeigt die ursprünglichen Ausmaße der berühmten Cheopspyramide mit quadratischer Grundfläche.
a) Berechne das ursprüngliche Volumen.
b) Durch Verwitterung haben sich die Maße verändert. Heute beträgt die Höhe nur noch 137 m, die Grundkanten sind um 6 m kürzer. Berechne den Volumenverlust in m^3 und in Prozent. Runde den Prozentsatz auf eine Dezimalstelle.
c) Ursprünglich war die Pyramide mit polierten Kalksteinplatten verkleidet, was ihr in der Sonne ein schneeweißes Aussehen gab. Wie viele m^2 Kalksteinplatten mussten damals an die Baustelle transportiert werden? Rechne mit 8 % Verschnitt und Bruch.

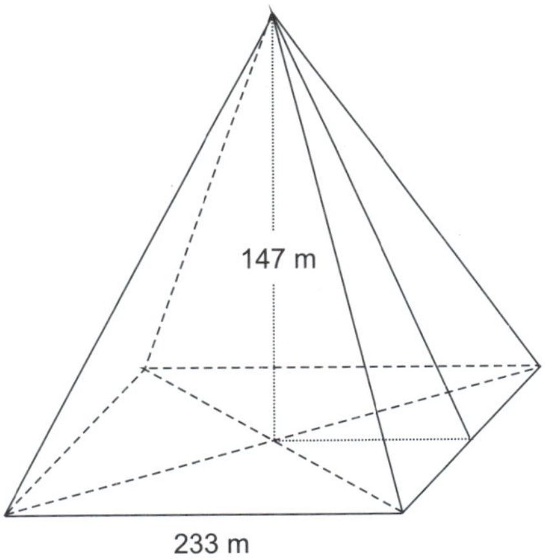

Kegel

Merke

Kegel

r: Radius des Kegels
h_k: Körperhöhe
s: Seitenlinie

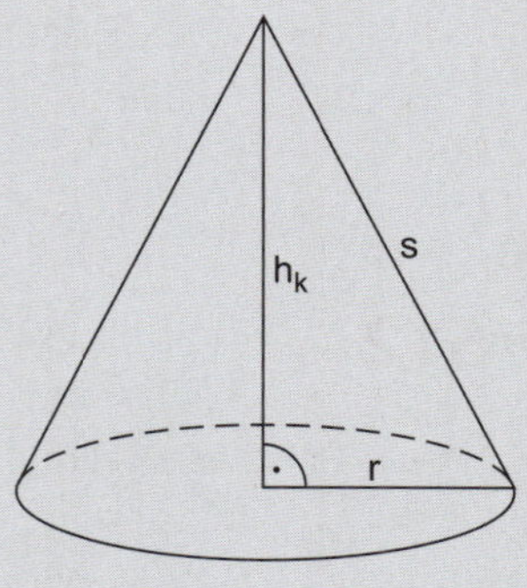

Volumen eines Kegels:

$V = \frac{1}{3} \cdot G \cdot h_k$

$V = \frac{1}{3} \cdot r^2 \cdot \pi \cdot h_k$

Mantelflächeninhalt eines Kegels:

$M = r \cdot \pi \cdot s$

Oberflächeninhalt eines Kegels:

$O = G + M$

Länge der Seitenlinie s (Mantellinie):

$s^2 = r^2 + h_k^2$

$s = \sqrt{r^2 + h_k^2}$

Beispiele

1. gegeben: Kegel mit: $r = 3$ cm, $h_k = 4$ cm
   gesucht: V
   $V = \frac{1}{3} \cdot (3\text{ cm})^2 \cdot 3{,}14 \cdot 4\text{ cm}$
   $V = 37{,}68\text{ cm}^3$

2. gegeben: Kegel mit: $r = 3$ cm, $h_k = 4$ cm
   gesucht: s
   $s^2 = (3\text{ cm})^2 + (4\text{ cm})^2$
   $s^2 = 9\text{ cm}^2 + 16\text{ cm}^2$
   $s^2 = 25\text{ cm}^2 \quad |\sqrt{\ }$
   $s = 5\text{ cm}$

3. gegeben: Kegel mit: $r = 3$ cm, $h_k = 4$ cm
   gesucht: M
   $M = 3\text{ cm} \cdot 3{,}14 \cdot 5\text{ cm}$
   $M = 47{,}1\text{ cm}^2$

Aufgabe 515

Berechne die fehlenden Werte in der Tabelle. Runde auf zwei Nachkommastellen.

	Radius r	Seitenlinie s	Höhe h_k	Grundfläche G	Volumen V
a)	6,4 cm		12,8 cm		
b)	6,7 dm	8,9 dm			
c)		3,9 m	2,1 m		
d)			1,85 dm		9,12 dm³
e)				1,35 m²	14,87 m³

Fit im Quali

516 Der Umfang eines kegelförmigen, aufgeschütteten Sandhaufens beträgt 54,6 m, sein Volumen 148,75 m^3.
Berechne die Höhe des Sandhaufens.

517 Ein Würfel aus Blei (a = 8 cm) wird eingeschmolzen. Aus der Schmelze wird ein Kegel (r = 4 cm) gegossen.
Berechne die Höhe und die Länge der Seitenlinie des Kegels.

518 Ein massiver Kegel hat ein Volumen von 36,8 dm^3. Die Grundfläche des Kegels beträgt 1 017,36 cm^2.
Berechne die Höhe des Kegels in dm. Runde das Ergebnis auf 2 Dezimalstellen.

519 Während eines Praktikums im Kindergarten sollen Ince und Emre für 28 Kinder kegelförmige Spitzhüte außen mit bunter Metallfolie bekleben (siehe Skizze).

a) Wie viele m^2 Folie werden insgesamt benötigt, wenn mit 25 % Verschnitt zu rechnen ist?
Runde alle Ergebnisse, auch Zwischenergebnisse auf zwei Dezimalstellen.

b) Im Schreibwarengeschäft wird die Folie in Bögen von 80 cm Länge und 40 cm Breite angeboten. Jeder Bogen kostet 6,95 €.
Wie viel müssen Ince und Emre bezahlen?

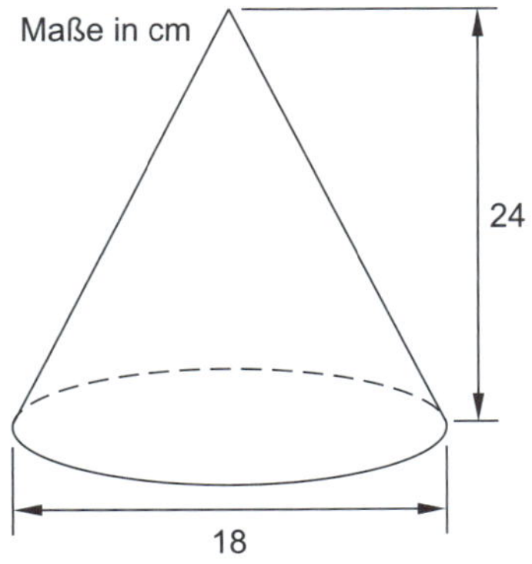

520 Aus einem massiven Eisenzylinder soll durch Fräsen ein kegelförmiges Werkstück mit gleicher Grundfläche und gleicher Höhe hergestellt werden.

a) 1 cm^3 Eisen wiegt 7,7 g.
Wie schwer ist der fertige Kegel? Runde auf ganze Gramm.

b) Aus dem Abfall wird ein Quader gegossen, der 10 cm lang und 5 cm breit sein soll.
Berechne seine Höhe. Runde auf eine Dezimalstelle.

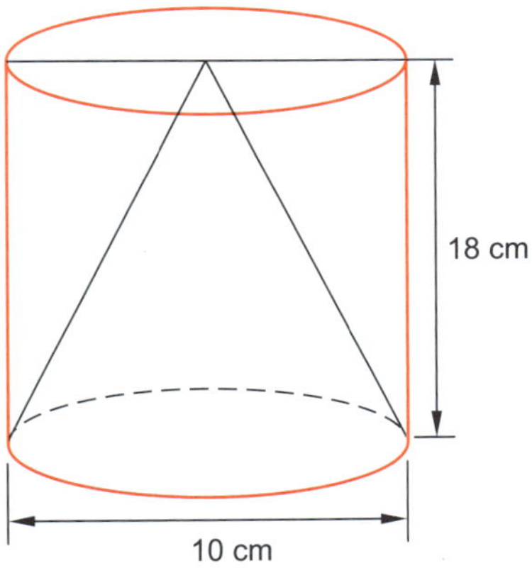

521 Auf einem kreisrunden Pavillon mit einem Umfang von 37,68 m wird ein kegelförmiges Kupferdach errichtet, das 2,75 m hoch ist.
Runde alle Zwischenergebnisse auf zwei Dezimalstellen.

a) Bei der Montage des Daches fallen 15 % Verschnitt an.
Wie viele m^2 Kupferblech werden benötigt?

b) Für die Montage werden 5 900 € berechnet, 1 m^2 Kupferblech kostet 118 €.
Wie teuer wird das Dach des Pavillons insgesamt?

522 Ein Feinmechaniker dreht aus einem Quader mit quadratischer Grundfläche ($a = 40$ cm) den größtmöglichen Kegel mit der Mantellinie $s = 28$ cm. Der Quader und der Kegel haben die gleiche Körperhöhe. Runde alle Ergebnisse, auch Zwischenergebnisse auf zwei Dezimalstellen.

a) Berechne die Höhe des Kegels.

b) Berechne den bei der Herstellung des Kegels entstehenden Abfall in cm^3 und in Prozent.

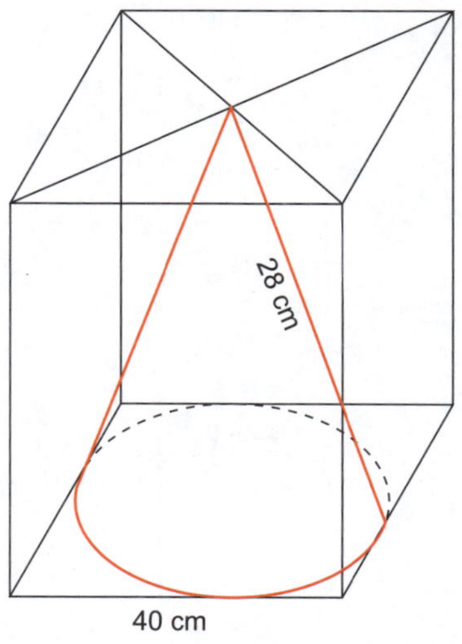

523 Das Werkstück besteht aus einem Zylinder und zwei identischen Kegeln (siehe Skizze). Das Volumen des zusammengesetzten Körpers beträgt 911 cm^3.

a) Berechne die Höhe eines Kegels.

b) Berechne das Volumen eines Kegels.

c) Berechne das Volumen des Zylinders.

d) Berechne die Höhe des Zylinders h_z.

e) Berechne den Oberflächeninhalt des Werkstücks.

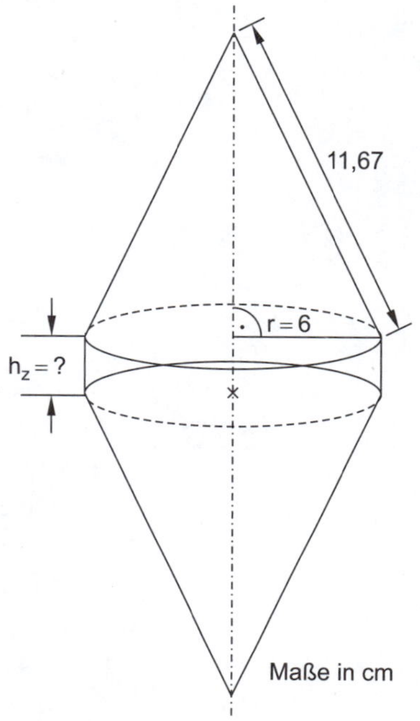

524 In einem Ziegelwerk liegen 334,93 m^3 Formsand auf Halde. Die Grundfläche des kegelförmigen Sandbergs hat einen Umfang von 50,24 m. (Rechne mit $\pi = 3{,}14$.)

a) Berechne die Grundfläche des Sandbergs.

b) Wie hoch ist der Sandberg? Runde auf ganze Meter.

c) Wie viele Fahrten sind nötig, wenn die gesamte Halde von einem Lkw mit 18 t Ladegewicht weggeschafft werden soll? 1 m^3 Sand wiegt 1,6 t.

525 Auf dem Weihnachtsmarkt werden Kerzen in der Form eines Kegels verkauft.

Kerze A: $r = 2$ cm, $h_k = 9$ cm, Stückpreis: 1,95 €

Kerze B: $d = 6$ cm, $h_k = 12$ cm, Stückpreis: 5,95 €

Kerze C: $u = 25$ cm, $h_k = 15$ cm, Stückpreis: 9,95 €

Welcher Kerzentyp hat das beste Preis-Leistungs-Verhältnis?

Berechnungen an zusammengesetzten Körpern

Fit im Quali

526 Berechne jeweils den Rauminhalt der Körper (alle Maße in cm).

a)

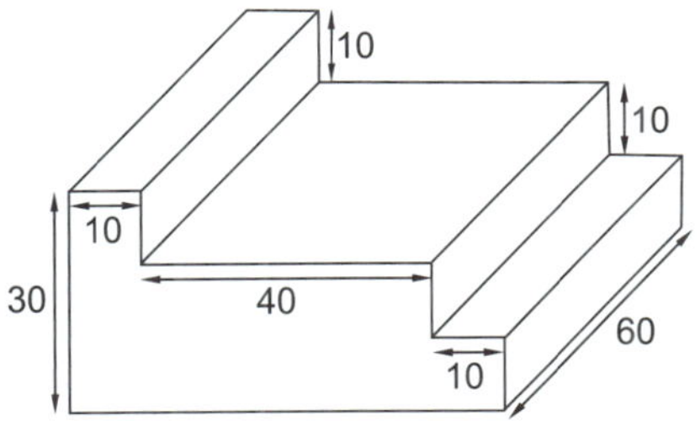

b)

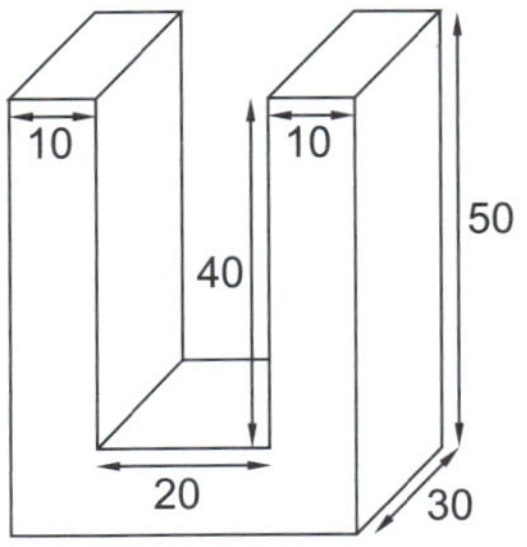

527 Die Oberfläche der Körper soll bemalt werden. An keiner Kante dürfen gleiche Farben zusammenkommen. Wie viele Farben braucht man mindestens?
Trage in die Flächen die Nummer der Farbe ein.

a)

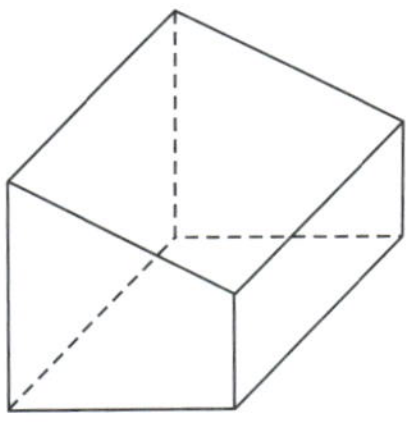

b)

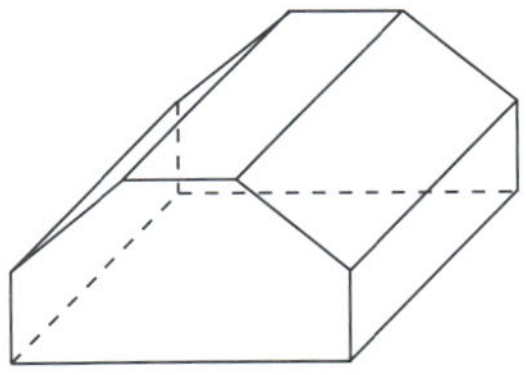

c)

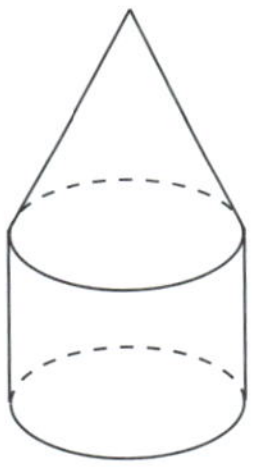

d)

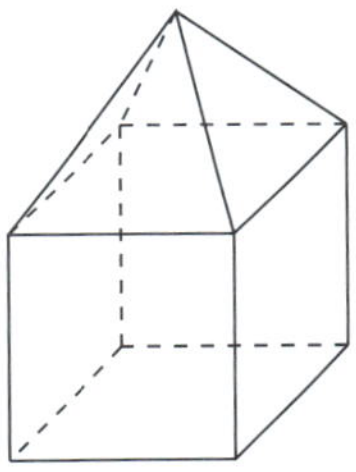

528 Zu welchem Körper gehört das Netz?

a)

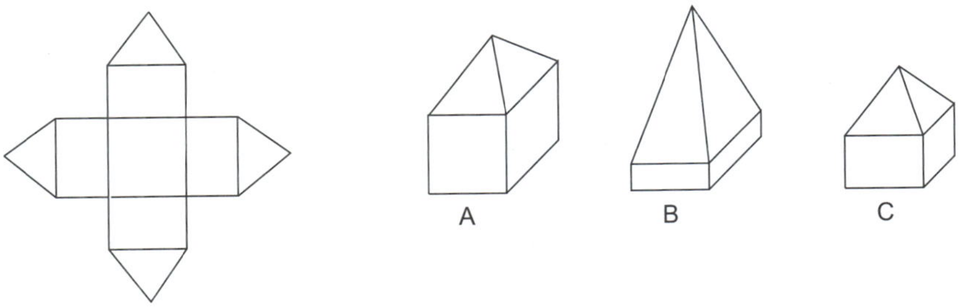

b)

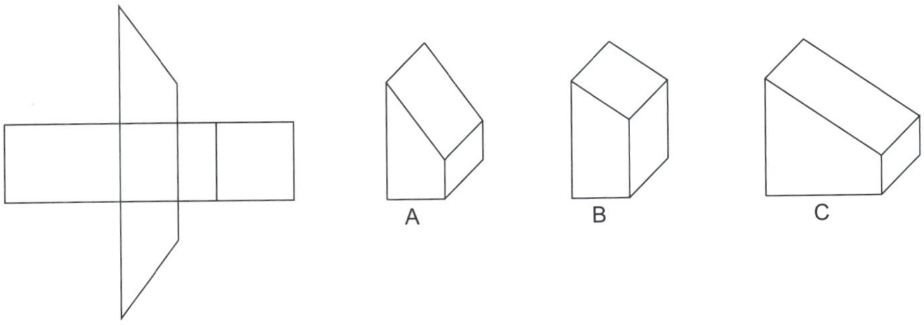

529 Ein Modeschmuckanhänger hat die Form eines Würfels (a = 15 mm) mit aufgesetzter Pyramide gleicher Grundfläche. Insgesamt hat der Anhänger ein Volumen von 3,825 cm^3.

a) Zeichne eine Skizze und beschrifte sie.

b) Berechne die Höhe des Anhängers.

530 Ein metallverarbeitender Betrieb soll für ein Kraftwerk 6 Lagerblöcke gießen. Die Skizze zeigt die Vorderansicht. Ein Lagerblock wird 80 cm lang.

a) Welche Volumen haben die 6 Lagerblöcke? Gib das Ergebnis in m^3 an. Runde auf zwei Dezimalstellen.

b) Wie viele t Gusseisen werden für die 6 Lagerblöcke verarbeitet? 1 m^3 Gusseisen wiegt 7,3 t.

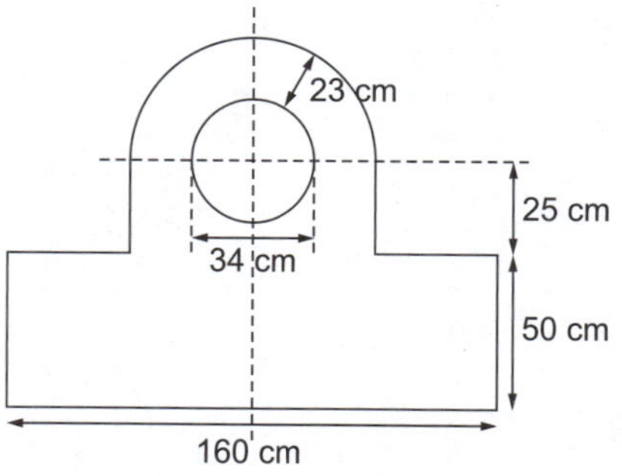

531 Aus einem Zylinder mit einem Volumen von 3 846,5 cm^3 wird eine quadratische Pyramide herausgearbeitet. Zylinder und Pyramide haben die gleiche Höhe.

Runde im Folgenden alle Ergebnisse, falls nötig, auf eine Dezimalstelle.

a) Welchen Durchmesser hat der Zylinder?

b) Berechne die Grundkante der quadratischen Pyramide.

c) Wie groß ist der Rauminhalt des fertigen Werkstücks?

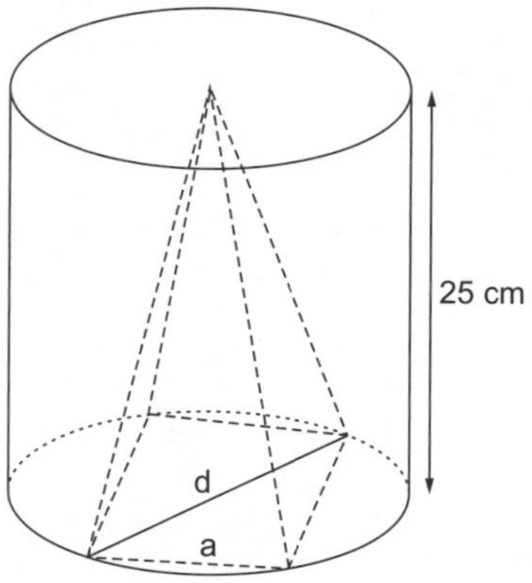

532 Ein Denkmal aus Granit steht einem Autobahnneubau im Wege und muss versetzt werden.

a) Berechne das Volumen des Denkmals.

b) Können zwei Autokräne mit einer Traglast von je 75 t das Denkmal anheben? 1 m^3 Granit wiegt 2,8 t.

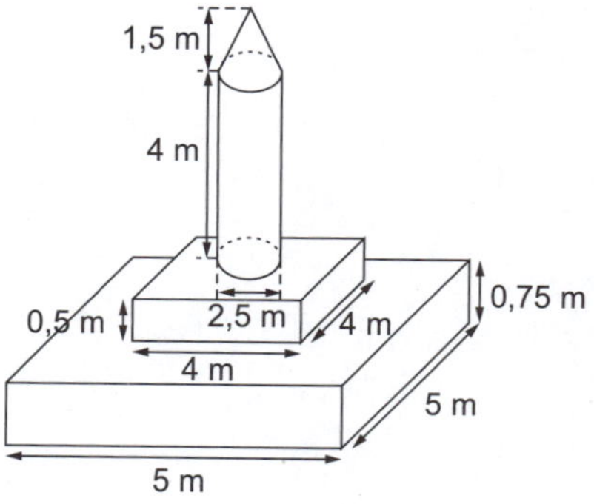

533 Ein zylinderförmiges Werkstück hat eine Länge von 6,4 dm. Es werden 4 zylinderförmige Röhren hineingefräst.

Berechne das Volumen des Werkstücks.

Runde alle Ergebnisse auf eine Stelle nach dem Komma.

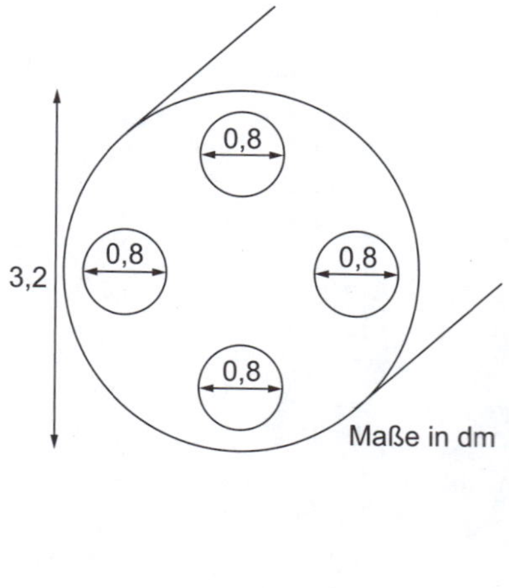

9 Geometrisches Zeichnen

Mittelsenkrechte und Lotgerade

Merke

Mittelsenkrechte

- Die zu einer Strecke $\overline{AB}$ senkrechte Gerade durch den Mittelpunkt der Strecke $\overline{AB}$ ist die Mittelsenkrechte m. Sie steht senkrecht auf der Geraden AB.
- Die Mittelsenkrechte m halbiert die Strecke $\overline{AB}$.
- Die Mittelsenkrechte ist auch die **Symmetrieachse** der Strecke $\overline{AB}$.

Beispiel

Zeichne zur Strecke $|\overline{AB}| = 5$ cm die Mittelsenkrechte m.

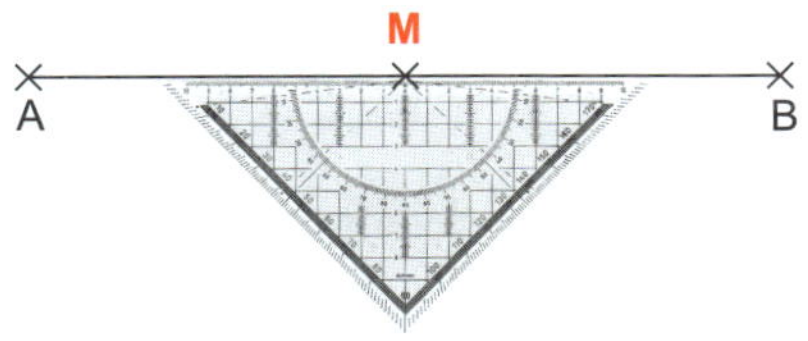

– Zeichne mit dem Geodreieck die Strecke $|\overline{AB}| = 5$ cm.

– Markiere den Mittelpunkt M der Strecke $\overline{AB}$. $|\overline{AM}| = |\overline{MB}| = 2{,}5$ cm

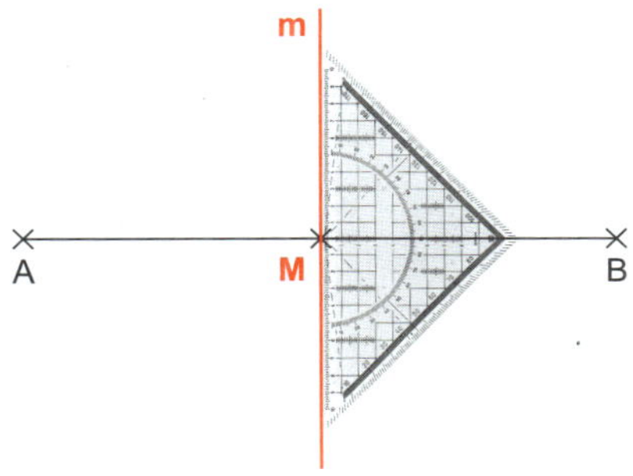

– Zeichne mit dem Geodreieck die Mittelsenkrechte durch den Punkt M.

Merke

Lotgerade

Das **Lot** (die Lotgerade) ist die **Senkrechte** zu einer Geraden durch einen Punkt der Geraden.
Entweder errichtet man ein Lot in einem Punkt zu einer Geraden oder man fällt das Lot von einem Punkt aus auf eine Gerade.

Beispiele

Errichten eines Lotes in einem Punkt auf einer Geraden

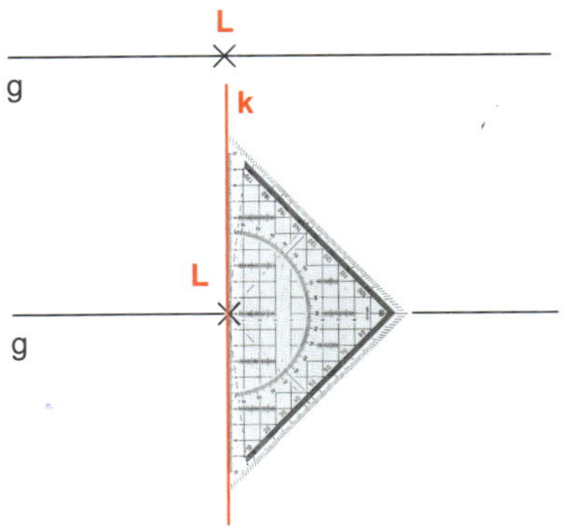

Der Punkt L liegt auf der Geraden g.

Zeichne durch den Punkt L mithilfe des Geodreiecks eine Senkrechte zur Geraden g.
Die Senkrechte k zur Geraden g durch den Punkt L ist das Lot auf die Gerade g durch den Punkt L.

Fällen eines Lotes auf eine Gerade von einem Punkt aus

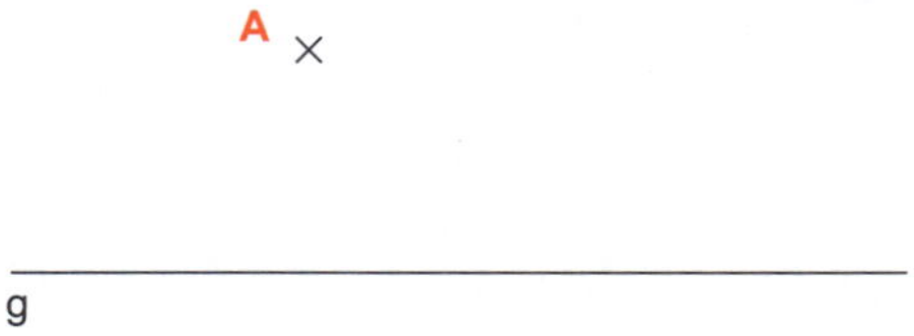

Der Punkt A liegt nicht auf der Geraden g.

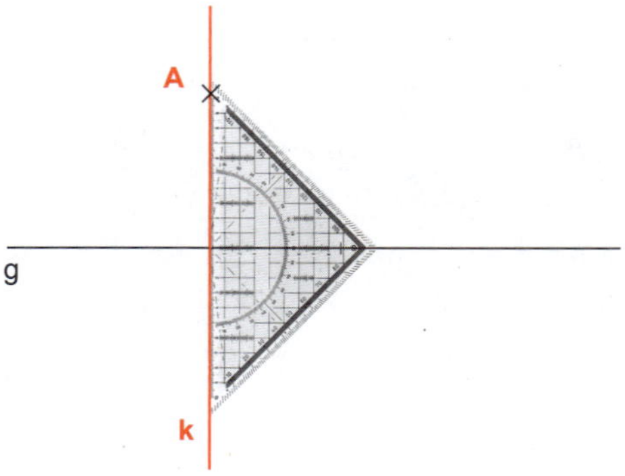

Zeichne mithilfe des Geodreiecks die Senkrechte zur Geraden g durch den Punkt A.
Die Senkrechte k zur Geraden g durch den Punkt A ist das Lot auf die Gerade g durch den Punkt A.

Aufgaben

534 Zeichne jeweils das Lot auf die Gerade durch die angegebenen Punkte.

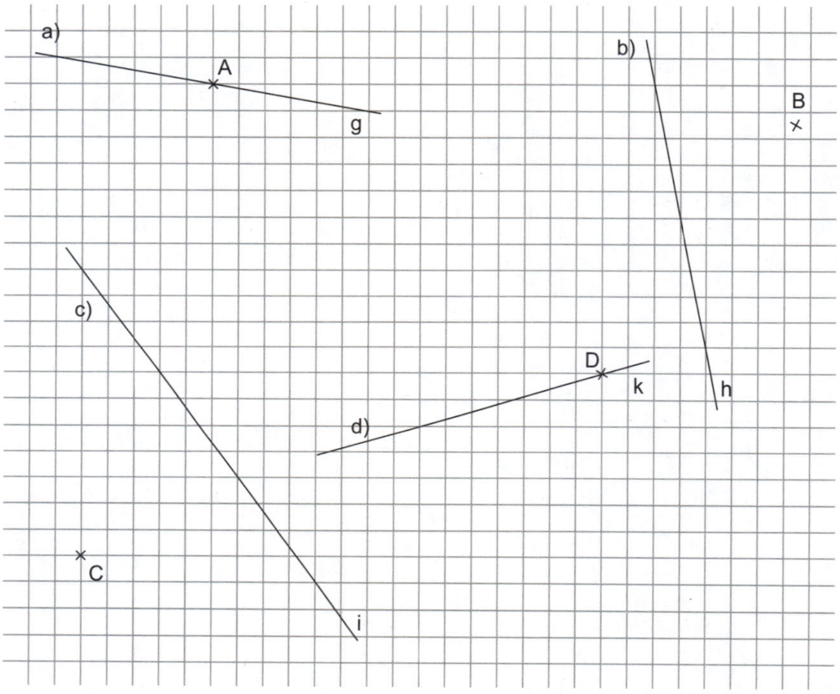

535 Zeichne jeweils die folgenden Strecken. Errichte die Mittelsenkrechte mit dem Geodreieck.

a) $|\overline{AB}| = 7$ cm

b) $|\overline{CD}| = 9$ cm

c) $|\overline{EF}| = 6{,}8$ cm

d) $|\overline{GH}| = 8{,}8$ cm

536 Trage in ein Koordinatensystem (Einheit 1 cm) die folgenden Punkte ein:
A(1|1) B(10|2) C(7|6) D(4|4,5)
Verbinde die Punkte A, B, C, D zum Viereck ABCD.
Zeichne zur Strecke $\overline{AB}$ die beiden Senkrechten, die durch den Punkt C bzw. D gehen.

537 Trage jeweils in ein Koordinatensystem (Einheit 1 cm) die folgenden Punkte ein:

a) A(1 | 1)   B(10 | 1)   C(7 | 9)

b) A(1 | 0,5)   B(8 | 3)   C(2 | 8)

Verbinde die Punkte A, B, C zu dem Dreieck ABC.
Zeichne die Mittelsenkrechten m_a, m_b und m_c.
Die Mittelsenkrechten schneiden sich in einem gemeinsamen Punkt S.
Zeichne um den gemeinsamen Schnittpunkt S einen Kreis mit dem Radius $r = |\overline{SA}|$.
Was stellst du fest?

538 Trage jeweils in ein eigenes Koordinatensystem (Einheit 1 cm) die folgenden Punkte ein:

a) A(2 | 2)   B(11 | 1)   C(6 | 8)

b) A(1 | 0)   B(11 | 2)   C(4,5 | 10)

Verbinde die Punkte A, B, C zu dem Dreieck ABC.
Zeichne zu jeder Dreiecksseite das Lot, das durch den gegenüberliegenden Eckpunkt geht.
Wenn du richtig gezeichnet hast, schneiden sich die Lote in einem gemeinsamen Punkt.

539 Trage in ein Koordinatensystem mit der Einheit 1 cm die beiden Punkte A(2 | 3) und B(9 | 6) ein.

a) Zeichne die Mittelsenkrechte m zur Strecke $\overline{AB}$. Sie schneidet $\overline{AB}$ im Punkt F.

b) Zeichne um F einen Kreis mit dem Radius $r = |\overline{FA}|$.

c) Die Mittelsenkrechte m schneidet die Kreislinie in den Punkten C und D.
Verbinde die Punkte A, B, C und D zu einem Quadrat.
Gib die Koordinaten von C und D an.

d) Überprüfe mit dem Geodreieck, ob die Winkelhalbierende des Winkels ∢ADB mit der Mittelsenkrechten m identisch ist.

540

a) Trage in ein Koordinatensystem mit der Einheit 1 cm die folgenden Punkte ein:
A(1 | 5); B(9 | 1); C(12 | 7)

b) Verbinde die Punkte A, B und C zum Dreieck ABC.

c) Der Winkel β beträgt 90°. Ergänze das Dreieck zu einem Rechteck mit den Endpunkten A, B, C und D. Gib die Koordinaten von D an.

d) Spiegle den Punkt B an der Strecke $\overline{AC}$. Bezeichne den Spiegelpunkt mit B'.

e) Fälle vom Punkt D das Lot auf die Strecke $\overline{AC}$.

f) Zeichne einen Kreis, auf dem die Punkte A, B und C liegen.

541 Lege ein Koordinatensystem mit der Einheit 1 cm an. Trage die Punkte A(6 | 1) und B(1 | 3) in das Koordinatensystem ein.

a) Zeichne das gleichschenklige Dreieck ABC mit der Schenkellänge 7 cm.

b) Zeichne die Mittelsenkrechte zur Strecke $\overline{AB}$.

c) Zeichne durch den Punkt C die Parallele zur Strecke $\overline{AB}$.

d) Ergänze das Dreieck ABC zu dem Parallelogramm ABCD.
Gib die Koordinaten des Punktes D an.

Dreiecke zeichnen

Merke

> **Dreiecke mit drei Seiten zeichnen (SSS)**
> Dreiecke lassen sich eindeutig zeichnen, wenn die drei Dreiecksseiten gegeben sind.

Beispiel

Zeichne das Dreieck ABC mit a=4 cm, b=7 cm, c=6 cm.

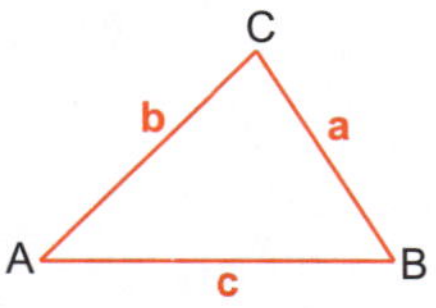

1. Schritt: **Planfigur**
   Trage die gegebenen Werte in die Planfigur ein.

2. Schritt: **Festlegen der Zeichenschritte**
- Strecke $|\overline{AB}| = c = 6$ cm zeichnen. Damit sind die Ecken A und B festgelegt.
- Kreisbogen um A mit dem Radius r=b=7 cm zeichnen.
- Kreisbogen um B mit dem Radius r=a=4 cm zeichnen.
- Der Schnittpunkt der beiden Kreisbögen ergibt die Ecke C.
- A mit C und B mit C verbinden.

3. Schritt: **Zeichnen des Dreiecks**

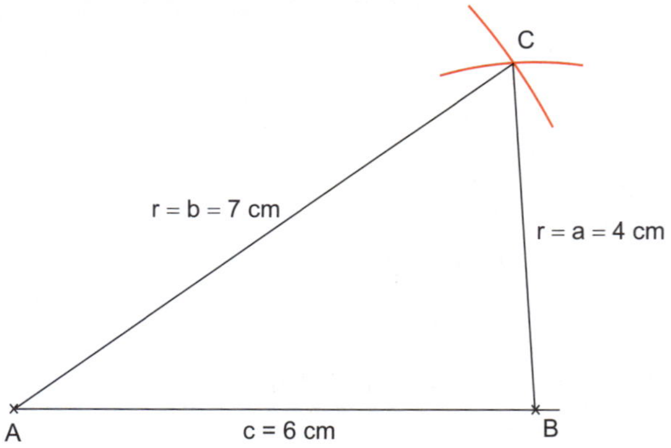

Aufgaben

542 Zeichne die Dreiecke nach der Planfigur.

a)

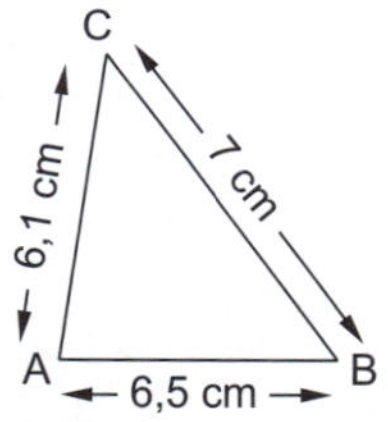

b)

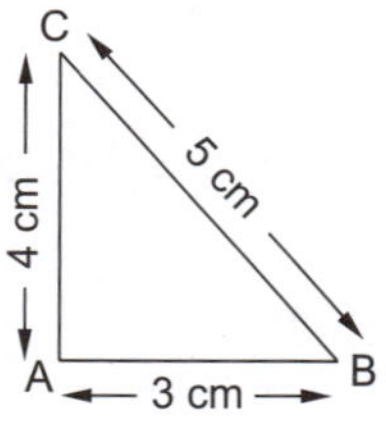

c)

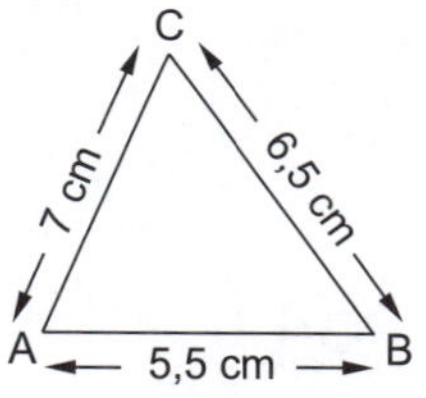

543 Zeichne die Dreiecke.

a) a=4 cm; b=5 cm; c=6 cm
b) a=4,5 cm; b=3,5 cm; c=6 cm
c) a=8 cm; b=4,5 cm; c=10,2 cm
d) a=8,4 cm; b=5,8 cm; c=10,5 cm

Merke

Dreiecke mit zwei Seiten und dem eingeschlossenen Winkel zeichnen (SWS)

Dreiecke lassen sich eindeutig zeichnen, wenn die **zwei Dreiecksseiten** und der von den Seiten **eingeschlossene Winkel** gegeben sind.

Beispiel

Zeichne das Dreieck ABC mit $b = 5{,}5$ cm, $c = 7$ cm und $\alpha = 53°$.

1. Schritt: **Planfigur**

Trage die gegebenen Werte in die Planfigur ein.

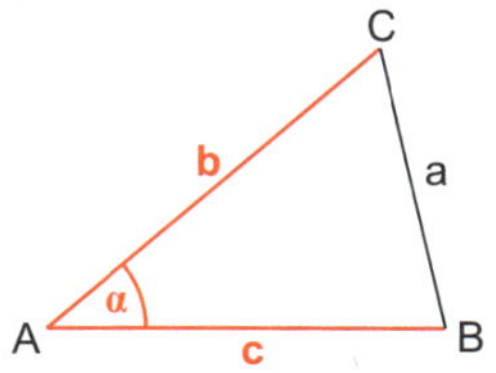

2. Schritt: **Festlegen der Zeichenschritte**

- Strecke $|\overline{AB}| = c = 7$ cm zeichnen. Damit sind die Ecken A und B festgelegt.
- Den Winkel $\alpha = 53°$ mit dem Geodreieck an Punkt A antragen.
- Kreisbogen um A mit dem Radius $r = b = 5{,}5$ cm zeichnen.
- Der Schnittpunkt des Kreisbogens mit dem freien Schenkel von α ergibt die Ecke C.
- B mit C verbinden.

3. Schritt: **Zeichnen des Dreiecks**

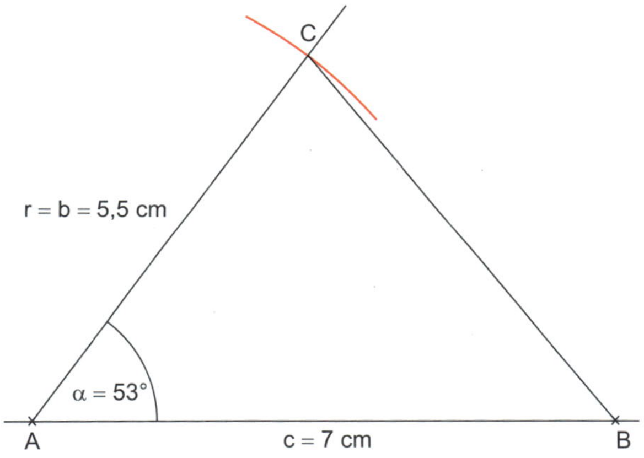

Aufgaben

544 Zeichne die Dreiecke nach der Planfigur.

a)

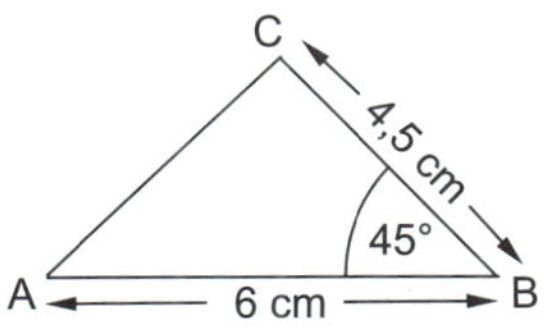

b)

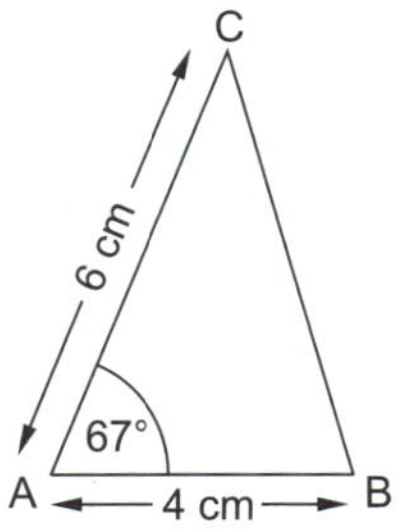

c)

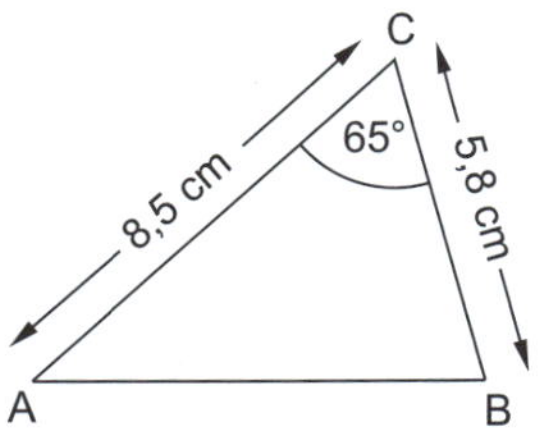

545 Zeichne die Dreiecke.

a) $b = 5$ cm; $c = 6$ cm; $\alpha = 60°$

b) $a = 5{,}5$ cm; $b = 4{,}5$ cm; $\gamma = 65°$

c) $a = 4{,}5$ cm; $c = 8$ cm; $\beta = 40°$

d) $a = 7{,}2$ cm; $b = 6{,}8$ cm; $\gamma = 35°$

Merke

Dreiecke mit einer Seite und zwei Winkeln zeichnen (WSW)

Dreiecke lassen sich eindeutig zeichnen, wenn **eine Dreiecksseite** und die **beiden anliegenden Winkel** gegeben sind.

Beispiel

Zeichne das Dreieck ABC mit $\alpha = 41°$, $\beta = 54°$ und $c = 9$ cm.

1. Schritt: **Planfigur**

Trage die gegebenen Werte in die Planfigur ein.

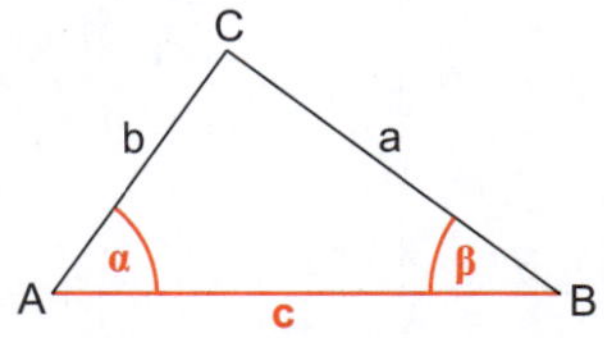

2. Schritt: Festlegen der Zeichenschritte

- Strecke $|\overline{AB}| = c = 9$ cm zeichnen. Damit sind die Ecken A und B festgelegt.
- Den Winkel $\alpha = 41°$ mit dem Geodreieck an Punkt A antragen.
- Den Winkel $\beta = 54°$ mit dem Geodreieck an Punkt B antragen.
- Der Schnittpunkt der beiden freien Schenkel ergibt die Ecke C.

3. Schritt: **Zeichnen des Dreiecks**

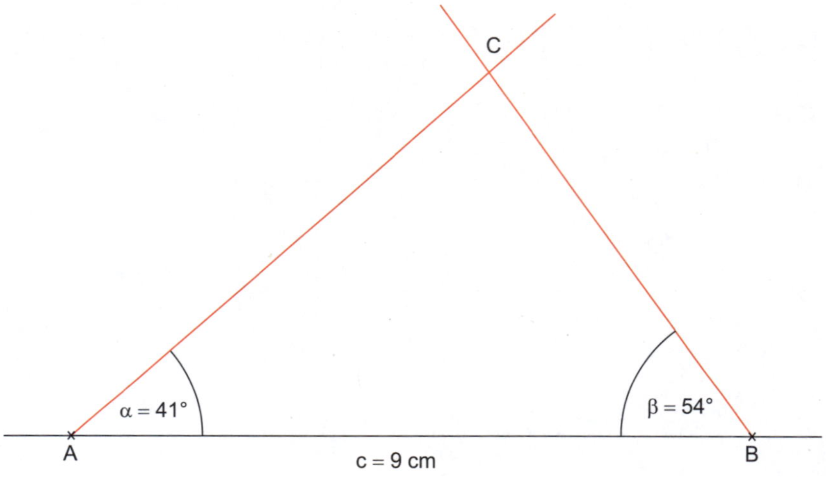

Aufgaben

546 Zeichne die Dreiecke nach der Planfigur.

a)

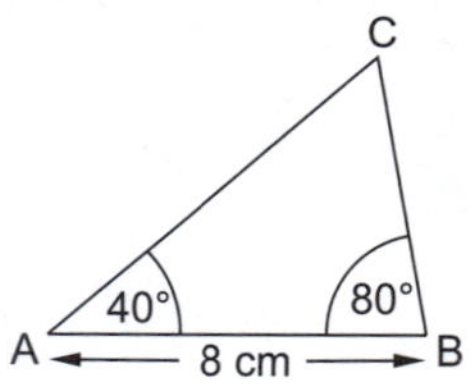

b)

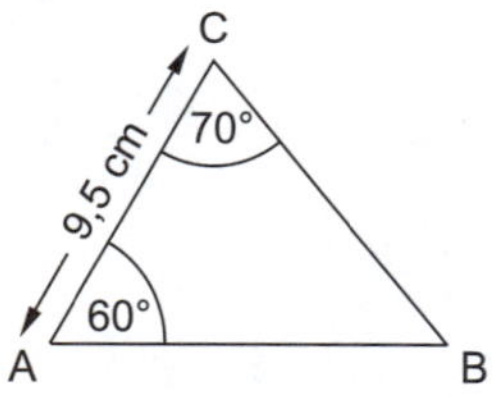

c)

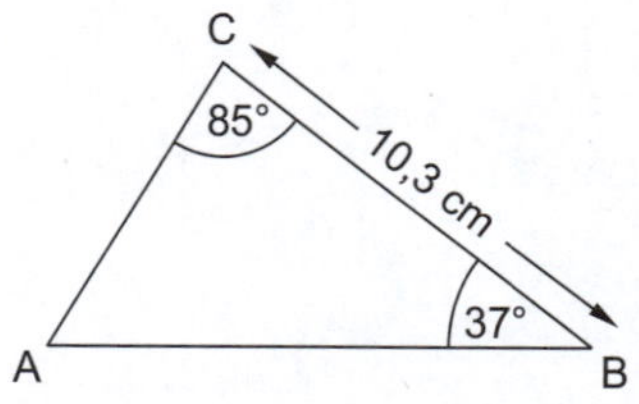

547 Zeichne die Dreiecke.

a) $c = 6$ cm; $\alpha = 60°$; $\beta = 40°$

b) $a = 5{,}5$ cm; $\beta = 35°$; $\gamma = 65°$

c) $b = 8$ cm; $\alpha = 80°$; $\gamma = 41°$

d) $c = 10$ cm; $\alpha = 71°$; $\beta = 67°$

Regelmäßige Vielecke

Merke

Eigenschaften regelmäßiger Vielecke

- In regelmäßigen Vielecken sind **alle Seiten gleich lang**.
- Alle Eckpunkte eines regelmäßigen Vielecks liegen auf dem Umkreis und haben den gleichen Abstand voneinander.
- Das **Bestimmungsdreieck** eines regelmäßigen Vielecks ist ein **gleichschenkliges Dreieck**.

Beispiel

Regelmäßiges Zehneck (n = 10)

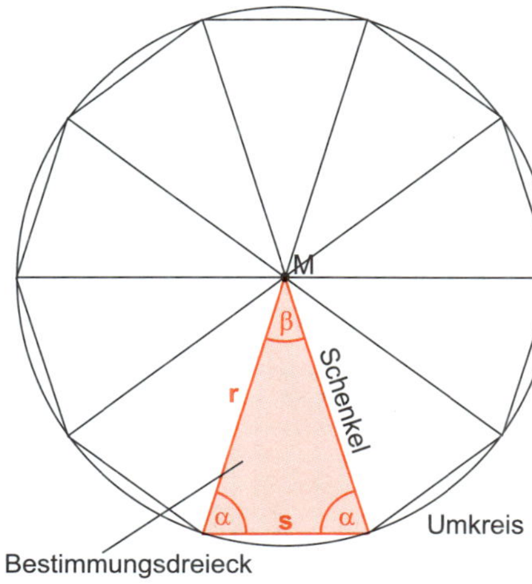

α Basiswinkel
β Mittelpunktswinkel
M Mittelpunkt des Umkreises
u Umfang des Umkreises
s Länge einer Seite des regelmäßigen Vielecks
n Anzahl der Ecken des regelmäßigen Vielecks
r Radius des Umkreises; Länge eines Schenkels

Mittelpunktswinkel β

$$\beta = \frac{360°}{\text{Anzahl der Ecken n}}$$

$$\beta = \frac{360°}{10}$$

$$\beta = 36°$$

Basiswinkel α

$$2\alpha + \beta = 180°$$

$$2\alpha + 36° = 180° \quad | -36°$$

$$2\alpha = 144° \quad | :2$$

$$\alpha = 72°$$

Aufgaben

548 Welche Dreiecke können Bestimmungsdreiecke für regelmäßige Vielecke sein? Begründe deine Meinung.

a) 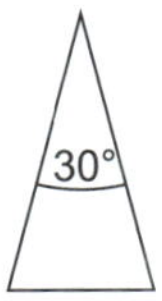

b) 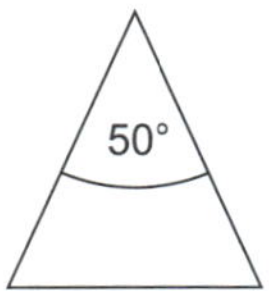

c) 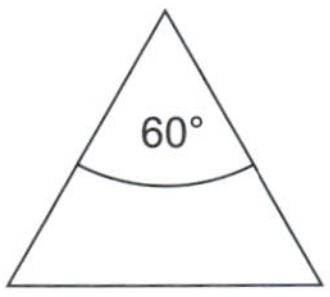

d) 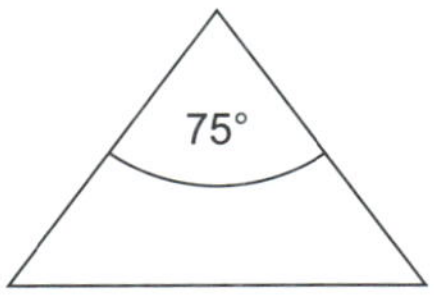

e) 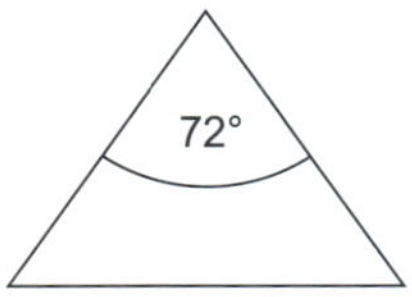

f) 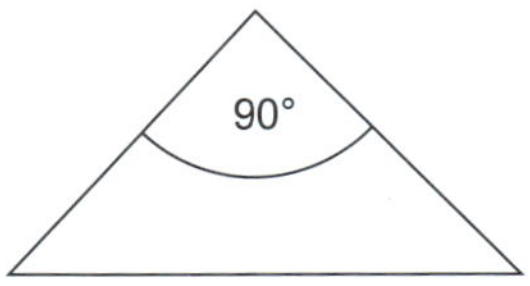

549 Berechne die fehlenden Werte in der Tabelle.

	Regelmäßiges Vieleck	Mittelpunktswinkel β	Basiswinkel α
a)	Fünfeck		
b)		40°	
c)			72°
d)	Zwölfeck		
e)		45°	
f)			60°

Merke

Zeichnen regelmäßiger Vielecke

Regelmäßige Vielecke können nur dann gezeichnet werden, wenn entweder die **Seite s** des regelmäßigen Vielecks oder der **Radius r** des Umkreises bekannt sind.

Beispiel

Die Seite eines regelmäßigen Neunecks misst 2 cm.
Zeichne das regelmäßige Neuneck.

1. Schritt: **Planfigur**
Zeichne die Planfigur eines Bestimmungsdreiecks und trage die bekannten Maße ein.

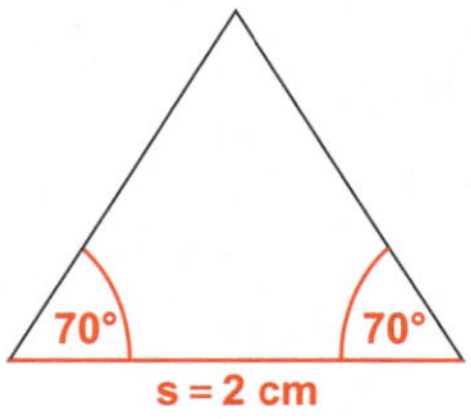

2. Schritt: **Berechnen der Winkel**

– Berechne die Größe des Mittelpunktswinkels β und der Basiswinkel α.

$n = 9$

$\beta = \frac{360°}{9}$

$\beta = 40°$

$2\alpha + \beta = 180°$

$2\alpha + 40° = 180° \quad | -40°$

$2\alpha = 140° \quad | :2$

$\alpha = 70°$

– Trage die Größe der Winkel in die Planfigur ein.

3. Schritt: **Festlegen der Zeichenschritte**

– Zeichne das Bestimmungsdreieck nach WSW.
– Zeichne den Umkreis um M mit dem Radius r (r = Länge des Schenkels im Bestimmungsdreieck).
– Trage mit dem Zirkel die Seitenlänge s = 2 cm auf dem Umkreis ab.
– Verbinde die Schnittpunkte mit dem Umkreis zu einem regelmäßigen Neuneck.

4. Schritt: **Zeichnen des regelmäßigen Neunecks**

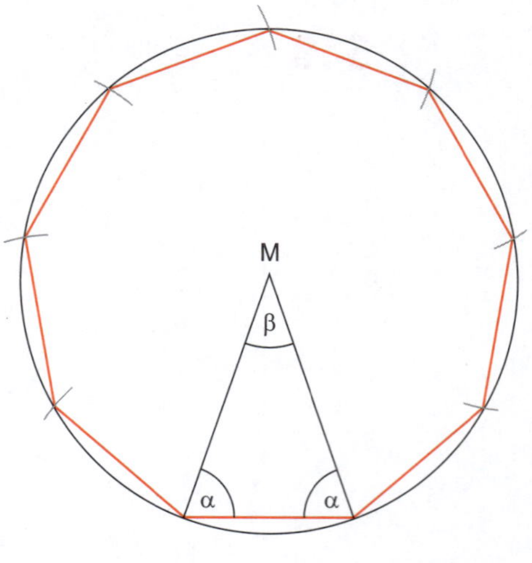

Aufgabe 550

Zeichne die regelmäßigen Vielecke.

a)

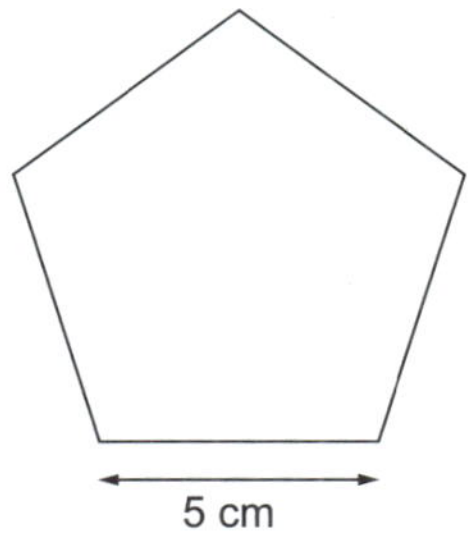

b)

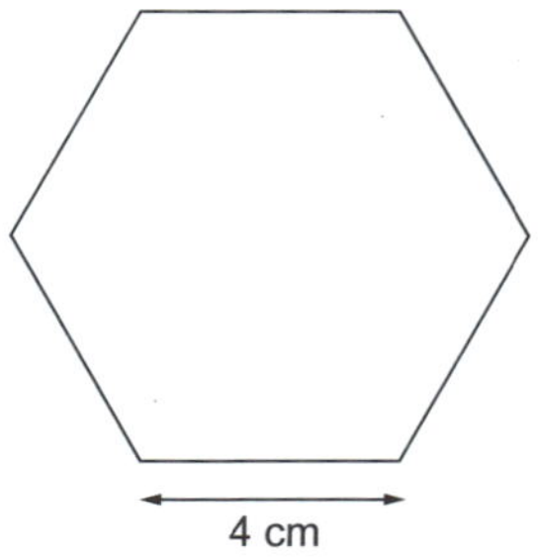

c)

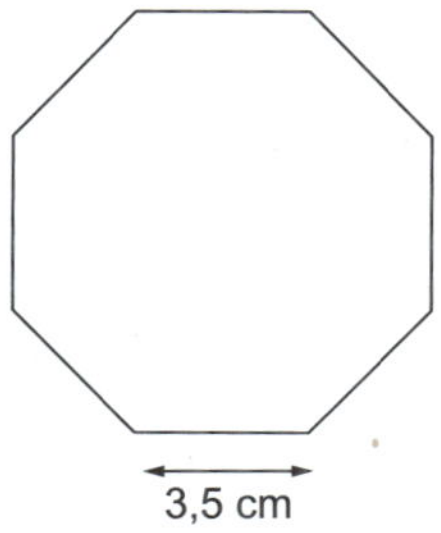

d)

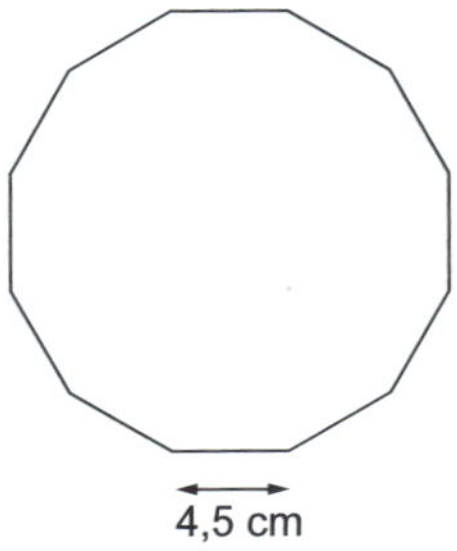

Beispiel

In einem regelmäßigen Fünfeck misst der Schenkel eines Bestimmungsdreiecks 3 cm. Zeichne das regelmäßige Vieleck.

1. Schritt: **Planfigur**

Zeichne die Planfigur eines Bestimmungsdreiecks und trage die bekannten Maße ein.

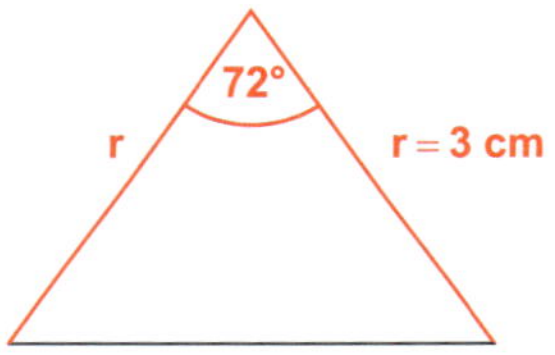

2. Schritt: **Berechnen des Mittelpunktswinkels**

– Berechne die Größe des Mittelpunktswinkels β.

$n = 5$

$$\beta = \frac{360°}{5} = 72°$$

– Trage die Größe des Winkels in die Planfigur ein.

3. Schritt: **Festlegen der Zeichenschritte**

– Zeichne das Bestimmungsdreieck nach SWS.
– Zeichne den Umkreis um M mit dem Radius r = 3 cm.
– Trage mit dem Zirkel die Seitenlänge s auf dem Umkreis ab.
– Verbinde die Schnittpunkte mit dem Umkreis zu einem regelmäßigen Fünfeck.

4. Schritt: **Zeichnen des regelmäßigen Fünfecks**

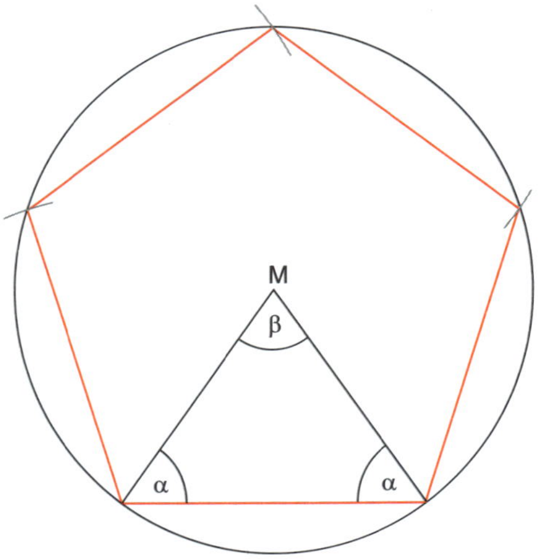

Aufgabe 551

Zeichne folgende regelmäßigen Vielecke.

a) Fünfeck: Radius des Umkreises = 4 cm
b) Sechseck: Schenkellänge des Bestimmungsdreiecks = 4,5 cm
c) Achteck: Radius des Umkreises = 5 cm

Merke

Umfang und Flächeninhalt regelmäßiger Vielecke

Umfang = Seitenlänge · Anzahl der Ecken

$u_{n\text{-Eck}} = s \cdot n$

Flächeninhalt = Flächeninhalt$_{\text{Bestimmungsdreieck}}$ · Anzahl der Ecken

$A_{n\text{-Eck}} = A_{BD} \cdot n$

Beispiel

Berechne den Umfang und den Flächeninhalt des regelmäßigen Achtecks.

gegeben: n = 8
s = 3,2 cm
h = 3,7 cm

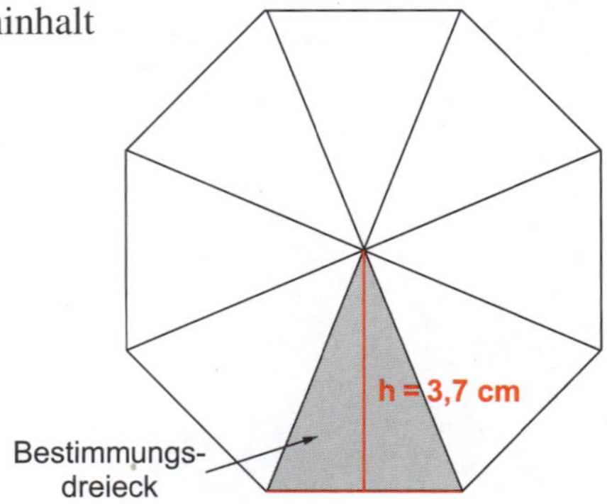

Berechnen des Umfangs

$u_{8\text{-Eck}} = s \cdot 8$

$u_{8\text{-Eck}} = 3{,}2\text{ cm} \cdot 8$

$u_{8\text{-Eck}} = 25{,}6\text{ cm}$

Berechnen des Flächeninhalts

Flächeninhalt eines **B**estimmungs**d**reiecks

$A_{BD} = \frac{g \cdot h}{2}$

$A_{BD} = \frac{3{,}2\text{ cm} \cdot 3{,}7\text{ cm}}{2}$

$A_{BD} = 5{,}92\text{ cm}^2$

Flächeninhalt des Achtecks

$A_{8\text{-Eck}} = A_{BD} \cdot 8$

$A_{8\text{-Eck}} = 5{,}92\text{ cm}^2 \cdot 8$

$A_{8\text{-Eck}} = 47{,}36\text{ cm}^2$

Aufgabe 552

Berechne den Umfang und den Flächeninhalt der regelmäßigen Vielecke.
Runde das Endergebnis auf eine Dezimalstelle.

a) Fünfeck: s = 18 dm, h = 12,4 dm
b) Sechseck: s = 12 cm, h = 10,4 cm
c) Achteck: s = 5,8 m, h = 7 m
d) Zwölfeck: s = 8,5 m, h = 15,9 m

Beispiel

Berechne den Umfang und den Flächeninhalt des regelmäßigen Neunecks mit r = 7,3 cm und s = 5 cm.

gegeben: n = 9; r = 7,3 cm; s = 5 cm
gesucht: h_{BD}, u, A

Planfigur eines Bestimmungsdreiecks

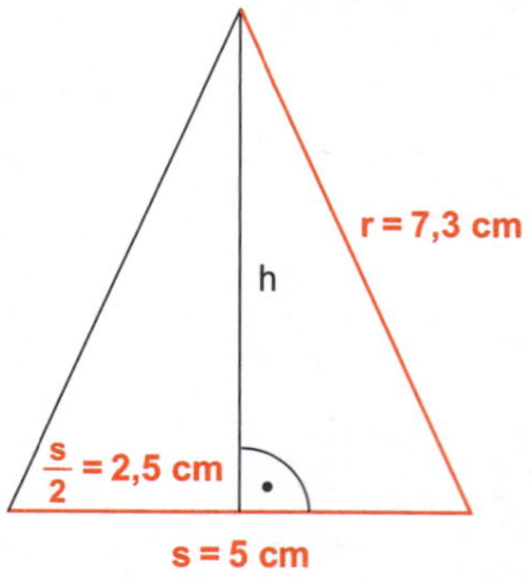

Berechnen der Höhe des Bestimmungsdreiecks
(Satz von Pythagoras)

$h^2 = r^2 - \left(\frac{s}{2}\right)^2$

$h^2 = (7{,}3\text{ cm})^2 - (2{,}5\text{ cm})^2$

$h^2 = 53{,}29\text{ cm}^2 - 6{,}25\text{ cm}^2$

$h^2 = 47{,}04\text{ cm}^2$

$h = \sqrt{47{,}04\text{ cm}^2}$

$h = 6{,}858\ldots\text{ cm} \approx 6{,}86\text{ cm}$

Berechnen des Umfangs

$u_{9\text{-Eck}} = s \cdot 9$

$u_{9\text{-Eck}} = 5\text{ cm} \cdot 9$

$u_{9\text{-Eck}} = 45\text{ cm}$

Berechnen des Flächeninhalts

Flächeninhalt eines **B**estimmungs**d**reiecks

$$A_{BD} = \frac{g \cdot h}{2}$$

$$A_{BD} = \frac{5\text{ cm} \cdot 6{,}86\text{ cm}}{2}$$

$$A_{BD} = 17{,}15\text{ cm}^2$$

Flächeninhalt des Neunecks

$A_{9\text{-Eck}} = A_{BD} \cdot 9$

$A_{9\text{-Eck}} = 17{,}15\text{ cm}^2 \cdot 9$

$A_{9\text{-Eck}} = 154{,}35\text{ cm}^2$

Aufgabe

553 Berechne den Umfang und den Flächeninhalt der regelmäßigen Vielecke.
Runde auf zwei Dezimalstellen.

a) b) c)

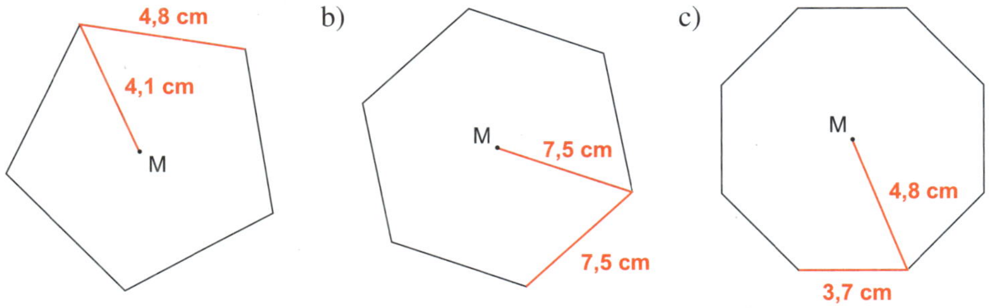

Fit im Quali

554 Welche Dreiecke können Bestimmungsdreiecke für regelmäßige Vielecke sein?
Um welche Vielecke handelt es sich?

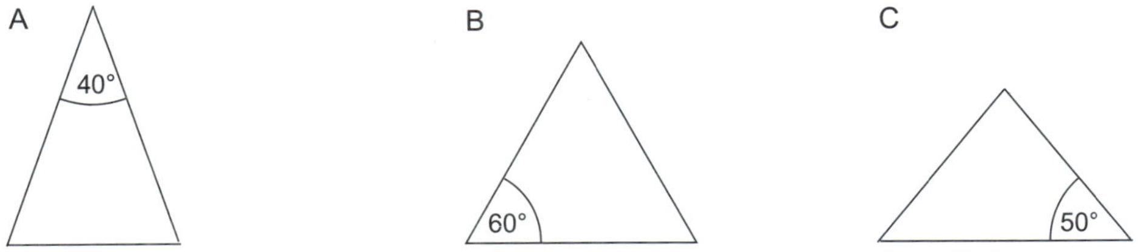

555 Mit regelmäßigen Sechsecken kann man ein Parkett so auslegen, dass keine Lücken entstehen.
Geht das auch mit regelmäßigen Achtecken?
Zeichne mindestens vier regelmäßige Achtecke.

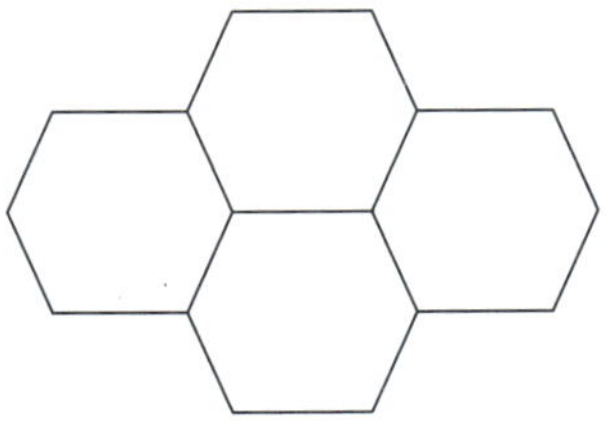

556 Ergänze die Skizzen zu regelmäßigen Vielecken. Ist das bei jeder Skizze möglich?

a)

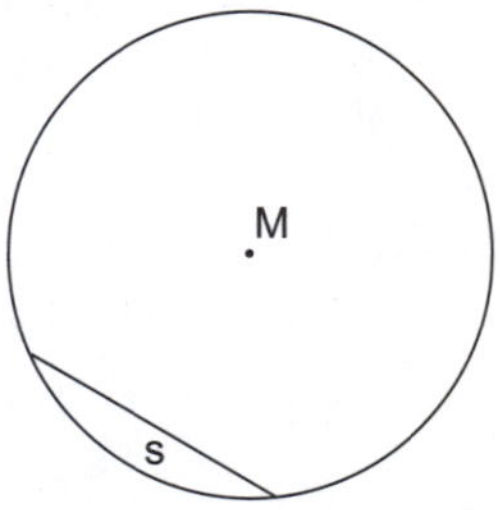

b)

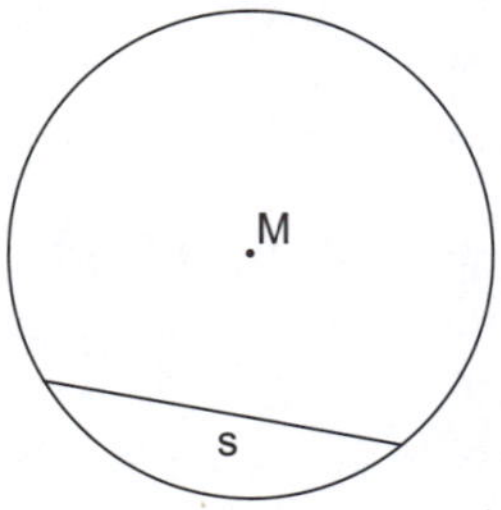

c)

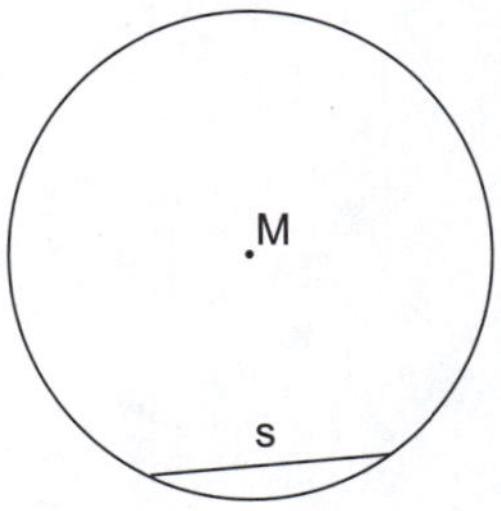

557 Ein Untersetzer in der Form eines regelmäßigen Sechsecks hat einen Umfang von 30 cm. Berechne den Flächeninhalt des Untersetzers. Runde auf eine Dezimalstelle.

558 Ein Werbeplakat hat die Form eines regelmäßigen Achtecks. Der Umfang des Plakats beträgt 12 m, der Flächeninhalt 10,8 m^2.

a) Zeichne eine Skizze des Werbeplakats.

b) Berechne die Seitenlänge s und die Schenkellänge r des Bestimmungsdreiecks.

559 Das Becken eines kleinen Springbrunnens hat die Form eines regelmäßigen Fünfecks. Der Umfang des Beckens beträgt 20 m, die Beckenfläche beträgt 28 m^2.

a) Berechne s, r und h eines Bestimmungsdreiecks. Runde auf zwei Dezimalstellen.

b) In dem Becken steht das Wasser 60 cm hoch.
Wie viele m^3 fasst das Becken?

Vorbereitung auf die Prüfung ab 2022

Musterprüfung der Mittelschule Bayern
Mathematik

Teil A Arbeitsblatt (hilfsmittelfrei)

2 Punkte

1. Berechne.

   a) $3{,}1 \cdot 17{,}95$

   b) $204{,}3 - 7{,}85$

1,5 Punkte

2. Alex und Ilona kaufen Zylinder aus Beton.
   Alex kauft einen dicken Zylinder, Ilona zwei dünnere Zylinder. Die Höhen der drei Zylinder sind gleich.

   Welcher Einkauf wiegt mehr?
   Begründe nachvollziehbar. Rechne gegebenenfalls mit $\pi = 3$.

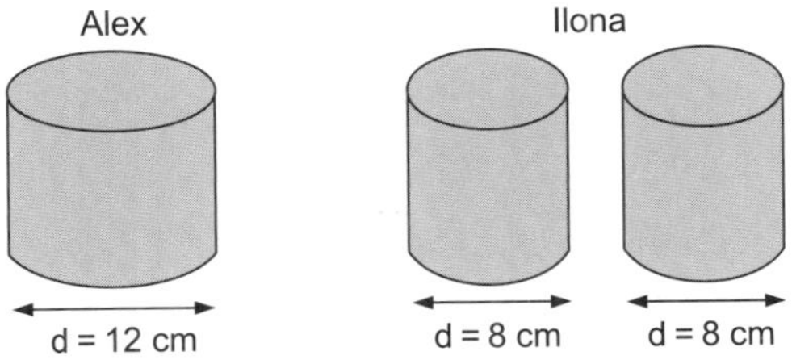

1 Punkt

3. Jens hat in der folgenden Rechnung einen Fehler gemacht. Unterstreiche den Fehler und erkläre, was er falsch gemacht hat.

$$-2 \cdot (x - 3) = 16$$
$$-2x + 6 = 16$$
$$-2x = 10$$
$$x = 5$$

1,5 Punkte

4. Ordne den unten stehenden Aussagen eine mögliche Grafik zu. Für eine Aussage ist keine passende Grafik abgebildet.

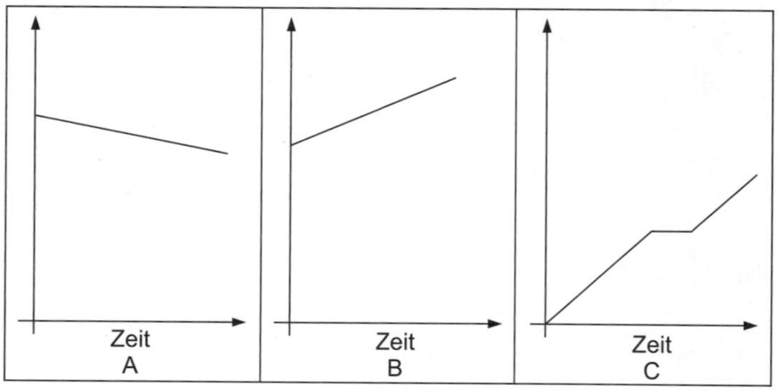

Aussage	Grafik
Umut unternimmt eine Fahrradtour. Nach zwei Stunden macht er eine Pause und fährt danach weiter.	
In einem Schwimmbecken befinden sich 20 000 Liter Wasser. Um das Schwimmbecken vollständig zu füllen, werden stündlich weitere 1 200 Liter eingefüllt.	
Die Temperatur am Morgen beträgt 14 °C, am Mittag 22 °C und am Abend 18 °C.	
In einem Schwimmbecken befinden sich 30 000 Liter Wasser. Jede Minute fließen 30 Liter ab.	

1 Punkt

5. Jedes Symbol steht für eine andere Zahl. Ergänze das letzte Ergebnis.

$$♣ + ♣ = 16$$
$$♣ + ♣ - ♥ = 12$$
$$♥ \cdot ♣ + ♠ = 60$$
$$♠ - ♥ = \square$$

2 Punkte

6. Bei einem Würfelspiel wird jeweils eine Spielfigur um genauso viele Felder vorgezogen, wie der sechsseitige Würfel Augen anzeigt.

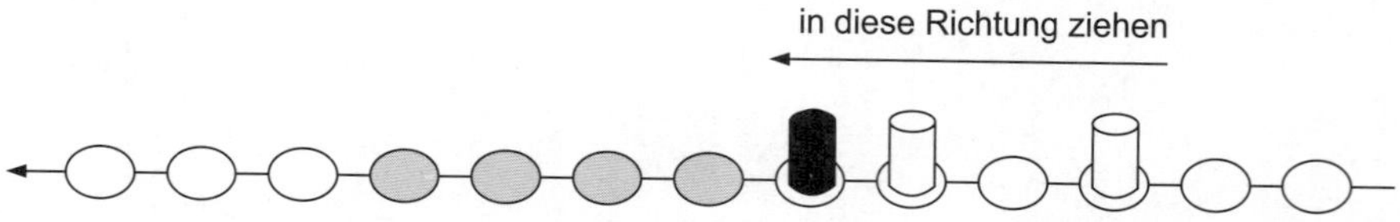

a) Gib an, mit welcher Wahrscheinlichkeit die dunkle Spielfigur eines der schraffierten Felder erreicht.

b) Gib an, wie groß die Wahrscheinlichkeit ist, dass eine der beiden hellen Spielfiguren mit dem nächsten Wurf das Feld mit der dunklen Spielfigur erreichen kann.

1 Punkt 7. Setze eine Zahl so ein, dass eine wahre Aussage entsteht.

a) $\frac{1}{2} \cdot \square + 5 = -17$

b) $\square \cdot 1{,}7 + 5 = 1{,}6$

2 Punkte 8. Das dargestellte Netz wird zu einem Würfel gefaltet. Gib an, welche Seiten einander gegenüberliegen.

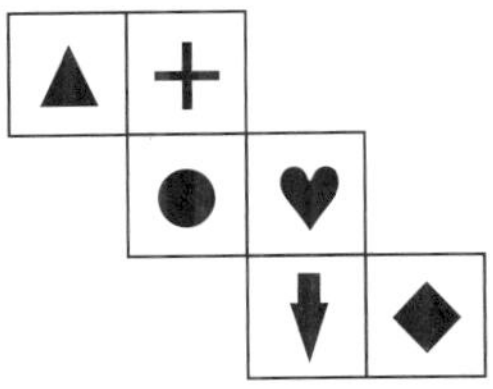

a) Die Seiten ▲ und [ ] liegen sich gegenüber.

b) Die Seiten + und [ ] liegen sich gegenüber.

1 Punkt

9. Die Klasse 9b hat ihre Mathematikarbeit zurückbekommen. Ihr Lehrer hat dazu die folgende Tabelle an die Tafel geschrieben.

a) Ergänze die Tabelle in der letzten Zeile.

Notenschlüssel						
Punkte	48,0–41,0	40,5–33,0	32,5–25,0	24,5–16,0	15,5–8,0	7,5–0
Note	1	2	3	4	5	6
Strichliste	|||	卌	卌 卌	卌 ||	||	
Häufigkeit Anzahl						

b) Berechne den Notendurchschnitt der Klasse 9b.

1,5 Punkte

10. Füge in den dargestellten Würfel eine Pyramide mit möglichst großem Volumen ein.

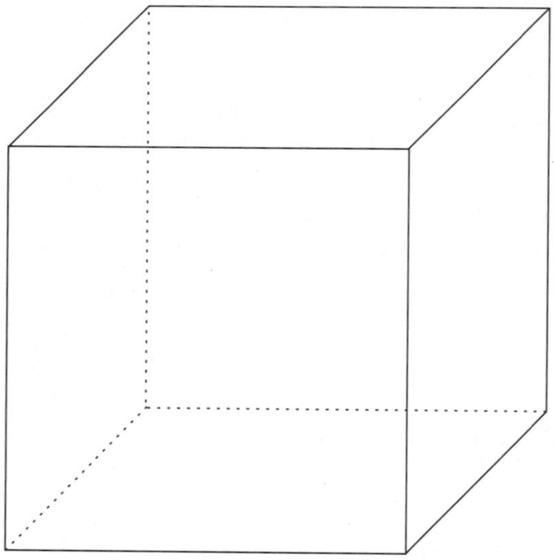

a) Zeichne die Pyramide in die Skizze ein.

b) Berechne das Volumen dieser Pyramide, wenn die Kantenlänge des Würfels 3 cm beträgt.

0,5 Punkte

11. Berechne den Winkel α. Es gilt: $b = c$.

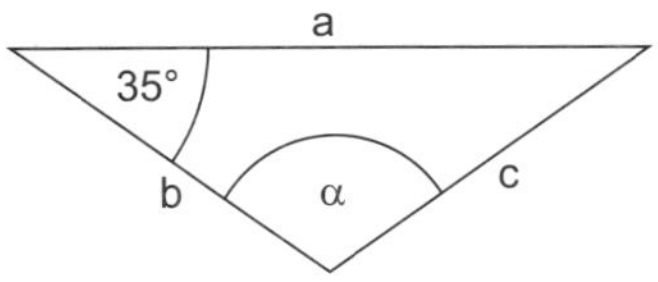

Hinweis: Zeichnung nicht maßstabsgetreu

1 Punkt

12. Das Bild zeigt eine Treppe. Auf jeder Treppenstufe liegen ca. 12 cm Schnee.
Wie hoch ist die Treppe? Begründe rechnerisch.

Teil B

Aufgabengruppe I

6 Punkte

Aufgabe 1

Gleichungen

a) Löse die Gleichung.

$18x - 32{,}5 - (12x - 87{,}5) = 9 \cdot (8x - 6) + (6x + 7) : 0{,}25$

b) Stelle eine Gleichung auf, die den folgenden Sachverhalt korrekt und vollständig darstellt. In der Gleichung darf nur eine Unbekannte vorkommen. Die Gleichung muss nicht gelöst werden.

Für die Neueröffnung eines Fanshops werden insgesamt 600 neue Artikel geliefert. Es handelt sich dabei um Trikots, Schals und Fahnen. Es werden dreimal so viele Schals wie Trikots geliefert und 100 Fahnen weniger als Schals.

4 Punkte

Aufgabe 2

Berechne den Flächeninhalt der grauen Figur.

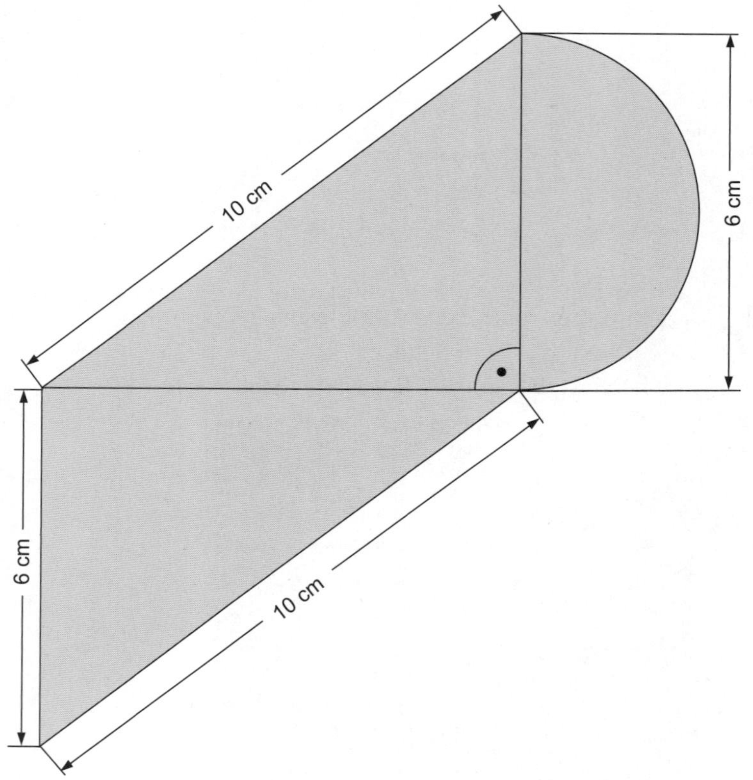

Skizze nicht maßstabsgetreu

4 Punkte

Aufgabe 3

Mithilfe einer Strichliste wurden die Ergebnisse mehrerer Würfe mit einem sechsseitigen Würfel gezählt.

⚀	⚁	⚂	⚃	⚄	⚅
||||	𝍸 ||	𝍸 ||	𝍸 ||	𝍸 𝍸	𝍸

a) Gib das Ereignis E: „ungerade Zahl“ in Mengenschreibweise an.

b) Ermittle die relative Häufigkeit in Prozent, mit der eine gerade Zahl gewürfelt wurde.

c) Karl stellt fest, dass die Fünf doppelt so häufig gewürfelt wurde wie die Sechs.
Er behauptet: „Nach 1 000 Würfen wird dies wahrscheinlich nicht mehr so sein.“
Erkläre, warum Karl recht hat.

d) Bei einer Verlosung gewinnt man, wenn das Ergebnis eine Eins ist.
Dabei kann man wählen, ob man die Eins mit dem dargestellten Glücksrad oder einem sechsseitigen Würfel erzielen möchte.
Bestimme jeweils die Wahrscheinlichkeit und begründe, bei welcher Form der Verlosung die Gewinnchance größer ist.

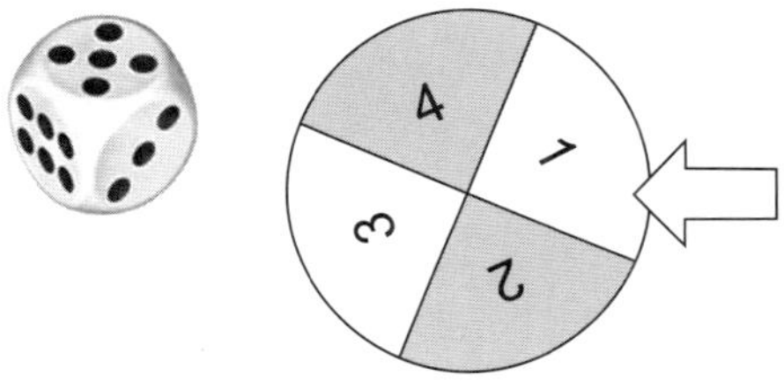

4 Punkte

Aufgabe 4

Zeichne die Punkte $A(1|1)$ und $B(6|1)$ in ein Koordinatensystem (Einheit 1 cm) und verbinde sie zur Strecke $\overline{AB}$.
Hinweis zum Platzbedarf: x-Achse von –1 bis 8, y-Achse von –4 bis 9.

a) Die Strecke $\overline{AB}$ ist eine Seite des regelmäßigen Fünfecks ABCDE. Zeichne dieses Fünfeck.

b) Zeichne mithilfe der Mittelsenkrechten der Strecke $\overline{AB}$ eine beliebige Raute AFBG.

3 Punkte

Aufgabe 5

Zwei Banken bieten Sparkonten für Jugendliche an.

Comfortbank – Jugendsparkonto	**Starbank –** Startkonto
bis zu einem Kapital von 2 500 €	für alle unter 18 Jahren
1 % Zinsen pro Jahr	tolle Zinsen

a) Herr Huber legt für seine 17-jährige Tochter 700 € für zwei Jahre bei der Comfortbank an. Berechne, wie viel Geld sie nach zwei Jahren auf ihrem Konto hat.

b) Frau Özdimir hat bei der Starbank 300 € für ihren 16-jährigen Sohn angelegt.
Nach 6 Monaten ist dieses Kapital auf 301,20 € angewachsen.
Berechne, welche Bank den höheren Zinssatz anbietet.

3 Punkte

Aufgabe 6

Ein Wassertropfen hat ein Volumen von $5 \cdot 10^{-5}$ Liter.

a) Überprüfe rechnerisch, wie viele Wassertropfen in eine Regentonne mit 210 Liter Fassungsvermögen passen.

b) Der Wasserhahn am Sportplatz tropft regelmäßig alle vier Sekunden.
Der Platzwart behauptet, dass dies kein Problem ist, da dadurch im Jahr nur zehn Liter Wasser verschwendet werden. Hat der Platzwart recht?
Begründe rechnerisch.

4 Punkte

Aufgabe 7

Die Tabelle zeigt, wie viel CO_2 eine Person in Deutschland durchschnittlich in einem Jahr verursacht.

	CO_2-Ausstoß eines deutschen Durchschnittsbürgers pro Jahr	
Lebensbereiche	Menge	Anteil
Flugreisen	580 kg	?
öffentl. Emissionen*	696 kg	
Strom + Heizung	2 552 kg	22 %
Verkehr		14 %
Ernährung	?	16 %
sonstiger Konsum**	4 292 kg	37 %
Gesamt	11 600 kg	100 %

* z. B. Wasserversorgung und -entsorgung, Abfallbeseitigung;
** Bekleidung, Haushaltsgeräte, Freizeitaktivitäten
Nach: Bundesumweltministerium, 2019

a) Berechne, wie viel Prozent des CO_2-Ausstoßes durch Flugreisen verursacht werden.

b) Ermittle den CO_2-Ausstoß in Kilogramm, der auf den Bereich Ernährung entfällt.

c) Linus sagt: „Wenn jeder in Deutschland im Bereich Strom und Heizung ein Viertel einspart, verringert sich der CO_2-Ausstoß um etwas mehr als 5 %." Hat Linus recht? Begründe.

d) Eine Zeitung berichtet:
Bei Halbierung des CO_2-Wertes im Bereich sonstiger Konsum halbiert sich auch der prozentuale Anteil auf 18,5 %.
Stimmt diese Aussage? Begründe.

4 Punkte

Aufgabe 8

a) Der Heuvorrat eines Reitstalles mit acht Pferden reicht für 15 Tage. Wie lange reicht der Vorrat, wenn sich die Anzahl der Pferde ändert? Berechne die fehlenden Werte.

Anzahl Pferde	?	4	5	8
Anzahl Tage	40	30	?	15

b) Der Reitstall hat für Jugendliche zwei unterschiedliche Reitangebote.

Angebot 1: 4 Stunden sind im monatlichen Grundbetrag von 36 € enthalten. Jede weitere Stunde kostet 8 €.	**Angebot 2:** Jede Stunde kostet 8,50 €.

Jana möchte 10 Stunden im Monat reiten.
Begründe, welches Angebot für sie am günstigsten ist.

c) Die Pferde fressen zusammen täglich 50 kg Kraftfutter. Der Futtervorrat beträgt am Montagmorgen 0,5 t.
Am Freitagabend werden 200 kg Kraftfutter geliefert.
Stelle für Montag bis Sonntag dieser Woche in einem Säulendiagramm dar, wie viel Kraftfutter täglich vor der ersten Fütterung vorhanden ist.

Hochwertachse: 1 cm ≙ 50 kg
Rechtswertachse: Säulenbreite: 1 cm
Abstand zwischen den Säulen: 0,5 cm

Aufgabengruppe II

4 Punkte

Aufgabe 1

Löse die Gleichung.

$$\frac{7\cdot(2x-1)}{4}-\frac{x+6{,}5}{5}-\frac{3\cdot(6x-6)}{10}=4$$

2 Punkte

Aufgabe 2

In den USA werden Temperaturen in Grad Fahrenheit (°F) gemessen, in Europa meist in Grad Celsius (°C). Für die Umrechnung zwischen den beiden Einheiten gibt es eine Formel:

$$T_C=(T_F-32)\cdot\frac{5}{9}$$

T_C: Temperatur in Grad Celsius (°C)

T_F: Temperatur in Grad Fahrenheit (°F)

a) Der Wetterbericht meldet für Miami 64 °F. Berechne die Temperatur in °C.

b) In Nürnberg hat es 20 °C. Rechne diese Temperaturangabe in °F um.

4 Punkte

Aufgabe 3

Von einem Würfel mit einer Kantenlänge von 20 cm wird ein Dreiecksprisma mit gleichschenkliger Grundfläche abgeschnitten (siehe Skizze).
Berechne das Volumen des Restkörpers.

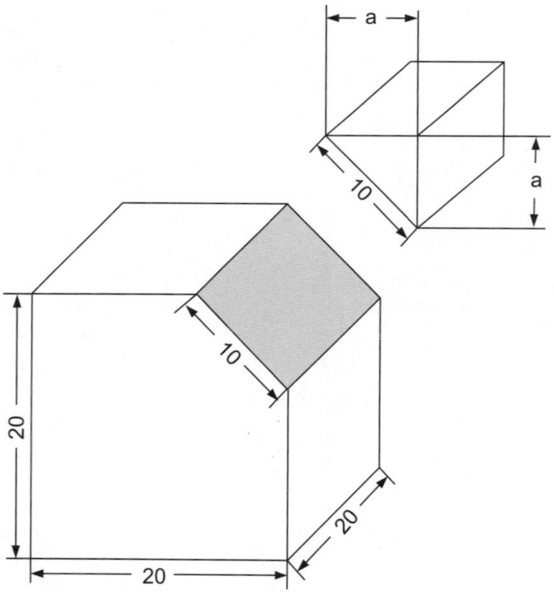

Maße in cm

3 Punkte

Aufgabe 4

Zwischen zwei Häusern (siehe Skizze) hängt ein 11 m langes Seil, in dessen Mitte eine 40 cm hohe Laterne aufgehängt ist.
Berechne den Abstand zwischen dem Laternenboden und der Straße.

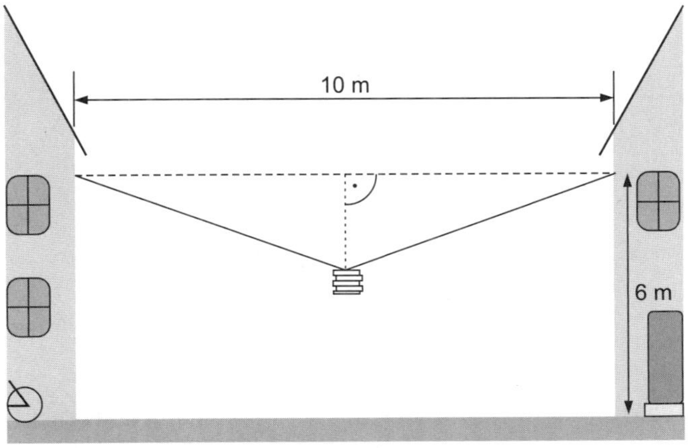

Hinweis: Skizze nicht maßstabsgetreu

4 Punkte

Aufgabe 5

Tina zieht zufällig eine Karte aus einem Kartenstapel mit den folgenden Karten:

1	4	6	3	5	8	2	7

a) Gib das Ereignis E: „ungerade Zahl" in Mengenschreibweise an.

b) Nenne zwei Ereignisse, deren Wahrscheinlichkeit jeweils größer als 0,5 ist.

c) Formuliere wie im Beispiel die fehlende Beschreibung für das Ereignis E.

Ereignis „kleiner als 4" {1; 2; 3}

Ereignis „__________": {3; 6}

Ereignis „__________": {6; 7; 8}

d) Welches der beiden Ereignisse „kleiner als 5" oder „größer als 5" ist wahrscheinlicher? Begründe rechnerisch.

4 Punkte

Aufgabe 6

In der Getränkeindustrie bezeichnet man eine Mischung aus Fruchtsaft, Wasser und Zucker als Fruchtnektar. Die Abbildungen zeigen drei Etiketten und eine Flasche mit Etikett.

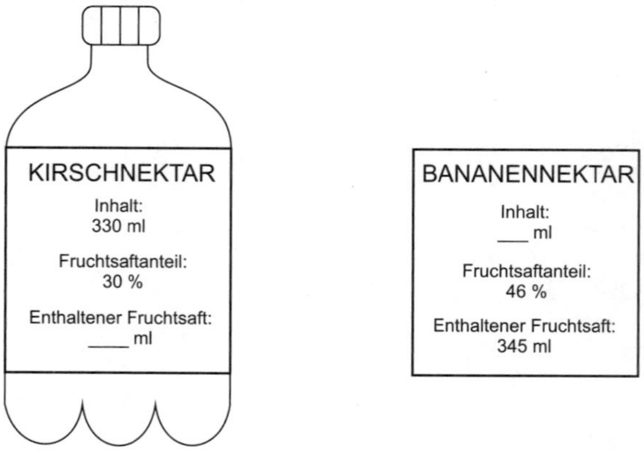

a) Berechne das Volumen des im Kirschnektar enthaltenen Fruchtsafts in $m\ell$.

b) Berechne den Flascheninhalt des Bananennektars in $m\ell$.

c) Lena mischt den Inhalt zweier voller Flaschen, die mit den nebenstehenden Etiketten versehen sind. Bestimme den Fruchtsaftanteil des Mischgetränks in Prozent.

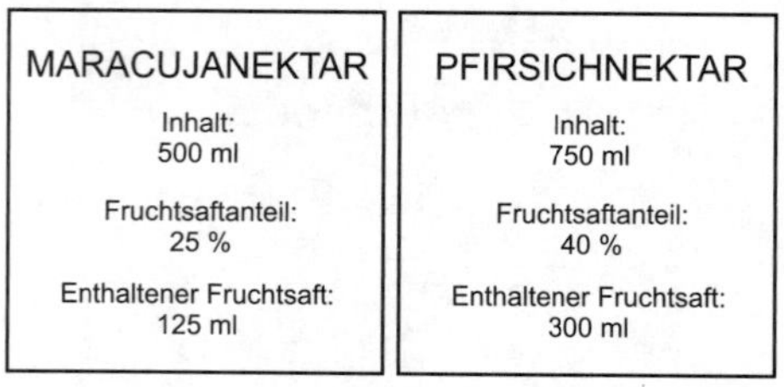

d) Künftig werden neue Flaschen verwendet, in die 900 $m\ell$ Pfirsichnektar anstatt wie bisher 750 $m\ell$ passen. Berechne den prozentualen Anstieg des Flascheninhalts.

4 Punkte

Aufgabe 7

Folgendes Säulendiagramm informiert über die Verteilung der Nährstoffe von Schokolade.

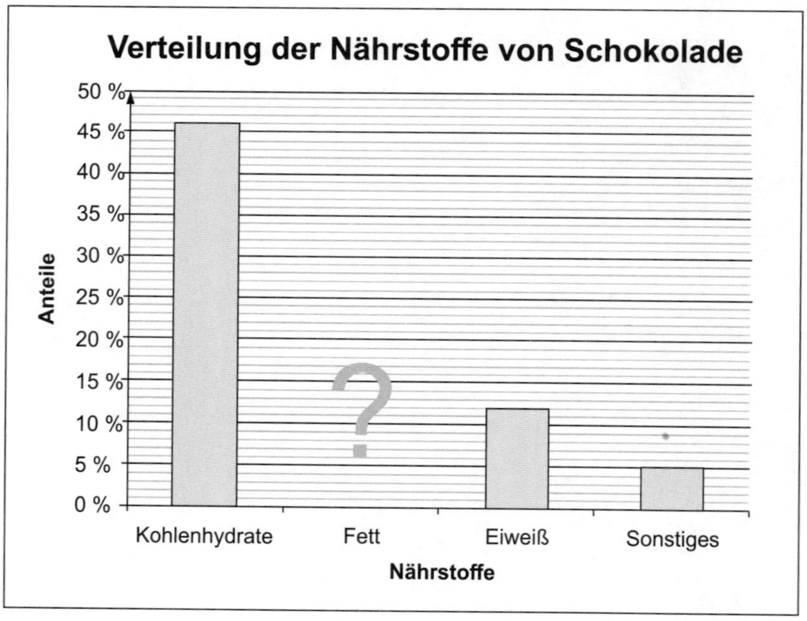

a) Bestimme, wie viel Gramm Fett in einer 80 g-Tafel Schokolade enthalten sind.

b) Erstelle ein Kreisdiagramm, das die Zusammensetzung der Schokolade aus Kohlenhydraten, Fett, Eiweiß und Sonstigem darstellt.

3 Punkte

Aufgabe 8

a) Franz fotografiert gerne. Er hat seine Kamera so eingestellt, dass seine Fotos eine Dateigröße von jeweils 2,6 Megabyte haben.
Berechne, wie viele Fotos er auf seiner Festplatte mit 50 Gigabyte Speicherplatz speichern kann.

b) Auf einer Festplatte mit 3 Terabyte sind 700 Gigabyte belegt. Bestimme rechnerisch den freien Speicherplatz der Festplatte.

c) Der gespeicherte Spielstand eines Computerspiels hat etwa eine Größe von $8{,}5 \cdot 10^7$ Byte.
Berechne die ungefähre Datengröße in Megabyte.

4 Punkte

Aufgabe 9

Zwei Fitnessstudios werben mit folgenden Angeboten:

MUCKIBUDE	
Aktion: Schnuppermonat 10 € (+ 3,50 € je Trainingseinheit)	
Mitgliederverträge	
Vertragslaufzeit in Monaten	Monatsbeitrag
6	35 €
12	30 €
24	25 €
(+ 3,50 € je Trainingseinheit)	

Michis Fitbox
Kein Monatsbeitrag!
Jede Trainingseinheit nur 8,50 €

a) Paul möchte einen Monat lang testen, ob ihm das Training in der Muckibude Spaß macht. Er will achtmal im Monat zum Training gehen.
Ermittle, wie teuer der Schnuppermonat insgesamt wird.

b) Beschreibe, wie sich die Monatsbeiträge der Muckibude mit zunehmender Vertragslaufzeit verändern.

c) Ordne die Angebote von „Muckibude“ (ohne Schnuppermonat) und „Michis Fitbox“ den Graphen zu.

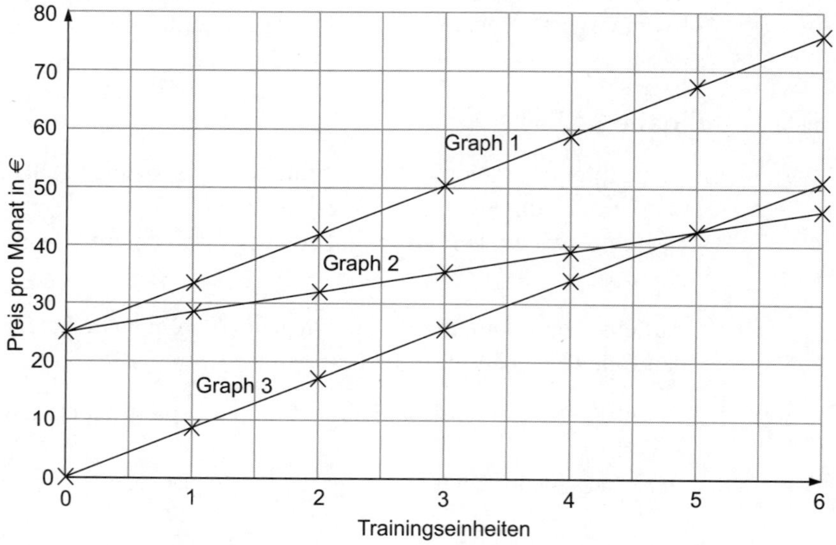

d) Erkläre mithilfe des Diagramms, welche Bedeutung der Schnittpunkt von Graph 2 und Graph 3 hinsichtlich der Kosten hat.

Abschlussprüfungsaufgaben an Mittelschulen in Bayern

Qualifizierender Abschluss der Mittelschule Bayern 2020
Mathematik

Teil A — Arbeitsblatt (hilfsmittelfrei)

2 Punkte

1. Alle dargestellten Artikel werden günstiger verkauft.

a) Wurde der neue Preis richtig berechnet? Kreuze entsprechend an:

Jeans

T-Shirt

Hemd

	Jeans	T-Shirt	Hemd
alter Preis	40 €	32 €	60 €
neuer Preis	32 €	24 €	45 €
richtig	☐	☐	☐
falsch	☐	☐	☐

b) Ergänze den fehlenden Prozentsatz.

Schuhe

Quelle: www.pixabay.com

alter Preis: 80 €

neuer Preis: 48 €

1,5 Punkte

2. Ein Schüler hat mehrere Gleichungen bearbeitet. Dabei hat er einen Fehler gemacht.

 a) Berichtige die Zeile, in welcher der Fehler auftritt.

$$0{,}5 \cdot (16x + 5) + 8{,}5 = 6 + x - (5 - 3x) \cdot 2$$
$$8x + 2{,}5 + 8{,}5 = 6 + x - 5 + 6x$$
$$8x + 11 = 7x + 1 \quad | -7x$$
$$x + 11 = 1 \quad | -11$$
$$x = -10$$

 b) Kreuze an, welche Regel bei der folgenden Umformung falsch angewendet wurde.

$$2 \cdot (12x - 3) = 3x - (2 - 4x)$$
$$24x - 6 = 3x - 2 - 4x$$

 ☐ Punkt- vor Strichrechnung
 ☐ gleiche Rechenoperation auf beiden Seiten der Gleichung
 ☐ Vorzeichenregel beim Auflösen der Klammer

1,5 Punkte

3. Von einem Viereck sind folgende Winkel bekannt:
 $\alpha = 55°$; $\beta = 135°$; $\gamma = ?$; $\delta = 135°$
 Begründe unter Verwendung einer Rechnung, warum dieses Viereck kein Parallelogramm sein kann.

2 Punkte

4. Kreuze bei jedem Sachverhalt die realistische Größenangabe an.

 a) Yusuf macht eine Fahrradtour.
 Ohne Pause schafft er in zwei Stunden

 ☐ 400 m. ☐ 22 000 m. ☐ 900 000 m.

b) Jürgen trägt einen Getränkekasten (12 Glasflaschen mit je 0,7 ℓ).
Der volle Kasten wiegt etwa

☐ 500 g. ☐ 3 kg. ☐ 0,017 t.

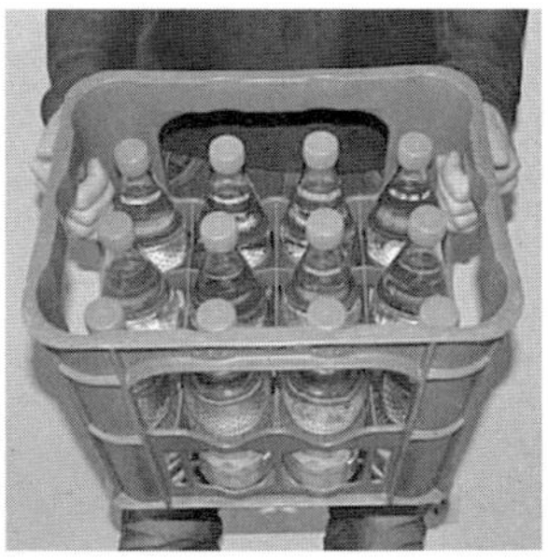

c) Doris holt sich ein Glas Saft.
Es hat eine Füllmenge von

☐ 20 $m\ell$. ☐ 62,5 $m\ell$. ☐ 200 $m\ell$.

d) Walters Taschenrechner wiegt

☐ 0,205 kg. ☐ 0,01 t. ☐ 2,5 kg.

2 Punkte

5. Der Buchstabe P für ein Parkplatzschild wird aus halbkreisförmigen und geraden Linien erstellt. Berechne den Flächeninhalt des Buchstabens. Rechne mit $\pi = 3$!

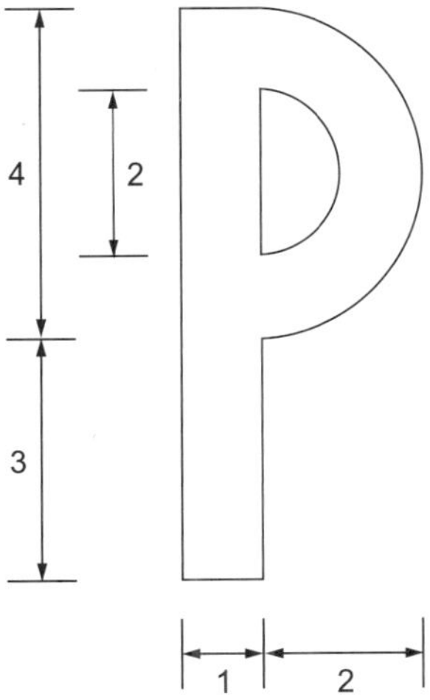

Maße in dm
Quelle: StMUK

1 Punkt

6. Am Montag, dem 2. September 2019, ging Adrian zum Arzt. Sein nächster Termin war am 27. September 2019. Welcher Wochentag war das?

Der 27. September 2019 war ein ______________________ .

1 Punkt

7. Nur eine der gegebenen Maßeinteilungen passt zum dargestellten Messbecher.
Kreuze die passende Maßeinteilung an.

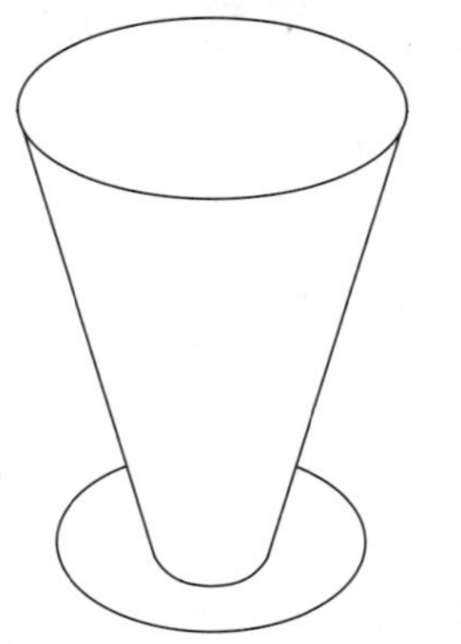

Quelle: StMUK

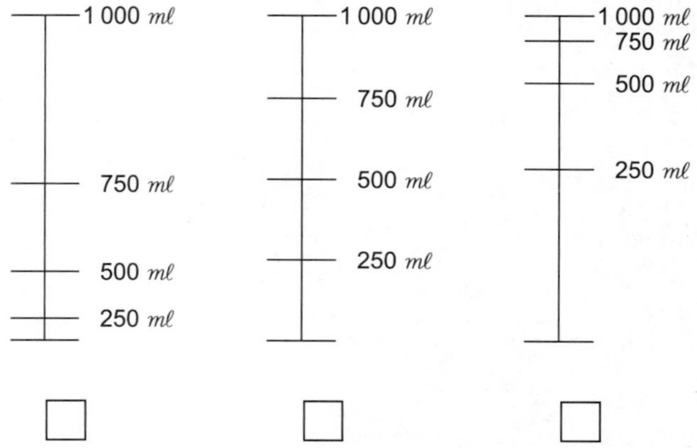

1 Punkt

8. Aus einem Quadrat wird das Dreieck ABC ausgeschnitten.
Bestimme den Flächeninhalt des Dreiecks ABC.

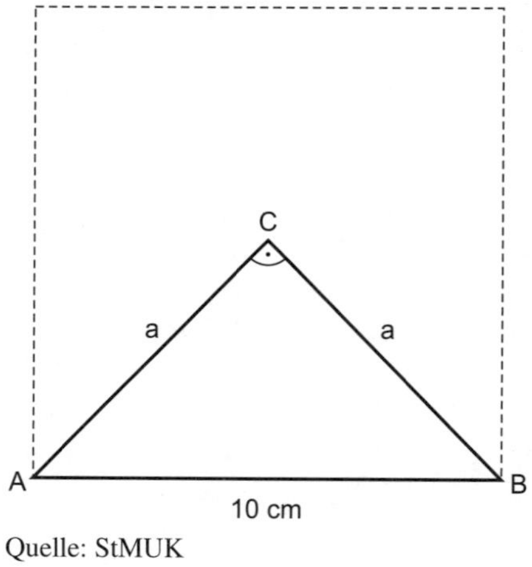

Quelle: StMUK

1 Punkt

9. Jasmin aus Erlangen hat um 14:00 Uhr ein Vorstellungsgespräch in Nürnberg, zu dem sie mit dem Zug fährt. Sie möchte 15 Minuten vor Beginn des Gesprächs bei der Firma sein. Vom Nürnberger Bahnhof bis zur Firma plant sie 20 Minuten ein.

Fahrplan:

Abfahrt in Erlangen	12:44	13:02	13:19	13:44
Ankunft in Nürnberg	13:10	13:19	13:48	14:10

Mit welchem Zug muss sie spätestens fahren?

Sie muss spätestens mit dem Zug um ___________ Uhr fahren.

1 Punkt

10. Setze korrekt ein (> oder < oder =).

a) $\sqrt{0,25}$ ☐ 0,4

b) $\frac{3}{8}$ ☐ $2,5 \cdot 10^{-2}$

1 Punkt

11. Von München nach Nürnberg sind es 150 km Luftlinie.
Ermittle die Entfernung zwischen Passau und Aschaffenburg.

Quelle: StMUK

1 Punkt

12. Bei dem abgebildeten Rechteck ist ein Puzzle-Teil schon eingefügt.

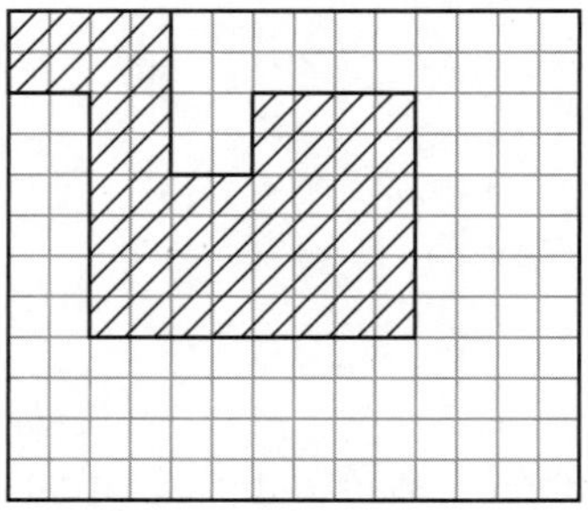

Welche drei Puzzle-Teile vervollständigen das dargestellte Rechteck?
Kreuze die benötigten Teile an:

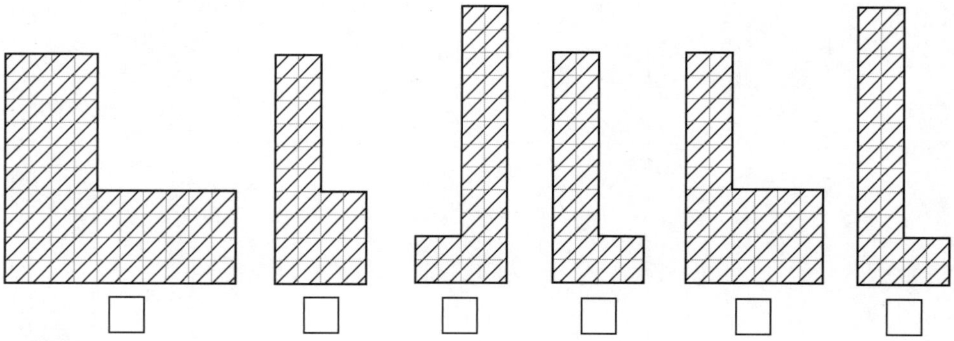

Quelle: StMUK

Teil B Aufgabengruppe I

4 Punkte

Aufgabe 1

Eine Mittelschule kauft insgesamt 120 Bälle.
Es werden 10 Fußbälle weniger bestellt als Basketbälle.
Außerdem werden halb so viele Volleybälle wie Basketbälle bestellt.

Ermittle nachvollziehbar, wie viele Fußbälle, Basketbälle und Volleybälle jeweils gekauft werden.

4 Punkte

Aufgabe 2

Die Abbildung informiert über Tore bei den Fußballweltmeisterschaften von 2006 bis 2018.

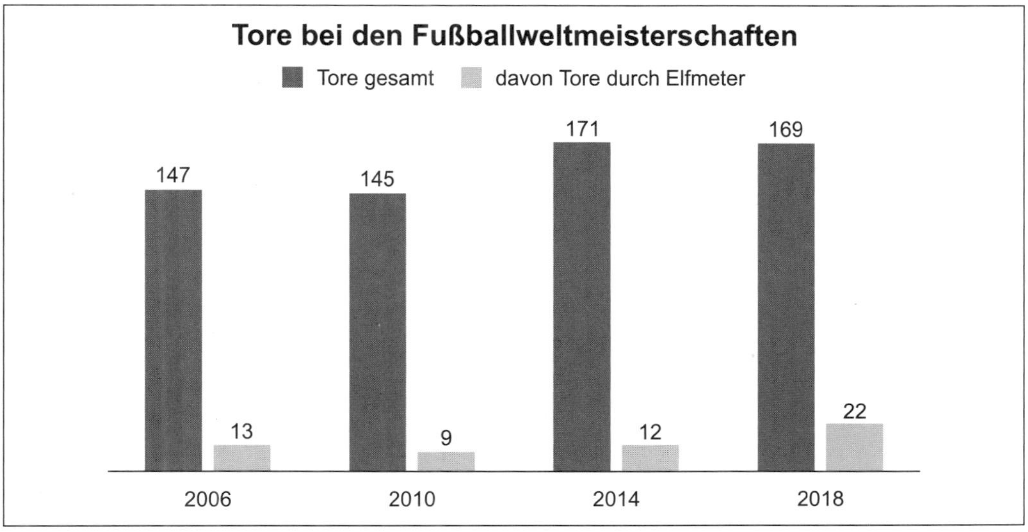

Quelle: eigene Darstellung, Daten nach: www.kicker.de, Weltfußball.de, StMUK

a) Ermittle, wie viel Prozent aller Tore bei der Fußballweltmeisterschaft 2018 durch Elfmeter erzielt wurden.

b) Berechne, wie viele Tore bei den vier Weltmeisterschaften durchschnittlich durch Elfmeter erzielt wurden.

c) Insgesamt gab es bei den vier Weltmeisterschaften 74 Elfmeter, von denen aber 18 nicht zu einem Tor führten.

   Stelle in einem Kreisdiagramm (r = 4 cm) dar, wie viele Tore durch Elfmeter erzielt wurden und wie viele Elfmeter nicht zu einem Tor führten.

4 Punkte

Aufgabe 3

Ein Werkstück besteht aus einem Zylinder, auf dem eine Pyramide mit rechteckiger Grundfläche aufgesetzt ist (siehe Skizze).

Berechne das Volumen des Werkstücks.

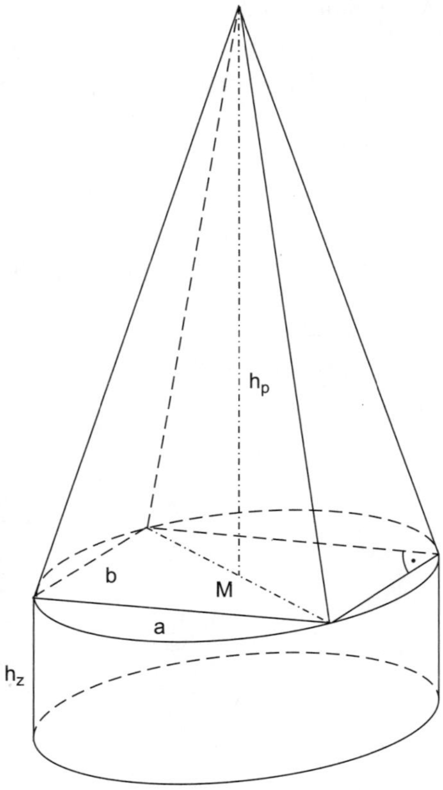

$h_p = 16$ cm
$b = 9$ cm
$a = 12$ cm
$h_z = 4$ cm

Hinweis: Skizze nicht maßstabsgetreu
Quelle: StMUK

4 Punkte

Aufgabe 4

Ein regelmäßiges Fünfeck hat eine Seitenlänge von 4,5 cm.

a) Zeichne dieses regelmäßige Fünfeck.

b) Ein anderes regelmäßiges Fünfeck hat einen Umfang von 29,5 cm.
Bestimme, um wie viele Zentimeter sich die beiden Seitenlängen der Fünfecke unterscheiden.

Aufgabengruppe II

4 Punkte

Aufgabe 1

Löse folgende Gleichung.

$$\frac{2x+9}{5}-\frac{1}{2}\cdot(x-15)=\frac{3}{4}\cdot(13-7x)+15$$

4 Punkte

Aufgabe 2

Michael und Nicole machen gemeinsam Urlaub in den Bergen.

a) Das Doppelzimmer kostet für den gesamten Aufenthalt 680 €. Sie bekommen auf diesen Preis 15 % Frühbucherrabatt.
Wenn sie sofort zahlen, erhalten sie auf den verminderten Preis zusätzlich 2 % Skonto.
Berechne die Hotelkosten bei sofortiger Zahlung.

b) Für Ausflüge haben Michael und Nicole insgesamt 75 € zur Verfügung.
Für den Klettergarten bezahlen sie 23,50 € pro Person.
Eine Fahrkarte für die Rodelbahn kostet 5,70 €.
Ermittle, wie viel Fahrkarten für die Rodelbahn sie maximal kaufen können.

4 Punkte

Aufgabe 3

Die abgebildete Figur besteht aus einem Quadrat und vier deckungsgleichen Parallelogrammen.
Berechne den gesamten Inhalt der grau markierten Fläche.

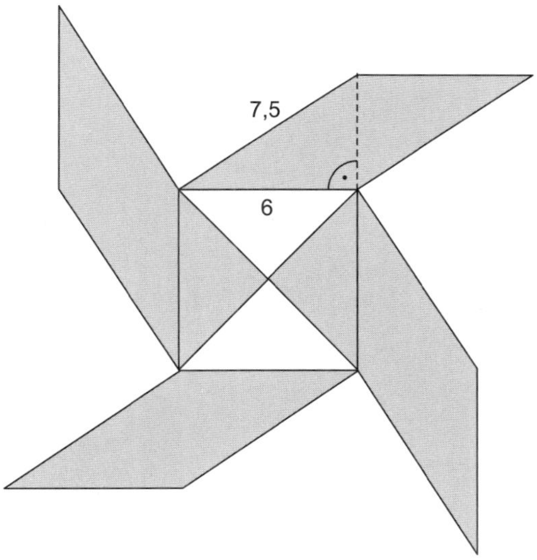

Hinweis: Skizze nicht maßstabsgetreu; Maße in cm
Quelle: StMUK

4 Punkte

Aufgabe 4

Familie Horn möchte ein Elektroauto kaufen.
Der Händler macht zwei Angebote:

Angebot A

Fahrzeug mit Akku

Preis: 29 860 €

Angebot B

Fahrzeug ohne Akku

Preis: 21 460 €

zuzüglich Miete für den Akku:
800 € im Jahr

a) Bestimme die in der Tabelle fehlenden Werte für die Miete des Akkus.

Mietzeit in Jahren	2		8	12
Miete für den Akku in €		4 000		9 600

b) Stelle den Zusammenhang von Mietzeit und Miete des Akkus in einem Koordinatensystem grafisch dar.
Rechtswertachse: 1 cm ≙ 1 Jahr
Hochwertachse: 1 cm ≙ 1 000 €
Hinweis zum Platzbedarf: Rechtswertachse 13 cm, Hochwertachse 11 cm

c) Familie Horn hat vor, das Auto neun Jahre zu nutzen.
Begründe nachvollziehbar, welches Angebot für Familie Horn günstiger ist.

Aufgabengruppe III

4 Punkte

Aufgabe 1

Löse folgende Gleichung.

$12 \cdot (1{,}3x + 10{,}4) - 3 \cdot (2x - 3) = (8{,}1x + 2 \cdot 7{,}2) : 0{,}2$

4 Punkte

Aufgabe 2

Die Tabelle zeigt die Mengen der verschiedenen Abfallarten in Deutschland in den Jahren 2012 und 2016.

Arten von Abfall in Deutschland in Millionen Tonnen		
	2012	2016
Abfälle aus Privathaushalten	?	54
Abfälle von Bauarbeiten	199	?
Abfälle aus der Produktion	54	58
Sonstige Abfälle	78	
Gesamtmenge		?

eigene Darstellung, Daten nach: Destatis

a) Bei den Abfällen von Bauarbeiten gab es von 2012 bis 2016 eine Zunahme von 11,5 %. Bestimme die Menge der Abfälle von Bauarbeiten im Jahr 2016 in Millionen Tonnen.

b) Die Abfallmenge aus Privathaushalten erhöhte sich von 2012 bis 2016 um 8 %. Gib die Menge der Abfälle aus Privathaushalten im Jahr 2012 in Millionen Tonnen an.

c) Im Jahr 2016 stammten rund 14 % aller Abfälle aus der Produktion. Ermittle die gesamte Abfallmenge in Millionen Tonnen für das Jahr 2016.

4 Punkte

Aufgabe 3

Zeichne in ein Koordinatensystem (Einheit 1 cm) die Punkte A(–2|–1) sowie B(3|2) und verbinde sie zur Strecke [AB].

Hinweis zum Platzbedarf: x-Achse von –3 bis 5, y-Achse von –3 bis 5

a) Ergänze [AB] zum gleichseitigen Dreieck ABC und beschrifte es.

b) Zeichne die Mittelsenkrechte zu [AB]. Beschrifte den Schnittpunkt dieser Mittelsenkrechten und der Strecke [AB] mit M.

c) Die Strecke [BM] ist eine Seite des Quadrats BMDE. Zeichne dieses Quadrat und beschrifte es.

4 Punkte

Aufgabe 4

Die Kante b des dargestellten Quaders hat eine Länge von 12 cm, die eingezeichnete Diagonale d eine Länge von 17 cm und seine grau markierte Seitenfläche einen Flächeninhalt von 96 cm^2.
Berechne die Oberfläche des Quaders.

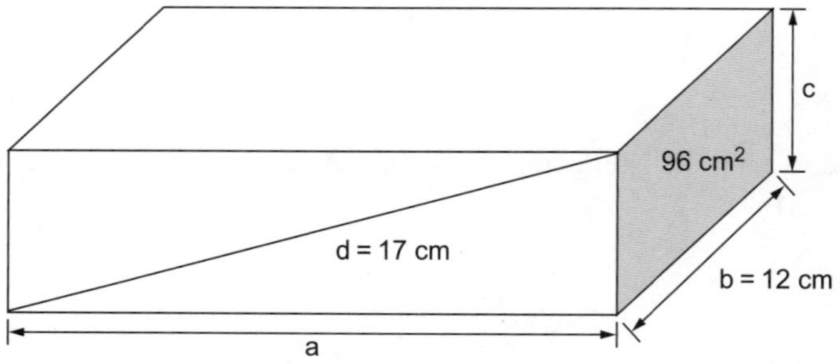

Hinweis: Skizze nicht maßstabsgetreu
Quelle: StMUK

Qualifizierender Abschluss der Mittelschule Bayern 2021
Mathematik

Teil A — Arbeitsblatt (hilfsmittelfrei)

1,5 Punkte

1. Der Preis der abgebildeten Artikel wurde heruntergesetzt.
   Berechne die in der Tabelle fehlenden Werte.

	Kühlschrank 	Waschmaschine 	Mikrowellengerät 
alter Preis	420 €	600 €	______ €
Preisnachlass	–10 %	–______ %	– 20 %
neuer Preis	______ €	570 €	160 €

1 Punkt

2. In diesem magischen Quadrat soll die Summe der drei Zahlen in jeder Spalte, Zeile und Diagonale immer gleich sein. Ergänze die fehlenden Zahlen.

0,5		0,3
	0,6	
0,9	0,2	

1,5 Punkte

3. Ordne den genannten Gegenständen die realistische Größenangabe zu.
Kreuze an.

a) Ein Schuh der Schuhgröße 40 hat eine Länge von ungefähr …

☐ 14 cm. ☐ 25 cm. ☐ 47 cm.

b) Der Papierkorb hat ein Volumen von ungefähr …

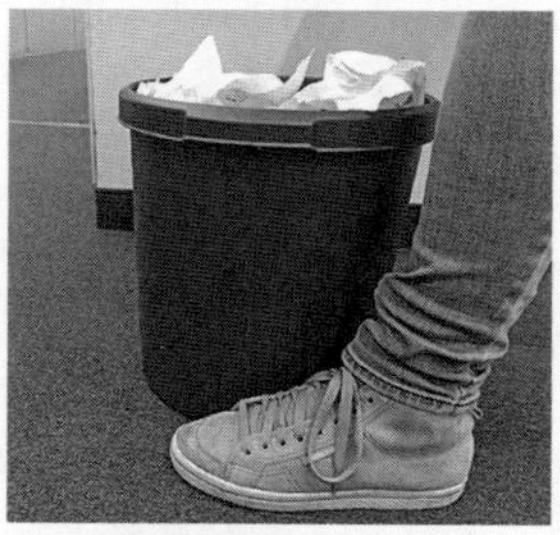

☐ 18 Liter. ☐ 220 dm^3. ☐ 0,3 m^3.

c) Die Tischfläche hat einen Flächeninhalt von ungefähr …

☐ 500 cm^2. ☐ 5 m^2. ☐ 50 dm^2.

1,5 Punkte

4. Setze korrekt ein (> oder < oder =).

a) 4^2 ☐ $\sqrt{169}$

b) $3{,}4 \cdot 10^{-2}$ ☐ 0,034

c) $\frac{2}{4}$ ☐ $\frac{3}{7}$

2 Punkte

5. a) Ergänze die fehlenden Rechenanweisungen.

$$
\begin{aligned}
36x + 24 + 7x &= 3x + 90 - 16 + 20x \\
43x + 24 &= 23x + 74 && |\;\_\_\_\_\_\_ \\
43x &= 23x + 50 && |-23x \\
20x &= 50 && |\;\_\_\_\_\_\_ \\
x &= 2{,}5
\end{aligned}
$$

b) Ergänze die fehlenden Zeilen der Gleichung.

$$
\begin{aligned}
\_\_\_\_\_\_\_\_ &= \_\_\_\_\_\_\_\_ && |+8x \\
5x - 15 &= -5 && |+15 \\
\_\_\_\_\_\_\_\_ &= \_\_\_\_\_\_\_\_ && |:5 \\
x &= 2
\end{aligned}
$$

1 Punkt

6. Von einem Viereck sind drei Winkel bekannt:
$\alpha = 70°$; $\beta = 110°$; $\gamma = 70°$; $\delta = ?$

a) Bestimme den fehlenden Winkel δ.

$\delta =$ ________

b) Kreuze an, um welches Viereck es sich nicht handelt.

☐ Trapez
☐ Parallelogramm
☐ Quadrat

2 Punkte

7. Der Buchstabe C wird aus halbkreisförmigen und geraden Linien erstellt.
Berechne den Flächeninhalt des Buchstabens. Rechne mit $\pi = 3$.

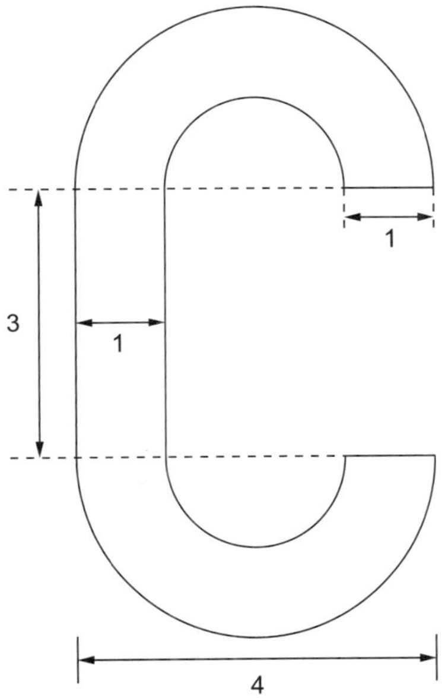

Maße in dm
Quelle: StMUK

1 Punkt

8. Am Dienstag, den 7. Juli 2020 erhielt Maria den Anruf, dass sie am 27. Juli 2020 ihren Ausbildungsvertrag unterschreiben kann. Welcher Wochentag war das?

Der 27. Juli war ein ____________________.

1,5 Punkte

9. In ein Quadrat ist ein Kreis mit einem Umfang von 60 cm eingezeichnet (siehe Skizze). Kreuze die jeweils zutreffende Aussage an. Rechne mit $\pi = 3$.

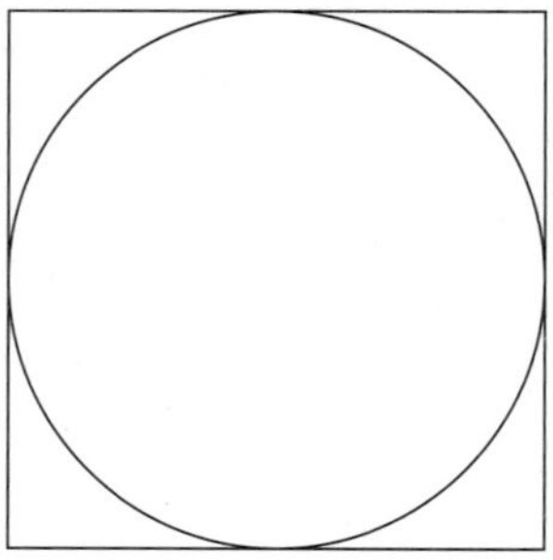

	richtig	falsch
a) Der Flächeninhalt des Kreises beträgt etwa $\frac{1}{4}$ des Flächeninhalts des Quadrats.	☐	☐
b) Der Radius des Kreises beträgt etwa 10 cm.	☐	☐
c) Der Flächeninhalt des Quadrats beträgt etwa 400 cm².	☐	☐

1 Punkt

10. Nur eine der gegebenen Maßeinteilungen passt zum dargestellten Gefäß. Kreuze die passende Maßeinteilung an.

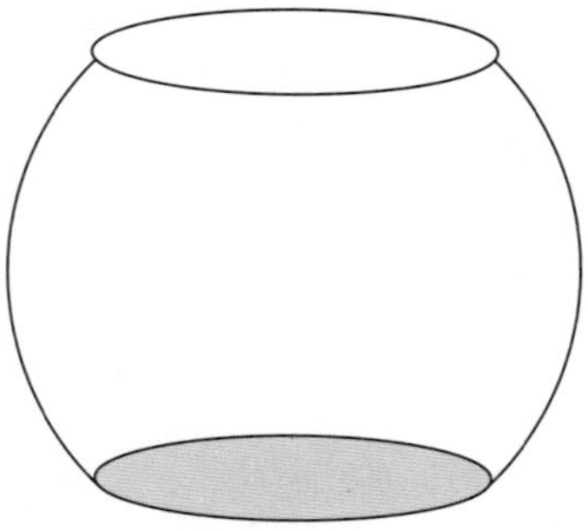
Quelle: StMUK

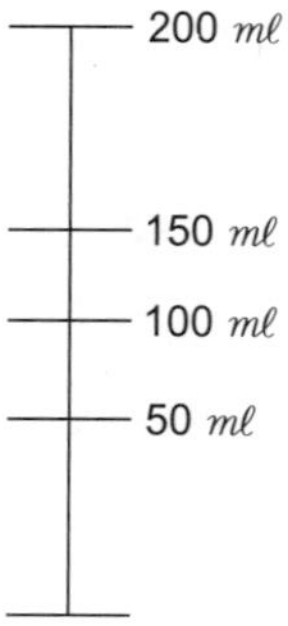

☐

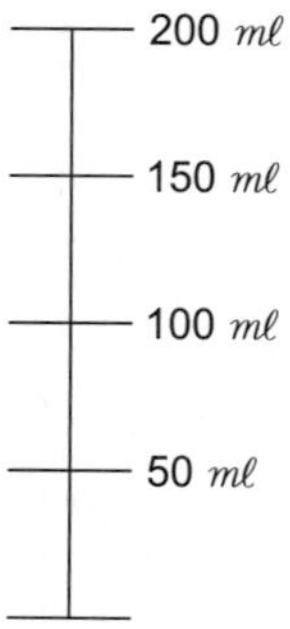

☐

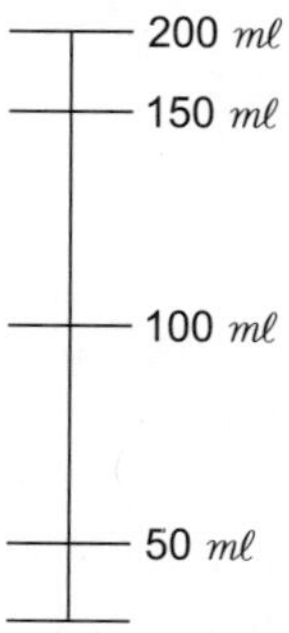

☐

1 Punkt

11. Bei einer Umfrage gaben 240 Schülerinnen und Schüler ihre Wünsche für den Pausenverkauf an.

	Schinken-semmel	Körner-stange	Nuss-schnecke	Käse-semmel	Butter-breze
Anzahl der Nennungen	60	30	50	40	60

Kreuze an, welches Diagramm die Anzahl der Nennungen am genauesten darstellt.

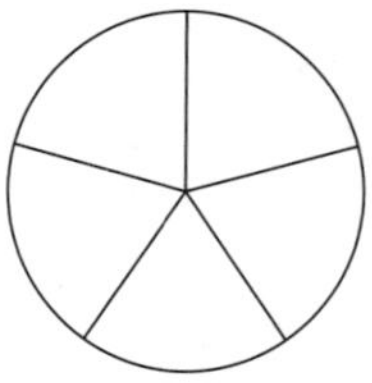
☐

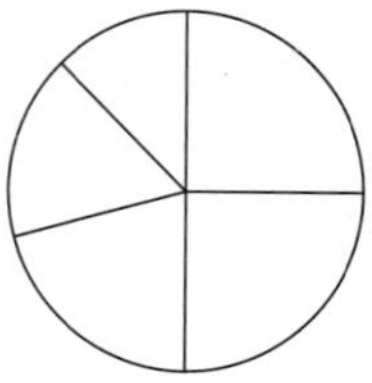
☐

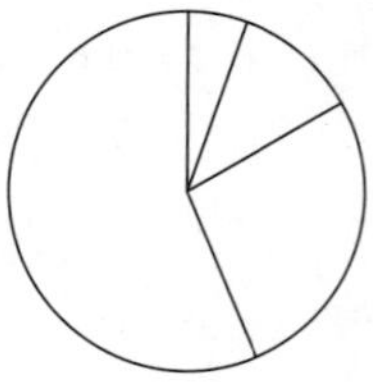
☐

1 Punkt

12. Der abgebildete Blauwal hat eine Länge von etwa 24 m. Ermittle die ungefähre Länge des abgebildeten Orcas und begründe dein Vorgehen.
    Hinweis: maßstabsgetreue Darstellung

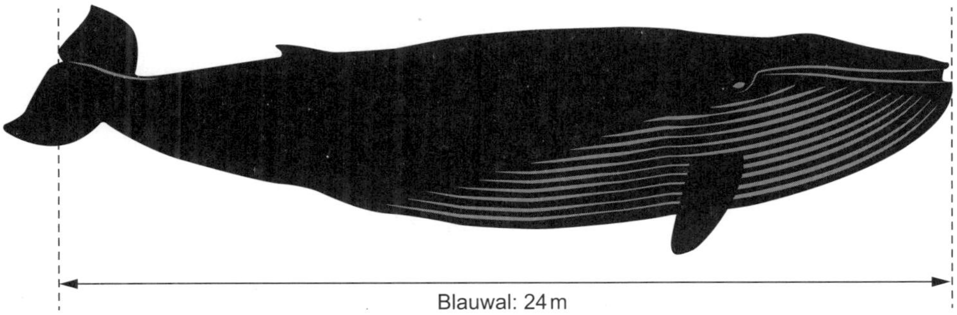

Blauwal: 24 m

Orca: _____ m

Teil B Aufgabengruppe I

4 Punkte

Aufgabe 1

Löse folgende Gleichung.

$3{,}2 \cdot (x + 14{,}5) - 2 \cdot (-0{,}5 + 0{,}3x) = (96x + 5 \cdot 0{,}64) : 8$

4 Punkte

Aufgabe 2

Die folgende Tabelle zeigt die weltweiten Tablet-Verkäufe im Jahr 2019.

Weltweite Tablet-Verkäufe im Jahr 2019 in Millionen			
Quartal 1 (Januar–März)	Quartal 2 (April–Juni)	Quartal 3 (Juli–September)	Quartal 4 (Oktober–Dezember)
30,4	32,5	37,6	43,5

Quelle: nach https://de.statista.com vom 26. 10. 2020

a) Berechne die durchschnittliche Anzahl der im Jahr 2019 pro Monat verkauften Tablets.

b) Ermittle, wie viel Prozent aller im Jahr 2019 verkauften Tablets im vierten Quartal verkauft wurden.

c) Stelle die in der Tabelle angegebenen Werte in einem Kreisdiagramm ($r = 4$ cm) dar.

4 Punkte

Aufgabe 3

Der abgebildete Körper besteht aus einem Quader und zwei identischen Dreiecksprismen. Berechne das Volumen des Körpers.

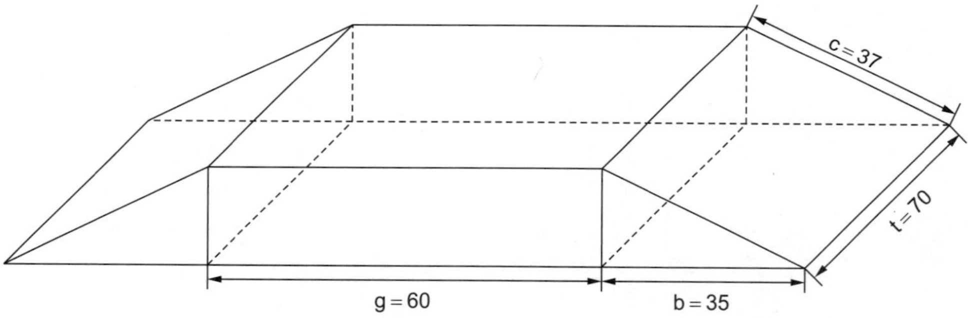

Quelle: StMUK
Hinweis: Skizze nicht maßstabsgetreu; Maße in cm

4 Punkte

Aufgabe 4

Gregor benötigt ein Tablet.
Ein Elektronikfachmarkt erstellt zwei Angebote für das gleiche Modell:

Angebot A (Kauf)

Preis: 300 €

Angebot B (Miete)

Einmalige Anzahlung: 50 €
Monatliche Miete: 25 €

Quelle: StMUK

a) Bestimme die in der Tabelle fehlenden Werte für das Angebot B:

Mietdauer in Monaten		4	12
Kosten inklusive einmaliger Anzahlung in €	125 €		

b) Stelle den Zusammenhang von Mietdauer und Mietkosten des Tablets aus Angebot B in einem Koordinatensystem grafisch dar.
Rechtswertachse: 1 cm $\hat{=}$ 1 Monat
Hochwertachse: 1 cm $\hat{=}$ 50 €
Hinweis zum Platzbedarf: Rechtswertachse 13 cm, Hochwertachse 8 cm

c) Ermittle, ab wie vielen Monaten Mietdauer (einschließlich der einmaligen Anzahlung) es günstiger ist, sich das Tablet zu kaufen, statt es zu mieten.
Stelle deinen Lösungsweg nachvollziehbar dar.

Aufgabengruppe II

4 Punkte

Aufgabe 1

Im WG-Unterricht wurden insgesamt 190 Mund-Nasen-Bedeckungen in den Farben rot, blau und gelb hergestellt.
Es wurden 22 rote Mund-Nasen-Bedeckungen mehr angefertigt als blaue.
Außerdem waren es doppelt so viele gelbe wie blaue.

Ermittle nachvollziehbar, wie viele rote, blaue und gelbe Mund-Nasen-Bedeckungen jeweils hergestellt wurden.

4 Punkte

Aufgabe 2

Die Tabelle zeigt die Verteilung der Baumarten innerhalb der gesamten Waldfläche Bayerns im Jahr 2018.

Verteilung der Baumarten innerhalb der gesamten Waldfläche		
Baumart	Fläche in km^2	Anteil
Fichte	11 760	?
Kiefer	4 760	17 %
Buche	?	14 %
Sonstige Baumarten	7 560	
Waldfläche insgesamt	28 000	100 %

Quelle: nach www.stmelf.bayern.de

a) Berechne die Größe der mit Buchen bewachsenen Waldfläche.

b) Berechne den prozentualen Anteil der mit Fichten bewachsenen Waldfläche an der gesamten Waldfläche.

c) Die Größe der mit sonstigen Baumarten bewachsenen Waldfläche ist seit 1950 um 5 % angestiegen.
Ermittle die Größe der mit sonstigen Baumarten bewachsenen Waldfläche im Jahr 1950.

d) Etwa 40 % der Fläche des Bundeslandes Bayern sind mit Wald bedeckt.
Bestimme die Größe der Fläche Bayerns in km^2.

4 Punkte

Aufgabe 3

Berechne den gesamten Flächeninhalt der grau markierten Fläche.

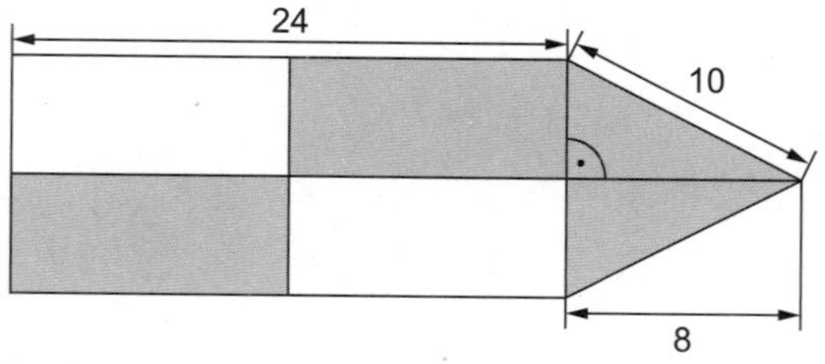

Quelle: StMUK
Hinweise: Skizze nicht maßstabsgetreu; Maße in cm

4 Punkte

Aufgabe 4

Ein regelmäßiges Achteck hat eine Seitenlänge von 4 cm.

a) Zeichne dieses regelmäßige Achteck.

b) Ein Rechteck hat den gleichen Umfang wie das Achteck.
Gib eine Möglichkeit für die Länge und Breite eines solchen Rechtecks an.

Aufgabengruppe III

4 Punkte

Aufgabe 1

Löse folgende Gleichung.

$$\frac{1}{4}\cdot(5x-18)+\frac{8+3x}{4}=2{,}5-(2x-3)$$

4 Punkte

Aufgabe 2

Familie Arslan kauft sich ein gebrauchtes Wohnmobil zum Preis von 28 500 €.

a) Gute Freunde der Familie Arslan nutzen das Wohnmobil mit und bezahlen deshalb ein Fünftel des Kaufpreises.
Ermittle, wie viel Familie Arslan selbst noch zahlen muss.

b) Drei Monate vor dem Kauf hatte der Verkäufer eine Rabattaktion von 8 %.
Berechne den Rabatt in Euro und den Betrag, den der Händler beim Verkauf des Wohnmobils erhalten hätte, wenn er auf den Preis von 28 500 € einen Rabatt von 8 % gegeben hätte.

c) Familie Arslan legt mit ihrem Wohnmobil eine Strecke von 2 350 km zurück.
Dabei verbraucht es durchschnittlich 13,5 Liter Treibstoff pro 100 km.
Berechne die Kosten für die zurückgelegte Strecke bei einem Treibstoffpreis von 1,24 € pro Liter.

4 Punkte

Aufgabe 3

Zeichne in ein Koordinatensystem (Einheit 1 cm) die Punkte A(–2 | 3) sowie C(2 | –5) und verbinde sie zur Strecke [AC].

Hinweis zum Platzbedarf: x-Achse von –4 bis 4, y-Achse von –6 bis 4

a) Verbinde die Punkte A und C mit dem Punkt B(–2 | –2) zu einem Dreieck. Gib an, welches besondere Dreieck entsteht.

b) Zeichne die Senkrechte zu [AC] durch den Punkt B.

c) Lege den Punkt D so fest, dass die Raute ABCD entsteht und gib die Koordinaten von D an.

4 Punkte

Aufgabe 4

Die Abbildung zeigt ein Werkstück. Die Grund- und Deckfläche sind deckungsgleiche gleichseitige Dreiecke, die Seitenflächen sind Quadrate.
Berechne den Oberflächeninhalt dieses Werkstücks.

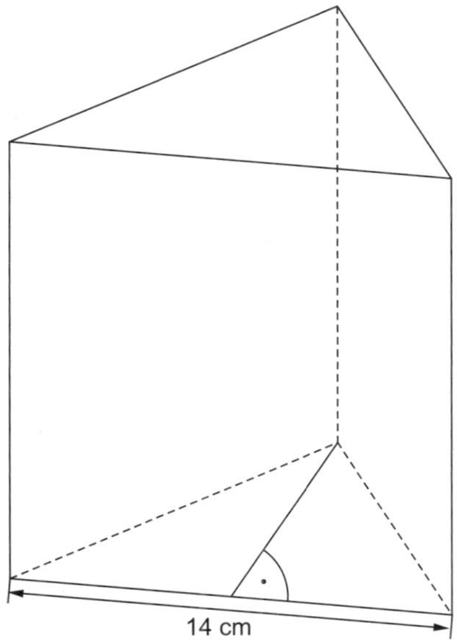

Quelle: StMUK
Hinweis: Skizze nicht maßstabsgetreu

Qualifizierender Abschluss der Mittelschule Bayern 2022
Mathematik

Teil A Arbeitsblatt (hilfsmittelfrei)

2 Punkte

1. Berechne.

   a) $4 \cdot 13{,}75$

   b) $503{,}74 - 7{,}83$

1,5 Punkte

2. Die Preise der abgebildeten Sportartikel wurden reduziert.
   Berechne die in der Tabelle fehlenden Werte.

	Turnschuhe	Trampolin	Volleyball

alter Preis	110 €	440 €	_______ €
Preisnachlass	–20 %	–_______ %	–10 %
neuer Preis	_______ €	330 €	27 €

Turnschuhe und Volleyball: © Clipdealer

2 Punkte

3. Ein Schüler arbeitet an zwei Gleichungen.

   a) In der ersten Gleichung ist ihm ein Fehler unterlaufen.
   Unterstreiche den Fehler und erkläre, was er falsch gemacht hat.

   $$4x - 7 - 2 \cdot (7 - x) = (2x + 8) : 2$$
   $$4x - 7 - 14 + 2x = x + 4$$
   $$6x - 7 = x + 4$$
   $$5x = 11$$
   $$x = 2{,}2$$

   Erklärung:

   b) In der zweiten Gleichung soll eine Zahl so eingesetzt werden, dass eine wahre Aussage entsteht.

   $$3 \cdot \boxed{} + 2 \cdot 4{,}5 + 1{,}1 \cdot 4 = 20$$

1 Punkt

4. Jedes Symbol steht für eine andere Zahl.
   Ergänze das fehlende Ergebnis.

		♣	·	♣	=	9
		♣	+	♥	=	13
♣	·	♥	–	♦	=	☐
♦	·	♣	+	♥	=	28

1 Punkt

5. Zeichne ein vollständig beschriftetes Koordinatensystem so ein, dass die Punkte A und B korrekt eingetragen sind.

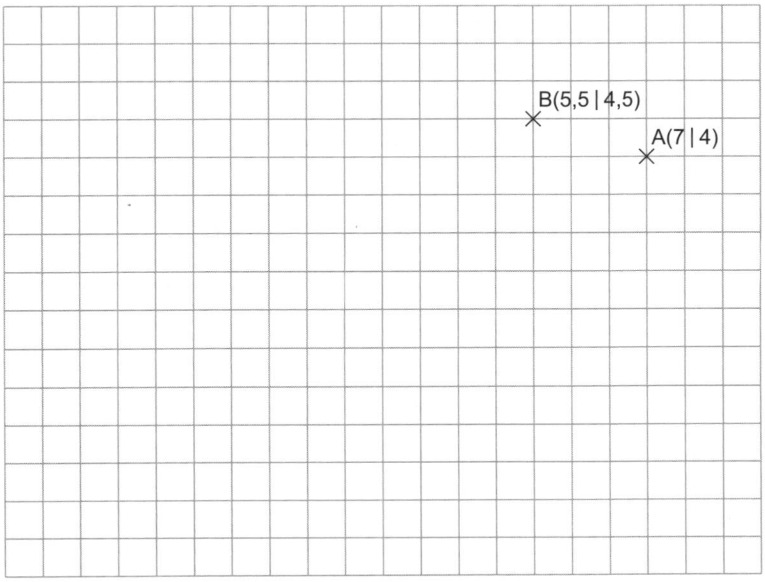

2 Punkte

6. Im nachfolgenden Dreieck gilt $b=a$ und $\alpha=45°$.

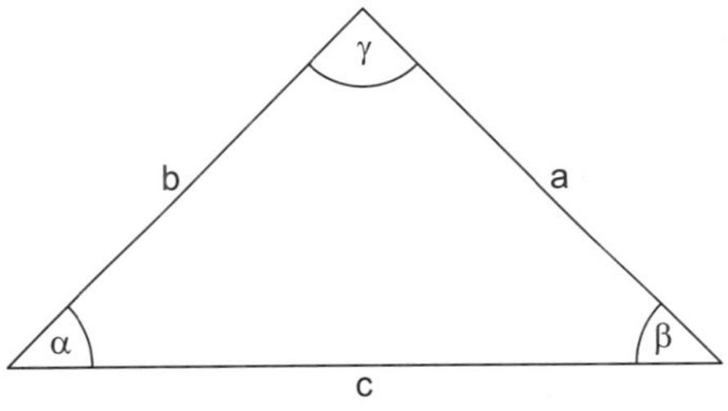

Entscheide, ob die Aussagen wahr oder falsch sind, und kreuze an.

	wahr	falsch
$\alpha=\beta$	☐	☐
$\gamma=90°$	☐	☐
$c<a$	☐	☐
$180°-\gamma-\beta=40°$	☐	☐

1,5 Punkte

7. Ordne den abgebildeten Gegenständen die realistischen Größenangaben zu. Kreuze an.

a) Das Kabel hat eine Länge von ungefähr

☐ 180 mm. ☐ 50 cm. ☐ 1,8 m.

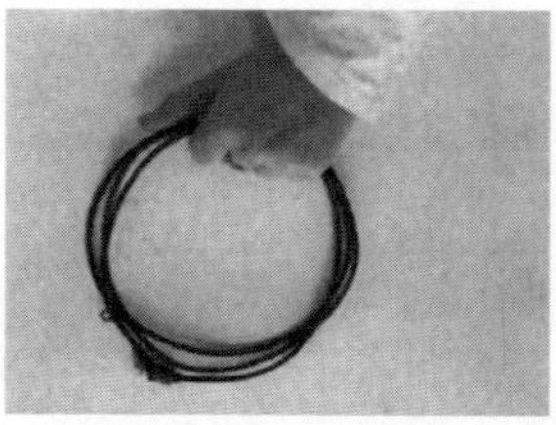

b) Das Display hat eine Fläche von ungefähr

☐ 19 cm^2. ☐ 190 cm^2. ☐ 1 900 cm^2.

c) Die Trinkflasche hat ein Volumen von ungefähr

☐ 600 $m\ell$. ☐ 0,2 ℓ. ☐ 2 500 cm^3.

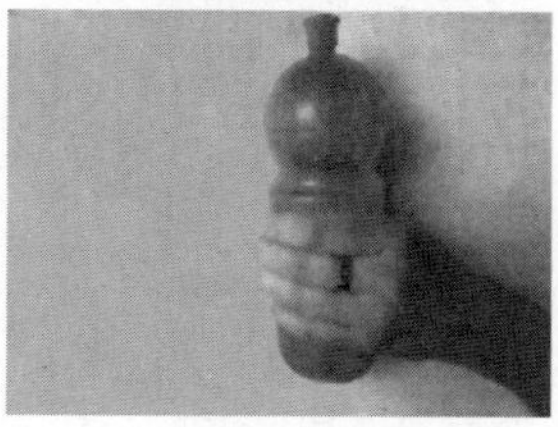

Quelle: StMUK

1 Punkt

8. Leo berechnet den Flächeninhalt des abgebildeten Rechtecks. Dabei ist ihm ein Fehler passiert.

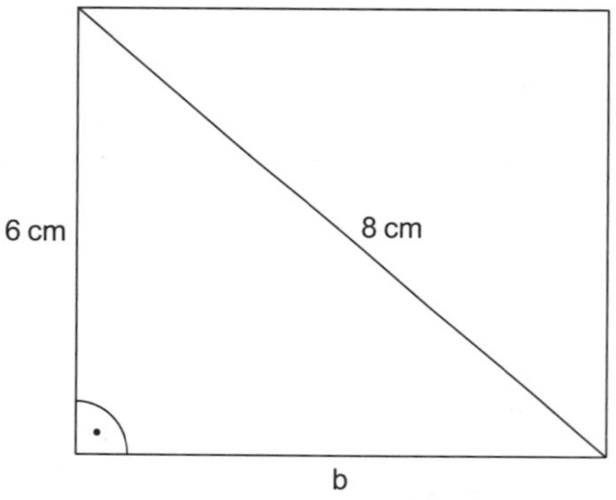

Leos Lösung:

$b^2 = (6\ cm)^2 + (8\ cm)^2$

$b^2 = 36\ cm^2 + 64\ cm^2$

$b^2 = 100\ cm^2$

$b = 10\ cm$

$A = 10\ cm \cdot 6\ cm = 60\ cm^2$

Erkläre, welchen Fehler Leo gemacht hat.

1 Punkt

9. Eine Mittelschule hat 480 Schülerinnen und Schüler.

   240 kommen jeden Tag mit dem Bus.
   Ein Viertel fährt mit dem Fahrrad.
   10 % gehen zu Fuß.
   Der Rest wird von den Eltern mit dem Auto gebracht.

   Vervollständige das zugehörige Kreisdiagramm und beschrifte die einzelnen Sektoren.

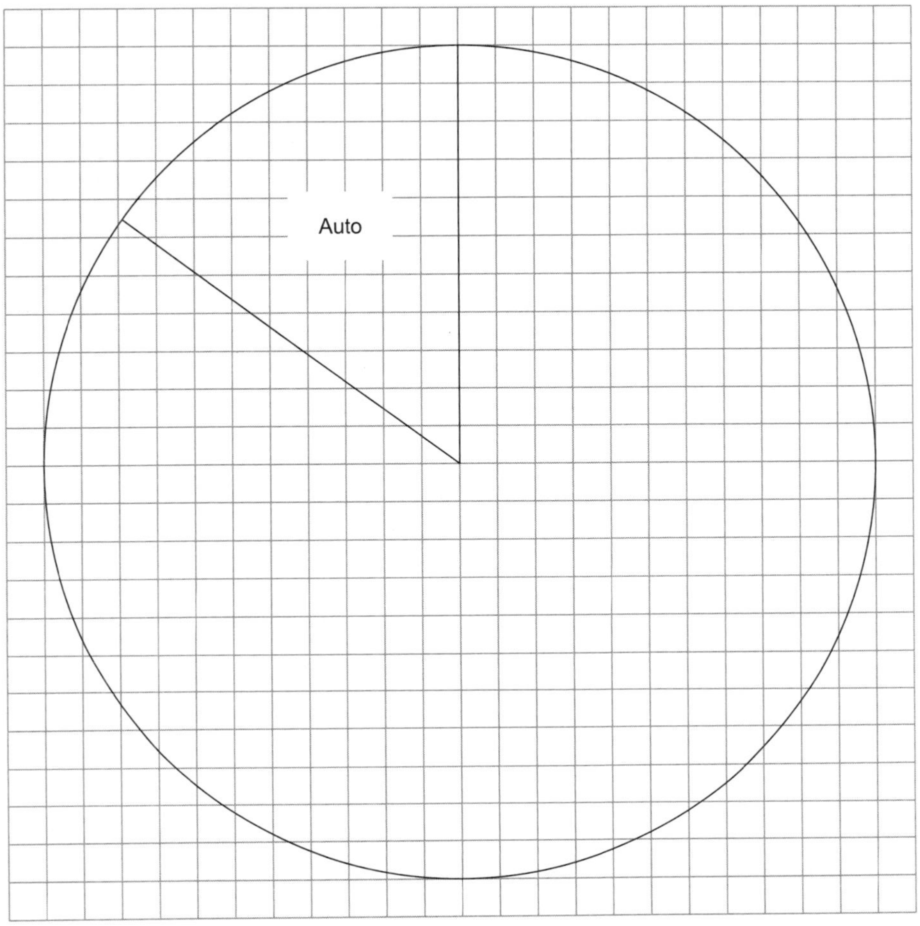

1,5 Punkte

10. Ergänze die Lücken.

    ☐ mm $= 0{,}0057$ m $= 5{,}7 \cdot 10^{-3}$ m

    ☐ $\text{m}^2 = 257\,000\ \text{cm}^2 = 2{,}75 \cdot 10^{\square}\ \text{cm}^2$

1,5 Punkte

11. Unter dem abgebildeten Baum steht ein Mann.
    Ermittle die ungefähre Höhe des abgebildeten Baums.
    Begründe dein Vorgehen.

Quelle: StMUK
Hinweis: maßstabsgetreue Darstellung

Teil B Aufgabengruppe I

4 Punkte

Aufgabe 1

Löse folgende Gleichung.

$(12x - 6 : 0,3) \cdot 3 = 8,5 \cdot (x + 4,4) - (10,2 - 0,86x) \cdot 5$

4 Punkte

Aufgabe 2

Löse folgende Gleichung.

$\frac{20 - 18x}{5} + \frac{1}{5} \cdot (5 - 47x) = 15 - (18x - 15)$

4 Punkte

Aufgabe 3

Zeichne in ein Koordinatensystem (Einheit 1 cm) die Punkte A(–4 | 3) sowie B(–4 | –2).
Hinweis zum Platzbedarf: x-Achse von –5 bis 6, y-Achse von –3 bis 7

a) Verbinde die Punkte A, B und den Punkt C(6 | –2) zu einem Dreieck.
Gib an, welches besondere Dreieck entsteht.

b) Zeichne die Senkrechte zu $\overline{AC}$ durch den Punkt B.

c) Lege den Punkt D so fest, dass ein Drachenviereck ABCD entsteht, und gib die Koordinaten von D an.

4 Punkte

Aufgabe 4

Hubert möchte sich ein neues Smartphone kaufen.
Der Verkaufspreis beträgt 240 €.
Mit Rabatt kostet das Smartphone 204 €.

a) Berechne den Rabatt in Prozent.

b) Da er das Smartphone sofort bezahlt, erhält er zusätzlich 2 % Skonto.
Berechne den Preis, den Hubert dann bezahlen muss.

c) Im Preis von 204 € sind 19 % Mehrwertsteuer enthalten.
Die folgende Berechnung des Preises ohne Mehrwertsteuer ist fehlerhaft.

100 % ≙ 204 €
1 % ≙ 2,04 €
81 % ≙ 165,24 €

Erkläre den Fehler und berechne den Preis ohne Mehrwertsteuer.

5 Punkte

Aufgabe 5

Das abgebildete Werkstück besteht aus einem Quader und zwei gleichen Dreiecksprismen.
Berechne das Volumen des Werkstücks.

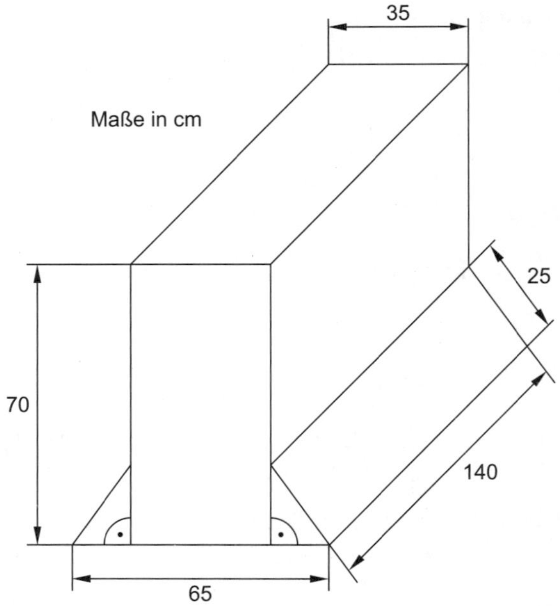

Quelle: StMUK
Hinweis: Skizze nicht maßstabsgetreu

4 Punkte

Aufgabe 6

Die abgebildete Figur besteht aus 16 kleinen Quadraten und zwei deckungsgleichen Dreiecken.
Berechne den Flächeninhalt der grau markierten Flächen.

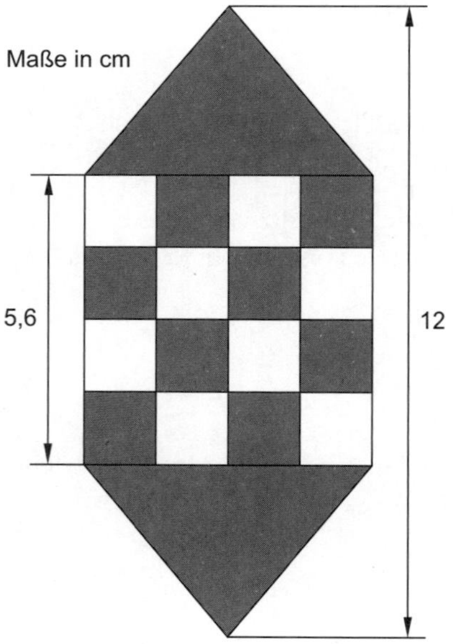

Quelle: StMUK
Hinweis: Skizze nicht maßstabsgetreu

4 Punkte

Aufgabe 7

Zwei Streamingdienste werben mit folgenden Angeboten:

Angebot A	Angebot B
keine monatliche Grundgebühr 2 € pro Film	7,50 € monatliche Grundgebühr 55 Cent pro Film

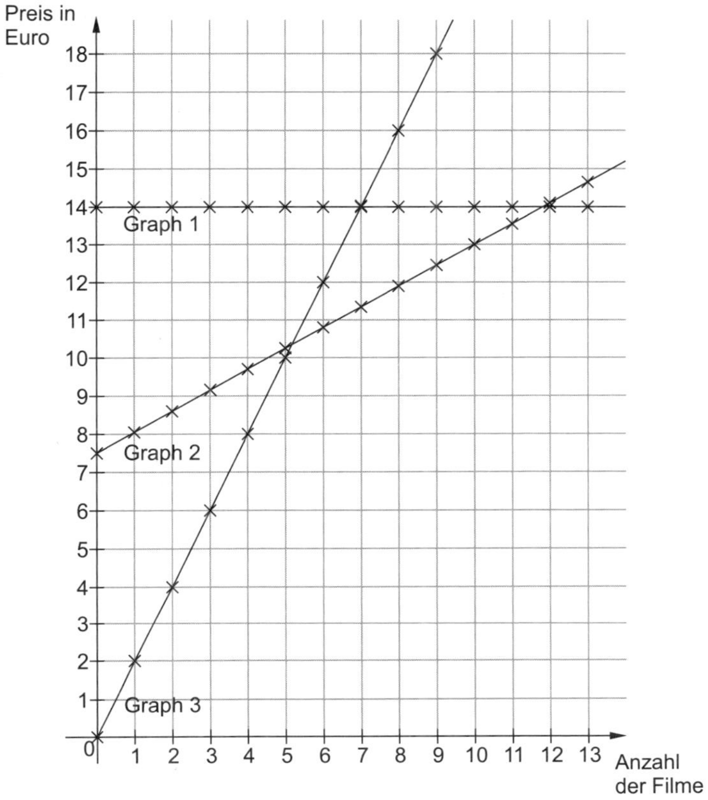

Quelle: StMUK

a) Ordne den Angeboten A und B jeweils den passenden Graphen zu.

b) Ermittle die Anzahl der Filme, die man zum Preis von 13 € bei Angebot B erhält.

c) Bestimme, ab wie vielen Filmen Angebot B günstiger ist als Angebot A, und begründe deine Entscheidung.

d) Formuliere ein passendes Angebot zu Graph 1.

3 Punkte

Aufgabe 8

Ein Wassertropfen hat ein Volumen von $5 \cdot 10^{-5}$ Liter.

a) Berechne, wie viele Wassertropfen in ein Schwimmbecken mit 48 m^3 Fassungsvermögen passen.

b) An einem heißen Sommertag verdunsten in einer Sekunde durchschnittlich 5 Wassertropfen aus dem Schwimmbecken.
Martin behauptet: „Das sind 900 $m\ell$ in der Stunde!“
Hat er recht? Begründe rechnerisch.

Aufgabengruppe II

4 Punkte

Aufgabe 1

Löse folgende Gleichung.

$(16x - 48) \cdot 4{,}5 - (-x - 7) + 4x = -3x \cdot (-2{,}5) - 0{,}5$

4 Punkte

Aufgabe 2

In der Turnhalle gibt es insgesamt 65 Gymnastikreifen in den Farben Grün, Pink und Blau.
Es sind 9 grüne Gymnastikreifen mehr als pinke.
Außerdem gibt es doppelt so viele blaue wie pinke Gymnastikreifen.
Ermittle nachvollziehbar, wie viele grüne, pinke und blaue Gymnastikreifen jeweils vorhanden sind.

4 Punkte

Aufgabe 3

Ein regelmäßiges Sechseck hat einen Umfang von 21 cm.
Zeichne dieses regelmäßige Sechseck.

4 Punkte

Aufgabe 4

Die Abbildung zeigt ein Werkstück, das aus einem rechtwinkligen Dreiecksprisma und einem Quader besteht.
Berechne den Oberflächeninhalt dieses Werkstücks.

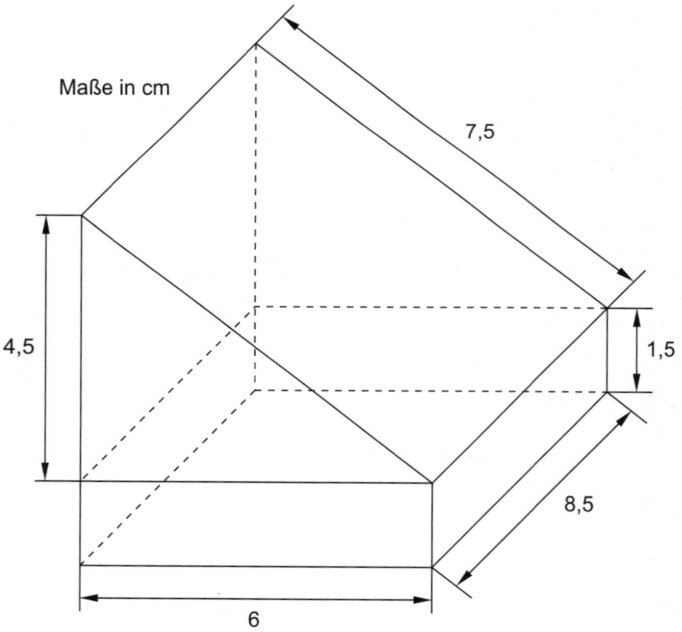

Quelle: StMUK
Hinweis: Skizze nicht maßstabsgetreu

4 Punkte

Aufgabe 5

Die Tabelle zeigt die Anzahl der Schritte, die Maria bei einer viertägigen Wanderung im Jahr 2021 gegangen ist.

Verteilung der Schritte während der gesamten Wanderung 2021		
Wandertage	Anzahl der Schritte	Anteil an Gesamtzahl der Schritte
Tag 1	15 750	?
Tag 2	21 420	34 %
Tag 3	?	22 %
Tag 4	11 970	
Insgesamt	63 000	100 %

a) Berechne die Anzahl der Schritte an Tag 3.

b) Berechne den prozentualen Anteil der Schritte von Tag 1 an den gesamten Schritten.

c) Bei der Wanderung im Jahr 2021 ist Maria insgesamt 5 % mehr Schritte gegangen als bei einer Wanderung im Jahr 2020.
Ermittle die Gesamtzahl der Schritte bei der Wanderung im Jahr 2020.

d) Maria hat eine durchschnittliche Schrittlänge von 60 cm.
Berechne, wie viele Kilometer sie insgesamt bei der Wanderung im Jahr 2021 gegangen ist.

5 Punkte

Aufgabe 6

Die Abbildung zeigt ein Dreiecksprisma, aus dem ein Halbzylinder ausgespart wurde.

a) Berechne das Volumen des Körpers.

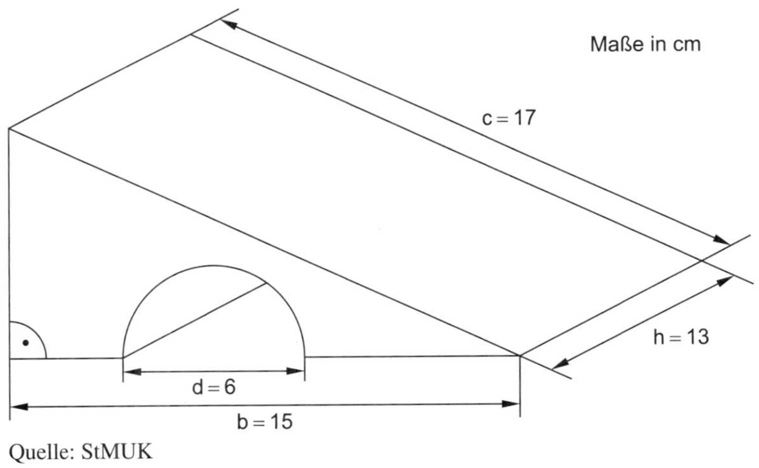

Quelle: StMUK
Hinweis: Skizze nicht maßstabsgetreu

b) Die Kantenlänge h wird verdoppelt.
Erkläre, wie sich dadurch das Volumen verändert.

3 Punkte

Aufgabe 7

a) 28,3 Millionen Hundert-Euro-Scheine wiegen $2{,}8866 \cdot 10^7$ Gramm.
Berechne, wie viel Gramm ein Hundert-Euro-Schein wiegt.

b) Der Äquator hat eine Länge von ungefähr 40 000 km. Alle Fünf-Euro-Scheine nebeneinander gelegt ergeben eine Strecke von $2{,}4 \cdot 10^8$ m.
Berechne, wie oft man diese Strecke um den Äquator herum legen könnte.

4 Punkte

Aufgabe 8

Bei einem Rollerverleih kostet das Ausleihen eines E-Scooters 20 Cent pro Minute. Eine Grundgebühr fällt nicht an.

a) Bestimme die in der Tabelle fehlenden Werte:

Mietdauer in Minuten	30		120
Mietkosten in €		14	

b) Stelle den Zusammenhang von Mietdauer und Mietkosten des E-Scooters in einem Koordinatensystem grafisch dar.
Rechtswertachse: 1 cm ≙ 10 Minuten
Hochwertachse: 1 cm ≙ 2 €
Hinweis zum Platzbedarf: Rechtswertachse 13 cm, Hochwertachse 13 cm

c) Lorenas Vater möchte sich einen eigenen E-Scooter für 396 € kaufen.
Ermittle, wie viele Stunden er für diesen Betrag einen E-Scooter mieten könnte.

Qualifizierender Abschluss der Mittelschule Bayern 2023
Mathematik

Um dir die Prüfung 2023 schnellstmöglich zur Verfügung stellen zu können, bringen wir sie in digitaler Form heraus.

Sobald die Original-Prüfungsaufgaben 2023 freigegeben sind, können sie als PDF auf der Plattform **MyStark** heruntergeladen werden (Zugangscode vgl. Umschlaginnenseite).

Aktuelle Prüfung

www.stark-verlag.de/mystark